대만의
사민문화와
서발터니티

Subalternity

이 저서는 2022년 대한민국 교육부와 한국연구재단의 지원을 받아 수행된 연구임.
This work was supported by the Ministry of Education of the Republic of Korea and the National Research Foundation of Korea (NRF-2022S1A5C2A02091373).

대만의 사민문화와 서발터니티

Subalternity

강병환 지음

學古房

| 지은이 서문 |

2022년 말, 동서대 중국연구센터 이홍규 소장님과의 인연으로 나는 그곳에 둥지를 틀 수 있었고, 덕분에 학문 세계의 변두리로 밀려나지 않을 수 있었다. 동시에 『동아시아와 시민』 학술지의 편집 간사로 참여하면서, 국가의 경계를 넘나드는 동아시아 학계의 교류는 더는 추상적 개념이 아닌, 살아 있는 현실로 다가왔다. 학술지를 맡은 책임감으로 인해 최근 몇 년간 동아시아 관련 논문들을 읽지 않을 수 없었고, 비판적 지식인들과 협업하며 그들의 사유와 글쓰기를 가까이서 접할 수 있었다. 또한 한국은 물론 일본, 중국, 대만에 걸쳐 전공의 경계를 넘는 논문을 발표하며, 정치학의 틀을 넘어 인문학의 큰 줄기인 문·사·철로 자연스레 발을 들이게 되었다. 특히 천팡밍과 천잉쩐의 대만문학 논쟁, 롄야탕과 스밍의 『대만통사』와 『대만인 400년사』가 보여주는 상반된 역사인식은 대만에 대한 내 시야를 넓혀 주었고, 이전에는 보지 못했던 것들을 보게 해주었다.

여기에 더해, 역사학을 전공한 선생님들의 도움도 컸다. 중국연구센터의 김지영 교수님과 대만 정치대학의 김명준 선생님 덕에, 그간 구하기 어려웠던 대만 관련 사료들을 훨씬 쉽게 접할 수 있었다. 특히 기억에 깊이 남는 자료는 『질란디아일기熱蘭遮城日記』다. 이 책은 네덜란드가 대만을 식민 통치하던 시기 현 타이난 안핑 '질란디아성'에서 작성된 문서로 17세기 대만의 사회와 문화를 생생히 보여주는 귀중한 기록일 뿐 아니라, 대만 남부 평지에 거주했던 원주민들의 삶과 분포, 그들의 족군族群 구조에 대한 이해 역시 대부분 이 일기에 기반하고 있다. 이 귀한 자료구입으로 인해서 내 연구의 지평도 한층 넓어질 수 있었다. 형편상 여러 차례 구입을 망설였던 책이기에 나에게는 더 각별하게 다가온다. 아마 지금 한국에서 이 책을 소장한 기관은 동서대 중국연구센터가 거의 유일하지 않을까 싶다. 이 책 서문을 빌려 깊은 감사를 전한다.

우선 내가 동서대에 온 후 가장 먼저 한 일은 대만의 역사를 좀 더 체계적으로 들여다보는 일이었다. 사실 나는 역사학자가 아니다. 정치학, 그중에서도 양안 관계가 나의 주전공이다. 하나의 중국 프레임 아래에서 중국은 대만을 어떻게 통일하려 하는가가 내 박사학위 논문의 주제였다. 그럼에도 불구하고 내 연구생애에서 가장 기억에 남는 순간은, 1603년 진제가 쓴 '동번기東番記'를 번역했던 경험을 빼놓을 수 없다. 대만의 풍속을 알 수 있는 가장 이른 시기의 기록을 직접 번역할 수 있었다는 점은 지금도 내게 큰 자부심으로 남아 있다. 정치학자이지만, 어느덧 최근 2년 동안, 중국과 대만의 정치보다는 대만 역사와 관련된 글을 더 많이 쓰게 되었다. 중국연구센터 이홍규 소장님과 김지영 교수의 조용한 지지 덕분에, 비록 모든 이의 동의를 얻지는 못했을지언정, 논문의 질은 논외로 하더라도, 적어도 양적으로는 몇 편의 논문을 세상에 내놓을 수 있었다. 그것은 단지 연구과제의 마감 때문만은 아니었다.

이 책의 대부분은 내가 동서대에 오고 나서 최근 2~3년 사이에 발표한 논문들을 모본으로 하고 있다. 2025년 『중국지역연구』에 실린 「민진당의 다문화 정치와 대만 원주민 운동의 접합」, 2024년 『동아시아와 시민』에 게재된 「윤석열 정부 시기 한·중 관계의 구조적 변화와 도전」, 2024년 『대만연구』에 등재된 「청대 대만 유민 로한까아 연구」, 2024년 『현대중국연구』의 「'대만'과 '중화민국'의 변증법적 관계 분석」, 2023년 『대만연구』에 게재된 「관문도시 가오슝의 이질성 고찰」, 2023년 『국제정치연구』의 「대만의 혼종성 고찰」, 그리고 2022년 『지식융합연구』에 실린 「'중국특색' 협상 전략에 관한 연구」, 2022년 『중국지식네트워크』의 「다문화교육을 통한 대만의 정체성 구축」, 그리고 2025년 2월 대만국립중산대학 학술회의에서 발표한 「관문도시 가오슝의 혼종성: 사민문화를 중심으로」, 2025년 8월 성균관대 국제학술대회에서 발표한 「금문에 각인된 기억과 상처: 금문특약차실을 중심으로」 등이 그것이다. 이들 논문은 전통적인 정치학 논문과는 다소 결이 다르다. 역사학, 문학, 철학, 인류학, 정치학이 뒤섞여 좋게 보면 융합학이요, 나쁘게 보면 일종의 잡학雜學이라 할 수 있을 것이다. 하지만 이 책은 최근 발표한 필자의 논문을 모본으로 하였지만, 이를 그대로 모아 엮어 놓은 책은 아니다. 거의 새로 썼다고 해도 지나치지 않다. 그 이유는 필자의 논문에 중복되는 부분이 너무나 많았기 때문이다.

과거의 글들을 다시 마주하는 일은 괴로운 일이다. 당시의 충동, 미숙함, 그리고 그 모든 흔적들을 정면으로 바라보는 일이기에 그렇다. 때로는 글을 불살라버리고 싶은 자괴감마저 들기도 했다. 사실 나는 이 책을 쓰면서 속으로 부끄러운 고백을 했다. 솔직히 말해, 나는 연구를 정직하게 수행하지 않았음을 알았다. 철저한 검증 없이 아는 척했고, 자신의 지식적 오류를 억지로 변호했으며, 학문적 노력을 게을리했다. 공허한 말장난으로 논쟁을 피하려 했고, 무엇보다도 대만에 대한 뚜렷한 관점조차 갖고 있지 못했다. 전문성이 부족했기에 논문에 따라 나의 입장은 자주 바뀌었으며, 나도 모르게 그렇게 경멸했던 아카데미라는 울타리 안에서만 떠다니는 '학자'의 일원이 되어가고 있었다. 그럼에도 불구하고, 지난 시절의 글과 단상들을 지워버릴 수 없는 것은, 이 모든 글들이 이미 나의 일부이기 때문이다. 내 글의 자취 속에는 단지 상아탑 속의 중얼거림만이 담긴 것만은 아니다.

이 책은 '사민문화'(四民文化, Four-min Cultures)라는 독자적인 분석틀을 제시한다. 이는 원주민原住民, 이민移民, 식민植民, 후식민(post-colonial, 後植民)이라는 대만에 대한 네 가지 문화적 층위를 포괄하며, 필자가 대만의 역사와 문화를 총체적으로 조망하기 위해 구성한 개념적이면서도 실천적인 분석 틀이다. 아울러 원주민과 이민, 식민과 후식민은 대만의 역사와 서로 긴밀하게 얽혀 있다. 다시 말해 사민문화를 통해서 대만 사회 저층에 깔린 사회적 갈등과 충돌, 긴장과 화합, 똑같은 것을 보면서도 서로 달리 해석하는 대만 역사와 사회사의 맥락적 흐름을 보고자 한 것이다. 특히 이 책은 나의 대만 체험이 깊이 녹아져 있다. 아무리 인터넷이 활발하다고 해도, 신체를 통한 직접적 접촉은 대체될 수 없다. 이 책에서 주장하는 대만의 '사민문화'는 단지 개념만이 아니라, 내가 발로 밟고 몸으로 경험한 대만에 대한 나의 조그만 생각이다.

나는 지적능력이 가장 왕성할 나이에 대만에서 10년 넘게 살았다. 그곳에서 여러 귀인들의 도움으로 대만의 명문대학에서 강의하는 기회를 가졌고, 한글 여행자를 위한 지도 번역작업에도 참여했으며, 대만의 문화재를 관리하는 단체에서 연구원으로도 있었다. 아울러 입장차를 달리하는 대만의 정치인들도 여럿 만났으며 대만의 미래를 두고 논쟁아닌 논쟁도 많이 했다. 또한 대만의 여러 장소들을 다녔다. 아리산의 신목神木, 란위蘭嶼의 다우족達悟族, 태평양 푸르른 바다와 어울리지 않는 정치범 수용소 뤼다오綠島, 슬픈 진먼金門의 특약차실, 타이베이 닝샤寧夏 야시장의 미식거리, 핑둥현 동강東港 수산시장의 참치회, 가오슝의 쇼산 찻집, 가오슝 다런로 부근 대만 친구들과 밤을 함께 노래했던 조그마한 가라오케 바, 그리고 무엇보다도 이 모든 장소는 단순한 여행지를 넘어, 나의 연구와 기억 속에 깊이 새겨져 있다.

특히 2025년 대만의 이도離島 방문은 기억에 남는다. 학교의 특별한 배려로 나는 연구 출장의 기회를 얻어 지룽基隆의 허핑도和平島, 소진먼小金門, 대진먼, 중국의 샤먼廈門, 구랑위鼓浪嶼를 둘러보았다. 그곳에서 나는 스페인의 오래된 식민 흔적과, 정성공의 파란만장한 삶, '소삼통小三通'이라는 현재 양안의 현실이 뒤얽힌 공간을 온몸으로 느꼈다. 최근 중국이 한국에 실시하는 무비자 정책으로 인해서 대만의 진먼에서 샤먼으로 특별한 검색 없이 오갈 수 있었다. 더구나 양안 간 긴장감도 과거와는 확연히 달랐다. 진먼 사람들 대부분 중국에 부동산을 소유하고 있었으며, 학생들 역시 진먼대학과 샤먼대학을 자유롭게 넘나든다. 나는 이 이질적인 듯 자연스럽게 맞물리는 진먼과 샤먼이라는 두 세계의 일상생활에서, 잠시나마 최근 남북한 관계가 떠올랐고, 장산곶에서 14km 떨어진 백령도가 내게 많은 생각을 안겨주었다. 현재 남북한의 지도자는 분명 지혜가 부족하다.

그리고 또 하나, 40도에 근접하는 대만 남부의 열대 여름은 잊을 수가 없다. 열기가 약간 가신 밤, 대만 맥주에, 살짝 구운 우위즈烏魚子를 곁들이면, 한여름 밤의 대만은 더없이 풍요로웠다. 하지만 그 자리에는 단지 미식뿐만 아니라, 말로는 쉽게 표현하기 어려운 정서가 녹아 있다. 대만 친구들 사이에서 일종의 천형처럼 따라다니던 '대만의 미래'에 대한 불안과 초조, 그리고 때로는 우울감까지—그 감정의 미세한 결들을 나는 곁에서 뚜렷하게 느낄 수 있었다. 그것은 단순한 개인적 정서가 아니라, 시대적 구조와 국제정세가 만들어낸 집단적 정조情調에 가까웠다. 그러면서도, 인간 사이의 우정이라는 것이 얼마나 깊고 단단한 것인지를 새삼 깨달았다. 학문이 닿을 수 없는 층위에서, 인간과 장소, 기억과 감정이 서로 얽히고 흐르는 장면들, 어쩌면 이 책은 그 모든 생생한 층위의 바닥에서 경험한 내용의 기록이며, 대만 친구들의 에너지가 분출된 것일지도 모른다.

이 책은 대만의 사민문화 그리고 냉전이 남긴 대만의 상처와 감정의 궤적을 조금이나마 되짚어보고자 하는 간절함이 있었다. 단순한 학문적 호기심을 넘어, 나는 늘 복잡한 대만을 이해하는 방편으로서 나만의 언어로 대만을 묘사하고 싶었다. 그것은 이론의 세계에 머무는 것이 아니라, 살아 있는 현실 속에서, 서로의 몸과 말을 통해 확인되고 감응되는 실천의 과제였다. 나는 그런 의미에서 '사민문화'라는 말에 오래전부터 천착해왔다. 다시 말해, 대만인의 정체성, '홍길동' 같은 국가적 지위는 고정된 틀이 아니라 때로는 타자와의 실천 속에서 열리고 때로는 폐쇄되는 구조가 사민문화의 영향일 수도 있다고 본 것이다. 바로 대만 친구들이 느꼈던 그 같은 불안과 초조함—대만 내부의 복잡한 심리적 지층의 원인을 사민문화를 통해 증명하고 싶었던 것이다.

사실 나는 한국과 대만의 학문 환경에 대해서도 일종의 좌절감을 안고 있다. 한국과 마찬가지로, 대만의 많은 지식인들은 스스로의 경제사, 사회사에 대한 진지한 탐구 없이, 서구 학계의 이론적 프레임만을 가져다 적용하는 것을 되풀이한다. 자신도 제대로 이해하지 못한 채 남용되는 추상적 용어와 감정적 언어가 지식인 사회를 뒤덮고 있다. 그러나 그와 대조적으로, 역사적 맥락에 대한 통찰이나 현실 정치에 대한 구체적이고 실증적 감각은 극히 희박하다. 다시 말해, 개념과 감정의 과잉이 실제 세계를 이해하는 능력을 잠식하는 상황이 벌어지고 있는 것이다.

이러한 '학문 사대주의'는 대만이나 한국이나 그다지 다르지 않다.

1950년 이후 한국사회와 대만 사회가 받아온 미국 중심의 신식민적 문화 구조—나는 이것을 조희연 교수의 '과잉 미국화' 혹은 '총체적 미국화'라고 부르고 싶다—는 대만 학계를 일방적인 방향으로 끌어가 버렸다. 일본 식민체제 잔재와 미국의 영향력 속에서 형성된 현대 대만 지식인들 가운데, 전문성과 비판의식을 동시에 갖춘 저항적 지식인의 모델을 찾기란 좀처럼 쉽지 않다.

물론 나 자신이 부족하다는 점은 잘 안다. 전문성도 부족하고, 이론적 세련됨도 아직 갈 길이 멀다. 하지만 한국이나 대만의 소수 지식인들이 마치 대만이라는 복잡한 공간을 마음대로 재단하고 단정하는 모습을 차마 보기 어려웠다. 특히 트럼프 집권 이후 대만의 전략적 가치가 한껏 올라간 요즈음은 더욱 그렇다. 그래서 이홍규 소장님의 출판 제의를 쉽게 받아들였고, 감히 펜을 들었으며, 이 책을 썼다. 내가 가진 모든 것이 완벽하다고는 말할 수 없으며, 내가 한 말이 비판받을 수 있다는 점 역시 기꺼이 받아들일 용의가 있다. 물질의 세계, 인간의 세계, 지식의 세계, 우주 즉 시간과 공간은 언제나 무상無常한 법이라는 사실을 알기 때문이다.

살다 보면 잃어버린 후에야 깨닫게 되는 것들이 있다. 무엇보다도 나는 김영화 교수님을 깊이 존경했었던 것 같다. 이제 그분은 고인이 되셨다. 그분은 필자의 스승이시자 동문 선배이셨다. 그분을 알게 되어 대만유학까지 가게 되었다. 우리는 때로는 스승과 제자로, 때로는 선배와 후배로 많은 이야기를 나누었다. 이제서야 그가 대만에 대해 설명한 내용들이 이해가 된다. 대만과 미국에서 유학한 그는 한국인 최초의 중국인민대학 교수였고, 대만의 2 · 28 사건을 비롯한 전후 대만 정치사의 주요 사건들을 크고 작은 술자리에서 일일이 필자에게 설명해 주셨다. 대만사회 안에 담긴 집단 기억과 트라우마를 분석해낸

그분의 말씀은 내가 이 책을 쓰면서, 대만을 바라보는 다중적이고 다각적인 시선을 이해하는 데 크나큰 도움이 되었다. 과거에 보이지 않던 것들이, 이제야 비로소 조금씩 보이기 시작한 것이다. 마치 산도 바라보는 방향에 따라 능선이 되기도 하고 봉우리가 되기도 하듯, 관점의 전환이란 참으로 빠를 수도 있고 느릴 수도 있다는 사실도 새삼 느낀다.

물론 지금 나의 연구는 아직 출발선에 있다. 시간과 역량, 모두 부족한 게 사실이다. 나는 대만에 대한 서발턴(subaltern) 연구를 본격적으로 시작한 지 오래되지 않았다. 그래서 아직 자신이 없고, 공신력 있는 답을 내놓기에도 조심스럽다. 그럼에도 이 글을 통해 필자가 얻고자 하는 바는, 대만의 역사와 문화를 바라보는 데 작은 디딤돌 하나를 놓는 것이다. 원주민, 이민, 식민, 후식민이라는 사민문화를 통해서, 특히 그동안 조명받지 못했던 족군, 그리고 시대적 정치환경에 따라 사라지거나 지워진 존재들의 이야기를 조금이나마 되살려 볼 수 있지 않을까 하는 생각에서다. 아직 갈 길이 멀지만, 그래서 더 많은 연구가 필요하지만, 이 과정 자체가 나에겐 뜻깊은 여정이다. 대만 사회를 이해하는 데 이 책이 누군가에게 닿아 작지만 의미 있는 울림이 되기를 희망할 뿐이다.

이 책이 나오기까지 여러 사람의 고마움이 있다. 다시 한 번 동서대 중국연구센터 이홍규 소장님께 깊은 감사를 전한다. 그는 이 책의 출간 제의와 함께 본서의 제목 또한 그가 지은 것이다. 이 지면을 빌려 깊은 감사를 전한다. 또한 『동아시아와 시민』이라는 느슨하면서도 진지한 연대의 울타리 안에서 함께해 준 지인들에게 깊은 감사를 전한다. 아울러 동서대 대학원생 신해운 양에게도 특별한 고마움을 표한다. 그는 『동아시아와 시민』의 교정을 세심히 살펴주었을 뿐 아니라,

사소한 일까지 성실히 맡아주었다. 그 모든 정성에 진심으로 감사를 보낸다. 아울러 이 책이 출간될 수 있도록 허락해 주신 도서출판 학고방 하운근 사장과 편집을 맡아준 조연순 팀장, 추윤정 대리께도 고마운 마음을 전한다. 끝으로, 병중에 계신 어머니의 쾌유를 이 지면에 마음 모아 기도드린다. 곁에 좀 더 오래 머물러 이별의 시간이 더디 찾아오기를 간절히 바란다.

2025년 동서대 연구실에서

용어와 표기 19

제1부

제국의 주변 29

제1장 사민문화와 서발턴 31

제2장 차이속의 동일성: 대만의 족군(族群, Ethnic Group) 41

Ⅰ. 족군의 개념 41

Ⅱ. 족군 형성 42

Ⅲ. 정치족군화(politicization of ethnicity) 48

제3장 식민植民: 강요된 타자의 자리 51

Ⅰ. 대만 식민사와 국제세력의 각축 51

Ⅱ. 연속식민連續殖民과 다중식민多重殖民 56

제4장 후식민(post-colonial): 식민의 기억 이후 59

Ⅰ. 후식민 개념과 한계 59
Ⅱ. 후(기)식민주의의 맥락과 문제의식 61
Ⅲ. 장남, 차남, 삼남 66

제5장 타이두臺獨와 후식민의 상관성 71

Ⅰ. 타이두와 두타이獨臺 71
Ⅱ. 타이두 발생의 배경 74
Ⅲ. 타이두와 후식민 문화의 연계 82
Ⅳ. 친일과 타이두 88

제6장 두 개의 거울: 대만과 한국의 동상이몽 95

Ⅰ. 대만과 한국의 지정학 95
Ⅱ. 대만과 한국의 친일 문제: 할양과 병탄 104

제7장 대만은 말할 수 있는가: 대만의 서발턴과 서발터니티 113

Ⅰ. 서발턴(subaltern) 113
Ⅱ. 대만의 서발턴적 속성 117
Ⅲ. 다중식민과 다문화의 융합처 129

제2부

기억의 심연 133

제8장 원주민족 135

Ⅰ. 원주민족의 명명命名 135

Ⅱ. 원주민족 분류 143

Ⅲ. 원주민의 동화와 대만인의 혈통 147

제9장 이민: 뿌리를 뽑고 다시 심는 운명 - 재식再植 165

Ⅰ. 이주와 이민 165

Ⅱ. 대만 정체성의 역사적 지층 168

Ⅲ. 대만 이민사의 전개 176

Ⅳ. 대만 이주민 분포를 통한 조적祖籍 탐구 194

Ⅴ. 결론 197

제10장 나한각을 통해서 본 청대 대만의 서발터니티 199

Ⅰ. 서론 199

Ⅱ. 나한각 연구의 서발터니티 202

Ⅲ. 나한각의 함의와 그 발생 배경 206

Ⅳ. 나한각의 사회활동 226

Ⅴ. 나한각과 유맹流氓의 현대적 의미 234

Ⅵ. 결론 238

제11장 금문특약차실 243

Ⅰ. 기억의 장場-금문 243
Ⅱ. 반공의 전초기지에서 국가폭력의 실험장으로 246
Ⅲ. 특약차실의 기원과 운영 구조 253
Ⅳ. 금문특약차실의 지속성과 특수성 260
Ⅴ. 특약차실의 시응생 271
Ⅵ. 말문이 막힌 존재들 287

제3부

보이지 않는 국가(Invisible Nation) 297

제12장 나라가 아닌 나라, 국민이 아닌 국민 299

Ⅰ. 두 개의 태양 305
Ⅱ. 대만의 국제조직 참여에 대한 베이징의 입장 312
Ⅲ. 올림픽대회 참가에서의 양안 명칭 경쟁 315

제13장 하나인가 두 개인가 327

Ⅰ. 민족일중의 의미 327
Ⅱ. 대만인과 중국인臺灣人對中國人 337
Ⅲ. 대만 민족주의와 탈중국화 345
Ⅳ. 정체성 347

제4부

주변에서 중심으로 355

제14장 정명正名을 향한 걸음 359

Ⅰ. ‘정명正名’ — 이름을 둘러싼 권력의 문제 361
Ⅱ. 대만 정명운동 363
Ⅲ. 민진당의 다문화 정치와 원주민 운동 365
Ⅳ. 민진당과 원주민족 간의 파트너십 협약 체결 378
Ⅴ. 천수이볜 시기의 대만 정명운동 381
Ⅵ. 차이잉원 시기의 대만 정명운동 383
Ⅶ. 범록진영의 원주민 정명운동과 원주민 내부의 정명운동 386
Ⅷ. 결론 393

제15장 대만과 중화민국: 중화민국이란 무엇인가 399

Ⅰ. 서론 400
Ⅱ. ‘중화민국’과 ‘대만’에 대한 각 진영의 관점 403
Ⅲ. 중화민국 4단계론 415
Ⅳ. 중화민국과 대만의 융합: 새로운 종합 423
Ⅴ. 결론 430

제16장 시간은 누구의 편에 있는가? 433

Ⅰ. 대만의 편 433
Ⅱ. 베이징의 편 439
Ⅲ. 통일의 관건적인 문제들 443

제17장 결론 463

부록 471

참고문헌 483

찾아보기 498

본서에서 사용된 주요 개념과 신조어는 독자의 이해를 돕기 위해 필자 고유의 '용어 표기 체계'에 따라 정리하였다. 기본적으로는 현지 발음을 따랐으나, 필요에 따라 한자 본래의 음가를 적용한 경우도 있다.

타이두臺獨, Taiwan Independence

'타이두'는 대만독립운동의 약칭으로, 제2차 세계대전 이후 외부 세력의 지원을 기반으로 대만을 중국 대륙으로부터 분리시키려는 분리주의적 사조를 의미한다. 오늘날 대만의 정치담론과 일상 언어에서 폭넓게 사용되는 용어로 정착하였다.

타이두의 핵심 목표는 중화인민공화국과는 별개의 주권국가, 즉 '대만공화국'의 수립에 있으며, 그 이론적 근거로는 대만법률지위미정론臺灣法律地位未定論, 대만주민자결론臺灣住民自決論, 대만민족론臺灣民族論 등이 제시된다.

이 사상의 논리는 네 가지 인식에 기초한다. 첫째, 대만은 중국의 영토가 아니며, 둘째, 대만 문제는 중국의 내정이 아닌 국제적 사안이고, 셋째, 중국 문화는 오히려 대만 문화의 일부에 불과하며, 넷째, 대만인은 중국인이 아니라는 인식이다.

타이두 담론을 이론적으로 이끄는 주체는 대개 국제법을 전공하거나 서구 학문과 사회 경험을 지닌 이들로, 대만 문제를 국제화함으로써 중국으로부터의 분리를 추구하고자 한다.

타이두는 그 성향에 따라 세 가지 유형으로 구분된다. 첫째, '급독急獨'은 가능한 한 신속히 독립을 공식화하고 새로운 대만헌법을 제정하여 대만의 주권국가 지위를 명확히 하려는 급진적 노선이다. 둘째, '완독緩獨'은 국제 정세와 국내 여건을 고려해 점진적으로 독립을 추진하려는 현실주의적 입장이다. 셋째, '이독已獨'은 대만이 이미 사실상 독립국가라는 인식에 기반한 노선으로, 현상유지를 독립의 완성 형태로 본다.

천수이볜陳水扁 전 총통과 현 총통 라이칭더賴淸德는 급독 성향에, 리덩후이李登輝와 차이잉원蔡英文 전 총통은 완독에 가까운 입장을 보여왔다. 베이징은 이처럼 상이한 독립 지향의 스펙트럼 전체를 포괄하여 이를 'A형 타이두'로 규정한다.

두타이獨臺

두타이는 양안이 각각 분리된 상태에서 통치되고 있는, 이른바 '분열분치分裂分治'의 현실을 인정하면서도 주권의 정통성은 여전히 중화민국에 존재한다고 보는 입장이다. 이 견해는 양안을 '하나의 중국(중화민국)' 아래 존재하는 두 개의 대등한 정치 실체로 간주하거나, 장기적으로는 '두 개의 중국' 체제로의 이행을 모색하는 노선을 취한다.

베이징은 이러한 입장을 'B형 타이두' 혹은 '궈두國獨'라 부르며, 그 실태를 중국 역사에서의 '편안일우偏安一隅', 즉 전 국토를 지배하지 못한 채 일부 지역에 안주한 왕조의 상태에 비유한다. 두타이 세력은 과거 중국 대륙 역시 중화민국의 영토에 속한다고 주장했으나, 1990년대 이후에는 주권主權과 치권治權을 구분하는 입장으로 선회하였다. 이들은 중화민국의 실질적 통치 권한이 타이완臺灣, 펑후澎湖, 진먼金門, 마주馬祖 등 이른바 타이펑진마臺澎金馬 지역에 한정된다고 본다. 따라서 중화민국은 이 지역을 실효적으로 지배하는 독립된 주권 국가이며, 중국 대륙은 그 통치 범위 밖에 있다고 주장한다. 이러한 입장은 대체로 전형적인 국민당 우파의 노선으로 분류된다.

또한 '화두/화독(華獨, 중화민국의 독립)'이라는 용어도 있다. 전 부총통 뤼슈롄呂秀蓮이 창안했다. 중국 대륙의 대만 문제 연구자들은 주로 '두타이/독대獨台'라는 표현을 사용하며, 이는 본질적으로 동일한 개념이다. '두타이/독대'란 곧 '독립된 대만' 혹은 '중화민국이 대만에서 독립적으로 존재한다'는 정치적 입장을 의미한다. 다시 말해, 현행 중화민국 체제가 이미 중화인민공화국과 상호 종속 관계가 아닌 별개의 주권 실체라는 인식 아래, 공식적인 독립 선언이나 새로운 국가 건설 없이도 현상 유지를 통해 대만의 주체성을 강화할 수 있다는 관점이다.

이와 같이 정의될 때, '화두/화독'은 '대만 독립을 명시적으로 추구하지 않거나, 이에 반대하면서 실질적 독립 상태를 인정하는 태도'를 가리킨다.

결국 타이두와 두타이 모두 '양안 분리'를 전제로 한 분열 지향적 사고라는 점에서 유사성을 지니며, 베이징의 시각에서 볼 때 양자는 모두 실질적인 분리주의(separatism)로 간주되어 본질적 차이가 없는 것으로 평가한다.

범홍泛紅진영

본서에서 사용하는 '범홍泛紅'은 중국공산당을 비롯해 '일국양제一國兩制' 원칙을 수용하거나 이에 동조하는 대만 내부의 단체 및 기관을 포괄적으로 지칭한다. 그 대표적인 사례로는 대만중국통일연맹台灣中國統一聯盟을 들 수 있다.

범람泛藍진영

중국국민당國民黨을 중심으로, 그로부터 분파된 신당新黨, 친민당親民黨 및 이들과 유사한 정치적 노선을 공유하는 단체와 기관들을 포괄하는 개념이다. 국민당의 상징색이 남색이기 때문에 흔히 '남색 진영'이라 불리며, 정치적 성향의 강도에 따라 심람深藍과 천람淺藍으로 구분된다. 이들 세력 간에 공식적인 조직 연계는 없지만, 기본적인 이념적 지향은 대체로 일치한다.

범람 진영은 전반적으로 대만 독립에 반대하고, 친중親中 성향을 보인다. 이들은 중화문화의 계승을 강조하며, 장기적으로 양안 통일을 이상적 목표로 삼는다. 또한 대만이 '중국'의 일부라는 입장을 견지하고 있으며, '하나의 중국' 원칙에 관해서는 92공식九二共識을 지지한다. 다만 그들이 주장하는 92공식은 "하나의 중국, 각자 표술一個中國、各自表述", 즉 양안이 각각의 방식으로 '하나의 중국'을 해석하고 표기한다는 의미를 담고 있다. 이때 이들이 말하는 '중국'은 중화인민공화국이 아니라 중화민국中華民國이다.

범람 진영에 속하는 주요 단체로는 남천행동연맹藍天行動聯盟, 쑨원학교孫文學校, 범람연맹민족단결협회泛藍聯盟民族團結協會 등이 있으며, 이들은 정치·사회적 활동을 통해 중화민국의 정통성과 '하나의 중국' 원칙의 유지를 핵심 가치로 삼는 노선을 견지하고 있다.

범록泛綠진영

범록泛綠은 대만 독립을 지지하는 정당과 단체들을 아우르는 개념이다. 대표적인 정당으로는 민주진보당民主進步黨, 시대역량時代力量, 대만단결연맹臺灣團結聯盟, 건국당建國黨 등이 있으며, 민간단체로는 대만교수협회, 대만사臺灣社 등이 포함된다. 이 용어는 범람泛藍 진영에 대응하는 개념으로 사용되며, 대만 독립을 추구하는 이념적 강도에 따라 심록深綠과 천록淺綠진영으로 세분된다.

범록 진영은 대중화주의大中華主義에 반대하고, 중화민국 체제의 정통성을 부정하거나 최소한 그 합법성에 의문을 제기하는 경향이 있다. 표면적으로는 '중화민국'을 인정하는 듯한 태도를 취하지만, 실제로는 이를 중국국민당 통치의 잔재로 간주하며, 대만의 주권 정체성과는 무관하다고 본다.

이 진영은 '정명正名'—즉, 국가의 공식 명칭을 '중화민국'에서 '대만'으로 바로잡는—운동을 통해 대만 본토주의적 정체성을 강화하려 한다. 특히 일제 식민 경험, 2 · 28 사건, 장제스 · 장징궈 시기의 백색테러, 38년간의 계엄통치 등은 범록 진영이 국민당 정권에 비판적 태도를 유지하고, 본토의 역사적 정체성을 강조하게 된 중요한 배경이다. 또한 일본 우익 세력의 암묵적 지지와 친일 정서의 역사적 잔향으로 인해, 범람 진영에 비해 상대적으로 친일적 성향을 보이는 점도 특징적이다.

범록 진영의 핵심 목표는 '중국과는 별개의 완전한 주권국가로서의 대만공화국' 건설이며, 이를 통해 '대만인으로서의 주체성'을 확립하고자 한다. 이들은 과거 국민당 통치 시기의 억압과 불평등을 극복하고, 대만 본토의 가치와 주권을 최우선으로 하는 국가 정체성을 지향한다. 대외적으로는 친미 · 친일 노선을 외교정책의 기본 축으로 삼고 있다.

한편, 중국 시장 진출 문제를 두고는 내부적으로 의견이 갈린다. 리등후이 시기에 신중론을 내세우는 '계급용인파戒急用忍派' 적극적인 대륙 진출을 주장하는 '서진파西進派'로 나누어졌다. 천수이볜 시기에는 안보를 고려해 전면적 '삼통三通' 개방에 신중한 태도를 보이며, 점진적 교류 확대를 추구했다. 이후 차이잉원 정부(2016~2024)는 '신남향정책新南向政策'을 통해 중국 경제 의존도를 줄이고, 동남아 및 남아시아 국가들과의 협력을 강화하는 방향으로 외교·경제 전략을 전개했다. 현재 라이칭더 정부(2024~) 또한 이러한 차이잉원 정부의 정책 기조를 계승하며, 대만의 외교적 자율성과 경제적 다변화를 모색하고 있다.

심록深綠진영

심록 진영은 급진적인 대만독립 노선을 따르는 세력을 의미한다. 이들은 '중화민국'의 존재 자체를 강하게 부정하며, 이를 국민당 외래정권의 지배가 연장된 형태로 간주한다. 내부적으로는 하루빨리 독립을 선포해야 한다는 급진파와, 대만은 이미 독립된 국가라는 현실주의적 입장으로 나뉜다.

이들은 '대만 정명臺灣正名'과 '신헌법 제헌制憲', 국제기구에서의 '대만' 명의 가입을 적극적으로 추진하며, 중국이 주장하는 '염황의 자손炎黃之孫'이라는 혈통적 정체성도 단호히 거부한다. 혈연상의 대만인을 원주민과 한족의 혼혈로 인식하고, 문화적 측면에서도 중국과 대만 사이에 더는 제대관계臍帶關係와 같은 연결은 존재하지 않는다고 본다. 즉, 중국 대륙과 대만은 역사적으로나 정체성 측면에서 아무런 관련이 없다는 입장이다.

이러한 관점에서 '하나의 중국' 문제는 오히려 명확하다. '하나의 중국'은 곧 중화인민공화국이며, 국제사회에서 '중국'이라 하면 그것을 의미한다는 것이다. 따라서 대만은 중국이 아니라, 독자적인 길을 가는 별개의 주체라는 인식이 이들의 정체성의 핵심을 이룬다.

천록淺綠진영

천록 진영은 온건한 성향의 녹색 진영을 가리킨다. 이들은 냉혹한 국제정치의 현실과 대만 내부의 정치적 역학, 그리고 민의를 종합적으로 고려하여 현재의 '대만'을 이미 실질적인 주권 독립 국가로 인식한다. 그러나 굳이 독립을 새롭게 선포할 필요는 없으며, 현 단계에서 대만의 국호는 '중화민국'으로 유지되어야 한다고 본다. 천록 진영은 비교적 실용적이고 현실주의적인 노선을 강조하며, 온건한 형태의 대만 독립 노선을 지향한다. 또한 혈연적 측면에서는 대다수의 대만인을 한인漢人 혈통으로 간주하며, 양안 간의 역사적·문화적 연속성을 인정한다. 반면 백색 진영도 존재한다. 이른바 남색과 녹색을 초월한 제3세력을 표방한 정당이다. 가령 2019년 당시 타이베이시 시장이던 커원저柯文哲가 대만민중당을 창당하였다. 하지만 민중당은 시간이 갈수록 남색진영에 가까워졌다. 현재 커원저의 당주석직 사퇴와 더불어 당세는 매우 미미한 실정이다.

중국中國

정체政體적인 의미에서 '중국'이라는 명칭은 1689년 청나라와 러시아가 체결한 네르친스크 조약中俄尼布楚條約에서 최초로 등장하였다. 이후 1949년 중국 대륙에서 공산당이 수립한 중화인민공화국(People's Republic of China)은 본문에서 '베이징 방면', '베이징', '중공', '대륙', '중국대륙' 등의 용어로 지칭한다. 반면, 1912년 쑨원이 건국한 중화민국(中華民國, Republic of China)은 '대만', '타이베이', 또는 '대만 방면'으로 표현한다. 본서에서 중국이라는 단어는 주로 중국대륙을 가리킨다.

이 책에서 '대륙'에 대응하는 개념은 '대만'이며, 이들 용어는 국가를 직접 지칭하기보다는 지리적 개념에 가깝다. 국호로서 '중국, 중화민국'이라는 명칭은 사실상 신해혁명 이후인 1912년에 이르러서야 비로소 정치적 정체성을 담은 공식 명칭으로 사용되기 시작했다.

하나의 중국원칙(구삼단론)

세계에는 오직 하나의 중국이 있고, 대만은 중국의 일부분이다. 중화인민공화국 정부는 중국의 유일합법정부다(世界上只有一個中國, 臺灣是中國的一部份, 中華人民共和國政府是中國的唯一合法政府).

하나의 중국원칙(신삼단론, 2002년 이후)

세계에는 오직 하나의 중국이 있다. 대륙과 대만은 하나의 중국에 속한다. 중국의 주권과 영토완정은 분할을 용납하지 않는다(世界上只有一個中國, 大陸與台灣同屬於一個中國, 中國的主權與領土完整不容分割). 2000년 첸치천钱其琛 부총리가 대만 매체와의 인터뷰에서 신삼단론을 밝혔다. 2002년 전인대 제9기 5차 주룽지朱镕基 총리가 정부 공작 보고에서 공식화 했다.

92공식(consensus, 九二共識)

1992년, 국민당과 공산당은 홍콩 회담을 통해 '하나의 중국'에 관한 암묵적 합의에 도달했다. 이는 이후 '1992년 양안 간 공통된 인식'이라는 의미로 92공식(九二共識, 1992 Consensus)이라 불리게 되었다.

베이징 측은 92공식을 "양안이 각자 구두口頭 방식으로 하나의 중국 원칙을 천명한 것"이라고 해석한다. 반면, 국민당은 '하나의 중국' 이라는 개념에 대해 "각자가 해석을 달리한다"(一個中國, 各自表述)는 입장이다.

현 대만 집권당인 민진당을 비롯한 범록泛綠 진영은 92공식이라는 존재 자체를 인정하지 않는다. 설령 그러한 합의가 있었다 하더라도, 이는 국민당과 공산당 간의 양당 밀약에 불과하며, 대만 민의와는 무관하다는 입장을 견지하고 있다.

현재 92공식은 양안 관계를 둘러싼 주요 정치 용어로 자리매김했지만, 그 기원은 2000년으로 거슬러 올라간다. 당시 민진당의 천수이볜陳水扁이 총통에 당선되자 양안 간 긴장 고조가 우려되었고, 이를 완화하기 위해 당시 국민당 정부의 대륙위원회 주임위원이었던 쑤치蘇起가 이 용어를 고안해 낸 것이다. 초기에는 베이징도 92공식을 공식적으로 인정하지 않았으나, 2005년 국민당 주석 롄잔連戰과 중국 공산당 주석 후진타오胡錦濤가 공동성명을 발표하며 이를 수용하기 시작했고, 이후 양안 관련 공문서에서 점차 사용되기 시작했다.

일반적으로 92공식은 '대만은 중국의 일부'라는 인식 아래 국민당과 공산당이 공유한 '하나의 중국' 원칙에 대한 공통 이해를 의미한다. 그러나 이 합의는 정식으로 서명하거나 조약 형태로 체결된 것이 아니라, 구두를 통해 형성된 불문不文 합의로, 그 내용과 해석에 있어 양측 간 차이가 존재한다. 현재 양안의 모든 갈등의 원인은 92공식의 인정 여부에서 발생한다.

중문표기법

1911년 신해혁명을 기준으로 그 이전은 한국한자음 방식으로 표기하고, 그 이후는 중국어 병음을 기준으로 음을 표기하였다. 특히 중국을 현지발음인 '중궈', 일본을 '니뽄'으로 표기하지 않듯이 가능한 타이완도 대만으로 표기하였다. 아울러 독자의 이해를 원활하게 하기 위해, 필자의 재량에 따라 고유명사와 인명 등 관습적 표기는 가능한 한 원형을 존중하였다.

제1부

제국의 주변

제1장

사민문화와 서발턴

들어가며

대만사는 한편의 식민사이며, 이민사이자 이주사이며, 남쪽에서 북쪽으로, 서쪽에서 동쪽으로 이어진 개간과 개척의 분투사이기도 하다. 이는 단순한 지역적 이동을 넘어, 다양한 민족과 집단이 서로 충돌하고 융합하며 만들어낸 역사적 과정이라 할 수 있다.

대만사를 거칠게 요약하자면, 원주민을 포함한 선주민이 후주민에 의해 지배와 착취를 당해온 400년[1] 역사라 할 수 있다. 동아시아 여러

1) 대만의 역사를 400년이라고 주장하면 불편해 할 사람이 적지 않을 것이다. 하지만 대만과 관련된 중국 사료의 기록을 보면, 가령 삼국시대에는 이주(夷州), 수나라 시기는 유구(流求)로 대만을 칭했다. 그러나 이주와 유구가 대만 또는 유구(琉球, 현 오키나와)를 가리키는지는 분명치 않다. 설령 이 기록이 대만을 지칭하더라도 이는 중국의 왕조가 대만의 원주민을 두 차례 노략질한 것에 불과하다. 물론 대만의 역사를 400년으로 단정하는 것은 무리가 있다. 기록이 없을 뿐이지 선사시대의 유적은 많다. 다만 본문에서 필자가 주장하는 대만의 400년 역사란 대만에 대한 구체적인 인문, 지리, 종족, 문화, 풍속을

지역에 비해 늦게 역사의 무대에 등장했다.

대만사의 시작은 1603년 진제의 『동번기』에서 비롯된다. 물론 그 이전에도 대만을 가리키는 다양한 명칭이 존재했지만, 대만의 일상적 생활상을 엿볼 수 있는 유일한 문헌은 『동번기』에서부터다. 그만큼 대만은 늦게 역사의 무대에 등장했으며, 대만 전역이 통치자의 권역에 완전히 편입된 시점 또한 일제 강점기에 이르러서였다.

대만의 역사와 문화를 살펴볼 때 두드러지는 점은 원주민의 터전에서 이민과 식민이 동시에 진행되었다는 사실이다. 이러한 식민과 이민, 개간과 개척의 시대를 거쳐 다인종, 다족군(multi-ethnic group), 다언어가 공존하는 이질적이고 혼종적인 사회로 발전하였다. 이처럼 다양하고 중층적인 문화적 특성을 분석하기 위해, 본서에서는 대만의 문화를 '사민문화'(四民文化, Four-min Cultures)라는 분석틀을 제시한다. 본 연구에서 제시하는 '사민문화'는 원주민, 이민(移民: 선이민 · 후이민 · 신이민), 식민植民, 후식민(post-colonial, 後植民)이라는 네 범주를 통해 형성된 문화적 층위를 포괄적으로 이해하기 위한 분석 개념이며, 대만의 역사적 전개와 문화적 변동을 총체적으로 파악하기 위한 목적으로 설정된 것이다. 이 개념은 필자가 대만의 서발턴(subaltern) 문제를 탐구하는 과정에서 도출된 문제의식에 기반해 마련되었으며, 본격적인 분석을 진행하기 앞서 대만 문화와 역사 구조를 거시적으로 조망할 필요성에서 출발했다. 다시 말해, '사민문화'는 대만을 구성하는 다양한 집단의 형성 과정과 상호 관계를 추적함으로써, 대만 사회의 복합적 구조와 정체성 형성의 궤적을 체계적으로 해석하기 위한 분석

알 수 있는 최초의 자료로서 1603년 진제가 쓴 『동번기』로 본다. 또한 맑시즘의 시각에서 대만 역사를 분석한 스밍의 저서도 『대만인 4백년사』다.

적 틀이자 개념적 도구로 기능한다.

본서에서 주장하는 대만의 역사는 사민문화가 복합적으로 얽히고설켜 쌓인 400년 식민과 이민의 역사다. 아울러 원주민과 이민, 식민과 후식민은 대만의 역사와 서로 긴밀하게 얽혀 있다. 가령 식민으로 인해서 일부 극소수를 제외하고 원주민 문화가 해체되었으며, 식민지 세력이 중국 연해 사람들을 대만으로의 이주민을 모집했거나, 혹은 자의에 의했건 아니면 타의에 의했건 위험을 감수하고 대만을 택한 경우다. 즉, 식민과 이민은 서로 분리된 과정이 아니라 동시에 진행되었다. 이민자들은 원주민을 압제하였고, 식민 세력은 필요에 따라 이민자들을 모집하기도 하였으며, 나아가 후이민 세력, 즉 늦게 이민 온 세력이 선이민 세력을 착취하는 상황까지 발생하였다. 이러한 상호작용은 대만 사회의 계층 구조와 권력 관계를 복잡하게 얽히게 하였다.

한편, 이글에서 필자가 '후식민'이라는 용어를 채택한 배경에는 식민이 끝난 이후부터 '후식민'이 시작되는 만큼, 식민 통치 종료 후에도 식민지 문화가 지속됨을 강조하기 위함이다. 즉 식민 통치가 종료된 이후에도 식민지 문화가 지속되는 양상을 강조하기 위해 사용된 것이다.

대만은 네덜란드·스페인의 서구 해상세력, 명·청 시기의 중화세력, 일본의 제국주의, 중화민국의 정권을 거치며, 연속적이고 다중적인 식민 경험을 축적해왔다. 때문에 '식민'이라는 용어는 대만사를 이해하는 출발점이자 종착점이며, 대만을 파악하는 핵심 단어라 할 수 있다. 달리 말해 식민의 문제는 대만 역사 전반에 긴밀하게 얽혀 있다. 우루이런의 주장대로 대만의 굴곡진 역사 그 자체가 '연속식민'과 '다중식민'이라는 특수성에 기인한다. 그 결과 식민은 필연적으로 권력에서 배제된 피착취자를 생산한다. 그러므로 탈식민주의 관점에서 볼 때, 식민 경험은 피식민자에게 단순한 정치·경제적 종속을 넘어 심리적·문화적 손상을 초래하는 폭력적 체제로 이해된다. 피식민자는 지배담론 속에서 자기 고유의 문화와 정체성을 부정하도록 강요받으며, 그 결과 식민 권력에 대해 모순적이면서도 감정적으로 의존하는 상황에 놓이게 된다. 이러한 구조적 현실 속에서 식민자는 결코 자선적 존재가 아니라, 제국적 이익을 극대화하기 위해 지배와 규율의 장치를 작동시키는 주체였다는 점이 분명해진다. 그 결과 이런 상황에서 권력에서 배제된 피착취민은 대개 '약자', '몫이 없는 자', '취약한 자'의 위치에 놓인다.

대만이 4백년 동안 연속적인 식민상태에 놓이면서 이들 문화는 대개 크레올성, 혼종성, 이질성을 그 특징으로 하게 마련이다. 만약 '서발턴(Subaltern)'을 대표성을 갖지 못한 개인이나 집단으로 정의하고, 이들의 권익을 대변할 조직이 제한적이며, 패권적 사회질서 속에서 이들의 목소리가 반영될 가능성이 차단된 존재 즉 말문이 막힌 존재로 규정한다면[2], 대만이라는 섬 자체는 역사의 시작과 더불어 그러한 서발턴적 속성을 지닌 존재였다고 할 수 있다.

더구나 1999년 전까지만 해도 현 집권당인 민주진보당(民主進步黨, 이하 민진당)은 대체로 장제스의 중화민국을 외래정권으로 규정했다. 이는 장제스 정권이 본토에서 패배한 뒤 대만으로 이전하면서 대만의 토착 사회와 단절된 채 외부 권력의 성격을 지닌 채 작동했다고 보았기 때문이다. 따라서 민진당은 중화민국 체제를 '대만화'하고, 대만본토사회 중심의 새로운 정체성 질서를 구축해야 한다는 정치적 과제를 강조해 왔다. 이는 지금도 진행중에 있다.

2) 강봉구, 「러시아의 포스트콜로니얼 정체성」, 재인용, 425쪽.

특히 대만의 근대는 원주민의 터전에서 이민과 식민이 동시에 이루어진 시기로, 이는 대만 원주민의 관점에서 본다면 네덜란드, 스페인, 정성공, 청나라, 일본, 중화민국이라는 제국의 식민지다. 아울러 오랫동안 외래정권의 식민을 경험한 대만은 형식적으로 식민통치가 끝났음에도 후식민(post colonial) 문화가 여전히 존재하고 있다. 이는 과거 식민모국의 정치적 압박과 경제적 박탈을 탈피하지 못하고, 아직 민족(nation)의 구축이 미완인 채로 남아 있는 것을 의미한다.

대만의 역사는 각 시대의 역사 배경, 지리 환경, 문화 정체성, 정치 상황 등과 밀접하게 연결되어 있으며, 외부 세계의 변화 속에서 끊임없이 재편되어 왔으며 시대에 따라 여러 민족의 점령과 충돌을 경험하였다. 식민통치자에 대한 호불호도 개인의 관점에 따라 각기 다르다. 더구나 대만은 17세기의 구제국주의와 19세기의 신제국주의, 중화세력과 반중화세력의 지배를 모두 경험하였으며, 또한 그 역사적 시기, 지리적, 문화적 정체성, 정치환경 등 당시의 복잡한 국제정치 상황과 관련을 맺고 있다.

다시 말해 대만은 여러 제국주의의 식민통치를 겪으면서 다양한 문화들이 혼재하게 되었고, 이러한 여러 이질적 문화가 섞여 있는 혼종성을 본문에서는 대만 문화의 특징 중 하나로 꼽는다. 이러한 식민과 이민의 경험은 대만 사회에 혼종성과 이질성을 남겼으며, 이는 호미 K. 바바가 『문화의 위치』에서 논한 '혼종성(hybridity)'의 개념과 맞닿는다. 즉, 문화는 고정된 경계가 아니라 차이들이 교섭하고 변형되며 유지되는 공간이다. 바로 대만의 문화 역시 원주민과 이민, 식민과 후식민의 복합적 층위 속에서 끊임없는 충돌과 융합을 거듭해 왔다.

바바의 혼종성 이론은 데리다의 영향을 받아, 단일하고 명확하게 경계 지어진 내부(자아)와 외부(타자)의 구분 대신 양자의 겹침과 혼합을 강조한다. 혼종성은 이러한 관점을 나타내는 용어다.[3] 문화는 절대적이고 고정된 경계가 아니라 차이들이 상호 교섭하는 공간으로 이해된다. 문화는 변형과 혼합의 과정을 통해 전달되고 유지되는데, 이는 다양한 차이들이 서로 다른 형태로 반복되며 유지되는 것을 의미한다.[4] 이러한 차이들은 주로 본토 문화와 혼혈 문화, 자아와 이중성 간의 구분을 통해 나타나는데, 중요한 점은 이러한 차이(변종, 혼혈)가 부정되거나 억압되는 것이 아니라, 오히려 혼종성은 차이들이 반복되고 변형되는 과정을 의미한다. 혼종성은 식민지 권력과 그 변형의 힘, 그리고 고정성과 관련된 생산성의 상징이라고 할 수 있다.[5] 물론 이러한 혼종성은 대만문화를 풍부하고 독특하게 만들기도 하지만, 다문화가 공존하는 대만의 이질적이고 혼종적인 다양성을 분석하는 것은 쉬운 작업이 아니다. 그러므로 대만을 한국과 유사한 패턴 즉 일제 해방, 과도기, 반공, 냉전, 계엄체제, 민주화 등 이런 도식으로 대만의 역사를 이해한다면, 대만의 전모를 완전히 볼 수 없다는 것이 필자의 판단이다.

대만은 사민문화를 바탕으로 하기에 여러 이질적인 문화가 중층적으로 쌓여 혼종 문화를 형성하고 있다. 이로써 인구, 족군, 언어, 이민, 정치성향 등 여러 분야에서 충돌과 갈등의 양상을 보인다. 그들의 입장 차이는 서로 다른 역사 해석, 개인의 경험, 정치 신념, 그리고 출신 지역에서 비롯된 것이고, 이제는 대만인과 중국인이라는 정체성의 분기, 대만 민족주의와 중화 민족주의간의 갈등 투쟁이 존재한다.

3) 박민수, 「문화 혼종성의 이론적 고찰-호미 바바를 중심으로」, 『인문학논총』 Vol.39, 경성대학교 인문과학연구소, 2015, pp.23-41.

4) 위의 주.

5) Homi K. Bhaba, 『문화의 위치』 나병철 옮김(서울: 소명출판사, 2022), p.250.

대만은 해양문화를 기반으로 형성된 사회로서, 역사적으로 네덜란드와 스페인이 추진한 식민 무역 체제, 명·청 시기 한족과 원주민 사이의 통혼과 정착, 일본 제국의 식민 통치, 국민당 정권이 이식한 중화문화, 그리고 미국 문화의 영향이 중첩되어 온 공간이다. 여기에 1980년대 이후 동남아 지역에서 유입된 노동 이민과 결혼 이민까지 더해지면서, 대만은 상이한 문화가 공존하고 교차하는 복합적 문화 지형을 이루게 되었다.

요약하자면, 대만은 다양한 이주 집단의 축적과 이동의 역사 속에서 형성된 전형적 이민 사회라 할 수 있다. 특히 대만의 근현대사는 네덜란드·스페인의 서구 해상세력, 명 정성공 세력의 중화 해상 네트워크, 청대의 개간과 이민 정책, 민란과 계투械鬪, 국민정부 시기의 2·28 사건과 백색테러, 성省·족군 갈등, 1979년 권위주의 시기 민주화의 단초를 연 미려도 사건, 1980년대 후반 이후의 민주화와 본토화 운동, 그리고 1990년대 이후 전개된 다문화·족군 정체성 운동 등 심대한 충돌과 변동의 과정을 겪어왔다. 그 결과 오늘날 대만 사회는 다원적 족군 정체성이 공존하면서 점진적 융합을 지향하는 방향으로 나아가고 있다.

그러나 이러한 역사적 진전에도 불구하고, 대만 내부의 문화적·정체성 갈등이 완전히 해소된 것은 아니며, 여전히 다층적 균열과 긴장이 공존하는 사회적 조건이 지속되고 있다.

특히 대만 내에서는 대만 민족주의와 중국 민족주의가 경쟁하고 있다. 이를테면 스밍史明의 『대만인 4백년사』로 대표되는 대만 사관과 롄헝連横의 『대만 통사』로 대표되는 중화 사관이 부딪히고 있다. 다시 말해 대만은 아직도 미완의 정체성 갈등, 즉 국가정체성과 민족정체성에 대한 갈등을 겪고 있다. 이는 사민문화가 완전히 융합하여 다족군 다문화의 민주화 된 사회로 진입하지 못하였음을 의미한다. 그러므로 대만 내부의 각 정치 진영은 통·독 논쟁 격화, 중화사관과 대만사관의 갈등, 중화문화 정체성과 대만문화 정체성을 구축하려는 시도가 서로 갈등한다. 이는 근본적으로 대만을 구성하는 족군의 복잡성과 원주민, 선이민, 후이민, 신이민의 역사, 여러 제국주의의 식민지를 경험하면서 누적된 역사의 기억이 아직 해결되지 못한 결과다.

특히 대만을 둘러싼 대륙 세력과 해양 세력의 갈등, 그리고 중화 정체성과 반反중국 정체성 간의 정치적·문화적 투쟁은 오늘날에도 지속되고 있으며, 이러한 구도 속에서 대만은 여전히 중요한 지정학적·전략적 공간으로 기능하고 있다.

역사적으로 대만은 국제 질서가 변화하는 과정 속에서 관문적 성격을 지닌 출입 공간이자 이주·교류의 접점이었다. 다양한 인종과 민족 집단이 이 땅에 유입되고 뒤섞이는 가운데 외부 세계와의 경제적 연결 역시 활발히 이루어졌으며, 이를 통해 대만은 제국주의 세력과 자본이 경쟁적으로 진입하는 전략적 거점으로 자리매김하였다. 이러한 역사적 전환과 충돌의 과정 속에서 원주민과 이방인, 피지배 민족, 식민자와 피식민자, 이민자와 난민 등 취약한 계층과 서발턴의 존재는 불가피하게 생성되고 재구성되어 왔다.

본 서는 대만의 역사와 문화적 전개를 총체적으로 이해하기 위해 사민문화를 핵심 분석 틀로 설정하고, 그 속에서 기존 정체성이 교차·융합되며 새로운 정체성이 형성되는 교잡성交雜性과 다층적 요소가 병존하는 다원성多元性의 양상을 살펴보고자 한다. 이를 위해 대만의 원주민 문화, 이민 문화, 식민 문화, 후식민 문화를 중심으로 다양한 족군 관계와 역사적 궤적을 추적하며, 그 과정에서 드러나는 '몫이 없는 자', '말문이 막힌 자', '취약한 존재'로 호명되는 서발턴(subaltern)의 위치와 의미를 탐색한다. 궁극적으로 본 연구는 대만 사회가 지닌 복합적 성격과 다층적 문화 구조를 사민문화의 관점에서 해석함으로써, 대만 문화 정체성의 형성과 변화를 보다 심층적으로 규명하고자 한다.

제2장

차이속의 동일성
: 대만의 족군(族群, Ethnic Group)

Ⅰ. 족군의 개념

대만만의 독특한 다문화 족군정치를 이해하기 위해서는 먼저 족군의 형성과 개념에 대한 사전 파악이 필요하다.

족군이란 공동의 조상, 혈연, 외모, 역사, 문화, 풍속, 언어, 지역, 종교, 생활습관, 국가 경험 등을 공유하는 집단을 의미한다. 족군은 민족의 개념과 유사하지만, 민족이 정치적 함의를 내포한 서구적 개념이라면 중문에서의 민족은 보다 중성적인 의미를 가진다. 일반적으로 족군은 영어의 Ethnic group, 국족國族은 Nation으로 번역되나, 두 개념이 완전히 일치하지는 않는다. 국족은 민족과 유사한 광의의 집합체를 가리키지만, 민족은 국가가 없어도 성립할 수 있는 반면, 국족은 국가를 전제로 한다.[1]

1) 范可, 「中西语境里的族群与民族」, 『广西民族学院学报(哲学社会科学版)』, 제25권 제4호 2003년.

최근 중국의 일부 학자들은 민족民族을 병음표기로 민주(Minzu)라고 표기할 것을 주장하기도 한다. 이는 현재 주류인 한족을 포함한 중국의 56개 민족이 유럽 국가에서 말하는 네이션(Nation)과도, 족군(Ethnic group)과도 다소 차이가 있기 때문이다.[2)]

국족 개념은 종종 정치갈등의 뿌리가 되기도 한다. 또한 정치 통일의 과정에서 약소한 국가는 국경이 분열되기도 하고, 여러 지역에 걸쳐 민족과 문화를 형성하기도 한다. 이러한 배경에서 국족과 민족 개념의 구별이 이루어진다. 전자는 반드시 국가를 필요로 하지만, 후자는 자치권이나 국가 형식을 필요로 하지 않는다.[3)] 이는 종족이 민족정체성 형성에 중요한 요소며, 종족정체성이 기반이 된 민족정체성은 국가정체성 속에서 중요한 위치를 차지한다는 점을 시사한다. 비록 국가정체성과 종족 문제가 반드시 통일되어야 할 필요는 없지만, 특히 대만에서 이 두 문제가 동시에 제기되는 이유는 대만이 겪은 다중의 식민지 경험이 그 이유라고 할 수 있다.[4)]

Ⅱ. 족군 형성

대만의 역사와 문화가 문헌에 체계적으로 기록되기 시작한 시기는 약 400년에 불과하며, 이는 유구(琉球, 류우큐우, 현재의 오키나와)보다 후대의 일이다.[5)]

---

2) 중국 광둥성 민족종교사무위, http://mzzjw.gd.gov.cn/mzzjw/dtyw/zmhd/wdzsk/mzsy/content/post_3288731.html(검색일, 2022.04.19.)

3) 이원봉 · 임규섭 2009, pp.153-180, 「대만의 국가정체성과 양안관계」, 『아태연구』, 16(2).

4) 張茂桂, 1998.

5) 대만에 대한 여러 기록이 존재한다. 하지만 문헌에 나오는 이주(夷州), 유구

다문화적 시각에서 바라볼 때, 대만이라는 섬은 다섯 갈래 뿌리가 어우러져 빚어진 공간이다. 먼저 ① 남도계통(Austronesian)의 원주민이 그 기원을 이루고, 이어 ② 명말 · 청초의 이주 물결 속에 복건성 남부 장주 · 천주에서 건너온 민남인閩南人이 섬에 뿌리내렸다. 여기에 ③ '중국의 유대인'이라 불리며 강한 결속과 생존력을 지닌 객가인(하카, 客家人)이 광동 조주 일대에서 건너와 또 하나의 흐름을 보탰다.[6] 아울러 현대에 들어서서는 ④ 국 · 공 내전에 실패하여 대만으로 이주한 외성인外省人[7] ⑤ 1980년대 말 세계화와 더불어 대만으로 온 결혼 이주민과 노동 이주민이다. 즉 신주민[8]으로 구성된다. 이들 신주민은 대다수의 중국적 여성과 동남아 여성으로 구성되어 있다.

대만에서 족군 문제가 왜 '계급' 문제보다 더 큰 비중을 가지는지는 역사적 맥락에서 이해할 수 있다. 미국과 마찬가지로 대만 역시 이민자들로 구성된 사회이기 때문에, 이러한 정착민 국가(settler state)에서는 종족 문제가 계급 문제를 압도하는 경향이 있다.[9] 이 때문에 미국 정치사에서도 사회주의가 큰 영향력을 미치지 못했던 것이며, 대만 역시 이와 유사한 구조를 가진다.[10]

예컨대, 2000년 대만 사상 최초의 정권 교체을 이룬 천수이볜의 취임식에서 그가 내놓은 '4불 1몰유四不一沒有' 선언[11]은 그 성격상 좌

(琉球)가 오늘의 대만을 가리키는 지는 이설이 존재한다.

6) 객가인은 중원의 난을 피해 남쪽으로 천이해 온 한족을 말한다. 혈연적인 의미보다는 문화적인 의미가 강하다.

7) 葉高華, "從解密檔案重估二戰後移入臺灣的外省籍人數", 『臺灣史研究』 第28券第3期, pp.211-229.

8) 원래 외성인을 신주민이라 칭했다. 현재는 주로 중국, 동남아 등 국제결혼을 통해 대만으로 이주한 사람을 일컫는 용어다.

9) 최원식 외, 『제국의 교차로에서 탈제국을 꿈꾸다』, 창비, 2008, 339쪽.

10) 위의 주.

우 이념을 겨냥한 것이 아니었다. 이처럼 대만 정치에서 좌파와 우파의 경계는 뚜렷하게 그어지지 않는다. 이는 대만이 다족군 이주사회를 토대로 형성되었기에 정치 · 사회 담론의 중심축이 '정체성' 구축에 맞추어져 있기 때문이다. 다만 미국의 역사와 판이한 점은, 대만이 장기간 외래 정권의 연속식민 지배를 경험해왔다는 사실이다. 바로 이러한 역사적 조건이 진보적 사회주의 담론이 대만 사회에 깊이 뿌리내리기 어렵게 만든 토양이다.

〈표 1〉 대만의 족군과 인구분포

	원주민족	민남인	객가인	외성인	신주민
성적구분	본성인	본성인	본성인	외성인	외성인
이민 시기	6000~ 1000년 전	주로 명말 청초	민남인 보다 뒤에 대만에 이주	1949~1956 (약 102만 명이 대만으로 옴)	80년대 이후
출신 지역	중국대륙연해, 동남아 등 여러 설이 있음	주로 복건성(장주부, 천주부)	주로 광동성(조주)	중국 전역	중국, 동남아 결혼이민
비율	3%	69%	16.2%	5.5%	3%
언어	원주민어	민난어 (대만어)	객가어	중국어	다언어

출처: 필자 정리, 외성인 수는 102만설, 150만설, 200만설 등 분분하나, 필자는 葉高華의 논문을 따름.

11) 사불일몰유(四不一沒有)는 제10대 중화민국 총통 천수이볜(陳水扁)이 2000년 5월 20일 취임식에서 발표한 정치적 선언으로, 그 주요 내용은 다음과 같다."중국 공산당이 대만에 대해 무력행사를 할 의사가 없는 한, 나는 재임 기간 동안 독립을 선언하지 않을 것이며, 국호를 변경하지 않을 것이고, '양국론'을 헌법에 편입하려 하지 않을 것이며, 현상을 변경하는 성격의 통일 · 독립 국민투표를 추진하지 않을 것이다. 또한 국가통일강령과 국가통일위원회를 폐지하는 문제도 없을 것이다." 그러나 이 선언은 지켜지지 않았다.

다시 말해서 필자는 기존의 4대 족군 분류인 원주민, 본성인(민남인, 객가인), 외성인에 더하여 주로 1980년대 이후 중국, 동남아 여성과의 결혼이민으로 형성된 신주민을 합쳐 5대 족군으로 분류한다. 현재 신주민의 2세들은 성년이 되어 투표에 참여하고 있다. 이처럼 대만의 인구 구성은 갈수록 복잡하고 다양해지고 있다. 대만의 인구 구성을 이루는 층위와 결은, 각 집단이 이주와 함께 지고 온 문화의 복잡성을 드러낸다. 오늘날 원주민은 전체 인구의 3%(2022년)에 머무는 반면, 신주민은 이미 그 수를 추월하였다.[12)]

위의 도표에서 보는 바와 같이 대만의 인구 구성은 각자 이주한 지리적 환경, 이민 시기, 문화 정체성, 정치성향 등 당시의 복잡한 시대적 정황과 관계를 맺고 있다. 더구나 대만은 그 문화에 있어서 중국과 구별되는 특수성을 보인다. 물론 남색 진영과 홍색진영의 주장을 따르면 양안은 동문동종同文同種이다. 특히 복건성閩과 대만의 관계 즉 민·대관계는 지연地緣, 혈연血緣, 문화, 상업 등 특수한 연원을 지니고 있다.[13)] 또한 복건성과 대만 간, 정치·행정·법적 제도적 관계의 구워도 매우 깊은 것은 사실이다. 사실 대만은 1863년 청나라 강희 연간에 행정기구를 설립하여 줄곧 청 광서光緒 11년 즉 1885년 대만이 대만성으로 되기 이전까지 200여 년간 복건성에 예속되어 있었다.[14)] 이처럼 대만은 중국 문화와 뗄 수 없는 불가분의 관계에 있다. 하지만 필

12) 中華民國內政部移民署, https://www.immigration.gov.tw/5382/5385/7344/7350/8887/(검색일: 2023. 06.14).

13) 복건성인민정부 대만·홍콩·마카오 사무 판공실, "민대5연관계(閩台五緣關系)", http://www.fjtb.gov.cn/history/201308/t20130812_4593967.htm(검색일: 2023.06.14).

14) 위의 주.

자의 판단으로 볼 때 대만 문화는 중국의 대륙 문화와는 달리 기본적으로 해양문화의 특색을 띤다. 게다가 남도민족(南島民族, Austronesian)의 원주민, 네덜란드, 스페인, 일본 및 중화, 미국 문화 등이 혼합되어 있고, 최근에는 주로 동남아 출신의 노동 이주민, 결혼 이주민 등 동남아 문화 등 혼합적인 다문화 특성을 보인다.

요컨대 대만의 역사는 이주와 이민이 끊임없이 중첩되어 온 역사다. 오늘날 대만 사회를 구성하는 집단들은 다만 대만에 도착한 시기의 선후가 다를 뿐, 모두 어떤 형태로든 이민의 흐름 속에서 자리 잡았다. 더구나 역사적으로 살펴보면, 대만에서는 외부로부터의 이민과 이를 관리 · 통제하려는 식민 권력이 동시적으로 작동해 왔으며, 이 두 과정은 상호 영향을 주고받으며 대만 사회의 구조를 형성해 왔다.

특히 명말 청초의 이민은 생계에 쫓겨 모험을 감행하여 대만으로 이주해 온 사람들이 대부분이었다.[15] 이 시기 대만해협을 건넌 사람들은 주로 단신의 남성이었으며, 이들은 대만 원주민과의 통혼을 통해 현지에 정착하게 되었다. 이와는 별도로, 대만으로 이주한 다른 유형의 집단도 존재한다. 예컨대 명말 청초 시기 정성공鄭成功의 세력이나 중화민국 장제스 정권의 대만 이주는, 전쟁에서 패하고 대륙 경영에 실패한 이후 대만으로 이동한 경우였다. 특히 국공내전에서 패한 국민당 군대의 대부분은 단신 장병으로 구성되어 있었으며, 이들은 1949년부터 1956년까지 약 102만 명에 달하는 규모로 대만에 도착하였다.[16] 이와 마찬가지로 청나라에 패해 대만으로 온 정씨 정권 역시 단신 장

15) 강병환, “다문화교육을 통한 대만인 정체성 구축”, 『중국지식네트워크』 제19호(서울: 국민대중국인문사회연구소, 2022, pp.175-183.

16) 葉高華, “從解密檔案重估二戰後移入臺灣的外省籍人數”, 『臺灣史研究』 第28劵第3期, 2021년, pp. 211-229.

병 위주였고 당시 대략 2만 5천명 가량이 대만으로 왔다.[17] 더욱이 정씨 정권은 시종일관 남명의 영력제永曆帝를 정통 황제로 숭앙하였다. 당시 영력제는 이미 1662년 오삼계에게 포획되어 사망했음에도 불구하고, 1683년 정경鄭經의 아들 정극상鄭克塽이 청나라에 항복할 때까지 무려 21년간 영력 연호를 계속 사용하였다. 정씨 정권은 청나라 만주족에 맞서 '대명중흥大明中興', '반청복명反清復明', '반만복한反滿復漢'을 정치적 구호로 삼았다. 이러한 역사적 행보는 1949년 국공내전에서 패배한 장제스가 대만으로 철수하며 추진한 반공대륙反攻大陸 전략과 역사적 유형 면에서 흡사하다.

국민당은 1949년 공산당에 패해 대만으로 퇴각한 이후, Ronald Weitzer가 말한 이른바 '정착민 국가(Settler State)'를 대만에 세웠다.[18] 이는 '선주민을 지배하는 새로운 이주자가 세운 국가'로서, 이주정권이 세운 정치 시스템은 절대적 우위를 갖는다. 국민당 세력은 대만에 온 이후 1987년 까지 계엄령을 실시하며, 군대, 경찰, 정보, 사법, 언론, 교육, 금융 등 거의 모든 자원을 장악하며 그야말로 거대한 통치기구를 형성했다. 이 당·국가 체제는 '반공, 공산당 타도'를 명분으로, 대만 내부에서는 그야말로 막강한 절대 힘을 발휘하며 누구도 저항할 수 없게 만들었다. 국민당은 이처럼 전방위적인 지배를 대만에서 오랜 시간 이어왔기에, 대만이 민주화된 이후에도 군대, 경찰, 정보, 교육, 사법, 언론 등 각 분야는 국민당의 세력 아래에 놓여 있었다. 즉 정성공

17) "台湾历史", http://gothenburg.china-consulate.gov.cn/ztlm/twwt/ljtw/200512/t20051204_4012238.htm(검색일: 2023.05.14).

18) Ronald Weitzer의 개념을 따르는 정치사회학적 맥락에서는 "이주정착국가"가 더 적확할 수 있고, 역사학적·식민주의 연구 맥락에서는 "정착민 국가"라는 표현이 익숙할 수 있다.

과 장제스 모두 중국 대륙을 회복하기 위한 기지로서 대만을 이용했다.[19)]

Ⅲ. 정치족군화(politicization of ethnicity)

1987년 7월 38년 동안 지속되었던, 대만의 계엄령 해제를 대만 민주화의 시작으로 본다면, 민주화 이후 지금까지 대만의 정치는 족군정치라 해도 과언이 아니다. 그만큼 현재 대만의 정치 지형을 이해하기 위해서는 대만의 정치족군화에 대한 이해는 필수적이다. 초기의 다족군 운동은 소수 민족 집단의 문화적 권리와 조직 결성의 자유를 중심으로 전개되었으나, 이는 단순한 문화운동을 넘어 대만의 정치 · 경제 · 사회 구조 변화와도 깊이 연결되어 있었다. 특히 민진당을 비롯한 타이두 세력은 자신들의 독립운동과 대만 주체성 강화를 위한 정치적 목적을 실현하기 위한 전략적 방편으로 선거에서 족군 문제를 적극 활용하였다. 그러므로 대만의 다문화주의 발전은 종종 소수 집단의 문화권과 집단권의 관점에서 논의되지만, 실제로는 정치족군화 및 국족정치라는 관점에서 이해할 필요가 있다.

정치족군화는 민족, 인종, 언어, 종교, 지역 등과 같은 집단 정체성이 단순한 문화적 차원을 넘어 정치적 분열과 동원의 주요 기반으로 전환되는 현상을 의미한다. 이러한 상황에서는 각 집단이 상이한 정치적 요구와 입장을 가지며, 정치 영역에서 자신의 집단적 이해를 관철하기 위해 조직화되고 동원된다. 다시 말해, 집단 정체성이 정치적 갈등의 핵심축으로 부상하는 것이다. 이러한 정치족군화는 다민족 사회

19) 張德水, 『激動！台灣的曆史: 台灣人的自國認識』(台北: 前衛, 1992), p.41.

나 식민지·이주·전쟁 등의 역사적 경험을 가진 지역에서 두드러지게 나타난다. 가령 대만사회에서 본성인과 외성인 간의 갈등이 정치적으로 재편된 사례가 대표적이다. 대만에서는 본성인을 기반으로 한 민주진보당과 외성인을 중심으로 한 국민당 간의 정치적 대립이 민족 정체성과 밀접하게 연결되어 전개되어 왔다.

가령 대만 총통 차이잉원蔡英文의 가계를 보면, 할아버지는 광동적 객가인, 할머니는 파이완排灣족 원주민, 어머니는 민남인 출신의 본성인이다. 즉 원주민, 객가인, 민남인이 모두 관계되어 있다. 성적省籍은 본래 지리적 경계로 인간을 구분하는 것이나 대만에서의 성적문제(주로 본성인과 외성인)는 오히려 중요한 정치현상이다. 다시 말해, 성적省籍은 원래 단순한 출신 지역의 구분이지만, 대만에서는 본성인과 외성인이라는 집단 정체성을 통해 정치적 의미를 띠게 되었으며, 이로 인한 갈등은 대만의 다문화 정치 구조에서 핵심적이고 불가피한 요인이다.

제3장

식민植民
: 강요된 타자의 자리

Ⅰ. 대만 식민사와 국제세력의 각축

대만은 동아시아 해역에서 활 모양으로 생긴 군도의 중추 요충지 중 하나로, 세계에서 가장 늦게 근대에 진입한 지역임에도 불구하고, 일찍이 유럽, 아시아 및 미주의 항해 노선에서 중요한 중계 기지로 기능하였다. 이로 인해 17세기 이후 유럽 제국주의의 팽창 과정에서 대만사는 국제무대에 등장하게 되었다.

대만은 제국주의 선박의 정박지로서의 역할을 했을 뿐만 아니라, 여러 나라가 탐내는 전략적 요지이기도 했다. 17세기 대만에서 시작된 네덜란드, 스페인, 명정明鄭의 식민 통치 과정을 살펴보면, 대만 섬의 동서 수역은 지극히 민감한 지정학적 공간이었으며, 상업적 · 정치적 · 전략적 교류가 상상을 초월할 정도로 활발하였음을 알 수 있다.

명나라 시기의 정화鄭和의 남해 원정 역사는, 해양 패권 경쟁 속에서 항해 기술과 해양 영토 및 해양 권력의 정치적 운용만으로도 대만 해협을 비정상적으로 바쁘게 만들 수 있었음을 보여준다. 17세기 네덜란드 선박이 동남아에서 출발하여 필리핀 해 서쪽을 거쳐 대만 해협이나, 바시 해협을 지나 동북아의 일본이나 한국으로 항해한다고 상정할 때, 단지 해양 수문海洋水文 즉 해류, 조석, 염분, 수온, 파도, 해수의 순환과 기상만이 아니라 중국이나 스페인 식민 국가의 영해 감시에도 주의를 기울여야 했다. 여기에 더해, 17세기 이후 동아시아 및 동남아시아 해역에 존재했던 다양한 세력들, 예를 들어 해적이나 어민들의 경쟁은 대만 동서 해역을 더욱 복잡하고 분주하게 만들었다.

16-7세기 대항해 시대, 스페인, 포르투갈, 네덜란드, 영국 등 유럽의 제국주의 국가들은 아시아, 아프리카, 아메리카 대륙을 점령하고 식민지를 건설했다. 이른바 구제국주의다. 또 19세기 중엽 이후, 유럽, 미국 등의 공업 국가와 일본은 다시 아시아, 아프리카 및 낙후된 국가를 점령하고 분할하였다. 즉 신제국주의다.

대항해 시대에 접어들면서 과거 제국의 주변부에 머물던 대만은 이제 서태평양의 교통 중추와 전략의 요충지로 변모하게 된다. 비단 동아시아 무역의 허브지대일 뿐만 아니라 각 세력이 쟁탈하는 근거지가 되었다. 이는 오늘날에도 같은 원리로 작용하고 있다. 미국의 인·태 전략은 곧 이해제륙以海制陸 즉 바다로서 대륙을 제어하는 것이다. 즉 해양세력과 대륙세력이 승패를 다투는 장소인 셈이다.

대만은 지정학적으로 해양세력과 대륙세력, 중화세력과 반중화세력이 충돌하는 지점에 위치한다. 두 세력의 단층(fault line)에 놓여 있기에 각기 어느 세력이 굴기하는가에 따라서 대만의 운명이 결정되었다. 대만은 17세기의 구제국주의와 19세기의 신제국주의 열강의 식민지를 모두 경험했다. 네덜란드(1624~1662, 38년), 스페인(1626~1642, 대만 북부 16년), 명나라 정씨왕조(1662~1683, 21년), 청나라(1683~1895, 212년), 일본(1895~1945, 51년), 중화민국(중국대륙 1912~1949, 1949

이후 대만) 등 복잡한 식민의 과정을 경험했으며, 식민지에 대한 일반 민중의 기억도 각기 다르며, 식민지 통치에 대한 호불호도 족군의 관점과 태도에 따라 엇갈린다. 여기에 더하여 후식민 문화 현상도 두드러진다. 식민지가 끝났음에도 불구하고 식민지를 동경하는 정서는 심하다.[1] 이는 후술하겠지만 타이두와 상관성을 지니고 있다. 특히 현재 대만의 집권당인 민진당은 1999년 대만전도결의문이 통과되기 이전까지만 해도 장제스의 중화민국을 외래통치집단으로 인식했고, 대만을 재식민지로 규정했다. 게다가 최소한 대만의 진보적 재야 지식인들조차도 1987년 말까지, 즉 38년 동안 대만에 실시되었던 계엄령 해제까지를 중화민국 국민당 정부에 의한 재식민지로서 대만을 규정하는 성향이 강했다.

〈표 2〉 역대 대만의 통치세력

국가	시기	통치기간	비고
대두왕국 (大肚王國, Middag)	(?~1732)		원주민 연합 부락연맹국가, 질란디아일기: 군주 (vorst, 영주, 제1인자), 바타비아일기: 번자왕 (원주민왕, 番仔王, Quataongh)
네덜란드	1624~1662	38년	타이난, 가오슝 일대
스페인	1626~1642	16년	대만 북부
명정	1662~1683	21년	남명 정권; 동녕왕국
청나라	1683~1895	212년	만주족
일본	1895~1945	51년	대만 전역
중화민국*	1945~1949	5년	과도기, 행정장관 천이

1) 2011년 동일본 쓰나미 때 대만인의 기부액, 리등후이의 야스쿠니 신사참배, 센카쿠 열도에 대한 발언. 아베 총리 피습 사망 후 가오슝에 아베 동상 건립 등.

국가	시기	통치기간	비고
중화민국 (국부천대)	1949~1988 (범록진영: 재식민지)	38년 계엄통치기	민진당: 1999년 대만전도결의문 통과 이전까지 중화민국을 외래정권으로 규정. 공산당: 1912~1949 (중화민국 멸망)
		진먼 · 마주 43년 간 계엄 통치	
중화민국(대만) 대만=중화민국	1988~현재		중화민국의 대만화

범록진영은 중화민국(국부천대) 시기를 재식민으로 규정한다(천잉쩐과 천팡밍의 논쟁을 참고하라). 범람진영은 1945년 10월 25일을 대만광복절로 인식한다.
출처: 필자 정리.

17세기 대항해 시대가 도래하면서 대만은 서태평양의 교통 요충지로 부상하였고, 이 시기를 기점으로 본격적으로 국제무대에 모습을 드러내기 시작했다. 더구나 서구 제국주의 세력이 동아시아로 몰려들던 때, 중국 대륙은 마침 명 · 청 교체기의 대혼란 속에 빠져 있었다. 이러한 상황 속에서 제국주의 열강은 대만을 둘러싸고 치열하게 각축을 벌였으며, 그 과정에서 대만으로의 이민과 식민이 동시에 진행되었다. 결과적으로 대만은 중개무역의 중심지로 변모함과 동시에 국제 세력의 쟁탈전이 벌어지는 무대로 전환되었다.[2] 이는 현재에도 유사한 원리로 작동하고 있다. 다시 말해 대만은 오랫동안 해양세력과 대륙세력이 교차하고 교류하며 경쟁과 충돌을 벌이는 지점이었으며, 중국세력과 반反중국세력이 맞서 투쟁하는 경쟁지대였다.

대만의 역사에서 국제 열강들은 대만을 두고 크게 세 차례의 대각축전을 벌였다. 그 결과 승자는 모두 대만을 지배했고, 패자는 물러났

2) 강병환, 하나의 중국, 2021, 학고방 p.55.

다. 첫 번째 대경쟁은 대략 1586년부터 1683년까지의 시기로, 16세기 말엽부터 네덜란드, 스페인, 일본, 정씨 정권, 청나라가 대만을 두고 치열한 경쟁을 전개했으며, 일본을 제외한 모든 세력이 한 차례씩 대만을 통치했다.[3)]

두 번째 경쟁은 1840년 아편전쟁을 기점으로 1895년까지 이어졌으며, 이 시기에는 미국, 영국, 프랑스, 일본 등이 대만을 놓고 다투었다. 결국 청·일 전쟁에서 승리한 일본이 대만과 펑후 제도澎湖諸島를 할양 받아 지배하게 되었다.[4)]

1945년 일본이 패망하자, 장제스가 대표하는 중화민국이 대만을 접수하였으며, 1949년 12월 5일 대륙에서 패배한 중화민국이 '국가' 전체를 대만으로 가져왔다. 이른바 국부천대(國府遷臺, The Great Retreat)하여 대만은 반공대륙反攻大陸의 기지가 되었다.

현재와 같은 양안 현상이 고착된 배경에는 한국 전쟁의 영향이다. 즉 1950년 6월 한국 전쟁이 발발하자 미국은 장제스 정권을 포기한다는 기존의 입장을 바꾸고, 미군 제7함대는 대만해협으로 이동하여 공산당의 대만 진공을 차단하였다. 다시 말해, 한국전쟁 발발 시 미국이 취한 첫 번째 군사 조치는 한반도로의 병력 전개가 아니라, 대만해협 봉쇄였다. 이 조치로 인해 마오쩌둥의 대만 통일 계획은 사실상 좌절되었으며, 미군이 대만해협을 가로막자, 중국은 전략적 초점을 북한으로 전환할 수밖에 없었다. 그 결과, 대만으로 패퇴해 있던 국민당의 장제스는 기사회생하게 되었다.

이 시점부터 대만은 중국 본토와 분리되었고, 1980년대 후반부터

3) 위의 주, pp.53-55.

4) 위의 주, p.56.

진행된 대만 민주화와 본토화 과정을 거치며, 현재는 대만독립을 당강으로 채택한 민진당과 양안 통일을 지향하는 국민당이 경쟁하는 정치 구도가 자리 잡았다.

국제정치학적 관점에서 대만해협 상황을 정리하면, 현재는 대만을 둘러싼 세 번째 해양세력과 대륙세력 간의 대각축으로 볼 수 있다. 즉, 1941년 이후 중국, 미국, 일본은 대만을 중심으로 끊임없는 경쟁과 충돌을 이어왔다. 특히, 중 · 미 간 경쟁과 충돌의 최전선이 바로 대만이다.

대만을 지정학적 가치의 거점으로 인식하는 시각은 이미 오래전부터 존재해왔다. 제2차 세계대전 당시 미 해군 작전 총사령관 어니스트 킹 제독은 대만을 "병 속의 코르크 마개"에 비유하며, 이를 지배하는 세력이 남중국해를 통제할 수 있다고 단언하였다.5) 이는 오늘날 미국과 중국이 대만을 중시하는 이유를 설명하는 데 원인이 된다. 나아가 더글라스 맥아더는 대만을 '불침의 항공모함'으로 보았다. 불침의 항공모함과 잠수함 보급 기지(unsinkable aircraft carrier and submarine tender)는 미국의 소련 및 중국에 대한 봉쇄 전략을 뒷받침하며 아시아 해안선 전반에 걸쳐 공산주의 운동을 제약하는 데 기여했다.

Ⅱ. 연속식민連續殖民과 다중식민多重殖民

대만의 4백년 역사를 전체적으로 조망해보면 우루이런吳叡人의 주장에 일리가 있다. 사실 대만의 식민 경험은 '연속식민'이라는 역사적

5) Samuel Eliot Morison, The Two-Ocean War: A Short History of the United States Navy in World War II (Annapolis, Md.: Naval Institute Press, 1963), p.476.

특수성과 '다중식민'이라는 동시적 지배 구조의 양면성을 그 특징으로 한다. 전자는 네덜란드, 스페인, 정명鄭明, 청 제국, 일본, 국민당 등으로 이어지는 장기적 지배의 연속성이고, 후자는 식민 모국(외래 정권)·한족 이민자·원주민 사이의 복합적인 지배 구조를 의미한다.[6)]

'연속식민'은 지정학적 위치에서 기인한 것이다. 즉 다중 제국의 경계지대와 주변부로서 대만이 처한 구조적 조건의 산물이다. 비유하자면, 대만은 "제국 사이의 틈새에 놓인 파편帝國夾縫中之碎片"이었다.[7)] 이는 역사적으로 청 제국, 일본, 중화민국이라는 세 제국은 차례로 자국의 일부로 대만을 흡수했으며, 냉전 시기에는 미국의 보호 아래 중국 본토에서 탈출한 국민당 정권이 대만을 지배하는 소수 통치 체제가 형성되었다.

'다중식민'은 다족군 이민 사회로서의 대만의 성격을 반영한다. 대만은 식민 모국이 동시에 착취와 이민을 수행한 대상이었다. 식민지로서 대만은 '이민 식민지', '착취 식민지', '혼합형 식민지'의 속성을 모두 지니고 있으며, 이에 따라 식민 모국(외래 정권), 다양한 이민 집단(한족, 일본인), 그리고 원주민이 공존하는 계층적 지배 구조가 형성되었다.

'연속식민'과 '다중식민'은 대만에서 두 집단의 한족 이민자를 만들어냈다. 이들은 각각 토착화되었거나 현재 토착화 중인 집단으로, 그 중 하나는 1945년 이전에 대만에 정착한 '본성인'이고, 다른 하나는 1949년 이후 이주해 온 '외성인(대륙인)'이다. 전자는 주로 명말 청초에 건너온 전형적인 토착화 이민 집단으로서, 원주민에 대한 식민 지

6) 吳叡人台灣後殖民論綱: 一個黨派性的觀點 思想, (3), 2006, 95쪽.

7) 위의 주.

배와 동시에 청, 일본, 국민당에 의한 피식민 경험을 공유하였다. 이는 남·북 미주 및 호주의 유럽계 이민자들과 유사하며, 대만에 정착하는 과정에서 '대만인 정체성', '대만 민족주의'를 발전시켰다. 반면 '외성인'은 비자발적 이민자이거나 혹은 정치적 난민이며, 중국 국민당과 함께 국가 자체를 가지고 이주해 왔기에 국민당과 구조적 공생관계를 유지하였다. 계엄 이전 대만의 상황은 곧 국민당의 당가黨歌가 곧 국가國歌였고, 국민당의 당기가 곧 국기였으며, 국민당의 창고가 곳 나라의 곳간이었으며, 당이 곧 국가였고, 당·군·정 일체의 1인 독재체제를 형성했었다. 기실 국민당 조직은 역사적으로도 공산당과 같은 뿌리에서 갈라져 나왔기에 중국 공산당 조직과 일란성 쌍둥이일 정도로 닮았다. 이들은 지금도 여전히 중국 본국에 대한 정체성을 보유하고 있다.[8)]

식민지는 지배국가의 통제와 착취가 구조적으로 내재한, 지배와 복종의 위계가 명확히 구획된 체제다. 이는 식민 지배가 본질적으로 배타성과 폭력성을 띨 수밖에 없음을 의미한다. 식민세력은 어디까지나 자국의 이익을 극대화하기 위해 외지의 인력·자원·영토를 이용하는 주체이지, 피지배 집단의 삶을 개선하기 위한 자선사업가가 아니기 때문이다. 이러한 이유로 식민 체제는 처음부터 불평등한 권력 관계를 기반으로 유지될 수밖에 없다. 이 과정에서 '몫이 없는 자'가 발생할 수밖에 없는 필연적 구조를 형성한다.

8) 吳叡人台灣後殖民論綱: 一個黨派性的觀點 思想, (3), 2006, p.95.

제4장

후식민(post-colonial)
: 식민의 기억 이후

Ⅰ. 후식민 개념과 한계

식민 시기가 있었다면 식민이 끝난 후가 바로 후식민(後殖民, 또는 후기 식민) 시기에 해당한다. 황호덕은 포스트 콜리니얼리즘(post-colonialism)을 식민주의에의 저항 및 극복과정을 강조하는 맥락으로 사용될 때는 '탈식민주의'로 번역하며, 식민 전후의 연속성과 식민지의 유제遺制나 식민주의의 현재성을 강조할 때는 '후식민주의'로 번역한다.[1)]

사실 포스트 콜로니얼리즘(post-colonialism)을 탈식민주의 용어로 번역하는 그 자체는 정치적 의미와 함정을 지닌 용어다. 먼저 번역어로서의 탈식민주의가 지닌 정치성과 한계가 있다. 한국어로 흔히 사용되는 '탈식민주의'는 표면적으로는 식민주의에서 벗어나려는 움직임을 지칭하는 표현처럼 보인다. 그러나 이 번역어는 단순한 언어의 문

1) 황호덕, 2017, 탈식민주의인가, 후기 식민주의인가, 상허학보 51집, 315쪽.

제가 아니라, 개념이 지닌 정치적 함의와 인식의 지평을 구성하는 데 직접적인 영향을 끼친다는 점에서 비판적으로 검토될 필요가 있다.

첫째, '탈脫'이라는 접두사는 강한 선언적 어조를 띠며, 마치 식민주의로부터의 완전한 해방이 이미 이루어졌고, 그것이 하나의 과거형 사건으로 종결되었다는 인상을 준다. 따라서 '탈식민'이라는 표현은 식민주의를 이미 종료된 역사적 사건으로 환원하는 효과를 가지며, 오늘날에도 지속되고 있는 식민적 권력 관계를 은폐할 위험을 내포한다. 이러한 측면에서 볼 때, 이 표현은 포스트콜로니얼 이론이 강조하는 비판적 문제의식, 즉 국가 독립 이후에도 여전히 존재하는 지배 구조, 제도, 담론, 문화적 위계 등을 분석하려는 관점과 상충된다.

둘째, '탈식민주의'라는 번역어는 종종 민족국가의 독립과 연결된 서사, 즉 국가 중심의 독립사 서사로 환원되기 쉽다. 많은 경우, '탈식민'이라는 개념이 민족주의적 역사서술의 연장선에서 이해되면서, 정치적 독립과 영토 주권 회복만으로 식민 상태가 종식되었다는 국가주의적 낙관론으로 이어지게 된다. 그러나 포스트콜로니얼 이론은 오히려 독립 이후에도 지속되는 문화적 종속, 경제적 예속, 지식 생산에서의 위계 등 비가시적 식민성의 잔재를 드러내는 데 더 큰 의의를 둔다.

셋째, '탈식민주의'라는 번역은 오늘날의 문제를 설명하는 데 한계가 있다. 현재에도 경제적 식민주의, 문화적 종속, 서구 중심의 학문 체계는 여전히 강력한 영향력을 발휘하고 있다. 그럼에도 불구하고 '탈'이라는 표현은 이러한 구조들을 마치 이미 극복된 것처럼 오해하게 만들며, 현재 진행형의 식민성, 즉 식민성이 제도화되고 일상화된 상태를 비가시화하는 정치적 효과를 낳는다.

넷째, 한국과 동아시아 지역에 '탈식민주의'를 적용할 때, 단순한 서구-비서구 이분법만으로는 복잡다단한 식민 경험을 온전히 포착하기 어렵다. 예컨대, 일본 제국주의의 식민 지배, 해방 이후 냉전 체제와 군사주의, 한반도의 분단, 대만의 식민 · 후식민 · 신식민적 경험 등은 서구 중심 포스트콜로니얼 담론만으로는 충분히 설명되지 않는다. 이러한 현실을 이해하기 위해서는 외부 식민지배가 아닌 내부의 구조적 지배나 정치적 · 경제적 · 문화적 차별 즉 '내재적 식민성'(internal colonialism), '중화주의', '지역 제국'과 같은 개념을 아우를 수 있는 보다 섬세한 분석 틀이 요구된다.

마지막으로, '탈식민'이라는 번역어는 본래 '벗어남' 또는 '탈피'를 강하게 내포하며, 자연스럽게 '해방'과 '자유'라는 낙관적 기대를 담는다. 그러나 포스트콜로니얼 이론은 종종 이러한 자유가 피식민 국가 내부에서 새로운 억압의 형태로 변질되거나, 국가 권력에 의해 또 다른 위계질서를 정당화하는 수단으로 기능할 수 있음을 지적한다. 따라서 번역어가 내포한 긍정적 의미는 이론이 지닌 비판적 성격과 괴리를 만들 위험이 있다.

이런 점에서, 탈식민주의는 단순히 식민 지배에서 벗어났다는 선언을 넘어, 지속적으로 작동하는 식민적 구조를 드러내고 해체하는 이론적 실천임을 끊임없이 상기할 필요가 있다.

II. 후(기)식민주의의 맥락과 문제의식

'후식민주의(postcolonialism)'는 단순히 식민지배가 끝난 이후의 역사적 시기를 가리키는 연대기적 용어가 아니다. 오히려 식민지배가 공식적으로 종결된 이후에도 그 지배 구조와 담론, 가치체계가 어떻게 변형되거나 은폐된 채 현재까지 지속되고 있는지를 비판적으로 고찰하는 이론적 실천이다. 후식민주의는 식민지배의 지속성에 주목하며,

시간적 개념보다는 구조적 · 담론적 연속성을 중심에 둔다.

필자는 후식민 이론을 특히 독립 이후에도 남아 있는 식민성(coloniality)에 대한 비판을 핵심 문제의식으로 삼고자 하는 의미에서 이 용어를 차용했다. 많은 경우, 식민지에서 독립한 국가들은 정치적으로 주권을 회복했지만, 법제도, 행정 체계, 교육 시스템, 언어 사용, 미적 기준, 지식 생산 등 다양한 영역에서는 여전히 식민 지배 당시 형성된 틀을 거의 그대로 유지하거나 부분적으로 변형한 형태로 이어받는다. 결과적으로 피식민 사회는 외형적으로는 자주와 독립을 이루었음에도 불구하고, 여전히 식민 모국 중심의 규범과 시선에 종속된 상태를 벗어나지 못한다.

이러한 맥락에서 후식민(postcolonial) 연구는 식민성이 은폐되는 방식을 드러내는 역할을 한다. 겉으로는 해방과 근대화를 이루었더라도, 실제로는 탈식민을 가장한 새로운 형태의 종속이 곳곳에 자리 잡는 경우가 많기 때문이다. 이는 곧 지속되는 권력 관계의 은폐 문제를 폭로하는 작업이기도 하다.

더 나아가 후식민은 정체성의 혼종성(hybridity)에 주목한다. 식민지 경험은 피식민 사회의 주체에게도 깊은 영향을 남겨, 그들의 자아는 단순히 전통과 근대를 구분하거나, 자기와 타자를 이분법적으로 나눌 수 없는 혼종적인 형태로 존재하게 된다. 이 혼종성은 때로는 저항의 자원이 되기도 하고, 때로는 내면화된 식민성의 흔적을 드러내기도 한다.

또한 후식민은 지식 생산에 대한 비판을 수행한다. 제국주의 중심의 학문, 이론, 철학은 자신들의 시각을 보편적 진리로 제시하며 비서구 사회를 타자화하고 열등화해 왔다. 후식민주의는 이러한 지식 체계를 해체하고, 비서구 주체들이 스스로를 서술하고 재현할 수 있는 언어와 사유의 틀을 확보하려는 시도와 맞물린다.

요컨대, 필자가 강조하는 '후식민'은 식민주의가 단순히 '지나간 것'이 아니라 지금 여기, 여전히 현재진행형인 권력 구조라는 문제의식을 바탕으로, 정체성, 지식, 문화, 제도 전반에 걸친 식민성의 지속을 성찰하고 해체하려는 비판적 시도로서 이 용어를 사용하고자 한다. 특히 한국이나 대만의 경우는 그러하다.

어쨌든 필자는 서두에서 밝힌 바와 같이 현재 대만에서 문제가 되는 것은 그 식민문화가 연장된다는 점에서의 후식민이다. 후식민 현상은 형식적으로는 식민통치를 벗어났지만, 과거 식민모국의 정치적 압박과 경제적 박탈을 탈피하지 못하고, 민주적인 국제관계를 수립하지 못하는 현상이다. 특히 한국과 대만이 그러하다. 대만에서의 친일 역사의식은 후술하겠지만 이는 한국과 달리 타이두 사상과 맞물려 있기에 그렇다.

대만 역사에서 나타나는 '연속식민'과 '다중식민'이라는 특성은, 단일한 관점으로 대만의 '후식민'을 정의하기 어렵게 만든다. 서로 다른 족군집단이 중층적인 식민 역사 구조 속에서 차지하는 위치는, 해당 집단이 '식민', '반식민', '탈식민화', '포스트식민'이라는 개념을 어떻게 이해하는지에 깊은 영향을 미친다.2)

첫째, 대만 원주민족이라는 민족 해방운동의 관점에서 보자면, 탈식민화란 수 세기 동안 여러 외래 정권 하에서 지속적으로 그들의 인권이 박탈되고 지배당해 온 하위 종속적 지위로부터 벗어나 민족 자결 즉 민족 해방을 실현하는 것을 의미한다. 정치적으로는, 1999년 각 원주민족 대표와 민진당 대통령 후보였던 천수이벤陳水扁이 체결한 '원

2) 吳叡人台灣後殖民論綱: 一個黨派性的觀點 思想, (3), 2006, p.96.

주민족과 대만 정부 간의 새로운 동반자 관계 조약’ 이 대만 원주민들이 탈식민화한 상징적 출발점이라 할 수 있다. 그러나 민족 자결을 위한 해방운동은 여전히 진행 중이며, 탈식민화는 아직 실현되지 못한 꿈으로 남아 있다.

둘째, ‘본성인(민남인과 객가인)’, 즉 토착화된 한족 이민자를 주체로 한 대만 민족주의의 관점에서 보자면, 탈식민화란 외래 정권인 국민당의 지배로부터 벗어나 ‘대만인의 대만’이라는 민족 해방의 목표를 실현하는 것을 뜻한다. 이러한 대만 정치의 탈식민화는 1990년대 리덩후이李登輝 정권 하에서의 민주화와 정권의 본토화 과정에서 시작되어, 2000년의 정권 교체를 통해 하나의 전환점을 맞이하게 된다.

셋째, ‘외성인’ 혹은 ‘대륙인’, 즉 아직 토착화되지 않은 한족 이민을 주체로 하는 중국 민족주의 관점에서 보자면, 1945년 10월 25일 국민당이 일본으로부터 대만을 인수한 날(광복절)이 바로 대만의 정치적 탈식민화가 이미 완수된 시점으로 간주된다.

과거부터 민진당 정부는 광복절 언급을 꺼려왔다. 천수이볜, 차이잉원에 이어 라이칭더까지 이 기조는 이어지고 있다. 2025년 상황은 특히 아이러니하다. 2024년 총선에서 집권당인 민진당이 입법원 과반을 상실하자, 국민당과 민중당의 주도로 광복절(10월25일)이 다시 대만의 국정공휴일이 되었다. 그러나 민진당 정부의 행정원장 쉬궈융徐國勇은 “대만에는 광복절이 없다”고 발언해 논란을 자초했다. 흥미로운 점은, 광복절 당일 민진당 공식 SNS가 두 사건을 기념했으면서도, 정작 1945년 10월 25일 대만 광복은 언급하지 않았다. 언급된 두 사건은 ① 1949년 10월 25일의 구닝터우 대첩, ② 중화민국이 유엔에서 축출당한 1971년 10월 25일 유엔총회의 2758호 결의안 통과일이었다. 아이러니하게도 2025년 중국 전국인민대표대회 상무위원회는 10월 25일을 '대만 광복 기념일'로 제정하는 결정을 통과시켰다.

그럼 언제부터가 후식민인가. 식민이 있으면 식민지를 벗어난 날이 후식민이 시작되는 날이다. 그럼 그날은 언제인가. 역사의 기억이 다르지만, 외성인의 입장에서 본다면, 즉 중국인 정체성 소유자들의 입장에서 본다면, 중산당에서 일본의 항복을 받아 낸 날이다.

청일전쟁의 패전과 함께 1895년 4월 17일, 일본 시모노세키의 춘범루에서 체결된 시모노세키 조약에 따라 대만은 청나라로부터 일본 제국에 할양되었다. 이로써 대만은 51년간 식민 통치의 시기를 맞이하게 된다. 그러나 제2차 세계대전이 끝나고 연합군이 발표한 포츠담 선언, 원폭 투하로 인한 일본의 패전이 확정되면서, 대만은 또 한 번 격동의 역사적 전환점을 맞이하게 된다.

1945년 10월 25일, 대만총독부 청사 내 중산당 2층 대연회장에서 항복 조인식이 거행되었다. 중화민국과 연합군을 대표해 천이陳儀 장군이 참석했고, 일본 측에서는 마지막 대만 총독이자 제10방면군 총사령관인 안도 리키치安藤利吉가 항복문서에 서명했다. 이 역사적 장면은 반세기 동안 이어졌던 일본 제국의 대만 식민 지배가 공식적으로 막을 내리는 순간이자, 대만이 다시 중화의 통치 아래 편입되는 중대한 이정표였다. 범람진영에서는 이날을 대만 광복절로 인식하고 있다.

논의를 종합해보면, 언제부터 후식민으로 볼지는 각 족군의 관점에 따라 다르다는 것이다. 특히 이 세 가지 후식민의 관점(원주민, 본성인, 외성인)은 권력 위계 속 서로 다른 세 가지 위치, 세 가지 역사적 의식, 그리고 세 가지 반식민反殖民 경험을 반영하며, 궁극적으로는 세 가지 상이한 동시대 포스트 식민 비판의 의제—혹은 세 가지 상이한 '문화 정치'의 입장—를 결정짓는다.[3)]

무엇보다도 원주민의 민족 해방운동의 관점에서 보자면, 민족 해방,

즉 반식민과 탈식민은 아직 실현되지 못한 과제로 남아 있다. 대만 민족주의의 관점에서 보자면, 정치적 탈식민의 목표는 이미 달성되었지만, 문화적 탈식민은 아직 본격적으로 시작되지 못한 상태이다. 필자가 후식민으로 규정한 이유도 여기에 있다. 이는 식민자의 문화적 패권, 즉 중화중심주의가 여전히 해체되지 않았고, '대만 문화'의 우위가 아직 확립되지 못했기 때문이다. 바로 대만 민족주의와 중국 민족주의가 지금 현재 대만 전역에서 격렬하게 부딪히고 있다. 민주화와 본토화를 거쳐 대만 민족주의는 이미 주류의 입장이 되었고, 범록진영이 집권하면 '탈중국화'를 단행함으로써 토착 언어 및 문화의 우위적 지위를 재건하는 방향으로 모든 정책이 진행된다. 반면에 '외성인'/'대륙인'을 주체로 하는 중국 민족주의의 시각에서는, 대만 민족주의의 부상 자체가 '본성인'들 사이에 잔존하는 일본 황민皇民 의식의 표현으로 해석된다.[4]이는 수십 년에 걸친 중국의 동화 정책에도 불구하고, 대만의 문화적 탈식민화—즉 탈일본화—는 아직 완수되지 않았음을 의미한다. 따라서 동시대의 포스트식민 비판은 '본성인'의 일본 인식에 대한 비판에 주력해야 한다.[5]

Ⅲ. 장남, 차남, 삼남

일본 학자 야카비 오사무屋嘉比 收는 "오키나와는 장남, 대만은 차남, 조선은 삼남"이라고 말했다.[6] 가난한 집안의 세 아들은 일본 제국

3) 吳叡人台灣後殖民論綱: 一個黨派性的觀點 思想, (3), 2006, p.97.
4) 吳叡人台灣後殖民論綱: 一個黨派性的觀點 思想, (3), 2006, 98쪽.
5) 위의 주.

주의 식민지에 강제로 호적에 편입되었다. 1879년, 1895년, 1910년에 세 '아들'이 차례로 강제 입양되었고, 이들 중 가장 오랜 관계를 유지한 것은 오키나와(琉球, 류우큐우)였다. '둘째'와 '셋째'는 각기 독립된 가문을 일구었으나, 질긴 식민의 악연이 끊긴 뒤에도 감정의 파편은 쉽게 사라지지 않는 법이다. 오랜 세월 동안 응축된 원한은 국가 간에 끊임없이 진동하며, 기회가 있을 때마다 모습을 드러낸다. 식민의 상처를 후벼 파는 이는 일제가 아니다. 일본이 조선에 오고, 대만에 온 이유를 달리 보는, 식민이 끝났어도 단 한 번도 식민지 역사가 단죄되었던 적은 없고, 일본제국주의를 마치 자선사업가로 생각하는 사람들이 여전히 존재하기 때문이다. 한국이 덜하고 대만은 심하다. 한편 장남은 1945년부터 1972년까지 27년간 버려졌다가 다시 '집으로 돌아왔지만', 이 역시 유구인(류우큐우인)의 의지를 묻지 않고 미국에 의해 강제로 떠 넘겨진 것이었다. 그 후 류우큐우는 한 번도 정착하지 못하고 계속해서 방황하고 있다. 와카비 교수의 은유는 쉽게 이해할 수 있다. 식민지에서 벗어나는 과정은 단순히 '현지인'의 문제가 아니다. 홍콩-영국-중국, 마카오-포르투갈-중국, 대만-일본-중국과 같은 삼각 관계에서, 식민 과거를 직시하고 반성하는 과정 없이는 진정한 탈식민이 이루어질 수 없다.[7)]

동아시아의 역사 속에서 '식민지'라는 개념은 외래어다. 우리는 이를 '근대 민족국가'의 '주권 관계'로 바라보며 계속되는, 한국사와 대만사가 일본의 식민지배와 미 · 소 냉전으로 인한 남북 분단을 겪었으

6) 陳映真的第三世界左翼的去殖民及其困境, 台灣社會研究季刊第一〇五期, 2016年12月, 159쪽.

7) 陳映真的第三世界左翼的去殖民及其困境, 台灣社會研究季刊第一〇五期, 2016年12月, 161쪽.

며, 특히 전후부터 현재까지 주한미군 기지가 존재하면서 한국 민족의 주체성이 박탈되었다고 지적했다. 그러므로 한국인은 오키나와인과 쉽게 공감대를 형성할 수 있으며, 와카비 교수가 말하는 '외부 세력의 빙의'와 '객사한 고향'이라는 개념을 충분히 체감할 수 있다고 말한다.

제국주의의 팽창은 오키나와와 한반도를 '근대'로 끌어들이는 과정에서 이들을 납치해 버렸다. 1879년 류큐 왕국의 멸망, 1905~1910년 조선 왕조가 강제 병합 되었다. 오키나와와 한국의 근대적 출발점은 '망국'이라는 정신적 기반 위에서 형성되었다. 어쩌면 이러한 시각에서만 한국이 표출하는 강렬한 민족주의와, 오키나와인이 끊임없이 자신의 주체성을 추구하는 모습을 이해할 수 있을 것이다. 굴욕屈辱과 침중沈重이 뒤섞인 '근대사' 속으로 들어갈 때에야 비로소 제3세계가 가진 가장 깊은 정신적 풍경을 엿볼 수 있는 것이다.[8] 이는 제3세계의 역사적 경험이 단순한 발전의 과정이나 근대화의 성취로만 이해될 수 없음을 강조한다. 제3세계가 맞이한 근대는 서구 열강의 침략과 지배로 점철된 시기였고, 이로 인해 민족적 굴욕과 집단적 상처가 깊이 각인되었다. 이러한 굴욕은 외세의 침탈과 불평등한 국제 질서에서 비롯된 것이며, 침중은 그로 인해 누적된 무거운 역사적 짐과 정신적 고통을 뜻한다. 따라서 제3세계의 근대사를 바라본다는 것은 곧 그들이 겪은 굴욕과 고통을 직시하는 일이며, 바로 그 순간에 비로소 제3세계가 형성한 가장 깊은 정신적 풍경, 즉 저항의 의지, 정체성의 모색, 그리고 고통 속에서도 살아남으려는 문화적 · 정신적 힘을 제대로 이해할 수 있다는 의미를 담고 있다.

8) 陳映真的第三世界左翼的去殖民及其困境, 台灣社會研究季刊, 第一〇五期, 2016年12月, 158頁.

그렇다면 대만의 경우는 어떠했을까?

일제 식민지 시기, 대만 사회에는 점차 '잃어버린 고향'에 대한 상실과 소외의 감정이 깊어갔다. 특히 대동아전쟁기에 전개된 황민화皇民化 정책은 대만인의 정신적 기반을 철저히 붕괴시켰다. 일본식 성씨 강요, 전통 신앙과 제사의 개편, 중국어 사용 금지 등은 단순한 동화정책이 아니라 이는 대만인의 기억과 정체성을 겨냥한 폭력적 개조 행위였다.

류큐나 조선과 비교하면, 대만은 역사적으로 독립된 정치체를 이뤘던 왕국이 아니었다는 점에서 식민 경험의 성격이 다르다. 대만이 일본에 할양될 당시, 본토에는 여전히 '조국'이라는 외적外的 상상의 공간이 존재했다. 언젠가 그곳으로 돌아갈 수 있으리라는 희미한 기대가 남아 있었던 것이다. 반면, 한반도나 류큐는 일본 제국에 완전히 병합되면서 그러한 상상의 귀환지를 잃었다.

따라서 대만인들 역시 식민지배 아래에서 '망국의 슬픔'을 체감했지만, 그 비극의 질감은 유구인이나 한국인이 느꼈던 절망의 깊이와는 달랐을지도 모른다. 그들에게는 완전히 닫히지 않은, 어딘가에 남아 있을지도 모르는 조국이라는 심리적 출구가 존재했기 때문이다.[9] 대만과 팽호는 청일전쟁에서 청이 일본에 패함으로써 할양된 지역이다. 본질적으로 청 정부가 일본에 넘긴 것이었기에 즉 할양한 것이므로 실상 대만 내부에는 '매국노'라 불릴 만한 존재가 나타나지 않았다. 이는 조선과 뚜렷이 구별되는 지점이다.

9) 위의 주, 158-160쪽.

제5장

타이두臺獨와 후식민의 상관성

Ⅰ. 타이두와 두타이獨臺

'타이두'는 대만독립운동을 의미하는 약칭이다. 타이두의 주창자들은 대만의 역사를 일관되게 외래 정권에 의해 지배받아 온 식민의 역사로 인식한다. 이러한 역사 인식에 따라, 그들은 외세에 의한 통치를 종식시키고 대만인이 주체가 되는 새로운 국가를 건설해야 한다고 주장한다. 요컨대, 대만의 자결과 독립을 통해 비로소 진정한 해방을 실현해야 한다는 것이 타이두의 핵심 입장이다.[1] 무엇보다 타이두 주창자들은 외세가 대만 땅을 점령해서는 안 되고, 어느 국가도 대만을 지배할 권리를 갖지 않으며, 이 섬의 운명은 오직 이곳을 삶의 터전으로 삼아온 대만인들만이 결정할 수 있다고 주장한다.

현재 집권 세력인 민진당 또한 1999년 이전까지는 장제스와 장징궈가 이끈 중화민국 정부를 외래 통치 세력으로 규정해왔다. 타이두는 본래 제2차 세계대전 이후 외부 세력에 의존하여, 대만이 중국 대륙으

1) 徐宗懋, 『臺灣人論』(台北: 臺灣民眾史, 1993), pp.88-93.

로부터 독립적인 정체성을 확립하려는 일종의 분리주의적 사상을 가리키는 용어였다.

타이두의 목표는 명확하다. 중화인민공화국과는 별개의 주권국가, 즉 '대만공화국'을 수립하는 것이다. 이러한 타이두의 사상적 기반에는 대만지위미정론, 대만 주민 자결론, 대만 민족론 등이 자리하고 있다. 요컨대, 타이두는 외래의 지배를 거부하고, 대만인이 주체가 되는 독립국가의 건설을 통해 진정한 자결과 해방을 실현하려는 정치적·이념적 운동이라 할 수 있다.

타이두가 주장하는 핵심 내용은 대만은 '중국'의 영토가 아니며, 대만 문제는 중국 내정의 문제가 아니고, 중국문화는 오히려 대만문화의 한 부분일 뿐이며, 대만인은 중국인이 아니라는 관점을 취하고 있다.

타이두 이론가들은 주로 국제법 전공자들이거나 서구적 경험을 겪은 이들로, 대만 문제의 국제화를 통해 '중국'으로부터 분열해 나가고자 한다. 타이두는 급독(急獨 : 급진타이두, 가급적 빨리 대만공화국으로의 제헌, 독립선포), 완독(緩獨 : 점진적 타이두), 이독(已獨 : 대만은 이미 독립)으로 나눌 수 있다. 2000-2008년 천수이볜陳水扁 총통은 급독의 노선에, 2016년부터 2024까지 대만의 집권당이 된 민진당의 차이잉원蔡英文은 양안 현상유지노선으로 비교적 완독의 노선에 가깝다면, 2024년에 출범한 민진당의 라이칭더賴清德 정부는 공개적으로 대만독립을 운운하는 명독明獨 즉 가능한 빨리 대만독립을 실현코자 하는 급독에 더 가깝다. 베이징은 이들을 A형 타이두라 부른다. 리등후이, 차이잉원이 암독, 완독에 가깝다면 천수이볜, 라이칭더는 명독, 급독에 가깝다 하겠다.

반면 B형 타이두도 존재한다. 즉, 두타이獨臺가 있다. 두타이의 입장은 전형적인 국민당의 우파의 시각이다. 양안은 각각 분열분치(分裂分治의)의 상황에 놓여 있으며, 그 주권은 중화민국에 있다는 입장을 견지한다. 양안 간 하나의 중국(중화민국)과 두 개의 대등한 정치실체 혹은 단계적인 두 개의 중국 노선을 견지한다. 베이징은 이를 B형 타이두 또는 궈두國獨로 부른다. 그 내용은 편안일우偏安一隅[2])하는 세력을 의미한다. 이들은 중국대륙은 중화민국의 일부분이라고 주장한다. 1990년대 이후, 이들은 주권과 치권을 분리하여, 대만의 치권治權은 중국대륙에 미치지 못하며, 타이완臺灣, 펑후澎湖, 진먼金門, 마주馬祖 즉 타이펑진마臺澎金馬地區 지구가 중화민국의 치권이 미치는 구역이며, 대만에 있는 중화민국은 주권독립국가라고 주장한다. 국민당 우파 노선이 전형적인 B형 타이두다. 베이징의 입장에서 본다면 타이두와 두타이는 모두 분열노선을 의미한다는 점에서 타이두와 두타이는 별 차이가 없다. 종합하자면 베이징은 대만을 국가로 간주하는 그 어떠한 것에도 반대한다.

〈표 3〉 양안 차이

<table>
<tr><th>관계 전제</th><th>양안정위</th><th>민족</th><th>역사서술</th><th>문화</th><th>언어</th><th>정치</th><th>경제·사회</th></tr>
<tr><td rowspan="2">하나의 민족</td><td>대륙</td><td>중국인</td><td>5천년사</td><td>중국 문화</td><td>중문/ 보통어</td><td>공산당 전제</td><td>신속발전 중</td></tr>
<tr><td>대만</td><td>중국인</td><td>5천년사</td><td>중국 문화</td><td>중문/ 보통어</td><td>다당제</td><td>대륙과의 경제발전·교류</td></tr>
<tr><td></td><td></td><td colspan="6">대륙과 대만은 하나의 민족에 속한다는 것은 공산당과 국민당의 공통된 논조다.</td></tr>
<tr><td rowspan="2">두 개의 민족</td><td>중국</td><td>중국인</td><td>5천년사</td><td>일원적, 보수</td><td>보통어</td><td>공산당 전제</td><td>빈곤/후진</td></tr>
<tr><td>대만</td><td>대만인</td><td>4백년사</td><td>다원, 현대</td><td>보통어/ 대만어</td><td>민주/자유</td><td>부유/진보</td></tr>
<tr><td></td><td></td><td colspan="6">대만, 대만인, 4백년사, 두 개의 민족은 전형적인 타이두의 논조다.</td></tr>
</table>

출처: 필자 정리

2) 강병환(2021), 용어설명 부분 재인용. 한 왕조가 전 중국을 통치할 수 없을 때, 잔존 세력이 일부분의 토지를 점령하고, 눈앞의 안일만 탐내며 되는대로 살아가는 것을 말한다. 남송이 대표적이다.

II. 타이두 발생의 배경

타이두는 대만 문제를 해결하기 위한 일종의 정치적 주장이다. 즉 대만을 중국으로 분리해 나가 독립 국가가 되고자 한다. 하지만 타이두는 일종의 매우 복잡한 사회정치 이데올로기 및 행동지침일 뿐만 아니라 타이두 사상은 복잡한 정치적 의식과 행동으로 나타나기도 한다. 타이두는 대만의 식민지 역사라는 배경에서 발생했다.[3)]

천팡밍 교수는 "역사란 대만에 결코 호의적인 무대가 아니었다"고 지적한다.[4)] 대만은 역사적으로 제국들의 충돌과 각축이 집중된 무대에서 늘 주변부로 밀려왔다. 다른 식민지 국가들이 해방 이후 주체적 국가 건설의 길을 걸어간 것과 달리, 대만은 자기 자리를 온전히 확보하기조차 한층 더 지난한 상황에 놓여 있었다. 20세기 내내 대만은 여전히 국가로서의 실질적 정체성을 형성하는 과정에 머물렀다. 전반기는 일본 제국의 식민지로, 후반기는 계엄 체제 아래 미국의 전략적 영향권에 예속되었으며, 21세기에 이르러서는 중국의 부상이라는 새로운 지정학적 압력에 맞닥뜨리고 있다. 동아시아라는 거대한 지정학적 지도 위에서, 대만은 중심이 아니라 끊임없이 밀려나는 변방으로 각인되어 온 것이다.

이에 천팡밍은 "대만은 과연 동아시아라는 역사적 무대에 등장한 적이 있었는가, 아니면 줄곧 배제되어 왔는가?"라는 질문을 던진다. 그는 대만이 역사 속에 얼굴을 내민 적은 두 차례 있었다고 말한다.

3) 中国台湾网, "台独"思潮的成因及其社会历史根源 "2006年04月26日, https://www.gov.cn/test/2006-04/26/content_265992.htm(검색일: 2023.06.24).

4) 천팡밍의 글, 최원식 · 백영서 · 신윤환 · 강태웅 엮음, 제국의 교차로에서 탈제국을 꿈꾸다, 창비, 2008, 280쪽.

그러나 그것은 능동적인 참여가 아닌 외부 세력에 의해 규정된 결과였다. 첫 번째는 일본 제국의 팽창 아래 대동아공영권에 편입되었을 때이고, 두 번째는 냉전 구도 속에서 미국 주도의 반공 방어선 안에 편입되었을 때였다.[5] 이 두 경우 대만은 독립된 주체로서가 아니라 지정학적 수단으로 소환된 셈이었다.

타이두는 이제 대만의 주류 민의가 되어 가고 있다. 그 이유는 첫째, '대만 의식'이 제고되고 있다. 대만은 소수의 원주민을 제외하고 대부분은 이주민, 또는 원주민과 이주민 간 통혼한 사람들이다. 이들은 대만에서만 정치적인 억압을 받은 것이 아니라, 구식민 · 신식민 제국주의의 침략과 약탈을 모두 경험했다. 16세기 후반부터 약 400년 동안 대만은 여러 제국에 의해 16차례나 침탈을 겪었다. 물론 녹색진영이 중화민국을 대만의 외래 정권으로 규정하는 데는 쟁론이 있다. 하지만 현 대만의 집권당인 민진당의 라이칭더 정부는 1999년 이전까지 중화민국을 외래정권으로 규정했다는 사실이다. 1999년 민진당은 '대만전도결의문'을 통과시키고, 강경 타이두 노선을 버리고 온건 중도 노선을 채택한 후, 2000년 선거에서 천수이볜이 최초로 정권교체를 이루어 내고, 중화민국 총통으로 당선될 수 있었다.

둘째, 대만의 근대사는 매우 이례적이다. 식민지를 경험한 기타 아시아 국가에 비해 식민지 횟수, 규모, 시간, 피해의 참상은 가혹하다. 이처럼 오랜 역사 동안 대만인들은 이족의 침략과 제국주의 통치에 대항하는 투쟁 속에서 원주민과 기타 지역 이민자 사이의 혈통, 문화, 언어 등 다중적인 장애를 극복하여 상호 의존하고 협력하는 대만 의식을 형성했다. 이 의식이 곧 타이두 사상의 온상인 셈이다.

5) 위의 주.

셋째, 국민당의 독재와 폐쇄적인 반공 정책의 영향도 타이두의 흥기에 한몫했다. 민진당 선전부 주임 차이런지앤蔡仁堅은 이렇게 말했다. “타이두는 국민당의 의도적인 억압과 비민주적인 압박에 대한 반발에서 비롯되었다.”[6] 국민당은 1949년부터 1987년까지 38년 동안 대만에 계엄령을 발동(도서 지역인 진먼, 마주 지역은 43년 동안 계엄령을 실시)하고, 폐쇄적인 고압 통치로서 대만을 다스렸다. 이는 타이두가 흥기할 수 있는 조건을 제공했다. 여기에 공산당에 패해 대만으로 도주해 온 국민당 정권은 본질적으로 매우 강한 봉건성과 독재성을 지니고 있었다. 국민당 정권은 대만 내의 정치적 자원을 독점하고, 계엄령을 통해 대만인의 기본적인 권리를 박탈하였으며, 민주주의 성장을 가로막았다. 아울러 대만 사회에서 만연해 있는 기존의 성적省籍 갈등을 더욱 심화시켰다. 이는 국민당 통치 집단과 대만 민중 간의 갈등은 곧 외성인과 본성인이라는 갈등으로 왜곡되어 나타났으며, 이것이 민중의 체제 반항과 지지로 확대되어 타이두가 자생하는 토양이 되었다. 동시에 국민당은 반反타이두라는 명분 아래 많은 사건을 조작하였으며, 민주 운동을 추구하는 정치인들을 오히려 타이두 진영으로 밀어넣는 결과를 만들었다.

현재 타이두는 초기의 2·28[7] 사건의 주요 인물들, 쭝리사건中壢事

6) 刘平, http://www.historychina.net/magazinefree/html/41/231/content/386.shtml (검색일: 2023. 06.24).

7) 2·28 사건은 전후 대만 역사상 가장 중대한 사건 중 하나로, 그로 인한 막대한 피해는 장기적인 사회적 트라우마를 남겼으며 정치 발전, 사회문화 및 민족 관계 등에 깊은 영향을 미쳤다. 2·28 사건의 발생 배경과 원인은 매우 복잡하며, 다양한 요인이 상호작용한 결과이며 대만과 중국이 1945년에 처음 통일된 이후의 결과이기도 하다. 이 사건을 거치며 정부는 대만 주민들의 정치에 대한 원래 지극한 열정을 심각하게 억압하였고, 민간에서는 장기간 정치에 대한

불신, 공포, 냉담이 지속되었다. 2 · 28 사건을 겪은 세대는 사건 경험을 입에 올리지 않으며, 자녀에게 "귀는 있으나 입은 닫아라", 즉 많이 듣고 적게 말하라, 정치에 참여하지 말라는 충고를 하기도 했다. 일부 청년은 2 · 28 사건 이후 사회주의 사상으로 전향하기도 하였다. 2 · 28 사건 동안 다수의 대만 사회 엘리트, 지방 지식인 또는 유력인사가 체계적으로 체포 또는 암살되었으며, 이는 본토 기반 세력을 크게 약화시켰다. 대만 엘리트층은 거의 다 사망하거나 피해를 입었으며, 생존한 지방 지도자들은 정치에 대한 공포와 냉담을 느끼며 자취를 감추었고 더 이상 정계에 참여하지 않았다. 과거 신사층, 지주 세대가 주도하던 지방 정치에서 지방 엘리트와 지식인의 정치 참여 열풍은 크게 쇠퇴하였고, 각 현 · 시 참의원 구성원이 급격히 변화하여 약 80%가 정치 영역에서 사라졌으며, 이는 엘리트 계층과 역사 간 단절을 초래하였다. 이후 토지 개혁과 백색테러 통치가 기존 지방 정치 생태를 변화시켰고, 정부에 의존하는 토호 · 깡패 · 정치 신인이 점차 공백을 채우며 전통 엘리트 사회의 지위를 대체하고 정치 권력과 경제 자원을 독점하였다. 2 · 28 사건의 폭발은 천이 정부의 부패 관련 불만뿐 아니라 민족 간 갈등과도 연결되어 있다. 사건 종료 이후 대만인은 지배층인 외성인에 대한 불만을 품었고, 중국 국민당 정부는 외성인 피해를 강조하며 공포를 조장했고, 민족 간 대립은 심화되었으며 쉽게 회복되지 않았다. 이로 인해 '성적 정체성' 문제가 정치적으로 민감한 이슈가 되었으며 대만 사회문화의 정상적인 발전을 저해하였다. 대만 사회 엘리트층이 정치 탄압으로 사라지면서 정치적 영향력뿐 아니라 문화 발전과 전승의 단절도 발생하였다. 2 · 28 사건은 역사적 집단 기억의 상실을 초래했고, 대만인의 자존심에 타격을 주었으며, 중국 국민당의 권위주의 통치를 공고히 하는 데 유리한 환경을 조성하였고 민주 정치 발전을 저해하였다. 1980년대 대만의 야당운동이 활발해지면서 2 · 28 사건은 다시 공공 담론의 장으로 등장하였다. 1990년대 민주화 이후, 정부는 피해자와 유족을 대상으로 금전적 보상과 명예 회복 조치를 시행하였으며, 동시에 기밀 문서의 공개, 연구보고서 작성 등을 통해 진실 규명 작업을 본격적으로 추진하였다. 그러나 이러한 조치에도 불구하고 재산의 반환이나 가해자 책임에 대한 법적 · 정치적 추궁은 이루어지지 않았다. 역사 연구의 금기가 해체되면서 학계는 다양한 시각과 풍부한 연구 성과를 축적하기 시작하였다. 그 과정에서 중국 국민당 정부 시기 권위주의 체제가 구축해온 역사 서술이 비판적으로 재검토되었으며, 2 · 28 사건은 더 이상 '반

件, 1979년의 미려도 사건의 주도자들은 이후 민진당의 핵심 인물이 되었으며, 학계의 학자들 또한 타이두 주창자들이 증가하고 있다. 여기에 더하여 양안은 오랜 기간 격리되어 있었고, 양안 간 정치 체제와 이데올로기적 간극이 깊었다. 이 또한 타이두 발전에 토양을 제공했다. 대립과 격리로 인해 양안 간은 이념, 생활 방식, 풍속, 가치관, 전통 의식, 도덕 기준 등 다양한 측면에서 명확한 차이가 나타났으며, 이러한 차이로 인해 대만인의 중국대륙에 대한 기억이 점차 사라져갔다. 오랜 기간 대만 미래의 불확실성과 국제정치의 엄중한 현실로 인한 의지할 곳이 없는 상황이 오히려 타이두를 주장하게 만들었던 셈이다.

넷째, 리등후이 집권 영향이다. 리등후이는 본토 출신의 대만인으로 장징궈 사후 권력을 승계했다. 리등후이가 국민당 주류파가 된 이후, 대만화와 본토화의 경향이 더욱 강해지고, '두 개의 중국' 혹은 '일중일대一中一臺' 정책을 추진했다. 이에 따라 국민당 주류파와 야당 민진당 간 대만의 미래 등 중대한 문제에 대한 입장에서 점점 유사해지었고, 그 정책적 경계도 점점 희미해졌다. 양장 시대 즉 장제스와 장징궈 시대에 타이두는 금기어였다. 하지만 리등후이 시기 민진당의 타이두 발언과 행동에 대해서는 용인하는 추세로 변했다. 1990년 7월에는 '대만 독립' 단체인 '북미 대만인 교수협회北美洲台湾人教授协会'가 대만에서 연례 회의를 개최하였고, 1990년 6월에는 펑밍민彭明民, 천탕산陳唐山, 랴오수종廖述宗, 왕구이롱王桂荣 등 이른바 해외 타이두 구성원이 리등후이가 주관한 국시회의에 참가했다. 민진당 전 주석 황신제는 다음과 같이 명료하게 말했다. "리등후이가 총통으로 취임한 후 사

란'이나 '폭동'으로 규정되지 않게 되었다. 1989년 8월 19일 첫 번째 기념비가 세워진 이후 대만 각지에는 20여 개 이상의 2 · 28 평화 기념비가 건립되었다.

실상 '대만 독립' 정책을 실행하고 있으며, 민진당과 별반 다를 바가 없다. 나는 '타이두'을 추구하고, 그(국민당)는 '두타이'를 추구할 뿐이다. 말은 하지 않을 뿐이지"라고 말했다. 결국 1992년 형법 100조를 삭제함에 따라 타이두는 합법화되었다.

다섯째, 대만의 경제 발전과 그에 걸맞은 국제적 지위의 비대칭성도 타이두의 흥기에 조건을 제공했다. 1960년대 중반, 대만은 농업 중심의 경제구조에서 공업 중심의 경제로 전환하여, 1970년대 초반이 되자 대만의 전체 경제 구조에서 공·상업의 비중이 더욱 커졌다. 대만은 대표적인 개방형 경제로, 그 유지와 발전은 대외무역과 밀접한 관련이 있었고, 대외무역은 주로 개인 자본 특히 중소기업가에 의존했다. 이들은 국제무대의 경제 활동에서 어려움을 겪었다. 1980년대에 들어와 대만 경제는 신속히 발전하였고, 1986년 대외 무역 총액이 1,000억 달러를 돌파하여 세계에서 13번째로 큰 무역 규모가 되었으며, 1990년대 초 대만의 외환 보유액은 일본에 이어 세계에서 두 번째가 되었다.[8] 이러한 상황에서 대만인은 대만의 경제력에 걸맞은 국제적 지위를 요구했다. 이 또한 타이두의 발전에 영향을 미쳤다.

트럼프 집권 이후 중미 간의 무역전, 기술전, 자원전, 향후 금융전으로 전개될 경쟁이 격해진 상황에서 타이두는 친미일변도 노선을 걸을 수 밖에 없다. 차이잉원과 라이칭더의 노선이 대표적이다. 따라서 이들은 미국의 요구사항을 전적으로 수용하고, 특히 대만 반도체에 대한 강한 자신감을 가지고 있다. 가령 TSMC(台積電, Taiwan Semiconductor Manufacturing Company)는 세계 반도체 산업에서 핵심적인 위상을

8) Report for Selected Countries and Subjects. www.imf.org. 2020,05.02. https://web.archive.org/web/20200731010658/(검색일: 2023.06.25).

차지하고 있는 대만의 대표적인 첨단 기업이다. 특히 TSMC는 반도체 위탁생산(파운드리) 분야에서 전 세계 시장의 절반 이상을 점유하고 있으며, 5나노 이하의 첨단 공정 분야에서는 약 90%에 가까운 점유율로 독보적인 기술력을 보유하고 있다. 애플, 엔비디아, AMD, 퀄컴, 인텔 등 글로벌 정보통신기술 기업들이 TSMC에 칩 생산을 의뢰하고 있을 정도로, 현대 디지털 산업의 기반을 지탱하는 핵심 기업으로 자리매김하고 있다.

이러한 막강한 산업적 영향력은 대만 국내 경제에도 결정적인 역할을 한다. TSMC는 대만 GDP의 약 15% 이상을 차지하며, 수출, 고용, 세수 등 다양한 측면에서 대만 경제의 중추적 역할을 수행하고 있다. 나아가 반도체 산업을 중심으로 하는 첨단 기술 생태계를 구축함으로써, 대만의 기술 자립과 글로벌 경쟁력 향상에도 기여하고 있다.

이처럼 TSMC가 대만에 미치는 압도적인 경제적 · 기술적 영향력은 곧 정치적 · 지정학적 함의로도 확장된다. 중국이 대만에 대한 군사적 압박을 강화하고 있는 가운데, TSMC는 일종의 '실리콘 방패(silicon shield)' 역할을 자임한다. 첨단 반도체 공급망에서 TSMC에 의존하고 있는 미국과 유럽, 일본 등의 서방 국가들은, 대만에서의 정치적 불안정이나 군사적 충돌이 자국 경제에도 치명적인 영향을 미칠 수 있음을 인식하고 있다. 이러한 구조는 결과적으로 대만을 보호하려는 외교 · 안보적 동기를 강화시켜 주는 효과를 낳는다. 이와 같은 배경 속에서 대만 사회는 TSMC를 '호국신산護國神山', 즉 '국가를 지켜주는 신령한 산'이라 부르며, 일종의 국민적 자부심과 상징성을 부여하고 있다. 이는 단순히 경제적 성과를 넘어, TSMC가 대만의 생존과 안보, 국제적 위상감을 지탱하는 전략적 자산이라는 인식의 반영이다. 결과적으로 TSMC는 오늘날 타이두에 있어서 대만 사회와 정치, 경제, 안보를 연결하는 핵심 축으로 기능하고 있다.

여섯째, 미국의 대만에 대한 이중전략이다. 즉 미국이 대만에 보내는 '잘못된 신호'가 타이두가 계속 발전하는 원인이다. 미국은 국제사회에 '하나의 중국'을 대두하게 만든 장본인이다. 양안 관계의 당사자가 아니면서도 양안 문제를 결정지을 수 있는 핵심적인 행위 주체가 미국이다. 그래서 덩샤오핑이 말한 바처럼 대만 문제는 본질적으로 미국의 문제다.[9]

역사적으로 볼 때, 미국은 대만 문제를 이장제모(以蔣制毛, 장제스로서 마오쩌둥을 제어), 이국제공(以國制共, 국민당으로서 공산당을 제어), 이독제장(以獨制蔣, 타이두로서 장제스를 제어), 이민제국(以民制國, 민진당으로서 국민당을 제어), 이대제중(以臺制中, 대만으로서 중국대륙을 제어)을 이해제륙(以海制陸, 바다로서 육지를 제어)하는데 활용해왔다.[10] 바로 이 때문에 덩샤오핑은 대만 문제는 곧 미국 문제라고 본 것이다. 그러므로 대만 문제는 미국 문제고, 중·미 관계의 가장 주요한 도전이며, 심지어는 중·미 충돌로 이어지는 기폭제가 될 가능성이 높다.

오랫동안 미국은 전통적인 전략 이익, 경제 이익 그리고 도덕적 이익에 기반하여 대만을 아시아를 통제하는 전략 요충지로 삼았다. 즉 맥아더 이래 불침의 항공모함이라는 대만의 전략적 지위는 크게 변화되지 않았다. 그러나 중·미 수교 이후 미국은 대만에 병 주고 약도 주는 이중 정책을 실시했다. 미국은 중국과의 관계 개선을 위해 대만과 단교, 철군, 폐약을 한 후 1979년 중국과 수교했으며, 중·미 수교

9) 강병환, 하나의 중국, 학고방, 2021, 4쪽.

10) 위의 주.

공보의 잉크가 채 마르기도 전에 국내법으로 '대만 관계법'을 제정하여 사실상 대만을 정치적 실체로 인정했다. 특히 21세기 이후 중·미간 패권 경쟁이 가속화되자 대만에 대한 지지를 강화하고 있다. 이는 타이두를 당강으로 채택하고 있는 현재 집권당인 민진당에 호기로 작용한다. 더구나 미국의 일부 정치인을 비롯하여 미국 학계에서 대만의 '주민 자결'과 독립을 공개적으로 지지하는 세력은 많다. 무엇보다도 미국은 대만에 대한 자국의 영향력이 줄어들기를 원하지 않는다.

Ⅲ. 타이두와 후식민 문화의 연계

타이두 운동의 뿌리는 2차 대전 이전으로 거슬러 올라가지만, 전후 타이두 운동은 본질적으로 변화가 있었다. 2차 대전 전에는 일본 제국주의에 대한 항거가 중심이었으며, 이는 대만민족운동으로까지 발전했다. 그러나 전후 타이두 운동의 주된 대상은 초기에는 국민당 통치 집단이었으며, 이후 점차 중국공산당으로 전환되었다.[11] 대만 독립을 지향하는 타이두台獨 운동은 제2차 세계대전 이전에도 이미 존재했다. 그러나 전후를 경계로 그 운동은 성격상 뚜렷한 변화를 드러낸다. 전쟁 이전의 타이두 운동이 일본 제국주의에 맞선 저항을 주된 목표로 삼았다면, 전후에는 그 대항의 대상이 국민당 정권을 거쳐 중국공산당으로 옮겨가게 된 것이다.[12]

2 · 28 사건 이후, 국민당 정부는 일련의 청향소탕작전淸鄕掃蕩作戰

11) 許維德, 2001,「中國民族主義, 帝國主義, 台灣獨立運動簡評, 三本90年代出版的台獨研究」, 台北: 人文與社會科學雜誌, 頁 89-164.

12) 위의 주.

을 전개했다. 이 작전은 2 · 28 사건 이후 확대된 민중의 저항을 효과적으로 제압하기 위해 동원되었으며, 군과 경찰이 향촌 단위에까지 침투하여 지식인, 학생, 사회운동가, 심지어 평범한 민중까지 '폭도'로 규정하고 무차별적으로 체포 · 처형하는 방식으로 실행되었다. 따라서 청향 소탕 작전은 단순한 지역 단위의 반란 진압이 아니라, 대만 사회 전반에 걸친 국민당식 공포정치의 제도화된 수단으로 작동하였다.

'청향'이라는 용어 자체는 중국 대륙에서도 일제, 국민당, 공산당이 서로의 저항 세력을 제압할 때 빈번하게 사용된 군사 용어였으나, 대만의 맥락에서는 2 · 28 사건 이후 국민당이 자행한 대규모 학살과 사회 통제의 상징적 표현으로 자리 잡았다. 이로 인해 청향 소탕 작전은 오늘날 대만 현대사에서 국가 폭력의 대표적인 사례로 기억되고 있다.

2 · 28 사건은 대만 전 지역에 깊은 상처를 남겼다. 이 사건 이후 대만의 민중은 물론 엘리트 역시 더는 정치에 대해 말하지 않게 되었고, 지방의 정치 엘리트들 역시 2 · 28을 계기로 정계에서 퇴출당했다. 이런 배경하에서 바로 2 · 28 사건은 타이두가 발흥할 수 있는 온상을 제공했다. 2 · 28 사건으로 탄압받았던 대만 엘리트는 주로 일본과 미국을 망명지로 선택했다. 따라서 초창기 타이두 운동의 본영은 일본과 미국에 있었다. 예를 들어 랴오원이廖文毅는 일부 미국의 적극적인 지원과 협조하에서, 1947년 3월 4일 대만혁신협회台灣革新協會의 대표로 대만 2 · 28참안연합후원회台灣二二八慘案聯合後援會를 발족하였다. 나아가 「전국 동포에게 고하는 글」을 발표하고, 당시 대만 행정장관 천이陳儀의 사퇴, 2 · 28 사건 조사원 파견, 전매제도 취소를 요구하였으나 실패했다. 오히려 그는 천이가 작성한 2 · 28사변 반란범 명단二二八事變首謀叛亂犯在逃主犯名冊 30인에 포함되었다. 랴오원이, 랴오원구이廖文奎 형제 역시 천이가 작성한 블랙리스트 오르자, 이들은 현상

수배범으로 전락했다. 그 결과 랴오 형제는 홍콩으로 도주한 후 다시 일본으로 망명하여 대만독립임시정부를 수립하여 행정수반이 되었다.[13)]

1949년 12월 국민정부가 대만으로 천도한 이래, 국민당은 대륙에서 실패한 경험을 교훈 삼아 당과 군을 재정비하고, 동년 4월 임시조관臨時條款을 발표하여 헌법상의 모든 기본 권리를 동결했다.[14)]

1950년 국민정부는 계엄법을 빌미로 숙청비첩肅清匪諜의 백색공포 테러를 발동하여, 누구든지 당국에 의해서 사상 불순자, 반정부 행동자, 반란자로 규정될 수 있었으며, 언제든지 당국에 의해서 사건이 조작될 수 있었다. 국민정부는 이의분자들에게 적과의 내통, 내란, 외환, 반란의 죄명을 씌워 감옥행으로 보내거나, 무기징역, 사형을 언도하기도 하였다.[15)]

국민당 정부는 38년 동안의 계엄령을 실시하고, 백색테러로 대만을 통치했다. 그중 1979년 가오슝에서 발생한 미려도美麗島 사건은 대만 사회가 봉쇄에서 개방으로, 권위주의 체제에서 민주주의 체제로 전환하는 데 있어 중대한 전환점이었다. 이 사건은 대만의 자유와 민주화를 촉발시키는 불씨가 되었고, 이후 국민당 일당 독재 체제에 대한 저항으로 이어졌다. 그러나 국민당 정부는 이러한 민주화 열기를 억누르기 위해 1980년 린이슝林義雄 일가 살인사건林宅血案, 1981년 천원청

13) 「廖文毅」, 『華夏經緯網站』, 2012.7.25, http://hk.huaxia.com/lasd/hxrwk/ddrw/tw/2012/07/2936889.html(검색일, 2023.06.13.)

14) 「動員戡亂時期臨時條款」, 『全國法規資料庫』, https://law.moj.gov.tw/LawClass/LawHistory.aspx?pcode=A0000005(검색일, 2023.06.13.)

15) 張炎憲、陳美蓉 編, 2009年『戒嚴時期白色恐怖與轉型正義論文集』, 吳三連台灣史料基金會, http://www.twcenter.org.tw/publications/a02_07/a02_07_08(검색일, 2023.06.13.)

陳文成 사건, 1984년 장난江南 사건 등 일련의 충격적인 사건들을 연이어 일으켜 국제사회의 주목과 비난을 불러일으켰다.

1987년 국민당 정권은 국제 여론의 압력과 당외 세력의 끊임없는 도전에 직면하면서, 마침내 계엄령을 해제하고 당금黨禁과 보금報禁을 철폐하지 않을 수 없었다. 여기서 당금은 정당 조직과 정치 참여를 제한하는 권위주의적 장치였으며, 보금은 언론·출판·신문의 자유를 가로막는 검열 체제를 의미한다. 이 두 금지가 해제되면서 대만 사회는 점차 민주화의 길로 들어서게 되었고, 1996년에는 역사상 처음으로 총통 직선제가 실시되며 민주화의 결실을 맺을 수 있었다.

또한 미려도 사건의 피해자였던 황신제, 스밍더, 뤼슈렌, 천쥐 등은 민주화 이후 정치의 전면에 나서게 되었으며, 당시 그들의 변호를 맡았던 천수이볜, 쑤정창, 씨에창팅 등 변호사 출신 인물들 역시 훗날 대만 정계의 핵심을 형성하며 민주주의 발전을 주도하였다. 대만의 민주화 역시 타이두와 긴밀한 관계가 있다.

종합하자면, 1947년 2·28 사건 후, 대만 민중 대다수가 국민당에 반감을 지니게 되고, 외성인을 배척하는 것으로 나아가자, 대만 내에서는 타이두 사상이 증가하게 된다. 2·28을 계기로 대만 민중의 상당 부분이 국민당에 대한 반감을 품게 되었으며, 외국인을 배척하는 경향과 함께 대만 도내에서 타이두 사상이 확산되었다. 타이두는 국민당과 공산당을 모두 배척하는 방향으로 나아갔으며, 공산당과 대립하는 한 일본의 극우 세력과 미국의 보수 세력과 손을 잡게 되는 것은 자연스럽다. 이 과정에서 과거의 식민주의 문화는 오히려 찬양의 대상으로 변형된다.

예를 들어 2022년 7월 8일, 아베 전 일본 수상이 피습으로 사망한 후, 차이잉원 정부는 아베의 대만에 대한 공헌과 우호를 기리기 위해 조기 게양을 결정했다. 이에 따라 각 부처와 공립학교는 조기를 게양하며 아베의 사망을 애도했고, 국민당도 유사한 조치를 취했다. 국민당도 아베를 추모하기 위한 조기를 달았다. 민간 단체도 비슷한 양상을 보였다, 특히 가오슝 펑산구 바오안당保安堂에서는 민간의 자발적인 모금을 통해 아베 동상을 세웠다.16)

기실 대만은 오랫동안 여러 국가의 식민지배를 받았기에 후식민 문화가 강하게 존재한다. 각 족군, 개인, 정당 간 그 식민역사에 대한 기억이 다르기 때문이다. 그중 대만의 후식민 문화에 가장 큰 영향을 미친 것은 일본의 식민지배다. 사실 대만의 후식민 문화는 대만독립 운동과 밀접한 관련이 있고, 타이두 운동의 원동력 중 하나로 작용했다.

타이두 입장에서 본다면, 현재 타이두 운동을 가로막는 가장 큰 장애물은 중국공산당이다. 베이징은 대만의 주권을 자신이 가지고 있다고 주장하며, 역사적, 문화적, 국제정치 측면에서 대만에 대한 주권을 정당화한다. 이에 대항하기 위해 타이두 진영은 베이징의 주장하는 역사적, 국제법적, 문화적, 국제정치적인 시각을 통해서 "대만은 중국에 속하지 않는다"는 논리를 편다. 이로써 타이두는 대만의 특수한 경험과 문화적 특징을 의도적으로 드러낸다. 다시 말해, 대만과 중국 대륙은 별개의 실체라는 주장이다. 이것이 민진당의 탈중국화에 대한 본질이다. 따라서 민진당이 대만독립을 포기하지 않는 한, 베이징과의 갈등을 피할 수 없는 구조다. 이 점에서 대만의 특수한 경험은 베이징과 대립하기 위한 강력한 자산으로 운용된다.

대만은 중국과는 구별되는 문화를 가지고 있는 것은 사실이다. 타이

16) "民間自發造銅像高雄紅毛港保安堂設安倍晉三紀念園", 『中央通信社』 2022년, 09월 16일, https://www.cna.com.tw/news/aloc/202209160252.aspx(검색일: 2023.05.14).

두 운동은 이러한 양안 간 문화적 차이를 강조하는데 베이징은 이를 '문화타이두文化臺獨'를 조장한다고 비판한다. 나아가 타이두 세력은 대만과 중국대륙 간의 차이를 부각하기 위해서 의도적으로 대만의 일본 점령기 시기를 긍정적으로 묘사한다. 일본 점령기 대만의 사회 질서가 중국보다 더 양호하였고, 주거환경은 청결하였으며, 문명화된 법치제도를 갖춘 현대적인 사회였다고 주장한다. 이는 타이두 운동에서 대만인들이 일본 점령기 시기를 회상하며 일본의 긍정적인 면을 강조하고자 하는 의도가 있다. 예를 들어, 차별 대우나 민족탄압 등에 대해서는 일본 통치기가 현대화된 대만 사회였다는 주장을 전개하며, 일본의 부정적인 면은 가급적 소홀하게 언급한다.

급진 타이두 주창자들은 일본 강점기에 대한 일본인들의 대만에 대한 기여를 주장하며, 일본 강점기를 찬양하고 미화한다. 예를 들어, 전 대만총통 리덩후이의 야스쿠니신사 참배, "조어도는 일본 영토"라는 발언[17], 대만 전 부총통 뤼슈렌의 이토 히로부미 신사 참배, 시모노세키 조약에 대한 긍정적인 발언 등의 행동은 의도적으로 베이징을 자극하는 용도다. 이는 타이두의 이상을 실현하기 위해 다시 후식민 문화와 결합되어 나타난다. 따라서 타이두 세력은 대만족군의 강한 정체성, 비애의식, 중국과의 충돌 우려 등 다양한 복합적인 감정을 가지고 있다.

'타이두'라는 단어는 양장(장제스, 장징궈) 시대에는 금기어였다. 1980년대 말 대만 민주화의 진전과 더불어 타이두에 관한 토론이 비로소 가능해졌다. 이와 더불어 민주화 과정에서 대만의 모순은 점차

17) "李登辉钓鱼台言论被批丧权辱国", 『BBC NEWS』 2016年2月16日, https://www.bbc.com/zhongwen/simp/china/2016/02/160216_taiwan_lee_teng-hui_book (검색일, 2023.07.01).

악화하기 시작했다. 예를 들어 선거의 과열 경쟁으로 대만의 성적省籍 갈등이 왜곡되어 국가정체성 문제로 변질된다. 타이두 세력의 선동과정에서, 본성인과 외성인의 모순은 사회 족군族群의 대립으로 전화되고, 이는 다시 대만 내부의 안정과 단결을 파괴하며, 정치인들끼리의 상호 격렬한 권력투쟁 역시 내부의 서로 다른 진영 모순을 이용하고 이를 확대 재생산한다.

양안 관계에 있어서도 외성인에 대한 원한은 중국인에 대한 원한으로 변하며 양안 간에 상호 신뢰를 구축하기 어렵게 만든다. 따라서 타이두를 당강으로 채택하고 있는 민진당이 집권하면 가능한 양안 간의 교집합적인 부분(하나의 중국, 즉 현행 헌법은 하나의 중국 헌법이다)을 삭제하고자 한다. 이러한 사고의 연장에서 특히 과거 장제스로 대표되는 국민당의 통치는 무단폭정이며, 백색테러이고, 대만을 중국화시키는 이른바 소신주화小神州化 등의 교육을 통해서 본성인을 탄압했다고 인식한다. 따라서 타이두 사상은 대만 문화, 대만민족 문화 및 대만인의 언어(민남어) 사용을 강조한다. 이런 상황에서 애대愛台와 매대賣台, 친중親中과 반중反中의 이분법이 자연스럽게 위력을 발휘하게 만든다. 이러한 타이두의 족군의식은 중공에 대한 공구감恐懼感과 대만인의 중공에 대한 공황심리를 작동시킨다. 그러므로 대만의 매 선거에서 매국노, 대간台奸, 오삼계吳三桂, 시랑施琅 등의 어휘가 빈번히 출현한다. 이는 대만인의 국가정체성(국민정체성과 민족정체성)이 완전히 구축되지 못했음을 의미한다.

Ⅳ. 친일과 타이두

1945년 일본이 투항한 후, 당시 대만에 진주하고 있던 소장파 일본

군인들은 일본 천황의 항복 문서가 가짜라는 것을 빌미로 대만의 친일파 사신士紳을 결집하여 대만 독립자치운동을 획책했다. 당시 대만에 상존하는 일본군의 힘을 빌려 제2의 만주국을 건설하고자 한 것이다. 그러나 당시 대만 총독 안도 리키치安藤利吉는 성공하기 어렵다는 현실적 판단을 하게 되고, 이들 소장파의 행동을 저지했다. 제2의 만주국은 실현되지 못했지만, 1947년 2 · 28 사건 후, 대만 민중 대다수가 국민당에 반감을 지니게 되고, 외성인을 배척하는 것으로 나아가자, 대만 내에서는 타이두 사상이 증가하게 된다.[18] 결국 타이두는 국민당과 중공을 배척하는 것으로 나아가고, 중국공산당의 대척점에 있는 일본의 극우, 미국의 보수와 손을 잡는다. 이 과정에서 과거의 식민문화는 오히려 칭송의 대상으로 변모하게 된다. 가령 2021년 12월 1일 아베신조安倍晋三 전 일본 총리는 대만 방문 당시 대만 유사론을 밝혔다. "대만에 유사有事 사태가 발생하면 일본에도 유사 사태가 발생한다. 즉, 미일 동맹에도 문제가 생긴다"고 주장했다. 이는 중국 공산당이 대만을 무력으로 침공하면 일본 본토에도 심각한 위협이 된다는 의미였다. 당시 아베는 이미 총리직에서 물러난 상태였지만, 2025년 아베의 계승자로 자처하는 일본 총리 다카이치 사나에高市早苗는 중의원 질의응답에서, "만약 '대만에 유사 사태'가 발생하고 상대방이 무력을 사용하는 상황이 동반된다면, 안전보장법 체계상 일본이 집단적 자위권을 행사할 수 있는 '존망 위기 사태'에 해당할 가능성이 있다"고 밝혔다. 다카이치 총리는 중국 공산당이 대만을 통제할 수 있는 수단으로 해상 통로 봉쇄, 무력 사용, 혹은 온라인 선전 등을 예로 들었다.[19] '존망 위기 사태存亡危機事態'는 2015년 일본이 안전보장법을 통

18) 위의 주.

과시키면서 새로 도입한 용어로, 일본이 직접 공격받지 않더라도 미국 등 일본과 밀접하게 관련된 타국이 무력 공격을 받을 경우, "일본 국가의 존망을 위협하고 국민의 생명과 권리를 근본적으로 전복할 명백한 위험 상태"를 의미한다. 이는 일본 자위대가 제한적으로 집단적 자위권을 행사할 수 있는 요건 중 하나다.[20] 일본은 "대만 유사 상황은 곧 일본 유사 상황"이라는 전략적 사고를 개시했다. 이러한 배경에는 과거로부터 대만해협을 '생명선'으로 인식하며, 중국을 위협으로 인식하는 일본 우익의 사고가 깔려 있다.

타이두 운동가들은 일본 정치인의 야스쿠니 참배문제나, 센카쿠 열도 문제에 대해 줄곧 침묵을 지키고 있다. 심지어 일본 극우파와 부화뇌동하기도 한다. 사실상 초기 타이두 운동론자들의 주요 무대는 일본이었고 일본 극우파와 타이두 근본주의자들의 일치성은 상당히 많이 발견된다. 이러한 맥락에서 왜, 일본 극우파가 대만 문제에 관해서 암암리에 대만을 지지하는지 알 수 있다. 다시 말해 현재 타이두의 가장 큰 장애는 중국공산당으로부터 온다. 이러한 과정에서 중공과 대척점에 있는 일본과의 교류를 증가시키고, 이는 다시 또 중공을 자극하는 요소가 된다. 이러한 과정에서 일제시기를 미화한다. 이는 또 정당 선거라는 각 당파의 이해타산에서 또다시 대만 내부의 분열은 확대된다. 대만에서 가장 긴 강인 탁수계濁水溪를 기점으로 대만 남부와 북부의 차이는 확연이 차이가 난다. 전라도와 경상도의 지역 감정과 유권자들의 투표에 비견될 정도로 탁수계 이남 즉 타이난, 가오슝, 핑둥현

19) 趙春山, 台灣有事論」的弦外之音, 美麗島電子報, 2025-11-14, https://www.my-formosa.com.tw/DOC_221469.htm

20) 趙春山, 台灣有事論」的弦外之音, 美麗島電子報, 2025-11-14, https://www.my-formosa.com.tw/DOC_221469.htm

특히 대만 남부의 최대 도시인 가오슝이 녹색으로 상징되는 대만을 대표한다.

친일 풍조는 대만 전역은 말할 것 없지만, 특히 타이두의 본향이라 할 수 있는 타이난, 가오슝 등 대만남부의 친일문화가 더 두드러진다. 가령 가오슝의 명칭은 아직도 그대로 사용하고 있다. 대만 남부의 최대 도시인 가오슝에 남아 있는 일본 식민 통치기의 문화적·공간적 흔적을 보다 면밀하게 검토해보자.

1920년 8월, 일본 통치하의 대만 총독부는 대만의 정치제도 개편 정책에 따라 기존 지명인 '타구打狗' 또는 '타고打皷'를 '고웅高雄'으로 변경하라는 명령을 내렸다. 이는 단순한 명칭 변경을 넘어 상징적인 의도가 담긴 조치였다. 타구의 뜻은 저속하다는 이유를 명분으로 당시 일본인들은 '높고 용맹한, 又高又雄' 이미지를 연상시키는 이름을 통해 이 지역의 새로운 위상을 강조하고자 했다.

실제로 당시의 문서와 신문 기록을 검토하면, 이후 고웅주高雄州 지사로 임명된 인물과의 인터뷰에서도 이를 뒷받침하는 내용이 발견된다. 인터뷰에 따르면, 일본과 대만 총독부는 가오슝을 남중국해로 통하는 전략적 요충지이자, 대동아 공영권 구상에 부합하는 중추적 항구로 발전시키려는 의도를 명확히 드러냈다. 가오슝(고웅)이라는 지명은 단순한 행정적 변경을 넘어 일본 제국주의의 팽창과 대동아 전략을 상징적으로 표현한 이름이었다. 일본은 이 지역이 제국의 발전을 선도하며, 남중국해를 향한 전략적 교두보로서 중요한 역할을 하기를 기대했던 것이다.[21] 하지만 공식적으로 다카오를 고웅으로 변경된 이유에

21) 京都「高雄」的由來 胡煒權, 又高又雄？談「京都高雄」和「台灣高雄」的由來與偶遇 2020/06/11 日本史專欄@胡煒權 https://www.thenewslens.com/article/136315

대한 현재까지 확인된 유일한 설명은 '음변'에 의한 것이며, 원주민 언어의 'TAKAU'와 일본어의 'TAKAO 고웅高雄'을 음역하여 지명으로 정하고, '고웅'이라고 명명한 것이다.

1937년에 당시 고웅시에서 발간된 『고웅시 요람高雄市要覽』에는 현재 고웅시 구산구에 위치한 쇼우산壽山에 대한 기록이 담겨 있다. 쇼우산은 원래 '고웅산高雄山'으로 불리던 산이었다. 그러다가 1923년 4월, 일본 왕세자 히로히토가 대만을 방문한 것을 기념하여 그의 생일을 축하하는 의미로 쇼우산壽山으로 개명하였다. 이는 단순히 이름을 바꾼 것이 아니라, 제국 일본의 상징적 의미를 부여하고 그 권위를 대만의 지형과 연결하려는 정치적 의도가 담긴 행위였다. '쇼우산'이라는 이름은 장수를 상징하며, 당시 일본 왕실의 위엄과 축복을 이 땅에 영구히 새기고자 한 의지의 표현이었다.[22]

하마싱哈瑪星은 가오슝시 구산구鼓山區에 위치한 지역으로, 일본 통치 시기에 개발되었으며, 대만 남청 타구 지청, 가오슝군청, 가오슝가청高雄街役場, 가오슝 시청 등이 모두 이곳에 자리했던 바 있다. 한때 가오슝의 정치·경제 중심지였으나, 오늘날에는 관광지로 변모했다. 그러나 흥미로운 점은 현재까지도 일본식 행정 지명과 관습이 남아 있다는 사실로, 이는 일제 식민 유산이 도시 공간과 지명 속에 여전히 깊이 각인되어 있음을 보여 준다.

하마싱은 원래 해역이었으며, 대만 일본 통치 시기에 일본 당국은 가오슝에 항구를 건설하고 항로를 깊게 하기 위해 퇴적물을 이용해 간척 작업을 하여 이 지역을 형성했다. '하마싱'이라는 이름의 유래는 두 개의 해안 철도가 상업항, 어항, 어시장을 연결하는데, 일본어로

22) 위의 주.

'빈선'(濱線, はません, Hamasen)이라고 불렸으며, 현지 주민들이 대만어로 이를 번역하여 하마싱이라 부르고 있다.

타이두 운동가들은 일본 정치인의 야스쿠니 신사 참배 문제나 센카쿠 열도 문제에 대해 일관되게 침묵을 지켜왔다. 심지어 일본 극우파와 동조하는 모습도 보인다. 사실, 초기 타이두 운동론자들의 주요 활동 무대는 일본이었으며, 일본 극우파와 타이두 근본주의자들 사이의 일치성은 매우 뚜렷하게 드러난다. 이러한 맥락에서 일본 극우파가 대만 문제에 대해 암묵적으로 대만을 지지하는 이유를 이해할 수 있다. 다시 말해, 현재 타이두 운동의 가장 큰 장애물은 중국공산당이다. 이 과정에서 중공과 대립 관계에 있는 일본과의 교류가 증대되며, 이는 중공을 자극하는 또 다른 요인이 된다. 또한, 일제시기를 미화하는 경향이 나타나고, 이는 각 당파의 이해관계와 맞물려 대만 내부의 정치적 분열을 심화시키는 결과를 초래한다. 탁수계를 기준으로, 대만 남부와 북부 간의 차이는 확연히 드러난다. 이는 마치 한국의 전라도와 경상도의 지역 감정과 유권자들의 투표 성향을 연상시킬 정도로, 탁수계 이남, 즉 타이난, 가오슝, 핑둥현과 같은 대만 남부의 주요 도시는 '녹색'으로 상징되며, 특히 대만 남부의 최대 도시인 가오슝이 녹색으로 상징하는 대만을 대표한다. 타이두 주장자들의 친일행각은 중공과 대치 상태에 있는 대만의 독립을 위한 방편으로 활용되는 측면이 있다. 반면에 한국의 뉴라이트 사관이나, 일제 시기의 미화는 대만과는 다른 차원에서 진행되는 것이다.

후식민 현상은 형식적으로는 식민통치를 벗어났지만, 식민지 문화가 연장되는 데 있다. 과거 식민모국의 정치적 압박과 경제적 박탈을 탈피하지 못하고, 민주적 국제관계를 수립하지 못하는 현상이다. 특히 대만에서의 친일적 역사의식은 타이두 사상과 맞물려 있다.

제6장

두 개의 거울
: 대만과 한국의 동상이몽

Ⅰ. 대만과 한국의 지정학

오늘날 한국 학계에서는 대만을 한국과 유사한 궤적 위에 놓고 해석하려는 시각이 우세하다. 제국의 침탈과 전쟁, 분단과 냉전, 급속한 산업화와 민주화, 그리고 탈냉전 이후 신자유주의와 미 · 중 전략 경쟁의 회오리 속에서, 대만 역시 가련한 신세의 고통을 겪은 '또 하나의 한국'으로 자리매김하는 것이다.

그러나 이러한 평행이론은 어쩌면 대만의 내면을 흐릿하게 비추는 거울일 수 있지만, 필자가 보기엔, 대만은 애초부터 한국과는 서로 다른 시간과 기억이 겹쳐진 섬이었다. 한국이 상상속의 단일 민족국가의 신화를 따라 근대화의 길을 걸었다면, 대만은 선주민과 이주민, 피식민자와 지배자가 뒤엉킨 중층의 역사 위에 놓여 있었다. 이곳에서 '이민'과 '식민'은 별개의 사건이 아니라 동시에 일어난 중첩적 경험이었으며, 네덜란드와 스페인의 구제국주의부터 일본, 미국, 중국에 이르기까지, 대만은 낡은 제국과 새로운 제국 사이의 힘의 장場 그 자체였다.

한국과 대만은 서로를 비추는 두 개의 거울처럼 얼핏 닮아 보이지만, 빛의 각도와 굴절에 따라 전혀 다른 얼굴이 드러난다. 특히 '친일'이라는 민감한 기억 앞에서 두 사회는 전혀 다른 궤적을 그려왔다. 한국에서는 그것이 부끄러움과 단죄의 대상이었지만, 대만에서는 때로는 실용주의적 계승으로, 때로는 근대성의 상징으로 기능하기도 했다.

결국 두 섬은 같은 바다를 마주하고 있지만, 서로 다른 물결 위를 흘러왔다. '같음'보다 '다름'을 마주할 때, 우리는 비로소 두 거울 속의 진짜 얼굴을 발견할 수 있다.

역사적으로 볼 때, 대만과 한반도 둘 중 어느 한 곳의 구조적 변동이 생기면 다른 한 지역도 영향을 받았다. 특히 대만의 역사의 시작과 더불어, 특히 근현대에는 한반도에서 발생한 안보 위기가 대만에 직접적 영향을 주기도 했다.[1)]

16-7세기 해양시대가 도래하면서 대만과 한반도는 밀접한 지정학적 관련을 맺게 되었다. 대만과 한반도는 중국대륙으로 진출하려는 해양세력과 해양으로 나오려는 대륙세력의 경쟁지대다. 대만은 중국대륙 동남 연해의 성省을 지키는 방파제며, 한반도는 중국대륙 동북쪽을 지키는 동대문이고, 베트남은 서대문 같은 역할을 맡고 있다. 특히 북한은 동북의 현관이자 요동의 울타리며, 옆문을 지켜주는 역할을 맡아, 마치 대륙의 대문을 지키는 세퍼드견 같은 역할을 북한이 떠맡고 있는 셈이다. 따라서 엄밀히 말하자면, 북한은 지정학적으로 중국의 '동대문東大門'을 지키는 역할을 수행하고 있지만, 중국은 이러한 북한의 기능적 기여에 대해 사실상 무임승차하고 있는 셈이다. 다시 말해, 북한이 제공하는 지정학적 완충 역할은 중국으로 하여금 대미 전략 경

1) 신상진, 국가전략, 2007년 제13권 3호 74쪽.

쟁에서 부담해야 할 비용과 위험을 상당 부분 절감하게 만드는 요소로 작동한다. 결국 북한은 중국이 미국과의 장기적 경쟁 구도 속에서 부담을 분산시켜주는 완충지대이며, 전략적 부채라기보다는 전략적 자산에 가깝다는 것이 현 중국공산당 지도부의 기본 인식이다.

한반도는 해양 세력에게 대륙으로 가는 교량 역할을 한다. 중국의 한반도에 대한 인식은 임진왜란의 시기나 탈냉전 후에나 변화하지 않았다. 남한은 미·일 동맹의 방파제로서, 대만은 중국 대륙 동남 연안을 지키는 방파제로서의 기능을 하고 있다.

아래의 사례는 대만에서 발생한 역사적 사건과 한반도의 사건이 어떻게 서로 연동되고 영향을 주었는지를 보여준다.

첫째, 네덜란드는 1602년 동인도 회사(VOC, Vereenigde Oostindische Compagnie)를 설치하고, 1603년 인도네시아 암본(Ambon)에 첫 번째 거점을 확보한 후, 1619년 바타비아(Batavia, 현재 자카르타)를 점령하고 총독부를 건설하면서 인도네시아 식민지 지배의 본격적인 출발을 하게 된다.

대만에는 바타비아에서 행정장관을 파견하여 식민통치를 시작하였다. 이들은 중국 동남 연해 성의 한족 이민을 장려하였으며, 인도네시아로부터 각종 씨앗과 종자를 가져와 대만에 이식했다. 나아가 중국, 일본과의 무역을 주도했다. 이 시기 네덜란드인이 제주도에 표류했다. 1627년에는 얀 반스 벨테브레(박연)가, 1652년에는 하멜(1652-1666) 일행이 도착한다. 이들은 바타비야(자카르타) – 대원(大員, 대만) – 나가사키로 가는 항로에서 태풍을 만나 표류한 것이다. 벨테브레는 조선에 귀화하여 훈련도감에 배속되어 병자호란에 참가했다. 홍이포紅夷砲의 제작법·조종법을 지도했다. 하멜은 네덜란드 동인도 회사 선원 겸 서기로서 조선에 억류되어 탈출했다가 『하멜표류기』, 『조선왕국기』를 남겼다.

둘째, 청나라는 정성공 세력을 억제하기 위해, 1656년에 해금령海禁令을 공포하여, 중국 대륙 연해 지역의 주민들이 식량이나 물자를 파는 것을 금지 시켰다. 1661년에는 복건성을 중심으로 광둥에서 산둥에 이르는 해안선 약 30리(15 km) 이내의 주민을 내륙으로 이주시키는 이른바 천계령遷界令, 천해령遷海令을 시행하였다. 연해 지역을 무인화시키는 이 천계령은 크게 두 가지 결과를 초래했다. 첫째, 정성공은 중국 대륙에서 고립되어, 반청복명의 기지로 대만을 선택하게 되고, 그 결과 당시 대만에 식민지를 운영하고 있던 네덜란드 세력을 축출하게 된다. 둘째, 천계령으로 인한 무역 위축으로 인해 중국 동남 연해가 봉쇄당하자, 조선의 지경학적 가치가 올라갔다. 일본과 청의 중계무역의 거점으로서 조선 연안 항로가 이용되자, 일본의 은이 조선으로 흘러와 이 시기 조선은 무역 특수를 누리게 된다.

대만으로 온 정씨 왕조 21년 동안 양안 간에는 기본적으로 안정을 유지했다. 청나라는 기마민족이었고 정씨 정권은 해상세력이었기 때문에 엄청난 군사력 차이에도 불구하고 양안은 균형을 유지할 수 있었다. 더구나 강희제 초기의 청나라는 혹독한 대내외적인 시련을 겪고 있었다. 몽고 중가르 부족의 항거, 중국 남쪽에서는 삼번三藩의 난(1673~1681년)이 일어났으며, 대만 정씨왕조의 명조明朝 부흥운동, 이 시기 조선도 북벌운동에 관심을 두고 있었다. 심지어 이들 대항세력은 결합할 여지도 있었다.

정씨왕조와 청조, 즉 양안은 여러 차례의 협상을 진행했지만 실패했다. 청나라의 협상 마지노선은 등륙(대륙에 올 것), 칭신(신하라 칭할 것), 변발이었다. 결국 변발이 문제였다. 정씨 왕조는 조선의 예를 내세워 변발만큼은 결코 타협하지 않았다. 조선이 변발을 하지 않았다는 이유에서다. 마침내 대만 내부의 내분으로 인해 대만은 스스로 무너졌다. 강희제는 시랑의 건의를 받아들이고, 1684년에 대만을 정식으로 청나라 판도에 편입시켰다.[2] 대만이 정식으로 편입되고 나자 청나라는 안정될 수 있었다. 조선에서 있었던 북벌 논의도 이 시기에 종지부를 찍었다.

셋째, 19세기 중엽, 신제국주의의 식민지 쟁탈전이 본격화되면서, 1884년 베트남 종주권을 문제로 프랑스와 청나라가 전쟁을 시작했다. 청·프 전쟁의 발발은 임오군란으로 조선에 주둔 중인 청군의 일부를 전선으로 파견하게 된다. 프랑스는 대만해협을 봉쇄하고 기륭(지롱), 담수(딴쉐이)를 공격했다. 결국 청·프 간에 강화가 성립하고 나서야 프랑스는 대만에 대한 봉쇄를 풀었다. 최종적으로 프랑스는 청으로부터 베트남을 떼어 내었다. 이 전쟁을 계기로 대만에 대한 전략적 중요성이 다시 부각 되자 청나라는 적극적으로 대만 경영에 나섰다. 대만을 성省으로 편제하고, 유명전劉銘傳은 초대 순무巡撫가 되었다. 그러므로 대만이 중국의 일개 성省으로 편입된 기간은 청·일 전쟁이 일어날 때 까지(1894)겨우 11년에 불과하다. 청프 전쟁은 제국주의 제국諸國들이 중국의 주변 국가에 야심을 품게 만드는 계기로 작용했다. 특히 조선은 청·프전쟁 이후 10년 간 열강의 주요 쟁탈 목표가 되었다.

넷째, 1894년 조선의 지배권을 둘러싸고 청나라와 일본이 한반도에서 전쟁을 치렀다. 이 전쟁은 일본의 승리로 귀결되었고, 양국 간에는 시모노세키 조약이 체결되었다. 일본은 조선을 청으로부터 분리시키고, 마침내 조선은 청의 예속으로부터 벗어났다. 청나라는 대만 섬, 팽호제도 등의 주권 및 해당 지방에 있는 모든 성루, 무기 공장 및 관청

2) 위의 주, 38쪽.

이 소유한 일체의 물건을 일본 제국에 양도했다. 이후 1945년까지 51년 동안 대만은 일본의 식민지에 놓이게 된다. 조선에 있었던 청일 전쟁이 대만 할양으로 이어진 것이다. 일본은 명치유신(1868년)을 시작한 이래, 서구를 모방해 국력을 증강하고 소위 말하는 양진兩進 즉 북진과 남진의 확장 노선을 채택하고 조선과 대만을 병탄해야 할 대상으로 인식했다. 조선은 북진의 요충지였고, 대만은 남진의 기지基地로 본 것이다. 특히 시모노세키 조약에서 보이듯이 팽호 열도까지 꼭 손에 넣고자 한 이유는 팽호가 해상교통로의 요충지에 있었기 때문이다. 지금도 일본은 대만해협을 '생명선'으로 인식하고 있다. 특히 지금도 일본 우익은 대만유사가 곧 일본유사라는 인식을 하고 있다.

다섯째, 1945년 일본이 패망하자, 대만과 한반도에서는 권력의 진공상태가 발생한다. 권력의 진공상태를 서로 메우기 위해서, 대륙에서는 국공내전이 발생했고, 그 결과 장제스는 패해서 대만으로 도망 왔다. 한반도에서도 한국전쟁이 발생했다. 결국 남북 분단이 고착화되었다. 결과적으로 본다면 대만과 남한에서 일본이 떠난 권력의 진공상태를 메운 세력들은 미국이 지지하는 세력들이었다. 1951년 샌프란시스코 강화조약은 국민당과 공산당, 한반도의 세력은 참가하지 못한 채 결정되었다. 국제법적으로 본다면 대만의 중국 귀속권 문제, 독도 문제는 이 조약에서 기인하고 있다.

1950년 1월 미국 국무장관 애치슨은 소위 애치슨 선언(Acheson line declaration)을 발표한다. 미국의 극동방위선이 대만의 동쪽 즉, 일본 오키나와와 필리핀을 연결하는 선이며, 스탈린과 마오쩌둥을 저지하기 위한 선이다. 태평양에서의 지역 방위선을 알류샨 열도-일본-오키나와-필리핀을 연결하여 대만과 한반도는 제외되어 있다. 이는 한국 전쟁을 불러오는 결과를 초래했다.

여섯째, 1950년 한국전쟁이 발발하자, 이틀 뒤에 미 7함대가 대만해협에 개입하였다. 이로서 대만에 도망와 있던 장제스의 국민정부는 기사회생했다. 중공도 한국전쟁에 개입한다. 한국 전쟁 참전으로 인해서 마오는 대만을 잃었고, 17만 대군과 그의 아들을 잃었다. 미국과 한국은 1953년, 미국과 대만은 1954년에 각각 방어조약을 맺었다. 양안과 남북한의 분단이 고착화된 것이다.

역사적으로 보더라도 대만 문제는 한반도 문제와 연계되어 있으며, 지금도 동아시아 지역에서 폭발할 화약고로서 가장 높은 잠재성을 지니고 있다. 무엇보다도 대만 문제와 남·북한 문제에서 가장 큰 구조적 변수는 중·미관계다. 국제체제의 구조수준(structure system lebel)에서 본다면 미국 패권의 상대적 위축, 중국대륙의 부상, 국제질서의 복합화 등 동아시아의 근본적 변동을 가져오게 하는 요인이다. 동아시아에서 중·미관계 갈등의 요체는 중국의 대국화 추진에 따른 미국의 적극적 억제에 있다. 중국이 군사력을 증강하고 해양이익을 추구하고 군사력 투사범위를 늘려나가자 중·미 간에 패권 경쟁이 드러나고 있다.

2021년 5월 21일, 한·미 정상회담 이후 공동 성명이 발표되었다. 문재인 정부는 처음으로 "대만 해협의 평화와 안정을 유지하는 중요성"을 공개적으로 강조하였으며, 남중국해 항행의 자유, 공급망 안전, 인·태 전략을 비롯하여 중·미 전략 경쟁과 관련된 핵심 분야에서 협력이나 공감대를 형성했다.[3)]

윤석열 정부는 보다 더 노골적이고 적나라하게 대중견제에 동참했다. 예를 들어, 대만 문제에 대해서 '힘에 의한 현상 변경(Change the

3) 吕春燕, 拜登强化美韩同盟及对中韩关系影响, 和平與發展, 2022年第3期, pp.60-78.

status quo by force)' 시도를 반대한다고 지적했다. 통상 중국과의 관계를 고려해 역대 한국의 지도자들은 대만과 관련된 공개 언급을 자제하는 것과 달리 윤석열은 대만 문제의 책임이 중국에 있다고 밝힌 것이다.[4] '힘에 의한 현상변경'은 중국이 무력이나 강압적 행위를 통해 대만과의 관계 재정립을 시도하는 현상을 일컫는 말이다. 윤석열 정부 시기의 대만 유사는 곧 한국 유사가 된다.

2025년 현재 한·미 간에서 논의되고 있는 '동맹 현대화'와 미군의 '전략적 유연성' 구상은 한국군이 대만 유사시 대만 해협 정세에 직·간접적으로 연루될 가능성을 내포하고 있다. 실제로 한국군은 과거 베트남전에 참전했을 뿐 아니라, 노무현 정부 시기에는 이라크전에도 파병된 바 있다. 다시 말해, 보수와 진보를 막론한 역대 정부가 국가안보와 동맹의 필요성을 근거로 해외 군사개입을 결정해 왔다. 이러한 전례는 한국군의 해외 군사개입이 단순한 가정적 시나리오에 그치지 않고, 국제정세의 변화에 따라 현실적으로 선택될 수 있는 정책적 옵션임을 명확히 보여준다. 나아가 한국이 미국으로부터 충분한 군사적 자율성을 확보하지 못한다면, 대만 해협의 긴장 고조나 유사 상황 발생 시 한국이 미국의 전략에 자동적으로 편입되어 개입될 가능성이 매우 크다는 것이 필자의 판단이다.

대만 문제와 남북 문제는 그 양상이 유사하지만 유사하지 않은 부분도 분명 존재한다. 특히 대만의 국제적 지위 문제와 대만인의 정체성 문제(국가정체성, 민족 정체성)는 우리의 남북 문제와는 다르다. 하지만 통일에 대한 인식과 남북한 정체성의 차이가 시간이 지나면서

4) 주재현, 尹 "대만해협의 '힘에 의한 현상변경', 국제 사회가 반대해야", 2023년 04월 19일, https://www.sedaily.com/NewsView/29OD40LZM3.

희석화될 가능성은 높다.

한국에 있어서 해방이 곧 분단이었다. 75년이 넘었다. 세대 간에도 북한에 대한 인식과 통일의 필요성에 대한 견해가 다르다.

2023년 말 북한 노동당 중앙위원회 전원회의에서 김정은 국무위원장이 했던 "남북관계가 적대적(교전 중)인 두 국가 관계로 고착되었다"[5]는 발언, 특히 2024년 1월, 평양 낙랑구역 통일거리에 위치한 김일성·김정일 업적의 상징인 '조국통일 3대헌장 기념탑'이 철거된 사건은, 이른바 '통일 포기론'이 현실화하고 있음을 보여주는 상징적 징후다. 사실 조국통일 3대헌장은 1997년 북한이 기존의 통일 원칙, 강령, 통일 방안을 종합해 제시한 개념으로, 1972년 7·4 남북공동성명의 '조국통일 3대 원칙', 1993년 4월의 '전민족대단결 10대 강령', 1980년 10월의 '고려민주연방공화국 창립방안'을 통칭한다. 이러한 기념비적 시설물의 철거는 단순한 물리적 조형물 제거를 넘어, 북한 내부에서 통일 담론이 차지하는 상징적 위상이 점차 축소되고 있음을 시사한다. 이는 현 남북관계가 단기간 내 해결되기 어렵다는 현실을 보여줄 뿐만 아니라, 한반도 통일이라는 역사적 과제가 점차 실현 가능성을 잃어가고 있음을 함축한다.

남북한의 자주적 화해와 협력은 국제정치적 맥락 속에서 때로 미국의 전략적 이해와 충돌할 소지가 있다는 점이 널리 인식되어 있다. 현실적으로 한국은 정치·군사·경제적 측면에서 미국과 긴밀히 연계되어 있어, 독자적 정책 결정과 자주적 행보를 제한받을 수밖에 없는 구조적 제약이 존재한다. 이러한 구조적 현실은 한국 사회 전반에 자주

5) 한겨레, 2024년 10월 05일, https://www.hani.co.kr/arti/politics/defense/1161122.html?utm_source=chatgpt.com.

성에 대한 고민과 제한적 선택 가능성에 대한 인식을 확산시키고 있으며, 남북관계 발전과 통일 논의에서도 이러한 제약이 중요한 변수로 작용한다.

물론 이런 상황을 '자부심'으로 받아들이는 사람들도 많다. 도널드 트럼프 미국 대통령은 이 모든 것을 한마디로 정리한 적이 있다. "그들(한국)은 우리의 승인 없이 아무것도 하지 않는(못한)다."(They do nothing without our approval.)[6)]

종합하자면 대만 문제의 해결은 남북 문제 해결에도 영향을 미칠 것임은 자명하다. 현재 대만 문제와 남북 문제에서 가장 관건적인 요인은 미국요소가 가장 중요하게 작용하기 때문이다. 대만과 중국대륙과의 관계는 우리의 남북 문제와는 달리 훨씬 더 복잡하다. 자르려고 해도 자를 수 없고, 정리하려고 해도 정리할 수 없다(剪不断, 理还乱). 풀리지 않는 '하나의 중국' 문제가 얽히고 설켜 있기 때문이다.

Ⅱ. 대만과 한국의 친일 문제: 할양과 병탄

왜 대만은 한국처럼 일본의 우경화에 대해 강한 반감을 갖지 않는가? 이 질문은 단순한 비교 이상의 역사적 맥락을 필요로 한다. 핵심적으로 보면, 그 배경에는 두 지역의 역사적 경험의 차이가 자리 잡고 있다. 간단히 말해, 대만은 족군 별 역사의 공통된 기억이 다르기 때문이며, 반면에 한국은 기억의 정치에서 단일하게 유지되었다.

6) Donald Trump Says South Korea Does 'Nothing Without Our Approval' and Won't Lift Sanctions on North Korea. 2018년. 10월 08일, https://www.newsweek.com/donald-trump-korea-south-north-sanctions-1163012.

한국은 오랜 세월에 걸쳐 독립된 문명권을 일구어 왔다. 고조선의 맥을 시작으로 고구려·백제·신라를 거쳐 고려와 조선에 이르기까지, 고유한 국가 체제와 민족 정체성이 굳건히 이어져 왔다. 이런 흐름 속에서 일본의 식민 지배는 단순한 외세의 침략에 머무르지 않고, 민족의 주권과 존엄을 짓밟은 참혹한 비극으로 기억된다. 더욱이 근대에 들어 스스로의 힘으로 근대 국가를 세우려는 열망이 절정에 달했을 때 강제 병탄이 이루어졌기에, 그 상처는 한층 더 뼈아프고 잔혹하게 다가올 수밖에 없었다.

반면 대만의 경우, 역사적으로 오랫동안 강대국의 외곽 지역으로 간주되어 왔으며, 청나라 말기에는 주권의 주체로서 스스로를 세우지 못한 채, 1895년 시모노세키 조약을 통해 일본에 할양되었다. 다시 말해 대만은 청 정부에 의해서 일본에 팔아 넘겨진 것이다. 이 과정은 식민지로서의 수난이라기보다는, 당시 중국이 주변 영토에 대한 통제와 관심을 포기한 결과로 받아들여진 것이다. 다시 말해, 대만은 자발적인 국가적 독립을 경험하지 못한 상태에서 외세에 편입된 것이며, 이로 인해 일본 통치에 대한 집단적 기억 또한 한국과는 다른 방식으로 사회에 자리 잡게 되었다.

따라서 일본에 대한 감정의 차이는 단지 지리적·문화적 거리에서 기인한 것이 아니라, 각기 다른 역사 경험과 족군적 자기인식의 구조에서 비롯된 결과라 할 수 있다. 대만은 청 제국의 주변으로서 청 제국에 의해서 일본에 할양된 것이다. 다시 말해 대만은 중국에 의해서 버림을 받았고,[7] 한 순간에 고아가 되어 버렸다.

1894년 청일전쟁에서 패배한 이후, 대만 할양 시 리훙장의 대만에

7) 최원식·백영서 외 엮음, 제국의 교차로에서 탈제국을 꿈꾸다, 창비, 2008, 337쪽.

대한 인식이 어떠했는지 그 말을 들어보자. 물론 이 말은 역사적 근거나 증거가 없다. 하지만 대만이 할양 당시 대만 사회에 널리 유전되고 있었던 것은 사실이다. 더구나 각종 서적에서 이를 언급하고 있다.

자희 태후가 리훙장에게 묻는다. 일본이 자꾸 대만과 펑호를 달라고 하는데, 도대체 대만이 어떤 땅입니까? 이에 당시 최고의 실권자이자, 직예총독 북양대신 리훙장이 답한다.

"새는 울지 않고 꽃은 향기롭지 않으며, 남자는 정이 없고, 여자는 의리가 없다(鳥不語, 花不香, 男無情, 女無義)."[8] 바로 청나라 엘리트의 대만에 대한 인식이 아주 낮은 단계에 있음을 알 수 있다. 물론 대만을 넘겨주고 싶어 할양한 것은 아니지만, 당대 엘리트층의 눈에 비친 대만은 야만의 원주민이 날뛰는 '화외지민化外之民' 즉 교화가 아직 미치지 않는 땅이었다.

더구나 분단을 겪은 방식부터 한국과 대만은 매우 다르다. 한반도의 분단은 물론 소련과 미국 간 합의를 한 것이지만, 맥아더의 일반명령 1호에 의해서 한반도의 허리 중심이 잘려 버린 것이다. 게다가 좌고우면할 생각도 없이 30분 만에 38도선 이북과 이남으로 분단된 것이다. 상흔이 깊지 않을 수 없다. 이처럼 육지에서의 경계선은 뚜렷했고, 그 단절과 격리는 물리적인 이동조차 허용되지 않았다. 반면, 대만과 중국 본토 사이의 분단은 대략 130-180km의 대만해협이라는 바다를 경계로 한다. 지리적 조건만 놓고 보더라도 이 둘은 전혀 다른 차원의 분단이다.

기후는 지리의 아버지며, 지리는 역사의 아버지다. 이는 자연 환경과 인간 역사의 관계를 인과적으로 설명하는 표현이다. 먼저, 기후는

8) 천야오창 저·차혜정 역, 포르모사 1867, 알에이치코리아, 2023, 675쪽.

한 지역의 지형, 토양, 식생, 강수량 등 지리적 특징을 형성하는 핵심 요인으로 작용한다. 예를 들어, 사막 기후가 나타나는 지역에서는 모래사막이 형성되고, 강우량이 풍부한 지역에서는 비옥한 평야가 발달한다. 이러한 기후적 조건은 곧 지역의 지리 환경을 결정하며, 이는 인간 사회의 생활 방식과 경제 활동, 정치 구조, 문화 형성에도 지대한 영향을 미친다. 즉, 산악 지형은 방어와 독립적인 국가 형성에 유리하고, 강과 바다 주변은 교역과 문명 발달을 촉진하는 등, 지리는 역사의 전개 방향과 사회 발전에 중요한 배경이 된다. 따라서 자연 환경이 지리적 조건을 만들고, 그 지리가 다시 역사적 사건과 발전을 결정한다는 환경과 역사 사이의 인과적 연결을 만든다.

대만해협의 존재는 대만과 중국 사이의 단절이 남북한과는 전혀 다른 역사적 성격을 지니도록 만들었다. 중국 공산당의 관점에서 보자면, 양안의 분단은 국공내전과 외세의 개입이라는 내적 분열과 외부 압력의 산물이다. 반면 대만 내부의 진보 세력, 특히 범록진영은 1951년 샌프란시스코 조약에서 대만에 대한 주권 미정未定의 상태를 양안 문제의 기점으로 본다. 이들에게 카이로 선언, 포츠담 선언은 그저 정치선언에 불과한 것이며, 일본 패전 후 천이陳毅가 대만행정 장관으로 대만을 수복한 것은 즉 중국전구 사령관인 장제스가 맥아더의 위탁을 받어 대만을 점령한 것에 불과한 것으로 인식한다.

국민당과 공산당의 교과서는 공통적으로 '대만 광복'을 중국의 항전 승리의 결과로 서술하며, 그 근거로 1943년 12월 1일 미·영·중 3국 정상이 회의 후 발표한 카이로 선언(Cairo Communiqué) 을 제시한다. 그러나 대만 독립 진영의 시각에서 보면, 카이로 선언은 대만의 최종적 정치 지위를 확정한 문서가 아니었다. 그들은 선언문이 단순한 보도자료(news release)에 불과하며, 공식 서명자조차 존재하지 않는다는 점을 지적한다.

더욱이 국민당은 "대만과 펑후 제도는 중화민국에 반환된다"는 구절만을 선택적으로 인용했으며, 공산당은 원문에 명시된 "Republic of China(중화민국)"을 의도적으로 삭제하고 이를 단순히 "중국"으로 번역했다고 주장한다.

흥미로운 사실은 선언문에서 "일본이 중국으로부터 탈취한 모든 영토(all the territories Japan has stolen from the Chinese)"의 구체적 예시로 만주(Manchuria), 대만(Formosa), 펑후 제도(Pescadores)가 명기되어 있다는 점이다. 그러나 국공 양당 모두 '중국의 동북 지역', 즉 만주(Manchuria)에 대해서는 의도적으로 언급을 회피했다고 주장한다.

녹색진영은 당시 중국의 항전 현실을 강조한다. 당시 중국의 전쟁 능력과 상황을 고려할 때, 대만, 펑후, 만주를 회복하는 것은 현실적으로 불가능했으며, 그저 꿈처럼 먼 문제였다고 본 것이다.

정리하면, 선언문에서는 일본의 점령지를 나열했지만, 실제 정치·군사적 현실에서는 특히 만주 지역에 대해서는 중국 내부에서도 언급을 회피하거나, 실현 가능성이 낮다고 인식했다는 점을 보여준다. 즉, 선언문과 현실 사이에는 정치적 계산과 현실적 제약이 존재했다는 의미다.

청나라가 멸망하고 중화민국이 수립된 뒤, 일본은 1931년 '9·18 사건(만주사변)'으로 본격적인 중국 침략을 시작했다. 불과 몇 년 사이에 중국은 동북, 화북, 동부 연안 일대를 잇달아 상실했다. 1937년 '7·7 사건(노구교 사건)' 이후 장제스는 비로소 '항전'을 선언했지만, 1938년 1월 수도 난징이 함락되자 국민정부는 충칭으로 수도를 옮겼다. 그럼에도 불구하고 그는 '항전'을 외칠 뿐, 일본에 정식으로 선전포고조차 하지 않았다.

장제스가 공식적으로 일본에 선전포고한 것은 1941년 12월 7일 일본의 진주만 기습 이후였다. 미국이 12월 8일 일본에 선전포고를 하자, 장제스는 그 다음 날 미국을 따라가며 선전포고를 발표했다. 다시 말해, 이는 미국 편에 서겠다고 공식 선언한 것이었다. 그 후 장제스는 미·영 등 연합군 최고사령부(Allied Combined Chiefs of Staff)에 의해 '중국전구(China Theater)' 최고사령관(Supreme Commander)으로 임명되었다. 그러나 이 '중국전구'의 작전 범위는 중국 본토, 미얀마 북부, 인도 동북부 일부 지역에 국한되었으며, 만주와 대만, 펑후 제도는 포함되어 있지 않았다.

먼저 카이로 선언에서 가장 주목되는 점 중의 하나는 이 선언이 조선의 독립과 관계되어 있기 때문이다. 이 선언에서 처음으로 조선을 독립시켜야 하는 이유를 적시했다. 그리고 이 선언에서 '노예 상태에 유의(mindful of the enslavement of the people of Korea)'한다는 대목이다. 3·1운동을 비롯해 끊임없이 진행된 한국의 독립운동은 식민지 한국의 상황을 열강들에게 정확히 전달할 수 있었다. 하지만 타이두 진영에서는 이 선언을 그렇게 높게 평가하지 않는다는 것이 사실이다.

독일의 점령하에 있었던 프랑스와 네덜란드, 그리고 연합국 핵심이었던 영국은 모두 아시아에 식민지를 가지고 있었고, 2차대전을 통해 일본에 의해 인도를 제외한 식민지 지역에서 쫓겨난 상태였다. 일본이 패망한다면, 이 지역은 어떻게 될 것인가. 독립이어야 하는 것 아닌가. 그러나 패전국의 식민지였던 한국과 과거 유럽 제국의 식민지였던 국가는 서로 다른 8월 15일을 맞이해야 했다.

한편, 한반도의 분단은 국제사회의 결정이 개입한 대표적인 사례다. 한국인의 의지와는 무관하게 외세에 의해 38선이 설정되었고, 이는 곧 미·소 냉전의 최전선이 되었다. 우리에게 해방은 곧 분단이었다. 한국전쟁 발발 후, 유엔과 중국, 북한의 이해관계 속에서 정전이라는 형태의 세력 균형 분단이 고착화된 것이다.

이처럼 한국과 대만의 현대사는 분단의 출발선부터 달랐다. 엄밀히 말하면 대만을 분단국가로 보는 것 자체가 무리가 있을 수도 있다.

대만은 일제로부터 해방한 이후 국민당 정부의 통치를 받았지만, 많은 대만인들에게 그것은 식민통치의 연장이자 새로운 지배의 시작으로 인식되었다. 형식적으로는 '같은 민족'인 한족의 통치였지만, 실제로는 외부 권력이 상륙해 기존 질서를 대체한 구조였다. 다시 말해 연속식민이라는 연속선상에 있는 또 다른 식민제국의 하나로, 재식민의 관점에서 중화민국을 볼 수 있다. 이러한 복잡하고 뒤얽힌 역사적 배경 속에서 대만인들은 자신의 정체성을 명확히 규정하기 어려운 혼란을 겪게 되었다. 한국은 해방 후 미군이 주둔하였다. 이들은 동시에 해방군이자 점령군이라는 이중적 지위를 지니고 있었으며, 한국인과는 외형적·문화적 차이뿐 아니라 사회적 경험과 생활 방식에서도 근본적으로 달랐다. 이러한 차이는 단순한 신체적 구별을 넘어, 양측 간의 상호 이해와 긴장 관계 형성에도 영향을 미쳤다.

반면 국민당은 한족이었고, 당시 대만의 엘리트 계층과도 같은 동일민족이었다는 점에서 또 대만은 한국과 다른 유형이다.[9]

한국과 대만은 모두 전후 냉전 체제 속에서 지정학적으로 중요하게 활용되었고, 미국의 영향하에 반공주의 체제를 유지해왔다. 그러나 한국은 이미 고대부터의 국가적 연속성이 있었고, 1945년의 식민지로부터의 해방(광복)은 '자주 국가의 회복'이라는 역사적 서사로 이어질 수 있었다. 한국의 해방은 곧 분단이었고, 분단은 '민족 분열'이라는 강한 정서와 함께 고통의 기억으로 새겨졌다.

9) 최원식·백영서 외 엮음, 제국의 교차로에서 탈제국을 꿈꾸다, 창비, 2008, 338쪽.

반면 대만은 역사적으로 청나라의 변경邊境이었고, 일본의 식민지였으며, 국공내전 후에는 망명 정부의 기반이 되었다. 대만 본토인이 아닌 외성인의 지배, 그리고 그 이후의 민주화는 곧바로 '대만인은 누구인가'라는 집단적 자기 서사의 물음으로 이어졌다. 이는 단지 정치체제의 전환이 아니라, '국가' 자체를 새로 구성해야 하는 근원적 과제였다.

우루이런의 주장에 따르면 대만은 일본에 대한 식민지 청산을 한 적이 없다고 말한다. 하지만 1945년 전쟁이 끝난 후, 대만에서는 전범과 친일분자에 대한 재판은 있었다. 재판은 두 가지로 진행되었는데, 첫째, 친일분자에 대한 청산에서는 대만인이 아닌 중국인의 입장에서 청산을 한 것이고, 둘째, 전범에 대해서 청산을 할 때는 외국인으로서 심판을 했던 것인데, 대만인은 전범과 친일의 두 가지 신분의 경험이 있다고 말할 수 있다.[10] 이런 경험으로 볼 때, 대만은 중국, 일본의 정복 야욕의 희생양이었고, 국민당 정권에 의해 희생당하는 대상이었다. 그렇기 때문에 많은 대만인들은 이러한 불평과 불만의 정서를 여전히 간직하고 있으며, 국민당에 대해서도 부정적인 인식을 갖고 있다. 이는 국민당이 일본 통치의 공백을 메우며 등장했기 때문으로, 대만인들에게 국민당의 등장은 단순한 정치 세력의 출현이 아니라 외부 지배와 연결된 역사적 경험으로 인식되었기 때문이다.

한국은 1945년 8월 15일이 광복절이다. 이에 대한 반론이 거의 없다. 하지만 대만은 어떤 날을 후식민의 시작의 날(광복절)로 제정해야 하는지 어렵다. 특히 현재 대만에 거주하고 있는 주민들의 구성으로 볼 때 단일하고 공통적인 역사경험을 가진 것이 아니라 적어도 세 가지 다른 역사적 경험을 가진 부류로 형성되어 있기 때문이다.

10) 위의 책, 338쪽.

제7장

대만은 말할 수 있는가?

: 대만의 서발턴과 서발터니티

Ⅰ. 서발턴(subaltern)

'Subaltern'이라는 용어는 라틴어 sub-(아래)와 alternus(다른, 교대의)에서 유래하여, 문자 그대로는 '다른 사람 아래에 있는 존재', 곧 '하위에 위치한 자'를 뜻한다. 본래 이 말은 17세기 이후 영국 군대에서 군사용어로 쓰이며, 대위(captain)보다 아래 계급의 하급 장교를 가리켰다. 그러나 이 용어를 군사적 맥락을 넘어, 주로 제3세계 국가의 하층 민중을 지칭하는 이론적 · 전략적 개념으로 전환시킨 이는 이탈리아의 맑스주의자 안토니오 그람시였다.[11] 즉 Subaltern은 그가 '프롤레타리아트'라는 말을 대신해서 썼던 용어로, 1980년대 초 인도의 역사학자 라나지트 구하(Ranajit Guha)를 비롯한 일군의 역사학자들이

11) 문명재 외, 일본사회의 서발턴 연구 1: 정치권력과 서발턴, 제이엔씨, 2022, 7쪽.

모여 기존의 식민주의적, 민족주의적인 관점에서 다루어왔던 인도의 역사 해석을 비판하고, 그동안 역사의 주체가 되지 못했던 인도 인민의 입장을 부각하기 위한 목적으로 이들을 '서발턴'이라 지칭하며 연구를 시작했던 것에서 유래한다.[12)]

따라서 이 단어는 애초부터 위계적 질서 속에서 '권한이 적고 낮은 위치에 있는 사람'을 가리키는 의미를 지녔다. 이러한 본래의 뜻은 20세기 후반 안토니오 그람시가 헤게모니 이론을 전개하면서, 지배적 사회 구조 속에서 주도권을 확보하지 못한 계급이나 피지배 집단을 지칭하는 개념으로 확장되었다.

이후 서발턴은 포스트식민주의 이론가들, 특히 가야트리 스피박(Gayatri Spivak)에 의해, '말할 수 없는 존재들'을 지시하는 핵심 개념어로 정착하였다.

그람시는 '서발턴'이라는 개념을 통해 지배 계급의 헤게모니 바깥에 놓인 피지배 집단의 존재를 드러내고자 했으며, 이 개념은 곧 탈식민주의 이론가들에 의해 식민지 주민, 하층민, 여성 등 제국주의적 지배 체제 속에서 억압받아 온 다양한 집단을 포괄하는 용어로 발전했다. 특히 스피박은 "서발턴은 말할 수 있는가?"라는 물음을 제기하며, 설령 서발턴이 발화를 시도하더라도 지배 담론이 이를 들으려 하지 않기 때문에 결국 말할 수 없는 존재로 남을 수밖에 없다고 주장했다. 그녀는 서발턴의 목소리가 제도적 경로를 거쳐 사회적으로 유통되지 못한다는 점을 강조하며, 그들의 근본적 침묵과 억압을 부각시켰다.

따라서 서발턴은 단순히 '억압받는 자'가 아니라, 발화와 재현의 권

12) 문명재 외, 일본사회의 서발턴 연구 1: 정치권력과 서발턴, 제이엔씨, 2022, 7쪽.

리마저 박탈당한 존재를 의미한다. 이 개념은 식민지 시기의 하층민과 여성, 농민과 노동자는 물론, 대만의 원주민이나 금문도의 시응생(접대원), 나아가 현대 사회의 난민, 이주노동자, 성소수자와 같은 집단을 설명하는 데 적용될 수 있다.

서발턴은 단순히 사회적 약자를 가리키는 용어에 그치지 않고, 구조적으로 침묵을 강요당한 존재들을 드러내며 그들의 목소리를 회복하려는 이론적 도전과 실천적 과제를 동반한다는 점에서 중요한 의미를 지닌다. 다시 말해, 서발턴은 탈식민주의 이론의 핵심 개념으로서 사회적 · 정치적 · 경제적 · 문화적으로 소외된 집단, 지배 권력에 종속된 하층민 · 하위주체 · 종속계급을 포괄한다. 이는 계급, 카스트, 연령, 젠더, 지위 등 다양한 층위에서 권력 관계에 의해 억압과 종속의 위치에 놓인 이들을 지칭하는 개념이라고 할 수 있다.[13] 또한 엘리트들을 제외한 민중(people) 전체를 서발턴으로 정의하기도 한다.[14]

서발턴은 사회, 정치, 문화적 권력 구조에서 발언권과 대표성을 박탈당한 주변화된 집단을 지칭하며, 이들은 자신들의 목소리를 공적 담론에 직접적으로 전달할 수 없으며, 지배 담론에 의해 침묵당하거나 왜곡되곤 한다.

오늘날에는 분과적, 지역적 경계를 모두 넘어 역사학 · 인류학 · 사회학 · 인문지리학 · 문학 등의 분야에 있어서 종속적이고, 주변화된 사회집단, 또는 하층계급 등, 행위의 주체자로서 사회적 지위를 얻지 못하고 있는 사람 혹은 집단을 가리키는 학술용어가 되었다.[15] 따라서 권력관계의 여러 층위에서 지배계층의 헤게모니에 종속되어 있는 다양

13) 위의 주, 8쪽.

14) 위의 주.

15) 위의 주.

한 사회집단들을 가리키는 민중으로서의 서발턴 개념은 고정적이고 통일적인 어떤 본질적 정체성을 전제하거나 계급이나 민족 등 어느 하나의 범주를 특권화하지는 않는다.[16)]

서발턴 연구의 초기 단계에서는 서발턴을 계급, 카스트, 젠더, 인종, 언어, 문화 등의 면에서 지배, 피지배 관계의 중심성을 지지하기 위해 사용되는 개념으로 정의되었다.

무엇보다도 식민지화된 장소의 역사기술을 식민지배를 지배 · 경영하는 측의 시점이 아닌 식민지배를 받는 피지배자의 시점에서 파악한다는 새로운 관점을 제시하였다. 그리고 현재 서발턴 연구는 탈민족주의, 탈식민주의, 탈구조주의의 이론과 문화연구가 교차함으로써 새롭게 생성된 학제적 연구영역에서 가장 역동적인 섹터가 되었다.[17)] 물론 서발턴은 시대와 지역을 막론하고 사회체제의 최하층과 말단 주변분에 존재해 왔으며, 지금도 존재하고 있다.[18)]

본서에서의 서발턴(Subaltern)은 사회, 정치, 문화적 권력 구조에서 발언권과 대표성을 박탈당한 주변화된 집단이다. 이들은 자신들의 목소리를 공적 담론에 직접적으로 전달할 수 없으며, 지배 담론에 의해 침묵당하거나 왜곡되는 존재로 사용하였다. 대표적인 예를 든다면, 대만 원주민, 청대 대만의 나한각 집단, 냉전기 금문 특약차실의 시응생, 국공 내전기 장제스와 함께온 롱민榮民, 고군孤軍, 한국전쟁 시기의 반공 포로 등, 이러한 존재들은 그 자체로 취약성과 부재성을 특징으로 하는 대표성을 결여한 서발턴적인 속성을 지닌 집단이다.

---

16) 위의 주.

17) 문명재 외, 일본사회의 서발턴 연구 1: 정치권력과 서발턴, 제인엔씨, 2022, 8쪽.

18) 위의 주, 14쪽.

대만은 제국주의 · 식민주의 · 군국주의에 의해 식민지배 당한 역사의 연속이다. 이들 이념체계는 결국 자신의 탐욕을 채우기 위해 타인을 잔혹하게 억압하고 가차 없이 착취하는 폭력의 체제이다. 이들의 권력은 아무런 죄책감도 없이 폭력적으로 휘둘러지며, 그 결과 피지배자는 차별과 학대, 약탈과 희생이라는 끔찍한 고통을 강제로 감내해야 한다. 따라서 식민주의 체제 아래에서 서발턴은 단순한 산물이 아니라, 지배 권력이 만들어낸 비참한 운명이며, 이런 서발턴적 존재는 필연적으로 생겨날 수밖에 없는 희생양이라 할 수 있다.

II. 대만의 서발턴적 속성

1. 대만의 서발터니티(subalternity)

본서에서는 서발터니티라는 단어를 주로 사용하고 있다. 대만의 '서발터니티(subalternity)'란 복합적이고 중층적인 차별 구조 속에서 형성된 존재를 가리키는 개념으로, 서발턴(subaltern)의 다양한 속성을 추상화하고 개념화한 것이다.[19]

김동규의 논의에 따르면, '서발터니티'는 그 원형인 '서발턴(subaltern)'에서 비롯되었으며, 그람시가 제시한 '한 사회의 헤게모니 집단에서 배제된 종속 집단'이라는 정의, 구하의 '다수자의 시선으로는 해독 불가능한 소수자'라는 해석, 그리고 스피박이 강조한 '기득권 이데올로기에 의해 왜곡되거나 재현 불가능한 존재'라는 의미를 모두 포함한다. 또한 서발턴 개념과 유사한 논의로는 주체도 객체도 아닌 존재를 뜻

19) 김동규, 「서발터니티(subalternity)라는 방법」, 『인문사회과학연구』, 24(3), 2022, pp.370-383.

하는 '비체'(卑體, abjection)[20], 동시에 아감벤에 있어서 배제된 존재를 가리키는 '호모 사케르(homo sacer)'[21], 프리모 레비의 무젤만(Muselman)[22], 미뇰로의 크레올성(Creole)[23] 등 그리고 랑시에르의 사회적 몫을 갖지 못한 존재인 '몫이 없는 자'[24] 등이 있다. 이러한 다양한 속성을 포괄하

---

20) 크리스테바(Julia Kristeva)의 '비체(Abject)' 개념은 그녀의 저서 『공포의 권력(Powers of Horror, 1980)』에서 체계적으로 논의된다. '비체(Abject)'는 주체도 객체도 아닌, 경계에서 배제된 존재를 의미한다. 이는 사회적 · 상징적 질서에서 배제되지만, 동시에 그 경계를 형성하는 데 필수적인 존재다.

21) 호모 사케르는 "신성하지만 죽여도 죄가 없는 인간"을 뜻하는 라틴어 표현이다. 고대 로마법에서 유래한 개념으로, 특정 개인이 공동체로부터 배제되어 법의 보호를 받지 못하지만, 동시에 죽임을 당해도 살인죄가 성립하지 않는 '예외적인 존재'를 가리킨다. 즉, 정치권력과 법체계 바깥에 놓인 '생명' 상태를 나타낸다. 호모 사케르 개념은 현대 사회에서 난민, 수용소 수감자, 법적 권리를 박탈당한 이들, 테러와의 전쟁 속에서 '법의 테두리 밖'에 놓인 사람들의 상황을 설명하는 데 사용된다.

22) '무젤만(Muselmann)'은 나치 강제수용소에서 기아와 탈진으로 극도로 쇠약해져 죽음을 앞둔 수감자를 일컫는 말로, 신체적 · 정신적으로 무기력해지고 생존 의지를 잃은 상태를 가리킨다.

23) '크리올루(Criollo)'는 아메리카 식민지에서 태어난 유럽인 혈통의 사람들을 가리키며, 본국 출신인 페닌술라르(Peninsular) 바로 아래 계층에 속했다.

24) 현대 사회에서 랑시에르가 말하는 '몫이 없는 자'는 사회의 공식적인 질서와 제도 속에서 존재를 인정받지 못하거나 발언권을 가지지 못하는 집단을 의미한다. 이들은 경제나 사회를 유지하는 데 중요한 역할을 하면서도 정치적 주체로서의 권리를 제대로 보장받지 못하고, 종종 제도 밖에서 배제된 존재로 남는다. 예를 들어 이주노동자, 난민, 무국적자들은 사회와 경제 활동에 기여하지만 법적 권리나 정치적 발언권이 제한되어 있다. 또한 비정규직이나 플랫폼 노동자들은 시장경제의 핵심을 담당함에도 불구하고 안정적인 노동권이나 제도적 보호에서 소외되기 쉽다. 노숙인과 극빈층은 사회적 시야에서 배제되어 존재 자체가 인정받지 못하며, 청소년, 장애인, 성소수자 등 다양한 소수집단 역시 법적 · 제도적 불평등과 사회적 차별로 인해 목소리를 내기 어려운

여 추상화한 것이 바로 서발터니티이다.

2. 보이지 않는 국가

'보이지 않는 국가'(Invisible Nation)는 미국의 바네사 호프(Vanessa Hope) 감독이 7년에 걸쳐 완성한 다큐멘터리로, 2024년 5월 31일 미국에서 개봉되었으며, 이듬해인 2025년 6월 14일 대만에서 상영되었다. 이 작품은 대만의 제14~15대 총통 차이잉원의 8년 재임 시기를 따라가며, 대만이 '국가로서의 존재감'을 어떻게 확장해왔는지를 섬세하게 포착한다. 단순한 인물 전기에 머무르지 않고, 지정학적 고립과 내부 정체성의 혼란 속에서도 한 섬나라가 세계 속에서 스스로의 위치를 어떻게 세워나가는지를 깊이 있게 그려낸다.

특히 이 다큐멘터리는 한국과 대만을 비교할 때 흥미로운 지점을 드러낸다. 두 나라 모두 일본 제국주의의 식민지 경험을 공유했고, 냉전 체제 속에서 각각 분단과 대치, 민주화와 경제발전의 길을 걸어왔다. 그러나 '국가'와 '국민'을 조직하고 상상해온 방식은 서로 크게 달랐다는 점에서 주목할 만하다.

다큐멘터리의 제목인 '보이지 않는 국가(Invisible Nation)'는 단순히 외교적 승인조차 받지 못하는 대만의 국제적 위상을 상징하는 데 그치지 않는다. 이 표현은 더 깊은 차원에서, 대만 내부의 실존적 질문

경우가 많다. 랑시에르는 이러한 '몫이 없는 자'가 자신들의 존재를 드러내고 평등한 권리를 요구하는 순간이야말로 진정한 정치가 발생하는 지점이라고 보았다. 현대 사회의 난민 권리 시위, 청년 및 비정규직 노동자들의 권리 투쟁, 페미니즘 운동, 인종차별에 저항하는 BLM(Black Lives Matter)과 같은 인권 운동들은 기존 질서가 배제한 이들이 정치적 주체로 등장하여 자신의 몫을 재정의하려는 대표적인 사례다.

— '나는 누구인가', '우리는 누구인가' — 에 대한 오랜 모색을 반영한다. 이 질문은 단순한 정체성의 문제가 아니라, 식민과 전쟁, 내전과 망명이라는 역사 속에서 끊임없이 다시 제기되어 온 공동체의 자기성찰이다.

차이잉원은 이 정체성의 혼란을 단순히 '중화'와 '대만독립'이라는 이분법적 선택으로 환원하지 않는다. 오히려 그녀는 민주주의, 자유, 다양성이라는 보편적 가치 위에 정치적 공동체를 세우는 과정을 조심스럽고도 단단하게 추적해왔다. 대만은 단일한 민족국가의 신화가 아닌, 다중의 식민성과 이민성, 그리고 망명정부(범록 진영의 시각에서는 '재식민 권력')가 중첩된 역사 위에 놓여 있었다. 그런 점에서 대만은 단순한 '국가'가 아니라, 과거의 상흔을 넘어 새로운 주체성을 창조해가는 문화적 실험장에 가깝다.

이 다큐멘터리는 그 변화의 순간들을 따라간다. 홍콩 시위와의 연대, 디지털 시민운동, TSMC로 대표되는 기술 패권의 전략화는 대만이 더 이상 지정학의 희생자에 머무르지 않고 능동적 행위자(agency)로 자리 잡아가고 있음을 보여준다. 차이잉원의 언행과 국제무대에서의 대응은 '국가란 무엇인가'라는 철학적 질문을 오늘의 대만 위에 구체적으로 제기한다.

대만은 역사적으로 제국들의 교차로(crossroads)였다. 17세기 이후, 네덜란드와 스페인, 청제국과 일본, 그리고 국민당 정부와 미국에 이르기까지, 대만은 끊임없이 외래 권력의 접촉과 충돌, 지배와 저항이 중첩되는 공간이었다. 이곳에서 '식민'과 '이민'은 별개의 사건이 아닌 동시적이고 중첩된 과정이었으며, 이는 곧 대만의 문화와 정치가 형성된 다층적인 토대가 되었다. 따라서 대만은 단일한 역사 서사가 아니라, 서로 다른 시간과 권력이 교차하며 만들어낸 복합적 현실이다. 이를 인문학적 용어로 보자면, 대만은 단지 지정학적 경계선이 아니라, 다양한 기억과 문화, 정치적 이념들이 겹쳐져 새로운 의미가 생성되는 '융합처'(convergence site)라고 할 수 있다.

3. 대만의 서발터니티 연구

국제사회에서 대만은 여전히 국가로 호명되지 않는 존재, 곧 서발턴적인 속성을 지닌 국가다. 그러나 이 '보이지 않음'은 단지 결핍이나 억압의 상태가 아니라, 스스로의 언어로 '국가'를 다시 정의하는 문화적 실천의 무대가 되고 있다. 대만은 더는 누구에게 종속되거나 승인받기를 기다리는 수동적 객체가 아니다. 오히려 디지털 기술, 문화, 민주주의라는 영역에서 능동적 의미생산자로서 '국가다움'을 실험하고 있다.

대만을 향해 자주 던져지는 말, "대만은 다양한 시기의 이주민들이 만들어낸 사회"라는 표현은 어느 정도 진실을 담고 있으나, 동시에 중요한 것을 생략하고 있다. 그것은 원주민의 역사적 정위와 식민/탈식민의 현실, 저항과 재편의 복잡한 궤적이다. 오늘날 대만의 다문화적, 다언어적 현실은 단지 인구의 혼합이 아니라, 권력의 이행과 저항, 기억의 층위가 만들어낸 결과다.

대만은 서로 다른 제국과 문화, 사상과 기억이 중첩되고 교차하는 문화적 · 역사적 · 사상적 융합처로서, 혼종성과 변동성 속에서 독특한 정체성을 형성해온 공간이다. 결국 대만은 단일한 정체성으로 환원될 수 없는 혼종성의 공동체이며, 과거의 식민과 망명의 상처를 문화와 민주주의로 다시 엮어내는 실천의 장소다. 그것은 '국가'라는 형식보다 더 근본적인 질문, 곧 '공동체란 무엇인가'라는 성찰을 가능케 한다.

동아시아에서의 서발터니티 연구는 일본 중심성이 강하게 작용해 왔으며, 중화권을 대상으로 한 체계적인 연구 집대성은 이루어지지 않았다. 또한, 중화권과 한국의 서발터니티를 비교한 연구 역시 부재한 상황이다. 아울러 '서발터니티'라는 개념은 단순히 소수자나 타자를 지칭하는 것이 아니라, 발언권이 차단된 비가시적 존재를 포괄하는 개념이다.[25] 이는 오염과 타락을 이유로 접근이 금지된, 배제된 존재를 의미하며, 결국 부재성, 무의미성, 취약성을 지닌 모든 존재를 아우르는 개념이라 할 수 있다.[26] 즉, 서발터니티 개념은 목소리를 내지 못하고 부재不在 처리되거나, 저항의 목소리를 내더라도 차별받는 사회적 약자를 총칭하는 개념이라 할 수 있다.

대만에서 서발터니티를 전제로 한 연구가 많지 않지만, 근현대를 아우르는 원주민, 여성, 빈곤층, 이주민 등에 관한 연구는 상당히 축적되어 있다.[27] 물론 이러한 연구들이 반드시 서발터니티를 전면적으로 다루고 있는 것은 아니지만, 대만에서 이러한 연구가 다수 이루어질 수밖에 없는 이유는 대만사가 본질적으로 해양 문화 기반 위에서 진행된 식민의 역사로 형성되었기 때문이다.

이러한 식민의 역사는 2025년 현재까지도 대만은 '국가이면서도 국가가 아닌 곳'이라는 모순적 위치에 놓이게 만들었다.'[28] 이는 아직도

25) 김동규, 서발터니티(subalternity)라는 방법, 인문사회과학연구 제24권 제3호, 2022, 36쪽.

26) 위의 주.

27) 특히 식민지 부랑자 연구(王昭文 2003; 廖于蘋 2014)나 기층사회 형성과 원주민에 대한 사회적 폭력(許達然 1996; 朱家嶠 2009) 등은 주목할 만하다.

28) 2025년 2월 현재 중화민국(대만)은 12개 국가와 국교를 수립하고 있다. 국가의 구성요소 즉 국민, 영토, 주권을 갖추고 있으면서도 국제적 승인을 인정한 나라는 소수에 속한다.

중국과 미국의 최고지도자가 방문할 수 없는 유일한 곳이 대만이라는 사실과 맞닿아 있다. 더구나 대만은 국가와 비국가의 경계에 서 있어서 대만의 모순적 지위와 정체성의 혼란이 지속되고 있는 이유 또한 대만이 본질적으로 권력에서 배제당한(국내정치든 국제정치든) 즉 서발턴적 속성을 지닌 존재이기 때문이다.

현재에도 미국과 중국이라는 거대한 국제권력에 의해 주변화되고 타자화된 곳이 바로 대만이다.[29] 결국 대만 문제에서 서발터니티의 형성은 식민 경험에서 기인하며, 대만인은 역사적으로 단 한 번도 독자적인 국가를 건설한 적이 없다. 이는 서발턴 개념이 등장하기 이전부터 대만이 종속성과 주변성을 특징으로 해왔음을 의미한다. 종속성을 설명하는 가장 원초적인 개념이 '타자', 즉 노예였던 것처럼, 대만은 스스로의 주체성을 확립하기보다는 지속적으로 외부 권력에 의해 지배되고 통제되는 위치에 놓여 있었다. 다시 말해, 대만은 종속성을 핵심적인 역사적 특징으로 보여주는 전형적인 공간이다. 그 본질은 거대 권력—중국과 미국, 네덜란드, 스페인, 정씨 정권, 청나라, 일본, 중화민국—에 의해 지속적으로 주변화되고, 지금도 국제 사회에서 배제된 채 존재하고 있다는 점에서 찾을 수 있다. 대만 내부에서도 이러한 역사적 경험은 특정한 정치 · 문화적 정체성을 형성하는 데 중요한 영향을 미쳤다. 예를 들어, 현재 대만의 집권당인 민주진보당은 1999년까지 중화민국을 외래 정권으로 규정하며 정체성 문제를 둘러싼 논의를 이어왔다. 이는 대만 내부에서조차 국가 정체성과 주권 문제에 대한 인

29) 현재 대만의 법적 · 외교적 지위는 '홍길동'과 같은 모순적 상황에 놓여 있다. 즉, 국가이면서도 국가라 부를 수 없는 상태인 것이다. 대만 내부에서도 정확한 국명에 대한 합의가 이루어지지 않았으며, 국명과 지명을 혼용하여 사용하고 있다.

식이 일관되지 않음을 보여준다. 여기에 더하여, 대만은 역사적으로 여러 제국의 식민 경험을 거치면서 서발터니티의 속성이 한층 강화되었다. '고아 의식孤兒意識', '결손 국가缺損國家', '비정상 국가非正常國家', '비정 의식非情意識', '기형 의식', '이곳도 저곳도 아닌 곳'이라는 과객 심리, '주변부 의식' 등은 대만 사회의 깊은 문화적 저변에 자리 잡고 있다. 이러한 심리는 대만이 특정한 국가 정체성을 구축하는 데 있어 지속적인 혼란과 갈등을 야기하며, 국가적 연대보다 파편화된 정체성을 강조하는 경향을 낳았다. 결국, 대만의 서발터니티는 단순한 정치적 주변화에서 비롯된 것이 아니라, 역사적으로 축적된 식민 경험과 종속 구조 속에서 형성된 문화적·사회적 정체성의 총체적 산물이라 할 수 있다.

첫째, '고아 의식孤兒意識'은 대만인의 정체성과 심리적 태도를 설명하는 핵심 개념 중 하나로, 이는 대만이 역사적으로 지속적으로 외부 권력에 의해 지배되고 통제된 경험에서 비롯된 것이다. 대만은 네덜란드, 스페인, 정씨 정권, 청나라, 일본, 중화민국에 이르기까지 단 한 번도 독립적인 국가로서 자립한 적이 없으며, 이러한 역사적 경험이 대만인의 정체성과 사고방식에 깊은 영향을 미쳤다. 결국, 대만인의 '고아 의식'은 단순한 감정적 반응이 아니라, 대만의 역사적 경험과 정치·사회적 현실 속에서 형성된 집단적 각인이다. 이러한 의식은 대만 내부의 정체성 논쟁과 국제 사회에서의 외교적 입장뿐만 아니라, 대만인의 세계관과 생존 전략에도 깊이 각인되어 있다. '고아'는 일반적으로는 부모나 보호자가 없이 홀로 남겨진 아이가 느끼는 외로움, 무력감, 상실감과 단절을 의미한다. 가령 1946년 우줘류吳濁流가 일본에서 출판한 『아시아의 고아亞細亞的孤兒』에서는 일본 제국주의, 중국 국민당 정부, 공산당 체제 모두 대만인을 철저히 배제하며, 단지 정치적 이용 대상으로만 보았고, 결국 대만인은 어느 국가도 보호하지 않는 '고아'로 전락했다고 보았다.

둘째, 결손국가(Quasi-State) 의식이다. 대만은 실질적으로 독립 국가와 다를 바 없는 국민, 영토, 주권, 화폐 발행, 자체 군대 보유 등 국가의 형성 조건에 부합하는 모든 요소를 갖추고 있으나, 국제사회에서는 국가로 대접받지 못하고 있다. 국가 간 협력을 전제로 한 국제기구에 정식 회원국으로 가입할 수 없다. 다시 말해, 국제사회에서 대만을 공식적으로 대표할 수 있는 주체가 존재하지 않는다. 이러한 현실 속에서 대만은 스스로를 대변할 공식적 목소리를 갖지 못한 채, 여전히 서발터니티를 지닌 존재로 남아 있다. 예를 들어, 대만은 유엔 가입이 불가능하며, 단지 국제사회에서 12개국과 수교를 맺고 있으며, 그 수교국도 아프리카, 대양주의 검은 친구黑朋友들, 미국의 뒷배가 되어주는 중남미의 작은 친구들小朋友 몇 개국에 불과하다. 이처럼 대만은 국제사회로부터 완전한 국가로 인정받지 못하는 처지다. 이는 대만이 불완전한 주권 국가, 즉 결손국가로서 기능하고 있음을 방증하며, 대만인의 목소리를 온전히 대변할 단체 또한 부재함을 의미한다.

셋째, 비정상국가의 문제다. 1986년 국민당의 일당 독재에 맞서 당외 세력이 결집해 민주진보당(민진당)을 창당했고, 1991년에는 '대만독립' 당강을 통과시켰다. 이어 1999년, 대만전도결의문臺灣前途決議文이 채택되면서 기존에 부정하던 중화민국 체제를 사실상 인정하게 되었고, 2000년에는 중화민국 체제하에서 치러진 총통 선거를 통해 민진당이 최초로 정권을 잡았다. 이로 인해 민진당은 더는 기존에 유지해오던 입장 즉 '중화민국'을 외래 정권으로 규정하는 과거의 논리를 더는 유지할 수 없었다. 대신, 2007년 정상국가결의문을 채택하며 대만이 아직 정상국가가 아님을 공식적으로 선언하고, 이에 따라 대만이 완전한 국가로 나아가기 위해서는 ‘중화민국’을 ‘대만’으로 정명正名하고, 새로운 헌법을 제정하며, 국제사회의 승인과 유엔 가입을 지속적으로 추진해야 한다는 입장을 견지하고 있다.

넷째, 비정의식悲情意識이다.[30] 이는 대만인이 역사적으로 겪어온 좌절, 상실, 그리고 불안정한 정체성에서 비롯된 감정과 인식을 의미한다. 이러한 개념은 대만 사회가 식민지 지배, 전쟁, 독재 권력에 의한 정치적 억압, 국제적 고립 등을 경험하며 형성된 집단적인 역사적 트라우마와 피해의식과 깊이 관련되어 있다. 대만은 독립 국가로서 기능하고 있지만, 국제 사회에서 국가로 인정받지 못하는 실정이라 이러한 현실은 대만인으로 하여금 상실감과 소외감을 발생하며, 이로 인한 국가 정체성에 대한 불안감과 모호함을 경험한다. 또한, 중국과의 관계에서 발생하는 지속적인 군사적 위협과 경제적 압박은 대만인의 미래에 대한 불안감을 더욱 심화하고 있다. 즉, 대만의 비정의식은 역사

30) 비정의식을 잘 표현한 영화로는 비정성시(非情城市)가 대표적이다. 2 · 28 사건(1947)과 백색테러를 배경으로 대만 현대사의 비극을 조명한 작품이다. 대만인들이 자신들의 아픔을 표현할 수 없었던 현실과 운명에 순응할 수 밖에 없는 인간의 나약함 등 대만의 집단적 기억과 한(恨)을 담고 있다. 이러한 아픈 도시의 기억들은 현재진행형으로 작용하고 있다. 비정의식의 형성 배경에는 일본식민 지배, 228 사건 및 백색테러, 38년 동안의 계엄령, 국제적 고립과 정체성 혼란, 중국과의 긴장관계가 핵으로 작용했다. 비정의식의 주요특징은 ① 강한 피해의식과 억압된 감정이다. 대만인은 역사적으로 강대국(네덜란드, 정성공, 청나라, 일본, 미국, 중국)에게 좌우되어 왔으며, 자신의 운명을 스스로 결정하지 못했다는 좌절감을 가지고 있다. 이러한 경험은 집단적 트라우마로 남아, 대만 사회 전반에 걸쳐 ‘우리는 늘 외부 세력에 의해 희생당했다’는 인식을 심어준다. ② 국제적 고립과 소외감이다. ③ 불안정한 정체성과 미래에 대한 불확실성이다. 대만 내부에서는 여전히 대만인인가 중국인인가, 아니면 대만인이면서 중국인인가, 통일인가 독립인가 등 논쟁이 지속되고 있다.

적 좌절, 정치적 억압, 국제적 고립, 정체성의 혼란, 중국의 위협 등에서 비롯된 복합적인 감정과 의식이라 할 수 있다. 이는 과거의 상처와 트라우마를 기억하면서도 현재의 불안정한 현실을 받아들이고, 미래에 대한 불확실성을 안고 살아가는 대만인의 심리적 특성을 반영한다. 이러한 비정의식은 대만인의 정치적 선택, 국제 관계에서의 태도, 그리고 문화적 정체성 형성, 대만의 서발터니티 등에 깊은 영향을 미치며, 앞으로 대만의 정치·사회·외교적 방향을 결정하는 중요한 요소가 된다.

다섯째, 기형 의식畸形意識이다. 기형 의식은 '정상적'인 범주에서 벗어난 상태에 대한 인식을 의미한다. 이 의식은 특정 규범과 기준에 따라 '정상'과 '비정상'을 구분하는 사회적, 문화적 시각에서 비롯되며, 기형적 상태는 그 기준을 벗어난 존재로서 종종 부정적 혹은 비인간적인 시선으로 해석된다. 이와 같은 이분법적 사고는 프리드리히 니체가 강조했듯이 강자가 약자를 복종시키기 위한 수단으로 활용되는 것이다. 강자는 자신의 관점을 정상이라는 기준에서 시도하고 판단한다. 그러나 이러한 기준은 항상 보편적이고 절대적인 것이 아니다. 나아가 기형 의식은 차별과 배제의 문제와 깊은 연관이 있다. 기형적 존재는 종종 사회에서 제외되거나, 사회적 낙인으로 고립되거나, 경제적·정신적 자원에서 배제되는 경우가 많다. 필자는 대만이 정상적인 국가로 발전할 수 없는 구조적 한계를 지닌 채, 국제사회에서 왜소한 존재로 남아 있다는 대만인의 인식에서 이러한 기형 의식은 비롯된다고 파악한다. 대만은 국제사회에서 정당한 국가로 인정받지 못하는 현실 속에서 심리적 위축과 불안감을 경험하며, 이는 곧 대만인에게 '기형 의식'으로 자리 잡았다.

여섯째, '이곳도 저곳도 아닌 곳'이라는 장소성이다. 대만은 중국이지만 중국이 아닌 곳이며, 독립 국가로 기능하지만 공식적으로는 독립 국가로 인정받지 못하는 곳이다. 마치 '홍길동'과 같은 아버지가 있어도 아버지라 부를 수 없는 실정이다. 중국과 그 문화적 뿌리를 공유하지만, 정치적·사회적으로는 전혀 다른 길을 걷고 있으며, 과거 식민 지배를 받았던 일본에 대해 친밀함을 느끼면서도 완전한 동질성을 갖지도 않는다. 또한, 대만은 미국과 동맹 관계는 아니지만, 미국의 국내법인 대만관계법의 보호를 받는 모순적인 위치에 놓여 있는 곳이기에 모호한 정체성이 발생한다. 이러한 애매모호한 위치는 대만 사회에 깊이 각인되어 있으며, 끊임없이 "우리는 누구인가?"라는 질문을 던지게 한다. 대만인인가, 중국인인가, 혹은 대만인이면서 동시에 중국인인가? 이러한 정체성의 혼란은 대만 사회가 여전히 풀지 못한 문제이자, 현재 대만의 정치·사회적 담론을 형성하는 중요한 요소로 작용하고 있다.

일곱째, 주변부 의식이다. 1971년, 미국은 소련을 견제하고 베트남전에서 벗어나기 위한 전략으로 연중제소聯中制蘇를 채택했다. 즉, 미국은 중국과의 관계 개선을 선택한 것이다. 중국은 이를 위한 전제조건으로 미국에 대만과의 단교, 대만에 주둔 중인 미군 철수, 그리고 대만과의 방위조약 폐기를 요구했고, 미국은 이를 충실히 이행했다. 말하자면, 미국은 자국의 이익을 위해 중국이 주장하는 '하나의 중국'을 받아들였던 것이다. 그 결과, 1971년 장제스蔣介石의 중화민국은 유엔 상임이사국 자리에서 축출되었고, 그 자리는 장제스를 대체한 중화인민공화국의 마오쩌둥이 차지했다. 미국은 대만의 국가적 지위를 공식적으로 인정하지 않은 채, 대만을 국제사회에 주변부로 내몰았고, 중국은 대만은 중국의 일부분임을 만천하에 인정받는 계기로 삼았다. 소련과의 대결을 위한 중국과의 관계 개선 즉 소위 말하는 키신저

(Kissinger) 질서가 이때 구축되었다. 그러나 이 질서는 동아시아의 역사적 분쟁과 갈등을 근본적으로 해결한 것이 아니라, 단지 일시적으로 동결凍結시켜 놓았을 뿐이었다. 이러한 과정에서 대만의 정치적 · 외교적 이익은 오늘날의 우크라이나와 같이 철저히 희생되었으며, 국제사회에서 고립된 경험은 대만인의 집단적 정서 속에 주변부 의식으로 깊숙이 자리 잡았다.

위에서 열거한 대만 정서 내지 의식은 '식민' 또는 강권이라는 제국주의적 환경에서 잉태된 것이다. 식민은 피식민을 전제로 성립하고, 필연적으로 권력에 배제당한 피착취인들을 발생시킨다. 이러한 의식은 400년 대만역사에서 단 한번도 자신의 나라를 건국하지 못한 채 '식민'의 경험속에서 생래적으로 발생한 대만의 서발턴적 속성에서 비롯된 것이라 할 수 있다. 흥미롭게도 '대만臺灣'이라는 이름의 유래도 '외래인의 땅'이라는 의미를 지닌다.[31] 이는 대만이 태생적으로 타자화된 공간이었음을 시사하는 대목이다.

Ⅲ. 다중식민과 문화의 융합처

국제정치학자 라인홀드 니부어는 국가 간 문제를 도덕적 관점에서 보는 오류에 빠지지 말라고 경고했다. 인간은 도덕적일지 모르나 국가는 철저히 이기적이며, 평화주의는 모두가 바라는 당위이지만 실행하기 어려운 이상주의에 불과하다고 했다. 평화를 위해선 갈등 해결 최종 수단으로서 '정의로운 전쟁' 가능성을 남겨둬야 한다고 봤다. 전쟁

31) 대만에 관한 명칭의 유래에 대해서는 여러 설이 존재한다. 평지 원주민인 시라야족이 대원(臺員)을 부를 때의 의미가 외래인의 땅이다. 필자는 이 설을 따른다.

을 포기하고 '더러운 평화'를 원하는 나라에 찾아올 것은 침략과 굴종뿐이다.

사실 국제정치라는 냉엄한 현실 속에서, 그리고 중·미 관계의 종속변수로서 대만을 바라보면, 대만은 마치 국제정치 구조가 짜놓은 보이지 않는 그물망 안에서 신중하게 움직일 수밖에 없는 나비처럼 여겨진다. 이러한 비유는 대만이 단순히 외부 세력에 의해 좌우되는 대상이 되기 쉽고, 그나마 제한된 공간 속에서 자신의 전략적 선택을 모색하며 균형을 유지하려는 존재임을 보여준다. 대만이 과연 '국가'인가라는 물음은 여전히 유보된 채, 코로나 팬데믹 시기에도 WHO에 가입하지 못했고, 그들의 목소리를 세계무대에서 대변해 줄 이조차 부재했다.

대만은 역사적으로 동아시아 제국들의 경계에 위치하면서, 한국전쟁 이후 미국을 비롯한 주요 강대국들의 영향력 투사의 지점이 되어 왔다. 특히 중·미, 중·일 간의 경제적 및 전략적 관계의 변동은 대만이 국제질서 재편의 흐름 속에서 중대한 영향을 받는 위치에 있음을 시사한다. 이러한 지정학적 위치와 역사적 조건 속에서 대만은 다중식민 경험을 겪어 왔으며, 이는 곧 다양한 제국 권력과 서발턴 집단이 중첩되고 교차하는 공간으로서의 성격을 형성하게 하였다. 이러한 맥락에서 대만은 자주 "교회처交匯處"로 개념화된다. 이 개념은 단순한 물리적 교차점을 넘어서, 상이한 정치적 권력, 문화, 사상, 정체성이 교차하고 충돌하며, 때로는 융합되는 역사적·문화적·사상적 전환의 장을 의미한다. 대만의 사례는 이를 다음과 같이 구체적으로 보여준다.

첫째, 문화적 교차점이다. 대만은 중국 문화, 일본 제국주의의 영향, 미국의 민주주의 담론, 그리고 원주민 전통이 동시에 존재하고 상호작용하는 복합적 문화지형을 갖추고 있다. 이러한 문화적 중첩은 대만의 혼종적 정체성 형성과 다층적 문화 담론을 가능하게 하였다.

둘째, 역사적 교차점이다. 식민 통치의 전환, 정권 교체, 민주화 운동 등 일련의 역사적 사건들은 대만 사회가 탈식민·국가정체성 재구성의 변곡점에 지속적으로 위치해 있음을 보여준다. 이로 인해 사회 내부에서는 다양한 정치 이념과 역사 서사가 경합하며, 국가 정체성에 대한 해석 역시 다층적으로 구성된다.

셋째, 사상적 교차점이다. 자유민주주의, 민족주의, 지역주의, 본토주의 등의 이념들이 상호 긴장과 경쟁 속에서 공존하며, 대만 사회는 이러한 사상적 혼재성 속에서 새로운 정치 담론과 사회적 상상력을 생산해 내고 있다.

결국, 교회처와 교차처, 융합처로서의 대만은 단순히 다양한 제국의 통치를 순차적으로 경험한 지역이 아니라, 그러한 역사적 조건들이 중층적으로 축적되고 상호작용하며, 오늘날의 대만이라는 복합적 주체를 형성하게 한 전환적 공간이라 할 수 있다. 이러한 개념은 대만에 대한 이해를 단선적 민족주의나 국가주의 프레임을 넘어, 보다 복합적이고 교차적인 지성의 장으로 확장하는 데 기여한다.

대만의 다문화적 역사 현실은 원주민이 살아가는 전통적인 토지, 서로 다른 제국 권력의 중심과 주변 사이에서의 경계적 위치, 그리고 연속식민과 다중식민의 경험, 여기에 더해 지속적으로 유입된 새로운 이주 인구를 통해 드러난다. 이러한 역사적·사회적 배경은 대만 사회 내부에 복합적 정체성과 다층적 문화 구조를 형성하게 하였다.

대만은 이민사회며 이민국가다. 대만 인구 구성의 다양성과 언어·문화의 복합성을 일정 부분 설명할 수 있는 유용한 개념으로 기능하지만, 동시에 다음과 같은 한계를 내포하고 있다. 즉, 이 표현은 원주민의 선주성先住性과 그들의 토착 권리, 대만 역사 속에서 반복되었던 외세에 의한 정복과 이에 대한 저항, 그리고 다양한 방식으로 전개된 보호와 동화 정책의 복잡한 맥락을 간과할 위험이 있다. 또한 식민과 탈식민의 모순적이고도 연속적인 경험을 생략함으로써, 대만이 겪어 온 정치적 억압, 문화적 침투, 주체성의 재구성 과정 등을 단순화할 우려가 있다.

따라서 '이주민 사회'라는 담론은 대만의 인구학적 구성에 대한 일면적 설명에 그치지 않고, 보다 비판적으로 성찰되어야 하며, 대만의 역사적 전개 과정에서 형성된 권력 관계의 비대칭성, 문화의 위계화, 정체성의 경쟁과 협상이라는 맥락을 함께 고려할 필요가 있다. 이를 통해서만 대만의 현재를 구성하는 다문화성과 그 안에 내재된 긴장을 온전히 이해할 수 있을 것이다.

제2부

기억의 심연

제8장

원주민족

Ⅰ. 원주민족의 명명命名

대만이 역사의 전면에 등장한 것은 고작 400년 전의 일이다. 이는 유구(琉球, 류큐, 현 오키나와)보다 훨씬 뒤늦은 등장이지만, 대만은 지리적 위치와 공간적 구성, 그리고 문화적 성격에 있어서 중국 대륙과 뚜렷이 구분되는 독자적 특수성을 지닌다.

롄헝連横의 『대만통사』에 이르길 대만은 옛날 동번東藩의 땅이며, 대만과 일본, 유구(오키나와)가 동해에 정립해 있고, 이 세 섬은 지리 기후가 비슷하며, 산수가 미려하고, 항상 꽃이 핀다고 했다.[1)]

지리적으로 대만은 아열대 도서 지역의 환경에 적응한 생활양식을 지니며, 이러한 점에서 다른 동남아 국가들과 유사하게 '국가'의 발전이 비교적 늦게 이루어졌다. 그러나 대만해협 건너편의 복건성은 기후

1) 連橫, 《臺灣通史第一卷》, 台北 : 國立編譯館中華叢書編審委員會出版, 1985, 頁1. 中國史書上記載 :「臺灣固東番之地, 臺灣與日本、琉球鼎立東海, 地理氣候, 大略相同, 山水美秀, 長春之花.

와 지형에서 대만과 상이하다. 대만은 열대 해양성 아열대 기후로 우기와 건기의 구분이 뚜렷하고 해양의 영향을 크게 받는 반면, 복건성은 대륙성 아열대 몬순 기후로 겨울철 북서계절풍의 영향 아래 기온이 낮아지고 건조한 날씨가 나타나, 지리적으로 인접함에도 불구하고 전자는 해양·열대 성격이 강하고, 후자는 대륙·온대의 격이 두드러진다. 대만의 역사와 문화 또한 양안 각 정치세력의 입장에 따라 상이하게 해석되어 강한 정치적 의미를 지니게 되었다.

대만은 본래 원주민에 속하는 곳이다.[2] 평포족(平埔族, 평지 원주민)이든 고산족(高山族, 고산 원주민)이든, 대만은 본래 남도어계(Austronesian language family)에 속하는 원주민들이 터전을 이루고 살아온 땅으로, 유전학과 언어학의 분류에 따르면 이들은 서쪽의 마다가스카르에서 동쪽의 이스터섬에 이르기까지 남태평양 제도 전역에 분포한 오스트로네시안계 도서민족과 같은 계통에 속한다.

본래 '남도어족'이라는 용어는 오스트리아의 언어학자이자 민족학자인 빌헬름 슈미트(Wilhelm Schmidt)가 전 세계의 언어를 연구하며 분류한 것일 뿐이다. 이 용어는 라틴어 어근 'auster'와 그리스어 'nêsos'를 결합하여 만든 것으로, 전자는 '남풍'을, 후자는 '섬 언어'를 의미한다. 일본은 이를 '남도南島'라고 부르며 'Austronesia'를 이에 대응시켰고, 중국어로는 남도어계(Austronesian languages)라 칭한다. 이는 우리가 흔히 상상하는 '남태평양 섬의 언어'와는 달리 1,300여 종의 언어를 포괄하며, 서로 동일한 집단 의식을 공유하지 않는다?[3] 그렇다면 어떻게 이렇게 단순화하여 '언어족'을 '인종'으로, 다시 이를 '민

---

2) 黃昭堂, 〈黃昭堂獨立文〉, 台北 : 臺灣文史叢書, 1998, 頁15.

3) 陳復, 直指本原: 光大原住民的中華認同, 중화시보, 2025.10.07, https://www.chinatimes.com/opinion/20251007001640-262110?chdtv

족'으로 간주하고, 이를 통해 정치적 정체성을 형성할 수 있겠는가. 여기에는 여러 가지 인류학적인 이설과 쟁론이 오가고 있고 아직 정론으로 구축된 것은 아니다. 가령 남색진영은 남도어족이 대만에서 외부로 이주했더라도, 인간은 섬에서 독립적으로 나타날 수 없으며 반드시 대륙에서 이동해야 한다. 따라서 남도어족은 더 이른 시기 대륙에서 출발했을 가능성이 매우 높다. 이는 다시 '서래설'과 '남래설'로 이어진다. 서래설은 복건·광둥에서 직접 대만으로 이주했다는 주장이며, 남래설은 복건에서 베트남·필리핀을 거쳐 대만으로 이주했다는 주장이다. 어느 쪽이든 공통되는 전제는 모두 중국 동남 연해 지역에서 출발해 대만으로 향했다는 점이다. 따라서 "원주민도 결국 외성인이다"라는 주장에 이른다. 다만 본서에서는 현재 인류학계의 주류설을 채택하고자 한다.

어쨌든 대만원주민족은 필리핀·말레이시아·인도네시아·마다가스카르·대양주大洋洲 등지의 남도민족과 뿌리를 함께하는 동일한 문화권에 속한다.[4)]

원주민의 족군은 매우 복잡하지만, 대만이 남도어족의 고향이라는 사실은 대체로 인정된다. 언어적으로는 모두 남도 계통을 사용하기 때문이다. 이들은 대만에서 동남아로 퍼져 나갔다가 다시 대만으로 재회귀하기도 했다. 이들은 대략 6,000년 전에 각각 나누어져서 대만으로 이주했다.[5)] 대만의 원주민도 그 이주 시기에 대해서는 시기적인 차이가 있을 뿐이다. 대만 원주민들은 6,000년 이전부터 대만으로 이주한 것으로 알려져 있으며, 가까운 시기에는 1,000년 전에도 대만으로 이

4) 黃昭堂, 〈黃昭堂獨立文〉, 台北 : 臺灣文史叢書, 1998, 頁16-17.

5) 陳豐祥, 『普通高級中學「歷史」』, 台北 : 泰宇出版, 2006, p.15.

주한 경우도 있다. 예를 들어, 란위蘭嶼에 사는 다우達悟족은 약 1,000년 전에 필리핀에서 북상하여 대만으로 이주했다.

1603년 진제陳第가 기록한 동번기東番記[6]에는 대만 평지 원주민(西拉雅族, 시라야족)의 풍속을 비교적 자세하게 기록하고 있다. 가령 한족과의 갈등, 한족과 원주민 간의 무역 교류, 생활양식 등 17세기 초 대만 남부 원주민의 실상을 비교적 자세히 설명하고 있다. 이들은 네덜란드 세력이 대만에 진출하기 이전, 원주민들은 이미 타이난 · 가오슝 · 핑둥 등 남부 평원 지역에 거주하며 독자적인 생활권을 형성하고 있었다. 그러나 이후 열강의 식민통치 과정에서 평지 원주민들은 점차 한족 사회에 동화되었고, 현재 대만 인구 중 원주민의 비율은 약 3%(대략 58만 명) 정도에 머물고 있다.

대만의 원주민은 남도어족 분포구역의 최북단이다. 이들의 족군과 명칭은 시대에 따라 다소 차이가 있다. 정씨 왕조 시기에는 대만 원주민을 토번土番으로, 청나라 초기에는 야번野番 즉 깊은 산의 원주민이라는 의미로 사용했다. 당시의 토번土番은 평지의 원주민을 칭했다. 18세기 이후, 청나라는 한화漢化 정도를 기준으로 숙번熟番과 생번生蕃으로 구분했다. 한족 문화에 익숙하고 각종 세금을 납부하면 숙번이고, 한족 문화에 생소하고, 행정통치의 밖에 있으면 생번이었다. 한편, 숙번과 생번의 중간 단계로 일정 부분 한화를 수용한 이들을 '화번化番'으로 분류했다. 화번化番은 숙번과 생번의 중간쯤의 위치에 해당된다.[7]

역사적으로 대만 원주민은 타자에 의해 배제당한 존재들인 바, 그들이 단순히 소수 족군이기 때문이 아니라, 제국주의, 국가주의, 경제개

6) 강병환, 하나의 중국, 학고방, 2021, 부록 동번기 참조, pp.415-425.

7) 陳豐祥, 普通高級中學「歷史」, 台北: 泰宇出版. 2006, p.16.

발주의 등 다양한 지배 담론 속에서 '주류'로부터 배제되고, 비가시화되며, 억압되어 온 복합적인 역사적 현실이 있다. 더구나 '국가 없는 역사'가 그러하듯, 역대로 대만에 온 외래 식민세력은 대만 원주민을 야만적이고 미개한 존재로 규정지어 그 명칭으로 삼았고, 이는 원주민의 정체성과 자존감을 훼손했다. 대만 원주민에 대한 명칭은 식민세력의 시대적 배경에 따라 변화해왔다.

이러한 구분은 당시의 통치 논리와 문화적 편견을 반영한 것이며, 원주민 사회 내부의 다양성과 복합성을 단순화하는 것이기도 했다.[8] 가령 일제 말기에 이르러, 기존의 '생번'을 '고사족高砂族'으로, '숙번'은 '평포족平埔族'으로 개칭하였다. 이후 제2차 세계대전이 끝난 뒤, 장제스가 이끄는 국민정부는 다시 '고사족'을 '고산족高山族'으로 이름을 바꾸었다. 이는 고사족을 고산족으로 잘못 이해한 탓이었다. 이 시기에 이르러 다수의 평지 원주민은 한화漢化되어, 원주민 정체성이 상당 부분 희석되었다. 그 후 국민정부는 '산지산포山地山胞'와 '평지산포平地山胞'라는 명칭을 사용하였다. 그러나 20세기 말 민주화와 본토화 운동의 확산과 함께 일련의 법적 개정이 추진되었고, 이 과정에서 헌법 속 '산포山胞'라는 용어는 '원주민'으로 정정되었다. 이후 원주민 사회 내부의 지속적인 정명운동을 거치면서, 현재 대만 정부가 공식적으로 인정하는 원주민족은 총 16개 집단으로 구성되어 있다.[9]한편, 중국은 대만의 다양한 16개 원주민족을 별도로 인정하지 않고 모두를 대만원주민으로 묶어 자국의 56개 민족 가운데 하나로 분류하고 있다.

일제 통치 초기에는 청대의 명칭 체계를 그대로 이어받아 사용했다.

8) 대만대백과전서, https://nrch.culture.tw/twpedia.aspx?id=11009.

9) 대만원주민족위원회, 2025, https://www.cip.gov.tw/zh-tw/index.html.

그러나 통치 후기로 접어들면서, 일제는 '생번'을 '고사족高砂族'으로, '숙번'을 '평포족'으로 재명명하였다. 제2차 세계대전 이후에는 장제스 정권의 국민정부가 '고사족'이라는 명칭을 '고산족高山族'으로 바꾸어 사용했다. 이 시기 평지에 거주하던 평포족 다수는 이미 한화되어 원래의 정체성을 점차 상실해갔다.

그 후에는 행정상 '산지산포山地山胞'와 '평지산포平地山胞'라는 명칭이 사용되었으나, 20세기 말 대만에서 민주화와 본토화 운동이 활발히 전개되면서 기존의 용어에 대한 비판이 제기되었다. 일련의 법률 개정을 통해 '산포'라는 표현은 '원주민'으로 공식 수정되었고, 이에 따라 원주민의 정체성과 권리를 되찾기 위한 '정명正名운동'이 본격화되었다. 그 결과, 현재 대만 정부가 공식적으로 인정하는 원주민족은 총 16개로 확정되었다.[10] 반면에 중국은 대만 원주민족을 하나로 묶어 자국의 56개 민족의 하나인 고산족에 포함시킨다.

〈표 4〉 원주민 명칭의 변화

<table>
<tr><th>시기</th><th colspan="2">원주민 명칭</th><th>비고</th></tr>
<tr><td>네덜란드</td><td colspan="2">대만 포르모사(Formosa) 원주민은 일반적으로 Formosan, 야인(wilden) / 문명화된 자(civilized)로 구분</td><td></td></tr>
<tr><td>명나라 시기</td><td colspan="2">동번東番 혹은 번番</td><td>점차 멸시의 뜻으로 변화함</td></tr>
<tr><td>에도시대(1603-1867)</td><td colspan="2">고사족高砂族</td><td></td></tr>
<tr><td>청나라</td><td>숙번熟番,
평포번平埔番,
화번化番</td><td>생번生番</td><td>한화 정도와 공납의무
화번은 생번과 숙번의 중간</td></tr>
</table>

10) 대만원주민족위원회, https://www.cip.gov.tw/zh-tw/index.html.

<table>
<tr><th>시기</th><th colspan="2">원주민 명칭</th><th>비고</th></tr>
<tr><td>일제 강점기 초기</td><td colspan="2">청의 호칭을 연용했으나 번番을 번蕃으로 개칭</td><td></td></tr>
<tr><td>일제 강점기 중기</td><td colspan="2">고사족, 평포족</td><td></td></tr>
<tr><td>국부시기</td><td>산지동포,
산지원주민</td><td>평지원주민</td><td></td></tr>
<tr><td>1994년</td><td colspan="2">산지동포를 원주민으로 일괄 개칭</td><td rowspan="5">'원주민'은 대만 원주민 스스로 명명함</td></tr>
<tr><td>1997년</td><td colspan="2">다문화 조항 헌법 삽입</td></tr>
<tr><td>1998년</td><td colspan="2">원주민족교육법</td></tr>
<tr><td>2001년</td><td colspan="2">원주민신분법</td></tr>
<tr><td>2005년</td><td colspan="2">원주민족기본법 통과</td></tr>
<tr><td>2025년 5월 15일</td><td colspan="2">평포원주민족군신분법
平埔原住民族群身分法</td><td>초안 통과</td></tr>
</table>

출처: 강병환, 2024.

대만의 원주민족은 원주민위원회가 출범할 당시만 해도 9개 민족으로 구분했으나, 원주민위원회를 원주민족위원회로 개명하고, 2000년대 이후 들어서서는 타오邵족, 카발란噶瑪蘭족, 트루쿠太魯閣족, 사키자야撒奇萊雅족, 시디크賽德克족이 추가로 인정되었으며, 2014년에는 카나카나부卡那卡那富족, 흘라알루아拉阿魯哇족이 인정되었다. 이로써 대만 정부가 인정하는 공식 원주민족은 총 16개다.[11] 하지만 현재의 미식별 족군이 중앙정부와 지방정부로부터 인정을 받는 추세는 향후 더 확산될 것으로 예상된다. 원주민 인구 비율이 가장 높은 지역은 대만 동남부에 위치한 후산後山이라 불리는 지역으로, 타이둥(35.4%), 화롄(27.4%), 핑둥(6.9%)의 세 현이 이곳에 해당한다. 이 세 현은 원주민 인구가 가장 밀집해 있는 곳이기도 하다.

한때 대만 전역에 걸쳐 널리 분포했던 원주민들은 한족의 이주와

11) 원주민족위원회, https://www.cip.gov.tw/zh-tw/index.html(검색, 2023.06.12.)

정복이 진행되는 과정에서 점차 평지에서 밀려났다. 많은 이들이 한족 문화에 동화되거나 고유한 정체성을 상실했으며, 일부는 생존을 위해 산지로 이동하였다. 한족의 세력 확장이 미치지 못한 산지는 상대적으로 안전한 피난처가 되었고, 그곳은 자연스럽게 원주민들의 새로운 삶의 터전으로 자리 잡았다. 오늘날 원주민들은 주로 대만의 동부와 남부 고산지대에 집중적으로 거주하고 있으며, 이 지역은 여전히 전통과 문화가 비교적 온전히 보존된 공간으로 남아 있다.[12)]

일본 강점기 동안 원주민 거주 지역은 '번지蕃地'로 불렸으나, 국민당이 대만에 들어서면서 원주민 거주구역은 행정 구역으로 재편성되었고, 이들은 모두 향鄉으로 명명되었다. 이 과정에서 많은 지명이 유교적 가치나 국민당의 정치적 이념을 반영한 이름으로 개명되었다. 예를 들어, '부흥復興', '삼민三民', '신의信義', '화평和平' 등은 모두 국민당의 이념을 상징하는 명칭들이다. 그러나 대만이 본토화와 민주화 과정을 거치면서, 원주민들의 문화적 자긍심이 고취되고, 일부 원주민 지명은 원주민들이 사용하던 전통적인 이름으로 되돌려지기 시작했다. 이는 원주민들의 역사와 정체성을 되찾기 위한 노력의 일환으로, 그들의 목소리가 점차적으로 공존하는 사회로 나아가는 중요한 이정표가 되었다.[13)] 다시 말해, 원주민의 정명正名 운동은 일정한 성과를 거두었고, 그 과정에서 '산지향山地鄉'이라 불리는 새로운 행정 단위가 신설되었다. 현재 이 지역은 '산지 원주민 지구'로 지정되어 있으며, 지방자치단체장은 반드시 원주민 가운데에서 선출되도록 법적으로 규정되어 있다. 이러한 산지 원주민 지구를 모두 합하면 대만 전체 면적

12) 위의 주.

13) 「全臺第一三民鄉改名那瑪夏元旦掛牌」,『聯合報』, 2007年12月11日, C1版. 「三民鄉正名嗆聲中 那瑪夏揭牌」,『聯合報』, 2008年1月1日, C1版.

의 약 40%를 차지하지만, 인구는 전체의 1% 정도에 불과하고, 나머지 2%는 평지 지역에 거주하고 있다.

이러한 제도적 장치는 원주민의 정치적 대표성과 권익을 제도적으로 보장하기 위한 것으로, 현재 입법원(국회) 총 113석 중 6석이 원주민 의석으로 배정되어 있다. 이는 과거 주변부로 위치 지워졌던 원주민이 점차 제도적 구조 속에서 독자적인 정치적 주체로 부상하고 있음을 보여주는 중요한 사례라 할 수 있다.[14)]

〈표 5〉 대만 원주민 인구 수

				원주민 인구 수		
				합계	산지원주민	평지원주민
대만전체		23,374,742		614,152	327,595	286,557
	남	11,509,611	남	296,653	157,376	139,227
	여	11,865,131	여	147,280	170,219	147,280

출처: 2025년 02월, 원주민족위원회, https://www.cip.gov.tw/zh-tw/news/data-list/812FFAB0BCD92D1A/81C01096CD579B1555DAE6242EFC81C3-info.html

Ⅱ. 원주민족 분류

1. 원주민족 분류

1) 산지 원주민

현재 공식적으로 인정받는 원주민족은 총 16개 부족으로 구성되어 있으며, 가장 인구가 많은 아미족(Amis)은 약 183,799명에 달하며, 그 뒤를 파이완족(Paiwan, 88,323명), 아타얄족(Atayal, 80,061명), 부눈족

14) 위의 주.

(Bunun, 51,447명)이 있는다. 이 외에도 트루쿠족(Truku, 25,857명), 루카이족(Rukai, 11,911명), 푸유마족(Puyuma, 11,850명), 초우족(Tsou, 6,733명), 시디크족(Seediq, 6,606명), 사이시얏족(Saisiyat, 5,900명), 다오족(Tao, 3,748명), 카발ㅁ란족(Kavalan, 1,218명), 사오족(Thao, 693명), 사키자야족(Sakizaya, 442명), 흘라알루아족(Hla'alua 또는 Saaroa, 274명), 카나카나부족(Kanakanavu, 244명) 등이 포함된다.[15]

1996년 대만 행정원 산하에 원주민위원회가 설립될 당시에는 9개 원주민족만이 공인되었으나, 이후 원주민족 사회 내부의 지속적인 정체성 회복 요구와 학술적 논의를 반영하여 그 수가 점차 확대되었다. 2002년 3월에는 원주민 관련 행정 기구의 명칭이 '행정원 원주민위원회'에서 '행정원 원주민족위원회'로 변경되었고, 2014년에는 입법원을 통해 『원주민족위원회 조직법』이 통과되면서, 같은 해 3월 26일부로 이 위원회는 부처급 기관인 '원주민족위원회'로 재편되었다.[16] 현재 대만 내 원주민족의 수는 점차 증가하는 추세를 보인다. 2000년대 들어 대만 정부는 기존의 공인된 집단 외에도 사오족邵, 카발란족噶瑪蘭, 트루쿠족太魯閣, 사키자야족撒奇萊雅, 시디크족賽德克 등을 차례로 정식 원주민족으로 인정하였다. 이어 2014년에는 카나카나부족卡那卡那富과 흘라알루아족拉阿魯哇이 추가되어, 현재 정부가 공식적으로 인정한 대만 원주민족은 총 16개로 집계된다.[17] 아울러 아직까지 독립된 민족으로 분류되지 않은 '미식별 족군'들 역시 중앙 및 지방정부 차원에서 인정받으려는 움직임을 보이고 있으며, 이와 같은 흐름은 앞으로

15) 원주민족위원회, https://www.cip.gov.tw/zh-tw/index.html(검색, 2023.06.12.)

16) 원주민족은 Indigenous Peoples이며, People이 아니라 Peoples로 표기해야 한다. 그러므로 원주민이 아니라 원주민족이다.

17) 원주민족위원회, https://www.cip.gov.tw/zh-tw/index.html(검색, 2023.06.12.)

도 지속적으로 확산될 가능성이 크다. 이로써 대만 정부가 인정하는 공식 원주민족은 총 16개다.[18] 하지만 미식별 원주민족이 정부의 공인을 받는 추세는 향후 계속 늘어날 전망이다. 원주민 인구 비율이 가장 높은 지역은 대만 동남부에 위치한 즉 후산後山 지역이다. 주로 타이둥(35.4%)·화롄(27.4%)·핑둥(6.9%)의 세 현에서 원주민 인구가 밀집되어 있다. 과거에는 원주민들이 대만 전역에 거주하고 있었으나, 한족의 이주와 침탈로 인해 평지에 사는 원주민들은 한족과의 문화적 융합으로 인해 자신들의 정체성을 잃거나 산악지대로 이주하게 되었다.

2) 평포족(平埔族, 미인정 원주민족)

평포족平埔族은 대만의 평야 지대에 거주하던 원주민 집단을 지칭하는 용어로, 한족의 대규모 이주 이전까지 대만 서부 평원에서 활발히 활동했던 주요 원주민 세력을 일컫는다. 특히 대만 서남부는 초기 평포족의 주요 활동 무대 중 하나였으며, 역사적·지리적 맥락에 따라 이들은 대체로 다음과 같은 여러 집단으로 분류된다. 카이다거란(Ketagalan), 마카도(Makatao), 다오카스(Taokas), 거샤우(Kaxabu), 바저(Pazeh), 파포라(Papora), 바부자(Babuza), 로야(Lloa), 아리쿤(Arikun), 시라야(Siraya), 다우롱(Taivoan) 등이 이에 해당한다. 하지만 1954년 이후 대만 정부는 평포족을 더는 원주민으로 공식 인정하지 않았다. 평포족과 한인漢人 사이의 경계는 역사적으로 매우 모호한데, 이는 평포족이 비교적 빠른 시기에 한족 사회에 동화되었음을 보여주는 사례라 할 수 있다. 이러한 동화 현상에는 크게 두 가지 주요 요인이 작용한 것으로 분석된다.

18) 위의 주.

〈표 6〉 대만 원주민의 구성과 분포

	공식인정 원주민족	주 분포지역	평지원주민 (평포족)	주 분포지역
1	아미족(阿美, Amis 183,799명)	중앙산맥 이동, 대만동부 화롄, 타이둥, 핑둥현의 헝춘반도 인구최다 족군	카이다거란 凱達格蘭 Ketagalan	타이베이 분지
2	파이완족(排灣, Paiwan, 88,323명)	북쪽으로는 다우산大武山 남쪽으로는 헝춘반도 등		
3	부눈족(布農, Bunun, 59,536명)(2020年1月, 國家文化記憶庫 TAIWAN CULTURAL MEMORY BANK)	해발 500~1,500미터 중앙산맥 양측	다오카스 道卡斯族 Taokas	먀오리, 신주 평원 일대
4	루카이족(魯凱, Rukai, 11,911명)	중앙산맥 남단, 가오슝현, 핑둥현, 타이둥현	거사우 噶哈巫族 Kaxabu	대만중부 푸리埔里분지 일대, 난터우현 런아이향
5	푸유마족 (卑南, Puyuma, 11,850명) 普悠馬	타이둥현 일대	바저 巴宰族 Pazeh	먀오리현 이북, 타이중 펑위안豐原
6	초우족 (鄒, Tsou, 6,733명)	아리산 구역	파포라 拍瀑拉族 Papora	타이중시 일대
7	시디크족(賽德克, Seediq, 6,606명)	중앙산맥에서 기원하여 난터우南投縣 런아이향 일대仁	바부자 巴布薩族 Babuza	장화彰化현 일대
8	사이시얏족 (賽夏, Saisiyat, 5,900명)	苗栗三灣、頭份等地	로야 羅亞族 Lloa	윈린雲林, 자이嘉義, 타이난 시 일대
9	야미족(Yami) 또는 다우족 (達悟, Tao, 3,748명)	란위섬蘭嶼島	아리쿤 阿里坤族 Arikun	타이중臺中시 동측 산록, 난터우현 서측市
10	카발란족 (噶瑪蘭, Kavalan, 1,218명)	화롄花蓮縣신청新城 쟈리嘉里쟈리촌, 쟈리완加禮宛 등	시라야 西拉雅族 Siraya	쟈난嘉南 평원에서 헝춘恆春 반도 사이 일대, 가오슝 일대 주거. 19세기 일부 시라야족일부가 동쪽으로 천이하여 타이둥현, 화롄 현 일대 거주

	공식인정 원주민족	주 분포지역	평지원주민 (평포족)	주 분포지역
11	타오족 (邵, Thao족, 693명)	난터우 현 일대日月村與水里鄉大坪林聚落(頂坎村)等地	다우룽 大武壠族 Taivoan	타이난 시, 가오슝 시 구릉지대 일대, 2009년88수재이전, 가오슝현 샤오린춘小林村 일대 거주
12	사키자야족 (撒奇萊雅, Sakizaya, 442명)	신청新城 북포9北埔, Hupu', 화롄 궈푸리(國福里, Kasyusyuan), 메이룬(美崙, Pazik) 일대	마카도족 馬卡道族 Makatao	쟈난嘉南평원, 가오슝, 핑둥 평원 일대
13	흘라알루아족 (拉阿魯哇, Hla'alua, 혹은 사아로아 (沙阿魯阿, Saaroa족, 274명)	가오슝 타오위안구桃源區 가우중리高中里, 타오우안리桃源里 및 나마샤구那瑪夏區 마야리瑪雅里		
14	카나카나부족 (卡那卡那富, Kanakanavu, 244명)	가오슝 나마샤구 那瑪夏區일대		
15	타이야족	대만중북부 산악지대		
16	타이루꺼족, (太魯閣族, Truku)족	타이루꺼 일대		

출처: 대만원주민족위원회, https://www.cip.gov.tw/

III. 원주민의 동화와 대만인의 혈통

1. 원주민의 동화

첫째는 통혼通婚이다. 특히 대만 남부 지역의 평포족은 비교적 이른 시기부터 한인과 접촉했으며, 대만으로 초기 이주한 한인들 가운데는 단신 남성이 많았기 때문에 자연스럽게 평포족 여성과의 결혼이 활발히 이루어졌다. 이 같은 혼인은 단순한 가족 결합을 넘어, 양 집단 간 문화적 · 사회적 경계를 허무는 계기가 되었다.

둘째는 한족 중심의 문화 환경에 따른 동화이다. 한족이 주도하던 사회 질서와 문화 체계 속에서, 평포족 후손들은 점차 한족의 생활양식을 받아들이고, 공식적인 신분도 한인으로 전환되는 사례가 늘어났다. 그 결과 시간이 흐를수록 평포족 고유의 언어와 전통문화는 희미해졌고, 한화漢化는 가속화되었다. 이처럼 평포족은 한인과의 밀접한 접촉 속에서 문화적 경계를 잃고, 점차 한족 사회의 일원으로 흡수되었다고 볼 수 있다.

셋째, 원·한의 경계가 모호해서 인정을 못 받았다. 1954년 이후 대만 정부는 평포족을 더는 원주민으로 인정하지 않았다 왜냐하면 평포족과 한인漢人 간의 경계가 불분명했기 때문이다.[19]

넷째, 평포족은 주민 등록에서 제외 되어 있는 경우가 많았다. 즉 미등록자들이다. 1954년 2월, 대만성 정부는 '산지 산포'의 범위를 다음과 같이 규정했다. "원적原籍이 산지 행정구역 내에 있으며, 본인이나 부모 직계 친족(부친이 평지인으로 입주한 경우는 모친을 따름)이 광복 이전 일제 강점기 시기의 호적 인종란에 '고산족'(또는 각 족의 명칭)으로 기재된 자는 '산지 산포'라 한다." 또한 "평지 행정구역에 거주하는 기타 원주민은 원주민 신분을 가지지 않는다"라고 공고했다.[20]

1954년 3월, 대만성 문헌회는 '역사, 문화, 혈통 등'을 근거로 일제 강점기의 분류를 계승하는 아홉 개의 원주민족을 내정부에 보고해 승인받았다. 1956년 10월에는 「대만성 평지 산포 인정 기준」을 제정하여 "일제강점기에 평지 행정구역에 거주하며, 원래 호구조사부에 '고산족'으로 기재된 자는 '평지 산포'로 인정한다."고 규정하였다. 그리고

19) 林江義,「臺灣原住民族官方認定的回顧與展望」, 『臺灣平埔族』, 臺北 : 前衛出版社, 2003, pp.179-180.

20) 위의 주.

원주민 등록 기간은 공고일로부터 민국 45년(1956년) 12월 31일까지로 정해졌다. 이에 따라 평포족 대다수는 원주민 신분을 완전히 상실했다. 이는 앞서 언급한 「대만성 평지 산포 인정 기준」과, 법정 공고 기간(1956년 10월 6일부터 1956년 12월 31일까지), 제2차 연장 기간(1957년 5월 10일부터 1957년 7월 10일까지), 제3차 연장 기간(1959년 5월 1일부터 6월 30일까지) 중에 '평지 산포' 등록을 하지 않았기 때문이다. 다시 말해, 생번 혹은 고사족의 신분은 계속 유지되었으나, 이는 재분류되어 원주민 신분에서 제외되었다.[21]

다섯째, 제도적 차원의 배제 문제이다. 평포족은 원주민 등록 제도에서 제외된 경우가 많아 법적 지위가 명확히 규정되지 못한 채 '비등록 원주민'으로 분류되었다. 즉 등록 기한(1956년 10월 6일~12월 31일)과 두 차례의 연장 기간 다수 평포족이 등록하지 않았기에 그 원주민 신분을 상실하였으나 생번 혹은 고사족의 신분은 유지되었지만, 다시 원주민 재분류로 인해 원주민 범주에서 완전히 제외되었다.[22] 가령 1954년 2월, 대만성 정부는 '산지산포山地山胞'의 범위를 다음과 같이 정의하였다. 즉, "원적이 산지 행정구역 내에 있으며, 본인 혹은 직계 존속이 광복 이전 일제시기의 호적 인종란에 '고산족'으로 기재된 자에 한해 산지산포로 인정한다"고 규정하였다. 아울러 "평지 행정구역에 거주하는 기타 원주민은 원주민 신분을 갖지 않는다"고 명시함으로써, 평포족은 원주민으로서의 법적 자격에서 배제되었으며, 제도적 보호와 권리 보장으로부터도 소외되었다.[23]

21) 謝若蘭,平埔族群恢復族群身份之權利伸張與策略建議 Journal of the *Taiwan Indigenous Studies Association*, Vol. 5, No. 1, pp. 43-58 Spring 2015. 48쪽.

22) 위의 주.

23) 林江義, "臺灣原住民族官方認定的回顧與展望", 『臺灣平埔族』(臺北: 前

다섯째, 신분 회복 운동과 현실적인 난관이 존재하고 있었다. 1980년 산포신분인정기준山胞身分認定標準이나 2001년에 제정된 원주민신분법原住民身分法의 규정에 따르면 평포족은 그 문화적 증거가 부족하여 정명과 신분회복은 이루어지지 않았다.

여섯째, 신분 회복 운동과 현실적 난관이 있다. 1980년 '산포 신분 인정 기준山胞身分認定標準'이나 2001년에 제정된 "원주민 신분법原住民身分法의 규정에 따르면 평포족의 정명은 이루어지지 않는다. 그 이유는 문화적 증거가 부족하기 때문이다.[24)]

2. 대만인의 혈통과 인구

1) 심록진영에서 본 대만인의 혈통

청대의 지방지에서는 원주민을 기술할 때, 원주민과 한족 간의 통혼 사례는 매우 쟁론성이 강한 의제로서 현재에도 그 정치적 성향에 따라 해석을 달리한다. 심록 진영의 견해에 의하면 대만인의 조상은 중국대륙에서 온 사람이 아니라 대만에서 나고 자란 원주민이다. 이들의 조상은 한족의 동화 정책과 압력에 의해 한화되었다고 주장한다. 나아가 청나라는 대만통치 212년 동안 생번을 숙번으로 동화시키는 정책을 시행했다. 만약 한화를 거부했다면 생존할 수 없었다는 것이 심록 진영의 주장이다.[25)]

또한, 대만의 민중은 자신들이 대만 한인과 대만 원주민의 혼혈인 것을 대체로 알고 있다. 예를 들어 대만의 전 부총통인 뤼슈롄呂秀蓮

衛出版社, 2003, p.165.

24) 林萬億 被遺忘的平埔族正名, 臺灣源流, (46&47), 2009. 118쪽.

25) 『原住民電視臺網站』, http://www.titv.org.tw(검색일: 2023.05.20).

은 「대만민객심근지도臺灣閩客尋根地圖」와 「대만혈통진상지도臺灣血統真相地圖」라는 두 장의 지도를 통해 대만 한족의 혈통이 대부분 원주민과 중국대륙에서 이주한 한인과의 혼혈임을 주장하여 중국 대륙의 한족과는 다른 점을 강조했다.[26]

무엇보다도 대만의 역사에서 원주민은 차별과 억압을 가장 많이 받았다. 17세기부터 네덜란드 세력, 정성공 세력, 청나라, 특히 일제 강점기 때 일어난 강제 인구 이동과 원주민 토착 문화와 언어의 억압, 토지 강탈, 강제 노동, 일본화 강요 등 다양한 인권 침해를 겪었다. 특히 일제 시기의 산림 정책으로 말미암아 원주민들의 전통적인 생계와 문화 영향력은 크게 훼손되었다. 국민당 통치 초기에도 원주민은 토지 강탈 문제를 경험했다. 국민당은 전통적으로 내려오던 원주민의 토지권을 박탈했고, 각종의 토지 개발 및 이주 정책을 실시하여 이 때문에 토지를 상실하는 원주민이 많았다. 더구나 대만의 원주민들은 한족 문화와 비교하여 차별과 억압을 겪었다. 이러한 원주민에 대한 차별과 억압은 원주민 운동, 민주화와 본토화 운동 그리고 대만 정부와 사회 시민단체의 노력으로 개선되었다. 현재 대만의 원주민족은 대만의 상징적 존재 중 하나이며, 대만의 다양한 문화유산의 중요한 부분을 차지하고 있다.

욱영하郁永河의 『비해기유裨海紀遊』나 황숙경黃叔璥의 「번속육고番俗六考」에도 한족과 원주민의 통혼이 언급되며, 특히 원주민 촌락番社에 거주하며 통역 겸 중개 기능을 맡았던 정부의 수권자인 '통사'들이 가장 일상적으로 원주민 여성과 결혼하였다.[27] 대만 평지에 거주하던

26) 陳叔倬·段洪坤, "平埔血源與台灣國族血統論", 『台灣社會研究季刊』 第72期, 2008.12.

27) 賴祥蔚, 渡台禁令的真相——台灣人從哪來（一)2021/12/29 https://www.

원주민들은 한족과의 접촉을 통해 혼혈화되면서 빠르게 한족에 동화되었고, 평포족 후손들 또한 한족 신분을 취득하는 비율이 점차 증가하기 시작했다. 네덜란드 통치 기간 동안의 기록에 따르면, 대만의 평포족 인구는 약 5만 명 정도로 추정된다.[28)]

청나라 가경(嘉慶, 1796~1820) 연간에 실시된 인구 조사에 따르면, 평포족은 이미 별도의 인구로 파악하지 않고 한인 호구에 통합된 것으로 나타난다. 이 시기에는 평포족의 독립적인 정체성이 인구 통계에서 구별할 수 없게 되었으며, 이들은 행정적으로는 한인으로 간주되었다. 특히 대만 원주민에 관한 해석은 정치적 입장에 따라 상이한 견해가 제시되는 경우가 많아, 관련 논의에 있어 신중한 접근이 요구된다. 가령 심록 진영의 견해에 따르면, 대만인의 조상은 중국대륙에서 온 사람들이 아니라 대만에서 태어나 자란 원주민이다. 이들은 한족의 동화 정책과 압력으로 인해 점차 한화되었다. 또한 청나라가 212년 동안 대만에서 시행한 정책에 따라, 생번은 숙번으로 동화되어야 했으며, 이를 거부할 경우 집단적 생존이 불가능 했다고 주장한다.[29)] 원주민의 한화 정도를 판단하는 기준으로는 한족 성씨, 한족 족보, 민남어와 객가어의 사용 여부 등이 있으며, 만약 족보가 없거나, 민남어나 객가어를 구사할 수 없다면, 그들은 멸시와 배제의 대상이 되었다.[30)] 또한, 대만 민중은 자신들이 대만 한인과 원주민의 혼혈임을 대체로 인식하고 있다. 또한, 2007년 린마리林媽利 교수는 대만인과 주변 민족과의

chinatimes.com/opinion/20211229000022-262107?chdt.

28) Brown, Melissa J., "Is Taiwan Chinese? The impact of culture, power, and migration on changing identities", CA : University of California press, 2007, pp.66-130.

29) 강병환, 하나의 중국, 학고방, 2021.

30) 『原住民電視臺網站』, http://www.titv.org.tw(검색일, 2023.03.20.)

관계를 유전자 분석 기법으로 검토했는데, 현재 대만인은 대만 원주민, 동남아 도서민족(인도네시아, 필리핀), 중국의 푸젠성, 광둥성 지역과 밀접한 관계를 맺고 있는 것으로 분석했다.[31] 모집표본 100명을 분석한 결과 그중 67명이 대만 원주민과의 혼혈임을 밝혔다. 나머지 33명의 유전적 기원은 18명이 대만원주민의 유전자, 10명이 중국 동쪽 연해 월족越族 특징의 유전자, 2명은 서남아시아 유전자, 1인은 북방 한족, 1명은 티벳, 1명은 유럽의 유전자를 보였다. 그러므로 린마리 교수는 현재 85%의 대만인은 대만원주민과의 혈연을 가지고 있다고 결론지었다.[32] 물론 이에 대해 반박하는 여러 연구도 존재한다. 하지만 명말 청초 시기 대만으로 이주한 주요 계층은 주로 민월閩粵 연해 지역의 남성들이었다는 사실이다. 예를 들어, 람정원(藍鼎元, 1680~1733)의 기록에 따르면, 1721년(강희 60년) 대만 제라현諸羅縣 대포장大埔莊의 남녀 성비는 256:1로 심각한 불균형을 보였으며, 이로 인해 원주민과 한족 간의 혼인이 촉진되었다.[33]

2) 대만 원주민 인구의 역사적 변천

장수성江樹生의 연구에 따르면, 1622년부터 1683년까지 네덜란드, 정씨 정권 시기, 이 기간 한인 인구는 대략 약 2.5만 명에서 3만 명 정도로 추정하고 있다. 이 가운데 특이한 점은 대만에 원래 거주하던

31) 林媽利, "非原住民臺灣人的基因結構" 『自由時報』 2007.8.11. 林媽利, "從組織抗原推論閩南人及客家人所謂臺灣人的來源", 『建國聯盟網站』, http://www.wufi.org(검색일: 2023.05.20). 林媽利, "從DNA的研究看臺灣原住民的來源", 『語言與語言學』(臺北, 2001), pp.241-246.

32) 위의 주.

33) 陳豐祥, 『普通高級中學「歷史」』, 台北: 泰宇出版, 2006.

몇몇 한인들이 동남아로 이주한 뒤 네덜란드인과 함께 대만으로 돌아온 경우도 있다. 이들은 '당인唐人'이라 불리며, 한인은 여전히 상당한 비중을 차지하지만 네덜란드, 스페인, 당인의 이민도 무시할 수 없는 요소였다.[34] 이처럼 평포족은 한인과의 밀접한 접촉 속에서 문화적 경계를 잃고, 점차 한족 사회의 일원으로 흡수되었다고 추정한다.[35] 네덜란드 통치 시기의 통계에 의하면 대만의 평포족은 대략 5만 명 전후였다. 청 가경嘉慶년간 실시한 인구통계에 따르면, 당시 평포족의 숫자를 확인할 수 없어서, 그 결과 모두 한인 호구에 편입되었다.[36]

과거 가오슝 평원에 거주하던 평포족에 대한 이해는 주로 네덜란드 통치 시기 작성된 『질란디아 일기熱蘭遮城日記, 현 타이난 일대』에 크게 의존하고 있다. 이 사료는 17세기 당시 대만의 사회와 문화를 생생하게 기록한 중요한 1차 자료로, 특히 평포족의 분포와 활동에 대한 정보를 다량 담고 있어, 가오슝 서부 해안과 인접 평야 지대에 정착했던 평포족 족군에 대한 인식을 한층 심화했다.

『질란디아 일기』의 분석을 통해, 가오슝 현지에서 확인되는 주요 평포족 공동체로는 탑가리양사搭加里揚社, 대걸전사大傑顛社, 첨산사尖山社, 타구사打狗社, 아가사阿加社 등이 있으며, 이들은 오늘날 가오슝 서부 지역, 특히 해안선과 가까운 평야 지대에 분포해 있었던 것으로 보인다. 이들 집단은 각기 독자적인 사회 구조와 문화를 유지했으며, 네덜란드 통치자들과의 접촉을 통해 다양한 방식으로 식민 권력과 관

34) 你夠了解台灣嗎？從「移民史」揭開台灣多元文化的面紗——《來去台灣》新書講座 2019-12-27 2019台灣史論叢系列講座 你夠了解台灣嗎？從「移民史」揭開台灣多元文化的面紗文／林彥伶 https://blog.press.ntu.edu.tw/?p=4437

35) Brown, Melissa J., "Is Taiwan Chinese? The impact of culture, power, and migration on changing identities", CA : University of California press, 66-130.

36) 위의 주.

계를 맺었다.[37] 특히 탑가리양사搭加里揚社는 1635년 12월, 네덜란드 군과 평포족 신항사新港社의 연합 공격을 받아 마을 전체가 불에 타 전소되는 참화를 겪었다. 이 사건 이후 생존한 주민들은 오늘날의 핑둥 평원으로 거처를 옮겨야 했다.[38]

천사오신陳紹馨의 추산에 따르면, 1650년에서 1680년 사이 대만의 한족 인구는 약 20만 명이었으나, 정씨 정권이 청에 편입된 후 기존의 한족들은 대부분 대륙으로 강제이주 당하였다. 이후 제1대 대만부지부台灣府知府였던 장욱영蔣毓英이 편찬한 『대만부지台灣府志』에 따르면, 정씨정권 시기 대만에는 이미 한인이 11만 6,665명에 달했던 것으로 추정된다. 그러나 1685년에는 한인 수가 오히려 3만 229명으로 줄어들었으며, 이 가운데 남성이 1만 6,274명, 여성이 1만 3,955명이고, 여기에 아동 수를 더하더라도 한인 인구는 관할 원주민 수 약 4만 명과 비슷한 수준이었다. 물론 청 조정의 통제가 미치지 못한 원주민은 당연히 통계에 포함되지 않았다. 시간이 지나 1811년(가경 16년)에는 당시 한족 인구가 약 194만 명에 달했고, 대만이 일본에 할양되기 전 1894년에는 254만 명을 넘었다. 1905년 일본의 대만에 대한 첫 인구조사에 따르면, 한인은 약 289만 명, 원주민은 약 16만 명이었다. 이는 당시 평포족과 한족을 구분할 수 없는 상태에 이르렀다는 것을 방증한다.

1943년에는 각각 약 591만 명과 40만 명으로 증가하였으며, 일제강점기 동안 양측 모두 인구가 약 두 배로 늘어났다.[39] 특히 일제 시기

---

37) 高雄市政府教育局『高雄文明史歷史編』, 新裕豊文化事業有限公司 , 2012년, 30쪽.

38) 施雅軒,「高雄打狗子番的歷史地理考據」,『白沙歷史地理學報』第二十期, 2019, p.91.

39) 林彥伶, 你夠了解台灣嗎？從「移民史」揭開台灣多元文化的面紗──《來去台灣》新書講座, 2019.12.27., 台灣史論叢系列講座, https://blog.press.ntu.edu.tw

의 호적 조사는 비교적 엄밀했다. 대만총독부 관방 조사과가 1928년에 편찬한 대만재적한민족향관별조사台灣在籍漢民族鄉貫別調査에 따르면, 대만 내 한인 중 천주泉州 출신이 44.8%, 장주漳州 출신이 35.2%, 객가인客家人이 15.6%를 차지하였다.[40)]

1954년 이후 평포족과 한인漢人의 경계가 불분명했기에, 대만 정부는 평포족을 더는 원주민으로 인정하지 않았다.[41)] 대만 평지에 거주하던 원주민들은 한족과의 접촉을 통해 빠르게 동화되었고, 한족 문화가 대만의 주류 문화로 자리 잡았기 때문에 평포족 후손들은 한족 신분을 취득하는 비율이 점차 증가하기 시작했다. [42)] 네덜란드 통치 시기 그 기록에 의하면 대만의 평포족은 대략 5만 명 전후였다.[43)] 하지만 청나라의 가경(嘉慶, 1796~1820) 시기에 실시된 인구통계에 따르면, 이미 평포족의 인구수를 확인할 수 없게 되었으며, 모두 한인 호구로 통합했다. 특히 대만 원주민과 관련된 내용은 대만의 정치 진영에 따라 다른 주장을 제시하는 경우가 많다.

/?p=4437 (검색일자: 2025.04.20.)

40) 賴祥蔚, 渡台禁令的真相——台灣人從哪來 (一)2021/12/29 https://www.chinatimes.com/opinion/20211229000022-262107?chdt

41) 林江義, "臺灣原住民族官方認定的回顧與展望", 『臺灣平埔族』(臺北: 前衛出版社, 2003), p.165.

42) Brown, J. Melissa, "Is Taiwan Chinese? The impact of culture, power, and migration on changing identities", CA : University of California press, pp.66-130.

43) 위의 주.

〈표 7〉 대만 한족과 원주민의 인구 변천

시기	한인 인구	원주민 인구	기타 정보 및 비고
1640년(네덜란드 시기)	약 3,568명	약 10만 명 이상 추정	인두세 통계 시작
1661년(네덜란드 시기)	약 27,500명	(미기록)	여성 소수, 대부분 남성
명정明鄭 시기	약 60,000명(추정)	(미기록)	여성 수는 1만 명 이하
1650-1680 (네덜란드, 명정 시기)	대략 20만		
1683(명정 말기 추정치)	약 116,665명	(미기록)	『대만부지』 근거
1685(청나라 편입)	30,229명(남 16,274/여 13,955)	약 40,000명(관할 범위)	한족들 회귀
1811년	1,944,737명	(미기록)	
1894(청나라 말기)	2,545,731명	(미기록)	대만 할양 직전
1895~1897(할양당시)	선택권을 줌: 대략 6천 명이 대만을 떠남		대만 할양 후 2년 동안 국적 선택권을 줌
1905년(일제 초)	2,890,486명	159,627명(숙번 46,432/생번 113,195)	최초 공식 인구조사
1943년(일제 말)	5,910,328명	396,674명	모두 인구 2배 증가

출처: 1928年《台灣在籍漢民族鄉貫別調查》 대만의 한족 인구 중, 천주泉州 44.8%, 장주漳州 35.2%, 객가인客家人 15.6%으로 조사 됨。 周婉窈, 賴祥蔚, 林彥伶 논문을 참고하여 필자 재정리.

특히 근대에 들어서 대만은 1885년 프랑스의 침략을 막았지만, 1895년에는 일본을 막지 못했다. 특히 대만의 근현대사는 청일전쟁(1894) 이후 시작된 51년간의 일본 식민지 지배, 그리고 1945년 해방 이후 1949년까지 이어진 과도기의 정치·사회적 혼란을 거치며 전개되었다. 여기에 국민당이 중국 내전에서 공산당에 패퇴한 이후 약 102만 명의 본토 출신 이주민이 국민정부와 함께 대만으로 이동하면서, 대만 사회는 서로 다른 역사적 경험을 지닌 집단들이 결합한 거대한 공동체를 형성하게 되었다. 이로써 다양한 문화의 꽃이 피고 열매를 맺었으며, 다른 한편으로는 오늘날 대만의 복잡하게 얽히고 정리가 안 되어 어지러운 양안관계 및 일본에 대한 콤플렉스를 형성했다.

대만의 한인 인구는 1650년 약 10만 명에서 시작하여, 1885년에는 255만 명, 1937년에는 526만 명으로 증가하였다.44)

〈표 8〉 대만 인구 변천

연대	대만 내 한족 인구 수
1650년	약 10만 명
1683년	약 20만 명
1790년	약 90만 명
1810년	약 200만 명
1883년	약 255만 명
1905년	약 289만 명
1926년	약 375만 명
1937년	약 526만 명

출처: 吳梨華(2011), 〈從明清臺灣的移民史 - 探尋台灣姓氏文化的根源〉, 《臺灣源流》, (54&55), 頁44. 필자 재정리.

최근까지 대만계 한족의 본토 역사관이 당당하게 드러나지 않았으니 원주민의 역사관은 논할 필요가 없다. 사실상 1867년부터 1895년까지 30여 년 동안 대만의 운명을 견인한 주체는 원주민이었다.

대만 원주민들은 단지 해안가에서 '정체불명의 선박'을 목격하는 데 그치지 않고, 실제로 이들 선박과 교류하거나 거래하기도 하였다. 이 과정에서 서양, 일본 등 이문화異文化와 접촉하고 체험하게 되었으며, 제국주의 열강의 식민 기도와 실행을 직접 체험하는 최전선에 서게 되었다.45)

44) 吳梨華, 〈從明清臺灣的移民史 - 探尋台灣姓氏文化的根源〉, 《臺灣源流》, (54&55), 2011, 頁49.

45) 위의 주.

1864년 가오슝 항이 개항된 후, 상업적 번성과 동시에 여러 대외 사건도 발생했다. 이 시기 현재의 타이베이는 미발달 상태였다. '타이베이(臺北, Taipei)'라는 명칭 또한 문자 그대로 '대만의 북부'를 의미하며, 청나라가 대만을 본격적으로 행정구역으로 편입한 1870년대 전후에, 타이난臺南에 대응하는 북부 행정 중심지로서 '타이베이부臺北府'라는 관청 단위 명칭으로 처음 사용되었다. 그러므로 대만의 운명을 가른 역사적 사건들은 대부분 현재 대만의 남부에서 발생했다. 특히 대만 원주민이 개입한 사건으로 인해 대만의 전략적 입지를 국제무대에 알리는 계기가 되었다.

첫째, 로버호(羅妹號, Rover) 사건이다. 1867년 3월 미국 상선 로버호가 대만해협을 통과 시, 태풍을 만나 핑둥 해역 칠성암 암초에 부딪혀 침몰했다. 조난자들은 구자각(龜仔角, 오늘의 어란비鵝鑾鼻) 해안 일대에 등륙하는 과정에서 원주민의 공격을 받아 선장 헌터 (J.W.Hunt) 부부 등 13명이 살해당했다. 유일하게 목숨을 건진 광동적 선원이 가오슝 (당시 打狗)관부에 보고해서 알려졌다. 미국이 청 정부에 항의하자 청 정부는 이 지역의 원주민은 화외지민化外之民이라 거절했다. 즉 자국의 교화가 미치지 않는다는 것이다. 이에 미국은 군사력을 동원하여 원주민을 공격했지만 실패했다. 결국 당시 미국 하문(샤먼) 영사 이선득(Le Gendre)과 원주민 대표가 평화협상을 체결했다. 최종적으로 스카로斯卡羅족과 미국은 비공식적인 타협 기록인 '남갑의맹南岬之盟'을 체결하고 일단락되었다.[46)]

이후 이선득은 일본 정부의 외교 고문으로 초빙되어 일본 외교관으로 활약하였으며, 대만 침략에 기여한 공로를 인정받아 1875년 일본

46) 郭素秋, 「從羅妹號事件到南岬之盟: 誰的衝突？ 誰的和解？」, 『原住民族文獻』第41期, 2019, https://ihc.cip.gov.tw/EJournal/EJournalCat/487.

정부로부터 외국인으로서는 최초로 '욱일장旭日章'을 받았다. 그는 대만과 조선을 일본의 영향권 아래 두어야 한다고 주장하였다. 이러한 그의 인식은 훗날 일본의 대외 팽창 정책의 사상적 기반이 되었다. 특히 그가 대만 원주민을 상대로 무력시위를 병행한 협상 방식은 이후 일본의 대외 침략 과정에서 그대로 답습되었다. 아이러니하게도 이선득은 일본에서의 외교관 생활을 마치고 1890년 2월 고종에 의해 통리군국사무아문 협판으로 임명되었다. 그는 조선에서 차관 교섭과 어업권 협상 등에 관여하였으며, 청·일 전쟁 이후에도 계속 조선에서 활동하였다. 그는 1899년 9월 1일 사망하였고, 현재 서울 양화진 외국인 묘지에 안장되어 있다.

1867년 대만 컨딩 해변에서 발생한 '로버호 사건羅妹號事件'을 기점으로 연이어 벌어진 일련의 역사적 사건들은 대만의 운명을 근본적으로 바꾸어 놓았다. 이 사건은 근대 대만사의 분기점을 연 첫 번째 나비의 날갯짓이었고, 이는 곧 1874년 목단사牡丹社 사건처리에 영향을 주었고, 곧 일본의 '대만출병'을 촉발시켰다. 이는 다시 1875년 심보정沈葆楨의 '개산무번開山撫番' 정책[47]으로 연결되었으며, 1885년 '대만성 설치台灣建省'를 거쳐, 마침내 1895년부터 1945년까지 51년에 걸친 일제 식민지 시대의 서막을 열었다.

둘째, 장뇌 사건(이른바 안평사건)이다.[48] 장뇌는 화약의 원료로 널

47) '개산무번(開山撫番)'이란 1874년 목단사 사건 이후 청조가 대만 통치 과정에서 주변 지역에 시행한 일련의 개척·통치 정책을 말한다. 그 내용은 대만의 후산(後山), 즉 오늘날의 대만 중부 산악지대와 동부의 화롄현·타이둥현, 그리고 핑둥현 방랴오(枋寮) 이남 지역에 적극적으로 진입하여, 현지 고산 원주민 세력을 무력으로 토벌하거나 회유하는 것이었다.이 정책은 대만 해방흠차대신(臺灣海防欽差大臣) 심보정이 그 단초를 열었고, 이후 대만 순무(巡撫) 유명전(劉銘傳)에 의해 계승되어 체계화되었다.

리 사용된다. 1868년, 대만인과 영국 상인 간에 장뇌를 둘러싼 분쟁이 발생했다. 이 과정에서 교당이 파괴되고, 선교사들은 구타당하며, 신도들은 피살되는 사태가 벌어졌다. 이 사건을 계기로 영국 상인과 선교사들은 영국 함대의 출동을 요청했고, 영국 함대는 가오슝 항에 입항했다. 이후 중국과 영국은 협의를 통해 장뇌 매매를 둘러싼 분쟁을 해결하게 되었다.

셋째, 목단사 사건牡丹社事件은 1874년, 유구인들이 폭풍을 만나 대만에 표류한 후, 대만 목단사의 원주민에 의해 살해된 사건이다. 이에 일본은 이를 빌미로 군대를 출병시켜, 당시 헝춘恒春 지역의 목단사와 고토불사高士佛社 원주민 마을을 공격했다. 이 사건은 일본군의 대만 침략을 정당화하는 구실을 제공했으며, 당시 청나라가 대만의 원주민을 화외지민化外之民으로 분류하고 있었기 때문이다.

이 사건을 계기로 청나라는 대만 해상 방어의 중요성을 인식하게 되었고, 방어 정책을 적극적으로 전환했다. 1875년, 청나라는 심보정沈葆楨을 대만에 파견하여 방어를 강화했으며, 같은 해 영국 엔지니어를 초빙해 가오슝 항 연안에 서양식 포대 두 곳을 설치했다. 이 포대들은 오늘날까지도 남아 있는 기후포대와 웅진포대雄鎮北門이다.

넷째, 청 · 프 전쟁이다. 1884년 청프전쟁 기간에, 유오劉璈는 프랑스군의 침입을 막기 위해, 가오슝 기후 포대에 옹벽을 쌓고, 호구를 뚫어 공격력을 강화하였다. 1886년 대만 순무 유명전劉銘傳은 청 · 프 전쟁을 계기로 가오슝 지역에 대한 방어 임무를 한층 강화했다. 타구산에 대평정포대大坪頂砲台를 건설하였고, 기후 및 항구포대와 함께 고, 중,

48) 「樟腦戰爭一八六八年」, https://www.taiwanus.net/history/3/76.htm(검색일, 2023,06.13)

저 3층 보호망을 구성하여 가오슝 항을 보호했다.49) 무엇보다도 청·프 전쟁 기간 프랑스가 대만해협을 봉쇄하자, 청나라는 비로소 대만의 전략적 가치를 제고하게 되었다. 이로부터 청나라는 대만을 공식적으로 중국의 한 개 성으로 승격시켰다. 즉 대만이 중국의 한 개 성으로 된 시기는 1884~1894년간 겨우 10년 정도에 불과했다.

다섯째, 청일전쟁이다. 1894년 6월, 청나라와 일본은 한반도에서 동학 농민 운동이 발생하자, 조선의 요청에 따라 청나라가 조선에 출병하게 되었고, 이에 따라 텐진 조약에 의거해 일본도 조선으로 출병하였다. 이로 인해 두 나라는 전쟁에 돌입하게 되었다.

청일 양국 간의 긴장 관계가 고조되자, 청나라 조정은 대만 순무 소영겸邵永濂에게 대만 방어 임무를 비밀리에 강화하도록 지시했다. 또한, 복건 수사제독 양기진楊岐珍과 총병 유영복劉永福을 대만 군사 업무에 도움을 주도록 배치하였다. 전쟁이 본격적으로 발발하자, 대만 순무 당경숭唐景崧은 가오슝 일대의 방어를 맡았고, 유영복이 소속된 흑기군은 동강東港과 헝춘 일대를 방어하였다.

1895년 일본이 팽호를 점령하자, 당경숭은 남대만의 방어 임무의 성격을 변화시켰다. 유영복은 봉산에 주둔하였고, 만국본萬國本은 안평(현, 타이난)을 수비했다. 1895년 4월 17일 청·일 양국은 마관조약(시모노세키) 조약을 체결하고 청나라가 팽호열도와 대만을 일본에 할양했다. 하지만 대만 민중은 이에 불복하고, 5월 25일 대만 민주국을 건립하고 당경숭을 초대 총통으로 추대했다. 5월 29일 일본군이 대만 동북각의 아오디澳底에 상륙하여 대만을 접수할 준비를 하고, 6월 3일 기릉이 함락되자 당경숭은 중국대륙으로 도망갔다. 6월 7일 일본군은

49) 高雄市政府教育局, 『高雄文明史歷史編』, 新裕豊文化事業有限公司, 2012, 68쪽.

저항 없이 타이베이 성에 진입했다. 이 시기 대만 민주국은 와해되었지만, 대만 남부에서는 항일운동이 그치지 않았다.[50] 최종적으로 10월 16일 가오슝도 일본에 함락 당했다. 이로부터 대만은 51년 동안 일본의 식민지로 전락했다.

50) 林能士編, 2013,『普通高級中學「歷史」』, 台北 : 南一書局, 108-110쪽.

제9장

이민

: 뿌리를 뽑고 다시 심는 운명 - 재식再植

Ⅰ. 이주와 이민

대만은 이민사회다. 수 세기 동안 대만에는 다양한 출신지와 문화적 배경을 지닌 집단이 지속적으로 유입되었으며, 이로 인해 사회 전반에 걸쳐 다층적 문화와 정체성이 공존하게 되었다. 초기에는 중국 대륙 남쪽, 특히 복건성과 광동에서 온 한족 이주민이 주요 인구를 형성하였고, 이후 일본 통치기와 현대적 산업화 과정을 거치며, 원주민, 한족, 신주민 등 다양한 인구 구성원이 공존하는 다문화 사회가 형성되었다. 또한 2000년 4월 개정 · 공포된 중화민국 헌법 증수 조문憲法增修條文 제10조 제11항에 포함된 내용으로, 국가는 다원문화를 긍정하고, 원주민의 언어와 문화를 적극적으로 보호 · 발전시킨다.[1] 국가의 다문화 인정 및 원주민 언어 · 문화의 보호 · 발전 명시하고 있다. 대만이 헌법

1) 중화민국헌법증수문 제10조 11항, 國家肯定多元文化, 並積極維護發展原住民族語言及文化.

차원에서 처음으로 '다문화주의'와 '원주민 권리 보장'을 명문화한 역사적 전환점이었다.

이러한 역사적 배경 속에서 대만 사회는 단순한 인구 이동을 넘어, 정체성, 언어, 정치적 소속, 문화적 융합과 충돌이 얽힌 복합적 이민사회로 발전했다. 따라서 대만을 이해하기 위해서는 단순한 지리적·경제적 관점만이 아니라, 역사적·사회적 맥락에서 이루어진 다양한 이동과 정체성 형성 과정을 함께 살펴보는 것이 필수적이다.

이주와 이민은 서로 불가분의 관계를 맺고 있지만, 그 개념적 범위와 적용 맥락에서는 분명한 차이를 지닌다. 먼저 '이주'는 인간이 특정한 목적을 가지고 한 장소에서 다른 장소로 거처를 옮기는 모든 형태의 이동을 포괄하는 넓은 개념이다. 이동의 거리나 기간에 제한을 두지 않으며, 일시적 체류에서부터 영구적 정착까지 모든 형태를 포함한다. 예를 들어, 동일한 국가 안에서 다른 도시나 지역으로 옮겨 거주하는 행위도 이주에 속한다. 이 점에서 이주는 국내 이동과 국제 이동을 모두 아우르는 상위 개념이라 할 수 있다.

반면 '이민'은 이주라는 큰 그물 안에서 특별히 국가 경계를 넘어 장기적·영구적 거주를 전제로 이루어지는 하위 범주다. 출발 국가에서 타국으로 떠나는 경우를 '이출이민(emigration)', 반대로 타국으로 들어오는 경우를 '이입이민(immigration)'이라 구분한다. 인구학이나 사회학 등 관련 학문에서는 일반적으로 이주를 상위 개념으로 설정하고, 그 아래 국내이주(internal migration)와 국제이민(international migration)으로 나누어 분석한다. 이는 단순한 공간 이동을 넘어, 이동이 사회적·정치적·문화적 맥락 속에서 복합적으로 드러나기 때문이다.

요컨대, 이주는 거주지를 바꾸는 모든 형태의 이동을 담는 넓은 그

릇이라면, 이민은 특히 국가 간 경계를 넘어 새로운 정치적 소속과 문화적 환경 속으로 영속적으로 자리 잡는 행위를 지칭하는 보다 협의적 개념이다. 단순한 공간적 전환을 넘어, 이민은 개인이나 집단이 새로운 정주지에서 정체성을 재구성하고, 문화적 적응과 사회적 통합이라는 과제에 직면하는 과정이기도 하다. 따라서 본서에서는 일시적 체류가 아닌, 장기적이고 지속적인 거주를 전제로 한 이동을 '이민'으로 정의하고자 한다.

한편, 이주의 현상은 단일한 개인의 이동을 넘어 가족, 지역 공동체, 족군, 군사 집단, 심지어 국가 단위까지 다양한 수준에서 발생한다. 이러한 이동은 단순한 물리적 재배치가 아니라, 정치적 · 문화적 · 사회적 의미망이 중층적으로 얽혀 있는 복합적 현상이다. 이주자는 새로운 공간 속에서 기존의 정주 체계를 해체하고, 그 안에서 자아 정체성의 재구성, 문화적 적응, 사회적 통합이라는 과제와 끊임없이 마주하게 된다.

국가 내부의 이주(internal migration) 역시 정체성의 재편과 문화적 마찰을 유발할 수 있으나, 국경을 넘는 국제 이주(international migration)의 경우, 이러한 긴장과 복합성은 훨씬 더 심화된다. 이는 국경 횡단이 단순한 공간적 이동을 넘어, 시민권, 국가 소속, 언어적 통합, 문화적 수용성 등 정치적 · 법적 질서의 전환을 수반하기 때문이다. 특히 이러한 전이(transitions)는 이주자로 하여금 자아와 타자의 경계를 재인식하게 만들며, 그 결과 기존 정체성의 주변화나 새로운 정체성의 형성을 촉발할 수 있다.

이민(immigration/emigration)은 이주라는 상위 개념의 하위 범주로서, 특히 국가 간 영구적 정착을 전제로 한 이동을 의미한다. 학술적 분석에서는 일반적으로 이주(migration)를 상위 개념으로 설정하고,

이를 국내 이주와 국제 이주로 구분하며, 후자의 하위 범주로 이민 현상을 연구 대상으로 삼는다. 이민 담론에서는 보통 다음과 같은 개념들이 중심 범주로 활용된다. trans-border(경계 간 이동), trans-national(초국가적 정체성), trans-cultural(초문화적 상호작용), diffusion(문화확산), convergence(문화 융합), creolization(혼성화), hybridity(혼종성), marginalization(주변화), diversity(다양성) 등이다.

특히 이민은 본질적으로 'trans' 접두사가 지시하듯, 다양한 경계의 횡단을 내포한다. 여기서 말하는 경계는 지리적 차원을 넘어 정치적, 사회적, 언어적, 문화적 차원까지 포함한다. 경계를 넘어 이동하는 이주자는 현지 사회에서 다양한 접촉과 충돌, 혹은 융합의 경험을 하게 되며, 그 결과는 단일하지 않다. 어떤 경우에는 기존 문화적 기표와 현지 문화가 상호 조응하여 혼성적 정체성이 생성되기도 하고, 반대로 이질적 존재로 분류되어 주변화 되거나, 정체성의 해체를 경험하기도 한다.

이와 같이 이민은 단순한 장소 이동을 의미하는 것이 아니라, 자아의 재구성, 권력 관계의 재편, 문화 체계 간 상호작용을 수반하는 다층적 사회문화적 과정이다. 따라서 이민 현상은 지리적 이동을 넘어, 문화적 · 정치적 · 정체성적 관점에서 분석되어야 하며, 이는 오늘날 초국가적 세계질서와 다문화 사회 형성을 이해하는 데 핵심적 이론적 틀을 제공한다.

Ⅱ. 대만 정체성의 역사적 지층

400년 대만사를 거슬러 살펴볼 때, "과연 누가 대만으로 왔는가?"라는 질문은 이 섬의 정체성과 역사를 이해하는 데 핵심적인 단서가 된다. 중국 남부 연해 지역, 특히 푸젠성과 광둥성은 역사적으로 중앙 정부의 통치력이 약하게 미쳤던 변방에 해당하며, 그만큼 지역적 자율성과 고유한 문화가 강하게 유지되었다. 심지어 이들 지역 간에는 언어조차 상호 소통이 어려울 만큼 뚜렷한 차이를 보였다.

일반적으로 화교華僑를 언급할 때는 크게 다섯 개의 주요 방언 공동체—푸젠(福建, Hokkien), 광둥(廣東, Cantonese), 객가(客家, Hakka), 차오저우(潮州, Teochew), 하이난(海南, Hainan)—로 구분하는데, 대만은 이들 모두가 공존하며 다층적 언어와 문화적 다양성을 보여주는 독특한 공간이다.

대만으로의 이주 패턴은 주로 민·월閩越 지역을 중심으로 전개되었으며, 대만 초기의 이민자들은 원주민을 제외하고는 모두 '당산唐山'이라 불리는 중국 대륙에서 바다를 건너 온 이들이며, 여기서 '당산'은 주로 민閩과 월粵, 즉 복건과 광동 지역을 의미한다. 역사적으로 민·월 지역의 인구 이동은 진·한 시대로 거슬러 올라가며, 복건 한족이 팽호 및 대만으로 이주한 것은 송나라 시기부터 시작되었다. 그 유형은 크게 세 가지로 나눌 수 있다. 첫째는 혈연, 지연, 동향 등 전통적 인적 네트워크를 바탕으로 한 이동이다. 이 과정에는 종종 '객두客頭'라 불리는 이민 브로커가 중개자로 개입하였다. 둘째는 계약 노동자, 즉 쿨리(coolie)로 대표되는 합법적 이민 경로이다. 셋째는 밀항, 납치, 해적과의 결탁, 사기 등 비합법적 수단을 통한 이주로, 상당히 폭력적이고 통제 불가능한 측면을 내포한다.

당시 당시 복건성 장주, 천주에 남아 있던 다수의 양민良民들은 유교적 전통과 안정된 삶을 중시하며 모험을 꺼리는 경향이 있어, 생계를 위해 고향을 떠나는 경우는 드물었다. 반면, 대만으로 건너온 초기 이주자들은 이러한 전통적 질서에서 벗어난 모험가, 투기적 성향을 지닌 인물, 무직자, 혹은 사회적 주변부에 속한 인물들이 다수를 이루었다.

그들은 대부분 먼저 온 이민자들의 대농장에서 일하거나, 광산에서 노동자로 고용되었고, 인력거꾼, 점원, 하인, 항만 노동자, 선원, 서비스직 종사자 등 도시 하층 노동에 종사하였다. 뿐만 아니라 난세의 격랑 속에서 어쩔 수 없이 대만에 발을 디딘 이들도 존재한다. 예컨대 정성공鄭成功 시기의 군인들, 국공 내전 이후 본토에서 철수한 하급 병력, 한국전쟁 당시 대만에 수용된 반공포로 1만 4천 명, 혹은 '골든 트라이앵글' 지역에서 활약한 고군孤軍[2], 1980년대 이후 영민榮民[3]과

---

2) 중국 내전이 종결된 후 국민당은 본토에서 패퇴하여 대만으로 후퇴했으나, 일부 국민당 군대는 중국 서남부 국경 인근의 미얀마, 라오스, 태국이 접하는 이른바 '골든 트라이앵글' 지역에 고립되어 잔존하였다. 이들은 중앙 정부의 직접적인 통제와 지원을 받지 못한 채 독자적인 군사 조직으로 활동하였으며, '고군'이라는 명칭은 이러한 고립된 상태에서 홀로 생존과 전투를 이어가는 국민당 잔류군을 의미한다. 이 국민당 고군은 미얀마 정부의 통제 밖에서 지역 소수민족 세력과 복잡한 관계를 맺으며 군사적 영향력을 유지하였고, 경제적 기반 확보를 위해 골든 트라이앵글 일대에서 세계적으로 악명 높은 마약 생산과 밀매에 깊이 관여하였다. 이러한 활동은 국민당 고군이 단순한 군사 세력을 넘어 지역의 정치·경제적 주요 세력으로 자리매김하게 하는 한편, 골든 트라이앵글의 마약 문제와 동남아시아 지역 안보 문제의 복잡성을 증대시키는 요인으로 작용하였다. 한편, 냉전 시기 미국과 대만 정부는 이들을 반공 전선의 일부로 간주하여 일정 수준 묵인하거나 지원하는 경우도 있었으나, 중앙 정부와 단절된 채 예외적 상태에 놓인 국민당 고군은 자신만의 생존 전략과 독자적인 군사·정치 활동을 전개하였다. 이로 인해 국민당 고군은 국가 주권과 법률의 경계 밖에서 준군사조직으로서 독특한 위치를 점유하며, 동남아시아 골든 트라이앵글 지역의 역사와 현실에 중요한 영향을 끼친 존재로 평가된다.

3) 대만에서 영민(榮民)은 국민당 정부로부터 국가를 위해 헌신한 '명예로운 존재'로 인정받으며 의료, 주거, 복지 등 다양한 혜택을 제공받았다. 이는 본토에

결혼하여 유입된 중국 여성, 국제결혼을 통해 경제적 이유로 들어온 동남아 여성 등이다. 이들 집단은 발언권이 미약하고, 사회적 '몫'이 주어지지 않은 사람들로, 스스로 목소리를 낼 수 없는 서발턴들이다. 따라서 본서에서는 이러한 저층 계급, 기층 민중, 서민 등과 같은 속성을 총체적으로 묶어 '서발터니티'라고 규정하였다.

"대만은 이민 사회"다. 이 말은 현재 대만 사회의 주류사고로 자리 잡았다.[4] 하지만 이민 사회의 개념과 내용이 대만 사회에 자리 잡기 위해서는 적어도 30년 이상의 세월이 필요했다. 대만의 민주화, 본토화 실천과 교과서 개정 등 노력이 있었기에 가능했다. 일반적으로 대만 사회는 원주민, 객가인, 민남인, 외성인으로 인적 구성원을 구분하는 4대 족군 분류방식도 실제로는 이주 시기, 이주한 곳으로부터의 문화에 의한 분류방식이다.

대만의 원주민은 일제 시기부터 대만의 소수민족으로 인정받았으며, 객가인은 언어적인 측면에서 객가어(Hakka)를 사용하는 족군이며, 민남인(閩南人, 주로 복건성 남쪽)은 주로 명말 청초에 대만으로 이주

서 철수한 국민당 정권이 자신들의 핵심 지지 기반이었던 퇴역 군인들의 생활 안정을 도모하고, 정치적 충성도를 유지하기 위해 마련한 정책이었다. 그 결과 일부 영민들은 사회적으로 안정된 지위를 확보하고 국가적 예우를 누릴 수 있었다. 그러나 모든 영민이 이러한 혜택을 고르게 누린 것은 아니었다. 본토에서 대만으로 이주한 영민들은 현지 대만 사회에서 '외부인'으로 인식되었고, 민난인이나 원주민 등 기존 대만 주민들과 문화적 · 정치적 갈등을 겪는 경우가 많았다. 특히 경제적으로 어려운 처지에 놓이거나 사회적 적응에 실패한 일부 영민들은 소외와 차별을 경험하기도 했다. 따라서 영민은 공식적으로는 '명예로운 국가의 수호자'로 예우 받았지만, 현실에서는 복지 혜택과 사회적 갈등이라는 양면적인 상황 속에서 살아가야 했다

4) 林文斌, "从轻视到重视: 台湾对东南亚移民的政策转变", 2023년 동서대 제1회 국제학술회의 발표문 초고, 2023.05.20.

해 온, 일반적으로 민남어(대만어)를 사용하는 본성인을 일컬으며 이들은 대부분 중국의 복건성 남부 즉 민남 지역에서 이주하였다. 외성인은 주로 1949년 전후 국민정부와 관련하여 대만으로 이주한 사람들을 의미한다.

아래는 필자가 여러 선행 연구와 논문을 참고하여 이주移住와 이민移民을 다양한 기준에 따라 분류하고, 이를 필자가 대만의 역사적 맥락에 적용해 본 것이다.

먼저 공간적 기준에서 이민은 국내 이민과 국제 이민으로 나눌 수 있으나, 대만의 경우 이러한 구분을 명확히 적용하기 어렵다. 대만이 중국의 일부로 간주되는지, 그리고 언제부터 중국의 일부였는지는 여전히 논쟁의 대상이기 때문이다. 대만이 중국의 일부로 규정된다면 이는 국내 이민에 해당하겠지만, 그렇지 않다면 국제 이민으로 볼 수 있다.

시간적 측면에서는 단기 계약근로자, 계절 노동자, 출장이나 순환 이주와 같은 임시 이주와, 정착을 목적으로 한 영구 이주(permanent migration)로 구분할 수 있다. 대만의 경우 네덜란드 통치 시기부터 임시 체류 노동자들이 존재했다. 예를 들어, 인도네시아에서 온 동인도 공사의 노동자들, 포어철이 되면 중국 연안의 어민들이 대만 근해로 와서 네덜란드 동인도회사의 허가를 받아 세금을 납부하고 어업에 종사하며 일정 기간 머물렀다. 가령 현재 가오슝 치친旗津의 발전은 중국 연안 어민들이 임시 거주한 데서 그 역사가 시작한다.

〈표 9〉 이민의 분류 1

분류기준 요소	이주(민)의 내용	대만의 경우
공간	국내 이민	분리 불가
	국제 이민	
시간	일시적 이주: 단기 계약근로자, 계절 노동자, 출장이나 파견근로자	중국 연해인의 가오슝 치진 포어 일제시기 평후인의 가오슝 이민
	영구 이주(permanent migration)	명말 청초의 장주, 천주인의 대만 이민
자발성 유무	자발적 이주(voluntary migration): 의도적 노동자, 결혼이민자, 교육이민 등	1980년대 이후 결혼 이민, 노동 이민
	비자발적(강제)이주: 노예(slave), 계약노동자(indertured labour), 난민신청자(asylum seeker/refugee), 전쟁피난 인신매매	정성공 시기 장제스 국부천대 시기 한국전쟁 시기 포로
강제성 유무	폭력적 강제이민(노예)	상존
	자발적 이민	
규모	집단 이민	네덜란드, 정성공세력, 청나라, 일본, 국공 내전기, 한국전쟁 당시 포로
	개별 이민	상동

더구나 자발성 유무에 따라 이민은 결혼 이민, 교육 이민과 같은 자발적 이주(voluntary migration)와, 노예(slave), 계약노동자(indentured labor), 난민(asylum seeker/refugee)처럼 선택의 여지가 제한된 비자발적 이주로 구분된다. 대만의 400년 역사 속에서는 두 형태의 이주가 모두 나타나며, 특히 1980년대 이후 결혼 이민과 노동 이민이 증가한 것은 자발적 이주의 대표적인 사례라 할 수 있다.

강제성 유무에 따라서는 노예무역과 같은 직접적 강제 이민과 사회적 · 정치적 상황에 의해 강요된 사회적 강제 이민으로 나눌 수 있다.

대만의 식민지 역사에는 이러한 강제성이 다양한 형태로 뒤따랐다. 예를 들어 명말·청초 시기 정성공과 함께 대만으로 이주한 약 2만 5천 명의 군인 중 상당수는 자발적 의지가 아니라 군 편입이라는 강제적 수단에 의해 이동한 경우였다. 또한 국공내전 시기에 대만으로 온 약 102만 명의 군·관·민 중 다수는 어쩔 수 없는 선택을 강요당했으며, 특히 약 60만 명에 달하는 군인들은 강제로 군에 편입되어 대만으로 이주하게 되었다.

규모적 측면에서는 집단 이민과 개별 이민으로 나눌 수 있다. 네덜란드 식민 세력, 정성공 집단, 일본 식민지 시기 등 다양한 시점에서 집단 이민과 정착 사례가 발생하였다.

결과적으로 아래의 표는 이주의 다양한 유형을 공간, 시간, 자발성, 강제성, 규모 등의 기준으로 세분화하고, 이를 대만의 역사적 사례와 연결해 설명하고 있다.

〈표 10〉 이민의 분류 2

<table>
<tr><th>구분</th><th colspan="2">내용</th><th>대만의 경우</th></tr>
<tr><td rowspan="2">내용</td><td colspan="2">정치 이민(군사적 이민)</td><td>명말 청초, 국공내전 시기</td></tr>
<tr><td colspan="2">경제 이민</td><td>그 외 시기</td></tr>
<tr><td rowspan="2">동기
결과</td><td>생존형 이민(동기)</td><td>모든 이민 현상은
생존형(동기의 관점)</td><td>이출지의 밀어내는 힘</td></tr>
<tr><td>발전형 이민(결과)</td><td>모든 이민은 개척 및
발전형 이민
(결과형 관점)</td><td>이입지의 끄는 힘</td></tr>
<tr><td rowspan="2">성질</td><td colspan="2">식민 이민</td><td rowspan="2">상존</td></tr>
<tr><td colspan="2">비식민 이민</td></tr>
<tr><td rowspan="2">법률</td><td colspan="2">합법 이민</td><td rowspan="2">상존</td></tr>
<tr><td colspan="2">불법 이민</td></tr>
</table>

이민의 다양한 형태와 특징을 내용, 동기 및 결과, 성격, 법률적 지위에 따라 분류하고, 이를 대만의 역사적 사례와 연결해 설명하고자 했다.

먼저 내용 측면에서 이민은 정치적 이유로 발생하는 정치 이민(예: 군사적 이민)과 경제적 이유로 발생하는 경제 이민으로 나눌 수 있다. 대만의 경우 명말明末 · 청초淸初 시기와 국공내전 시기에 정치 이민이 두드러지게 나타났다.

동기 및 결과를 기준으로 이민은 다시 생존형 이민과 발전형 이민으로 구분된다. 생존형 이민은 모든 이민 현상에서 공통적으로 나타나는 동기와 과정으로, 외부적 억압이나 생계 유지의 어려움 때문에 발생한다. 반면 발전형 이민은 이민의 결과와 발전적 과정을 반영하며, 이 경우 예상치 못한 '끌어당기는 힘'이 작용한다.

성격적 측면에서는 식민 이민과 비식민 이민으로 나뉜다. 예컨대 네덜란드는 대만 연안의 중국 어민들을 모집해 이주를 유도했으며, 일본 또한 식민지배를 통해 대만으로의 이민을 촉진했다.

법률적 지위에 따라 이민은 합법 이민과 불법 이민으로 나뉘며, 이는 이민자가 정착하려는 국가의 법적 제도와 규범에 의해 결정된다.

마지막으로, 위의 표에서 보는 바와 같이, 강제성 이민, 정치 이민, 비자발적 이민, 폭력적 이민은 전통적인 '풀-푸시 이론'(pull-push theory)만으로는 설명이 불충분하다. 이는 단순히 경제적 이유나 생존 논리만으로는 설명할 수 없는 정치적 · 구조적 요인이 이러한 이민의 배경에 작용하였기 때문이다. 아울러, 6 · 25전쟁 후반부에는 2만 1천 명이 넘는 중국군 포로 가운데 약 3분의 1인 7,110명은 중국 본토로 송환되었고, 나머지 3분의 2에 해당하는 1만 4천여 명이 대만으로 향했다. 이는 '포로 문제가 쟁점이었던' 전쟁 후반기의 대표적인 결과로, 자발적 ·

비자발적·폭력적 요인이 복합적으로 작용한 사례라 할 수 있다.

〈표 11〉 이민의 pull–push 이론

<table>
<tr><th colspan="3">pull–push 이론 : 왜 끌어들이고, 밀어내는가?</th></tr>
<tr><td>pull
요인</td><td>이주
대상국의
이민정책
청나라의
태도 변화</td><td>예) 네덜란드 식민지 경영에 필요한 외부 노동력 충당.
통제 가능한 숙련된 노동자 필요
예) 1629년 마두사 사건을 계기로, 1635년 평지 원주민을 학살하고, 원주민이 경작하던 빈 공간을 다시 중국 연해 주민으로 충당함</td></tr>
<tr><td rowspan="3">push
요인</td><td>지리적 요인</td><td>복건성은 농사에 부적합. 천혜의 항구</td></tr>
<tr><td>정치적 요인</td><td>내란이나 왕조 교체기. 진시황 이후, 서진(晉 265-316) 시기, 특히 1279년 송나라 멸망하자 많은 유민이 피난, 명말 청초, 청나라의 정책 변화, 아편전쟁, 태평천국(1851~1864)과 중화민국 성립 후(1912년) 국공내전 시기</td></tr>
<tr><td>경제적 요인</td><td>과밀한 인구 대비 적은 농경지로 인한 생활고
1661~1812년에 푸젠성 인구가 5배 증가했는데 경작지는 32% 증가에 그침. 광둥성의 인구는 20배나 증가했으나 경작지는 27% 증가에 그쳐 많은 백성이 타이완이나 동남아로 이주함(김동하, 2024)</td></tr>
<tr><td colspan="3">강제성 이민, 정치 이민, 비자발적 이민, 폭력적 이민은 전통적인 '풀-푸시 이론'(pull-push theory)만으로는 충분히 설명되지 않는다.</td></tr>
</table>

Ⅲ. 대만 이민사의 전개

1. 대만 한족 이주의 역사적 연원

사마천은 『사기史記·동월열전東越列傳』에서 월나라가 전국시대 후기에 건국되어 한 무제 시기 멸망하기까지의 역사를 서술하였다. 진나라 시대의 민중군閩中郡 영역에 따르면, 대략 현재의 푸젠성 싼밍三明 일대와 장시성 서부의 옌산현鉛山縣, 저장 동부의 차오저우潮州, 후이

저우惠州 등지를 포함하는 지역으로 추정된다. 민閩·예豫의 선주민 사이에는 특별한 관계가 있었으며, 중원中原 사람들이 월나라 지역으로 이주한 과정은 대체로 진·한 시대에 시작되어 진晉·당唐 시대를 거쳐 송宋대에 이르러 절정을 이루었다.

오호십육국 시대五胡亂華 이후의 대이동은 황하와 낙수 유역의 사람들이 장강長江 이남으로 이동하게 만들었고, 875년 황소의 난 이후에는 더욱 남쪽으로 이주하게 되었다. 남송 멸망 후, 객가인客家人은 장시江西를 거쳐 광둥廣東으로, 하락인河洛人은 푸젠福建으로 이주하였다. 이미 선진 시대부터 월족은 차츰 대만에 이주하여 대만의 선주민이 되었으며, 푸젠성과 대만은 지리적으로 인접하여 대만으로 이주한 한족 가운데 푸젠 출신이 다수를 차지하게 되는 독특한 현상이 형성되었다.

1661년 명나라가 멸망한 이후, 객가인과 하락인(河洛人, 민남인)들은 다시 대만으로 이주하였다. "사람이 같고 언어가 같은" 중원인의 네 차례 남하 이주 역사는 대만 한족 이민의 기원과 전개를 보여주는 서막이 되었으며, 이를 통해 대만의 민·월·하남(河南, 중원) 간의 지리적·혈연적 역사적 연원에 대한 탐구의 공간을 제공한다.[5]

2. 네덜란드 이전 시기의 이민

사실 한족이 대량으로 대만으로 이주한 시기는 네덜란드 통치 시기가 아니라 이보다 더 이른 시기의 일이다. 복건성 남부 즉 민남 일대의 어민과 농민은 일찍부터 대만에 이주하기 시작했다. 특히 반상반적

5) 吳梨華, 〈從明淸臺灣的移民史 - 探尋臺灣姓氏文化的根源〉, 《臺灣源流》, (54&55), 2011, 39쪽.

半商半賊 집단인 이단李旦, 안사제顔思濟 등 해상 세력도 네덜란드가 대만으로 오기 전에 이미 대만에서 중국과 일본 간의 중개무역을 종사하였으며, 네덜란드 세력이 대만에 왔을 때는 다수의 한인이 이미 대만에 거주하고 있었다.[6] 가령 1624년 네덜란드가 팽호에서 대만으로 철수할 때, 네덜란드인이 성루를 건설하기 위해서 한족 마을에서 벽돌을 구입한 기록이 나온다. 즉 전문적으로 벽돌을 굽는 한인이 존재했다. 이는 한족 마을의 건축적 수요가 있었음을 방증한다.[7] 안사제顔思齊, 정지룡鄭芝龍을 선두로 한 한족 출신의개척이 시작되었다.

반半상인 반해적의 경향을 띤 해상세력집단의 영수인 정지룡鄭芝龍과 안사제는 중국의 이주민을 대규모로 대만으로 유치하여 땅을 개간했다. 네덜란드 또한 농업 개발을 위해 민남 지역의 농민들을 대규모로 모집하여 쌀과 사탕수수를 재배했다. 네덜란드 동인도 공사의 기록에 의하면 대만 남부의 원주민족인 시라야족은 사냥 위주의 사회였으므로 세금 교부도 사슴가죽으로 하였기 때문에 동인도 공사의 이익이 크지 않았다고 기록되어 있다. 실제로는 한족들이 인두세를 냈으며, 이들은 대만에서 생산된 쌀과 사탕수수를 복건성, 일본으로 수출할 수 있었다.[8]

1624년, 안사제와 정지룡은 대만 분항(笨港, 오늘날의 북항)을 점거하였다. 당시 복건 연해에는 심각한 가뭄이 발생하였고, 약 3천 명의 천주泉州, 해주海州 지역의 가난한 빈민들이 경쟁적으로 대만에 건너와 생계를 모색하였다. 이로써 첫 번째 이민 물결이 시작되었다.

---

6) 高雄市政府教育局, 『高雄文明史 歷史編』(臺北: 新裕豊文化事業有限公司, 2012), p.47.

7) 위의 주.

8) 陳豐祥(2006), p.31.

숭정 원년(1628년), 복건성에 다시 기근이 들자, 정지룡은 농민을 유인하기 위해 '금 석냥과 소 한 마리'를 지급하고, 혜주의 군대를 훈련시키며, 천주 연해의 재난 지역에서 수만 명의 기민을 대만으로 이주시켜 개간 작업에 참여시켰다. 이 시기의 이민자는 거의 대부분이 남성이었다. 또한 1629년, 곽충郭衷이 고향인 천주로 돌아간 후, 대규모의 전문 인력들이 대만으로 유입되었다. 이들 중에는 대장장이, 재봉사, 석공, 건축사, 의사 등이 포함되었으며, 이와 동시에 망치, 가위, 칼, 농기구 등 다양한 도구들도 대만으로 반입되었다. 아울러 곽충의 동향 사람들도 북항笨港으로 함께 이주하여 공동체를 형성하였다.

3. 네덜란드 시기의 이민과 개척

16세기에는 스페인, 네덜란드 등 서양 식민 역량이 급속히 발전하면서 동방으로 진출하기 시작했다. 17세기 초에는 네덜란드 식민세력은 중국에서의 농민 봉기와 동북 지역의 만주족 세력이 침략하자, 명나라는 진퇴양난에 놓였는데 네덜란드가 이 기회를 이용하여 대만에 들어왔다. 이후 스페인 세력이 대만의 북부와 동부 일부 지역을 점령했으나, 1642년에 네덜란드에 의해서 축출당하고 최종적으로 대만은 네덜란드의 식민지가 되었다. 둘째, 네덜란드 식민 통치자에 의한 한족의 이주는 약 31년간 지속되었으며, 이들은 이주민들을 즉시 대소大小 결수結首 체제 내에 편입시켜, 지정된 개간 작업에 종사하게 하였다. 주요 생산품은 설탕과 쌀이었다. 1636년부터 1640년 사이에 대원(臺員, 당시 대만 명칭)의 한인 수는 약 1,000명에 달하였으며, 1637년부터 1652년 사이에는 약 2만~3만 명의 민남閩南인이 동인도회사 소속 하에 대만으로 이주하였다. 1648년 이후 섬내 이주민은 계속 증가하였고, 복건福建, 광동廣東 등지에서 이주해 온 한인 인구는 네덜란드 통치 말기에 이르러 약 10만 명에 달하였다. 이들은 명 · 청 교체기의 전란을 피해 네덜란드 식민 통치 하의 대만으로 대거 이주하였다.

네덜란드 식민세력은 무단 강압 통치를 시행하여 땅을 빼앗고, 식민지 민중에 다양한 세금을 징수하며, 대만의 쌀과 설탕을 약탈하고, 중국에서 구입한 비단, 설탕, 도자기를 대만을 거쳐 다른 나라로 수출하여 많은 이익을 얻었다.[9] 1652년 9월, 농민 지도자 곽회일郭懷一이 네덜란드 통치의 불만을 품고 대규모 무장 반란을 일으켰다. 이 반란은 곧 진압당했지만, 네덜란드의 식민 통치가 위기에 처한 것을 보여준다. 네덜란드 세력은 한인이 봄에 와 가을에 가기를 요구하였고, 한족의 단결을 막기 위해서 가능한 대만 거주를 막고자 하였다. 이는 한인의 불만을 사게 되고 결국 1652년 곽회일 사건이 발생했다. 네덜란드 식민지 기간에 발생한 최초의 한족이 일으킨 민란이다.[10]

네덜란드 세력은 한인을 모집해 토지를 개간하게 하고, 대만으로 이주한 한인들에게 인두세를 비롯한 각종 세금을 부과하여 이익을 극대화했다. 또한 인도네시아산 소를 들여와 우경牛耕 농법을 도입함으로써 대만의 농경 기술이 발전하고 경작 면적 역시 크게 확대되었다. 그러나 모든 토지는 네덜란드 동인도회사의 소유였으며, 한족이든 평포족이든 모든 농민은 예외 없이 동인도회사의 전농佃農에 불과했다. 나아가 네덜란드 세력은 가능한 한족들에게 토지 소유를 허락하지 않으려 했다.[11] 네덜란드 세력이 대만 남부 평원에 개척한 땅은 후일 명

9) 대만역사, http://gothenburg.china-consulate.gov.cn/ztlm/twwt/ljtw/200512/t20051204_4012238.htm(검색일: 2023.05.20).

10) 程紹剛譯註, 『荷蘭人在福爾摩沙』(台北: 聯經, 2000), pp.357-358. 中村孝志, 『荷蘭時代台灣史研究 下卷: 社會、文化』(台北: 稻鄉, 2012), p.201.

11) 위의 주.

·정 시기의 둔전屯田, 관전官田, 사전私田, 청 통치기의 관장官庄으로 이어지는 기반이 되었다.[12]

4. 명정(明鄭, 정씨 정권) 시기의 대만

1661년 정성공(鄭成功·國姓爺·國姓公)은 중국대륙에서 청나라에 밀리자, 네덜란드가 통치하던 대만을 공략하기로 결정한다. 정성공 세력이 질란디아 성을 포위한 지 9개월 후, 1662년 2월 네덜란드 동인도 회사 대만 행정장관(Governor of Formosa)인 코예트(Frederick Coyett) 간 질란디아성 항복 협정(Surrender of Zeelandia)을 체결하였고, 이에 따라 네덜란드는 대만에서 철수하였다. 이 협정으로 약 38년에 걸친 네덜란드의 대만 통치는 종식되었으며, 대만은 정성공이 세운 명정明鄭 정권의 통치하에 들어가게 되었다.

1661년 정성공의 대만 수복 과정에서도 다수의 한족이 대만으로 유입되었다. 당시 정성공 군대와 그 집단 약 3만여 명, 그리고 그를 따르던 농민들이 함께 이주하였으며, 1664년에도 추가로 6천~7천 명을 데려왔다. 이들 대부분은 복건 연해 지역의 천주와 해주 출신으로, 이들 이후 광동계 이민도 본격적으로 시작되었다. 17세기 말, 대만 내 한족 인구는 약 20만에서 25만 명에 달하였다.

1662년 정성공이 대만에 온 지 1년 만에 죽자 그의 아들 정경鄭經은 그 숙부 정습鄭襲과의 권력투쟁에서 이기고 정성공의 자리를 이었다. 1664년 강희 3년 3월, 청나라 군의 강력한 공세가 펼쳐지자, 정경을 중심으로 한 정씨 군대는 중국대륙에서의 마지막 요새인 동산도(현 푸젠 동산)에서 대만으로 완전히 철수했다. 이는 현재의 양안 상태와 유

12) 高雄市政府教育局(2012), p.55.

사하게 즉 청나라와 정씨 정권 간 20년에 군사적 대치를 시작했다. 결국 1683년 9월 24일(강희 22년 8월 13일), 청나라 수군이 팽호 해전에서 대승하자 청군은 평화적으로 녹이문(현 타이난)으로 진출하여 대만의 정씨 정권의 항복을 받아냈다. 이 결과 대만과 중국은 통일되었고, 그 후 대만이 청·일 전쟁으로 일본에 할양되기 전까지 약 212년의 안정된 발전 시기를 맞이하게 되었다.

정씨 정권은 반청복명(反淸復明, 청나라에 대항하고 명나라 재건)을 위한 기지 운영, 네덜란드의 재침 방지, 군량미와 권량眷糧의 문제를 해결하기 위해서 농병農兵정책 즉 둔전정책屯田政策을 실시했다. 네덜란드 통치 시기의 왕전王田을 관전官田에 일괄 예속시키고, 종실과 문무 관리는 문무관전을, 군대는 둔전을 개간했다. 병농정책은 농한기에 군사훈련을 실시하고, 전란이 발생하면 즉시 무장해서 응전했다. 평상시에는 농경에 종사했다. 그 결과 둔전이 생기자 자연스럽게 촌락으로 발전했다. 이외에도 정씨 정권은 농업생산을 제고하기 위해서 복건성 남쪽의 유민을 모집하고 대만으로 이주시켰다. 이는 대만에 한족 인구가 증가하는 계기가 되었다.[13]

5. 청나라 시기의 이민

제10장에서 상세하게 고찰하겠지만 현재의 대만의 문화, 역사적 근기는 모두 청대 대만 통치 시기에서 연유한다. 청나라가 대만을 통치한 212년 동안 원주민 인구는 10만 명에서 약 15만 명으로 증가하였고, 그 중 평포족이 약 30%를 차지하였다. 남성과 아동을 제외하면 평포족 여성은 약 4만 명 수준이며, 그 가운데 혼인 가능 연령층을 30%

13) 高雄市政府教育局(2012), p.55.

로 잡으면 대략 1만 명으로 추정된다. 이들이 모두 한족과 결혼한다고 해도, 한족 인구가 4만 명에서 212년 만에 255만 명으로 폭증한 것을 설명하기는 어렵다. 이는 결국 한족 인구의 증가는 외지인의 이주가 주요 원인이고, 청대에서 대량의 동화가 있었다. 즉 한화다. 이는 몇 가지 기준으로 측정되었다. 한족의 성씨를 사용하고, 한족식 족보를 보유하며, 민남어 또는 객가어를 구사하는지가 그 기준이었다. 반대로 족보가 없거나 한족 언어를 사용하지 못하면, 원주민들은 '미개'한 집단으로 간주되어 사회적 멸시와 제도적 배제의 대상이 되었다.[14)]

청조 시기 한족 이주가 급격히 증가한 데에는 중요한 역사적 배경이 있었다. 바로 중국 내 인구의 폭발적인 증가다. 강희 20년(1681년) 당시 중국의 인구는 약 1억 명이었으나, 건륭제 60년(1795년)에는 2억 명을 초과하였고, 도광 13년(1833년)에는 다시 두 배가 되어 4억 명을 돌파하였다(도광 연간에는 약 4.5억 명까지 증가하였으나, 이후 태평천국 등 대규모 내란으로 인해 인구가 급감하였고, 1912년 중화민국이 성립될 당시 인구는 약 3.4억 명으로 감소하였다).

다시 말해 역사적 시기와 정치적 상황에 따라서 대만의 인적구성은 큰 변화를 겪는다. 명나라 말기, 명 조정은 '해금海禁' 정책을 실시하였고, 1661년 청 조정은 대만 도항 금지령渡台禁令'을 선포하였다. 청나라 군대는 연해 5개 성에 걸쳐 '이주 경계선遷界'을 설정하고, "나무 한 조각도 물에 띄워서는 안 되며, 쌀 한 톨도 국경을 넘겨서는 안 된다"며 철저한 통제를 가하였다. 하지만 민남閩南의 민요에 보이는 바와 같이 "동문 밖 가시덤불, 동도東都로 가보세, 갈 수만 있다면야 가야지."라는 가사에서 보이듯, 당시 연해 지역의 한족들은 '밀항'이라는

14) 『原住民電視臺網站』, http://www.titv.org.tw.

생명의 위협을 무릅쓰면서도 바다를 건너 대만으로 향했다.

건륭제乾隆帝는 1784년에 대만의 녹항鹿港, 천주泉州의 감강蚶江 항구의 교통을 개방하였고, 1792년에는 담수淡水와 팔리차八里坌, 감강과 복주福州, 오호문五虎門 간의 항로를 개방하였다. 이로 인해 이민 물결은 한층 더 고조되었다.

1875년 심보정沈葆楨의 상주로 대만에 대한 '해금'이 공식적으로 폐지되었고, 이로써 200여 년에 걸친 대만에 대한 반봉쇄 정책이 막을 내렸다.[15] 민閩 · 월粵 지역 이민의 대만 이주 과정은 다음과 같다:

1885년 대만이 성省으로 승격되면서 또 한 차례의 이민 붐이 일어났다. 청 정부는 하문廈門, 장주漳州, 선두仙頭, 홍콩香港 등에 '이민 장려국招墾局'을 설치하고, 대만으로 이주하는 주민을 무료로 수송해 정착을 지원하였다. 그 결과 복건 등지에서 이주해온 인구는 지속적으로 증가하였고, 1895년경에는 대만 총인구가 약 370만 명에 달하였다.[16]

대만으로의 객가客家족의 대규모 이주는 이 시기에 본격화되었다. 객가인들은 중원을 떠나 복건과 광동을 거쳐 대만으로 건너왔으며, 청대의 '세 차례 도대渡臺 금지령'으로 인해 하락인河洛人 보다 늦게 도착하였다. 하락인은 민남인을 가리킨다. 그 결과 대만의 비옥한 평야는 이미 하락인들이 선점한 상태였고, 객가인들은 주로 구릉지대나 산간 지역을 개간하며 삶의 터전을 일구었다. 오늘날 객가인들은 타오위안桃園, 신주新竹, 먀오리苗栗, 가오슝高雄 핑둥屏東, 메이농美濃, 루퇴이六堆 등지에 집중적으로 거주하고 있다.

---

15) 吳梨華, 從明清臺灣的移民史 - 探尋台灣姓氏文化的根源, 臺灣源流, (54&55), 2011, 39-50. 39쪽.

16) 吳梨華, 「從明清臺灣的移民史-探尋台灣姓氏文化的根源」 臺灣源流, (54&55), 2011, 40쪽.

6. 일제시기의 대만 이민–대만 남부 가오슝을 중심으로

일제 점령기의 대만에 대한 경제 정책은 크게 두 시기로 나눌 수 있다. 전기(1895~1935년)에는 "공업 일본, 농업 대만"이라는 기조 아래 대만을 일본 내지의 농산물 생산 기지로 활용하였다. 대만은 쌀, 사탕수수, 파인애플, 바나나 등을 대량 생산하여 일본에 저렴하게 공급하며, 본토 농업의 부족을 보충했다. 특히 쌀과 사탕수수는 대만 농업의 핵심 품목으로 자리 잡았다.[17)]

후기(1931~1945년)에는 "공업 대만, 농업 남양"이라는 정책으로 전환되었다. 이는 일본의 군사 확장을 뒷받침하기 위한 것으로, 동남아시아 등 남양 지역의 군사기지를 지원하기 위해 대만에 공업 시설을 집중적으로 건설했다. 가령 이 시기에 대만 남부 가오슝은 현대화 공업의 중심지로 성장했다.[18)] 이런 과정에서 첫째, 대만의 제당업은 크게 발전했고, 둘째, 가오슝, 지룽 항이 새로 건설되었다. 일제 초기 대만총독부는 북부의 지룽항을 먼저 확장 건설하고, 그다음으로 가오슝항의 건설에 나섰다.[19)] 셋째, 철로 건설이다. 일제 시기 대만의 철로

17) 高雄市政府教育局, 2012, 『高雄文明史歷史編』, 新裕豊文化事業有限公司, 83쪽.

18) 위의 책.

19) 축항 공정은 대략 3기로 나눌 수 있다. 제1기는 3.000톤급의 선박이 진출하고, 연간 화물 처리량 45만 톤 달성을 목표로 했다. 1908년부터 시작하여 1912년에 완공했다. 사업 완공 후, 타구항의 무역액은 안평 및 담수를 초월했다. 남대만 제1항이 되었다. 북쪽의 기륭과 더불어 남북 양대 항구의 국제무역항이 되었다. 1912년에는 제1기 공정 완공 후, 이어서 10년 기한의 제2기 축항 공사에 들어갔다. 후에 재정 긴축을 맞아, 제1차 세계대전, 물가파동 등 요소의 영향으로 계획이 감축되었다. 제2기 공정 역시 1937년에서야 완공되었다. 제2기 공정이 완공된 후, 1만 톤급 선박 26척 정박 가능, 연간 물동량 140만 톤에 달했다.

건설은 두 단계로 나눌 수 있다. 첫 단계는 군대의 통행과 군수품의 운송을 위해서다. 대만총독부는 1895년 12월 가오슝에서 타이난에 이르는 경전철을 완성했다. 1896년에는 가오슝에서 펑산까지의 철로선을 연장했다.[20] 경철도는 먼저 군대 운송, 군수용으로 활용하다가 후에 민중에 개방했다. 1899년 이후 대만의 정세가 점차 안정되자, 대만총독부는 대만의 경제 및 산업기지를 후식하기 위해서 종관철로 건설에 착수했다. 이는 제2단계의 철로 건설이다. 1900년 11월 가오슝에서 타이난까지 철로가 개통되었다. 1908년 10월 타구역(오늘의 가오슝항역)을 완공했다. 이 시기 가오슝에서 지롱까지의 종관철로 또한 동시에 완공되었다.[21]

넷째, 인구의 대량 이입으로 가오슝의 신시가지가 확대되었다. 일제시기 가오슝항 준항과 매립 지역이 확대되자 항구의 규모가 계속 확대되었고, 항구의 신시가지도 확대되어 새롭게 변했다. 여기에 더하여 가오슝의 공업발전과 동시에 대량의 인구가 가오슝으로 유입되었다. 타이난인과 펑후인은 주로 오늘의 옌청, 구산, 싼민, 링야구에 각기 취

1937년 7월 일본이 중국에 대한 전면적 침략전쟁을 시작하자, 전쟁의 수요에 부응하기 위해서 제3기의 축항공정을 실시하기로 결정했다. 후에 1941년 일본이 태평양전쟁을 발동하고, 가오슝항을 남진기지로 전초로 삼고, 제3기 축항공정은 완전히 정체되었다. 겨우 항만 유지 공사만 할 뿐이었다.

20) 高雄市政府教育局, 『高雄文明史歷史編』, 新裕豊文化事業有限公司, 2012, 82쪽.

21) 총독부는 봉산, 아후(阿猴, 屛東), 반저료(蕃薯寮, 오늘의 旗山의 물산을 개발하기 위해서 1907년에 타구에서 구곡당까지의 지선을 깔았다. 1913년 12월 아후(阿猴)까지 연장되고, 1923년 조주까지 연장되어 조주선(潮州線)이 되었다. 이후 남쪽으로는 1941 팡랴오선(枋寮線) 연장되어 통행했고, 1920년 타구를 가오슝으로 개명했다. 그래서 타구역을 가오슝역으로 개명했다.

락을 형성했다. 펑후인은 주로 부두 노동과 인력거꾼에 종사했다. 가오슝 북문 구역에는 우차공과 삼륜차부가 주거했고 이중 타이난 출신이 가장 많았다.[22] 이러한 신이민 구조는 청나라 시기의 천주인, 장주인, 객가인, 복주인 등 과거의 이민 인구 구조를 바꾸어 놓았다.[23]

1905년부터 1940년까지 일본인의 대만 이민 현황을 연도별로 정리한 자료로, 각 연도의 일본인 비율과 인구 수치를 통해 일본인의 대만 이주 양상을 구체적으로 보여준다.

1905년에는 대만 인구 중 일본인의 비율이 1.9%로, 약 5~6만 명에 불과했지만, 이후 지속적으로 증가하여 1915년에는 3.84%(약 14만 명), 1920년에는 4.43%, 1925년에는 4.57%로 점진적인 상승세를 보였다. 1930년에는 4.96%, 1935년에는 5.25%로 상승을 이어갔으며, 1940년에는 5.7%로 최고치를 기록하였다. 이 시기 일본인의 수는 약 35만 명으로, 이 중 군인은 15만 명에 달했다. 한편, 1940년 당시 대만 전체 인구는 약 600만 명이었다. 이를 바탕으로 보면 일본인 이민은 단순한 이주를 넘어서 군사적·식민 통치 목적에 기반한 적극적 인구 재편 전략의 일환으로 해석될 수 있다. 특히 1940년의 경우 일본인의 약 절반이 군인이라는 점은 대만이 식민지 통치와 전쟁 준비의 전략적 거점으로 활용되었음을 시사한다.

요약하자면, 이 표는 일본 제국주의가 식민지 대만에 대해 인구

22) 현재의 쟈리(佳里), 쉐쟈(學甲), 시강(西港), 치구(七股)다.

23) 1920년 가오슝에 가(街)를 설치할 시에 인구는 대략 3만 5천인, 1924년 시를 설치할 때의 인구는 4만 천명으로 당시 남대만 최대의 도시가 되었다. 1935년 도시계획에 따르면 장차 가오슝 시 포용 인구를 40만의 대도시로 계획했다. 장차 신시가지의 중심을 아이허(愛河) 서쪽에서 가오슝천으로 이동했다. 1939년에는 가오슝 시청을 현재의 가오슝 역사박물관 자리로 옮겼다.

구성과 군사적 기반을 지속적으로 강화해갔음을 수적으로 알 수 있다.

7. 미군의 공습: 가오슝의 경우

제2차 세계대전 당시 연합군의 집중적인 공습으로 인해 대만 본토는 미군의 공습을 받게 된다. 이로써 북부의 지룽과 남부의 가오슝은 그 항만의 기능을 거의 상실하게 되었다. 이는 미군이 태평양 전쟁에서 병력 손실을 최소화하고 일본 본토로의 진격을 가속화하기 위해 채택한 '도도 전략(跳岛战略, Island Hopping Strategy)'에 따른 결과였다. 이 전략은 필리핀과 오키나와를 점령한 뒤 대만을 건너뛰는 방식을 취한 것이다. 대만에 상륙하지 않는 대신 미군은 대규모 공습 작전을 감행했다.

가령 미군 제5 항공대(Fifth Air Force)의 기록에 따르면, 가오슝에는 총 2,559.2톤에 달하는 폭탄이 투하되었다.[24] 특히 가오슝 항은 미군 전투기가 오키나와 폭격 후 필리핀으로 복귀하는 항로에 위치해 있었기 때문에, 남은 폭탄을 소진하기 위해 가오슝에 잉여 폭탄을 투하하는 일이 빈번했다.

제2차 세계대전 말기 미군의 집중 공습으로 가오슝 항과 도심은 심각한 피해를 입었다. 미군 제5 항공대 자료에 따르면, 대만에서 폭탄 투하량이 가장 많았던 5대 도시는 가오슝, 타이난, 지룽, 신주, 타이중 순이었으며, 타이베이는 상대적으로 폭격이 적었다.

1944년 10월 12일부터 1945년 8월 10일까지 대만총독부의 통계에 따르면, 미군의 폭격으로 대만 전역에서 발생한 사망자는 5,582명, 실

24) 高雄市政府教育局, 高雄文明史 歷史編, 新裕豊文化事業有限公司, 2012.

종자는 419명, 중상자는 3,667명, 경상자는 5,093명에 달했으며, 이재민은 총 277,383명에 이르렀다. 이 중 가오슝에서는 사망자 1,662명, 실종자 15명, 중상자 1,031명, 경상자 1,385명으로, 총 4,093명이 피해를 입었다.[25] 위의 통계는 당시 가오슝이 전략적 요충지로서 얼마나 큰 피해를 입었는지를 여실히 보여준다.

8. 국부천대와 중화민국 시기

1945년 8월 15일, 일본은 포츠담 선언을 받아들이고, 무조건 투항을 선언함으로써 제2차 세계대전은 종결되었다. 맥아더는 1945년 9월 2일 전후처리를 위한 '미국육군 태평양지역 총사령부 일반명령 제1호(General Order No. 1)'를 포고한다.[26] 이 명령에 따라 중국 전구 사령관인 장제스는 천이를 대만 행정장관으로 파견하여 대만에서의 일본군의 항복을 받았다. 따라서 대만은 국민당 정부에 의해서 순조롭게 접수되었다. 국민정부는 대만행정장관공서臺灣行政長官公署를 설치하고, 일제 시기의 5주 3청에 의거해서 접관위원회接管委員會를 설치하여 일본으로부터 대만을 접수한 후, 일제 말기의 행정구획 체제를 대부분 그대로 유지했다. 다만, 일부 명칭을 변경하는 데 그쳤다. 구체적으로 주州는 현縣으로, 군郡은 구區로, 가街는 진鎮으로, 장莊은 향鄉으로 개칭되었다.[27]

---

25) 위의 책.

26) FOREIGN RELATIONS OF THE UNITED STATES: DIPLOMATIC PAPERS, 1945, THE FAR EAST, CHINA, VOLUME VII, https://history.state.gov/historicaldocuments/frus1945v07/d390.

27) 가령 가오슝의 길이름은 모두 중국대륙 색채가 농후한 단어로 대체되었다. 거리 이름은 一心, 二聖, 三多, 四維, 五福, 六合, 七賢, 八德, 九如, 十全

국부천대 시기 대만으로 유입된 인구 규모에 대해서는 100만 명설, 150만 명설, 200만 명설 등 다양한 견해가 존재한다. 이는 당시 군과 민의 행정 체계가 분리되어 있었기 때문에 정확한 통계 산출이 어려웠기 때문이다. 그러나 2010년대 이후 개방된 문서를 토대로 연구한 이에까오화葉高華의 연구에 따르면, 1949년부터 1956년 사이 국공내전에서 패한 뒤 장제스와 함께 대만으로 이주한 인구는 약 102만 명으로, 모두 중국 대륙 각지에서 온 외성인이었다. 이들은 국민당 소속의 정치인, 군인, 공무원, 기술자, 학자, 학생 등으로 구성된 집단으로, 1949년 국민당 정부가 공산당에 패해 대만으로 이전한 이후 대만 사회 전반에 심대한 영향을 끼쳤다.

그들은 정치 · 군사 · 행정의 핵심 권력을 장악하며 외성인 중심의 국가 기구를 구축하였고, 특히 계엄령 체제하에서 강력한 통제 구조를 확립함으로써 본성인들과의 사회적 긴장을 한층 심화시켰다.

사회 · 문화적 측면에서는, 외성인 중심의 정권이 '중국은 하나이며 대만은 그 일부'라는 정체성을 강화하고, 중국 본토의 언어와 문화를 대만 사회에 적극적으로 주입하였다. 학교 교육 및 공공기관에서는 관화를 국어로 강제하면서 본성인의 대만어와 객가어 사용을 억제하는 언어 동화 정책을 펼쳤다. 외성인들은 군인 마을인 권촌眷村에 모여 살면서 폐쇄적 공동체를 이루었고, 이는 대만 내 문화적 이중 구조의 형성을 초래하였다.

등 의미 있고 잘 기억되는 것으로 바꾸었다. 이성(二聖)은 문성인 공자와 무성인 관우를, 삼다(三多)는 장자 천지편에서 다복, 다수, 다남을, 사유(四維)는 예의염치, 육합(六合)은 장자에 출전을 두고 있다. 칠현은 죽림7현을 의미한다. 팔덕(八德)은 충효인애신의화평(忠孝仁愛信義和平), 십전(十全)은 주례(周禮) 십전십미에서 따왔다.

경제 및 교육 부문에서는 본토에서 유입된 고학력자들과 전문가들이 대만의 산업화와 교육제도 정비에 기여하였다. 이들은 국립대학과 기술 기관, 행정 체계의 주축이 되었으며, 미국의 경제 원조를 바탕으로 한 산업 기반 조성과 농지 개혁, 공업 육성 등의 정책도 외성인 관료들의 주도하에 시행되었다.

그러나 이러한 과정은 본성인과 외성인 간의 정치적·사회적 격차를 심화시켰고, 정체성의 분열을 불러왔다. 본성인은 점차 '대만인'으로서의 정체성을 강화한 반면, 외성인은 중국 민족주의적 시각을 고수하면서 상호 간의 긴장이 이어졌다. 이러한 갈등은 1980~1990년대의 민주화 운동, 대만독립 논쟁, 그리고 현대 정치에서의 범람泛藍과 범록泛綠 진영 간의 대립으로 연결되었다.

결과적으로 외성인의 대규모 유입은 대만의 현대화를 촉진한 한편, 정치적 독점과 문화적 동화 정책으로 인해 본성인과의 갈등을 빚었다. 외성인의 대규모 이주는 단기적으로는 대만의 국가 재건과 산업 기반 마련에 기여했지만, 장기적으로는 정치 권력 독점, 문화 동화 정책, 언어 억압 등의 요인으로 인해 본성인 사회와의 긴장과 갈등을 초래했다.

이들은 대만 현대 정치의 구조, 정체성의 분열, 민주화 이후의 정치 스펙트럼藍綠對立에서 핵심적인 역사적 배경으로 남아 있으며, 오늘날 대만의 사회적 다양성과 역사 기억의 일부로 작용하고 있다.

9. 1980년대 이후 신이민(신주민)

대만은 원래부터 다민족, 다족군을 성질을 지니고 있었다. 민난, 객가, 원주민, 외성인, 신주민[28] 등, 각 족군 모두 독특한 문화가 있다. 따라서 대만은 여러 문화가 공존하는 다문화의 색채를 띤다. 1987년

11월 초의 '탐친대륙정책大陸探親政策'[29]으로 양안 간 결혼이 가능해지고, 결국 1994년 '대륙 배우자의 대만 개방開放大陸配偶來臺' 정책으로 인한 사회 문제, 교육 문제 등이 증가하면서 대만정부는 이민정책을 새롭게 마련하기 시작했다. 여기에 더하여 양안 개방과 세계화에 따른 교류와 함께 1990년대 후반부터는 새로운 인구가 대만에 유입되는 신이민 여성이 증가했다. 이런 배경에서 중국인 배우자와 주로 동남아적 외국인 배우자를 둔 대만인이 증가하기 시작했다. 2023년 3월 통계의 경우 중국, 베트남 등지에서 대만으로 온 신주민은 58만 명을 넘었고, 이 중 90% 이상이 여성이며, 이들은 40만 이상의 후대를 낳았다.[30] 신주민의 총인구는 대만 총인구의 3% 이상을 차지한다.[31] 이는 현재 대만 원주민의 수를 넘어섰다.[32]

28) 원래 신주민은 국부천대 시기 외성인들을 일컫는 말이었으나, 현재에는 주로 1980년대 이후 결혼, 노동 이민을 통해 대만에 온 이주 여성 가족을 일컫는다.

29) 대만판 이산가족 고향 방문. 대만 내정부는 대륙탐친의 실시세칙을 발표했고, 1987년 11월 2일부터 조건에 부합되는 민중은 적십자에 등기한 후, 중국대륙 친척방문이 가능했다. 탐친은 매년 1차례로 제한했다. 특수한 원인을 제외하고 매차 3개월 이상을 초과해서 머물 수 없었지만 1988년 2월 1일 대만 행정원 공작회의에서 중국대륙에 직계친족이 중병 혹은 사망한 대만 주민은 매년 1차례의 대륙 탐친을 해제하여 여러 차례 방문이 가능했다. 이후 점차적으로 방문 규정이 해제되어 완전히 자유로워졌다.

30) 中華民國內政部移民署, https://www.immigration.gov.tw/5382/5385/7344/7350/8887/(검색일: 2023.05.14).

31) "베트남계 신주민 유권자의 이야기", https://www.bbc.com/zhongwen/trad/chinese-news-51031939(검색일: 2023.05.19).

32) "타이중(台中)에서 대만신주민당(台灣新住民黨)을 창당했다", https://www.bbc.com/zhongwen/trad/chinese-news-51031939(검색일: 2023.05.19).

10. 이민문화의 이중성

대만에 가장 깊고 지속적인 문화적 영향을 남긴 시기는 청나라의 통치기였다. 약 212년에 걸친 이 시기 동안 대만의 사회와 문화는 중국 본토로부터 유입된 다양한 전통에 의해 깊이 뿌리내렸다. 즉, 대만 문화의 근간은 중국에서 건너온 문화적 토양 위에 형성되었다고 할 수 있다.

이민문화란 한 지역에서 다른 지역으로 이동한 사람들이 정착 과정에서 만들어내는 독특한 문화 형태를 의미한다. 이민자들은 자신들의 고유한 문화적 전통을 지니고 새로운 환경에 적응하는 과정에서 현지 문화와 상호작용하며, 그 결과 혼합적이고 창조적인 문화를 형성한다. 이러한 이민문화는 언어, 가치관, 음식, 의복, 예술, 종교, 의례 등 일상 전반에 걸쳐 나타나며, 이주민과 그 후손들의 삶 속에 고스란히 스며든다.

이민문화의 긍정적 측면은 다양성과 문화 교류를 촉진한다는 점에 있다. 서로 다른 문화적 배경이 어우러지며 새로운 아이디어와 창의성이 발현되고, 경제적 · 사회적 활력이 확장된다. 그러나 동시에 이민문화에는 부정적인 측면도 존재한다.

첫째, 문화 충돌이다. 이민자들이 지닌 고유한 문화와 현지의 전통 사이에서 가치관과 행동양식의 차이로 갈등이 발생한다.

둘째, 사회적 차별이다. 이민자들은 종종 인종, 종교, 혹은 문화적 차이로 인해 현지 사회에서 배척이나 혐오의 대상이 되곤 한다.

셋째, 통합의 어려움이다. 언어 장벽, 직업 기회의 제한, 문화적 괴리 등으로 인해 이민자들은 새로운 사회에 적응하는 데 많은 어려움을 겪는다.

넷째, 족군 중심의 문화 고수이다. 일부 이민자들은 자신들의 전통

문화를 고수하며 현지 사회와의 교류를 꺼리기도 한다.

이와 같은 부정적 요소들은 이민자와 현지 사회 간의 이해와 협력을 어렵게 만들며, 특히 국가가 형성되는 초기 단계에서는 이러한 긴장이 더욱 첨예하게 드러난다. 청대의 대만 역시 다양한 이주민 집단이 충돌과 융합을 반복하며 형성된 복합적 사회였으며, 그 과정에서 이민문화의 긍정과 부정이 동시에 표출된 대표적 사례라 할 수 있다.

Ⅳ. 대만 이주민 분포를 통한 조적祖籍 탐구

1. 명·청 시기 대만 성씨 문화의 뿌리

1926년 일본은 대만 한인의 조상지(조상 출신지)에 대해 조사를 시행하였으며, 그 결과에 따르면 복건인 출신이 83.7%, 광동廣東 출신이 15.6%를 차지하였다. 이 중 복건인의 경우, 천주泉州출신이 45%, 장주漳州 출신이 35%였다.[33] 대만문헌관의 자료에 따르면, 대만 한인의 조상지는 주로 청대의 복건과 광동 지역에 집중되어 있으며, 현행 행정구역 기준으로 정리하면 다음과 같다.

대만 내무부 호정사戶政司 통계에 따르면, 현재 대만 총인구 2,300만 명 가운데 성씨는 1,989종이 존재하며, 가장 많은 10대 성씨는 '진陳', '림林', '황黃', '장張, '이李', '오吳', '왕王', '정鄭', '채蔡', '양楊'으로 나타났다. 그중 진씨는 250만 명이 넘으며, 림씨는 188만 명으로 세 번째다. 상위 20개 성씨는 전체 인구의 약 70%를 차지하며, 상위 100대 성씨는 전체 인구의 96%를 차지한다. 이와 관련된 속담으로는 "진림반천하陳林半天下, 황가는 개도 물지 않는다賠的平狗咬諸" 등이

33) 위의 주.

있다.[34]

한편, 대만 내의 객가인 주요 성씨로는 잠詹, 팽彭, 구邱, 서徐, 종鍾, 고古, 유劉, 범范, 강姜 등이 있으며, 이들은 민남족군과는 뚜렷한 차이를 보인다.[35]

다수의 민남인은 중국 대륙에서 대만으로 이주할 당시, 자신의 성씨를 따서 촌락의 지명으로 삼아 대대로 전승되게 하였다.

2. 대만 한인의 조상지 분포

〈표 12〉 명청 시기 대만 이주 한인의 본향별 분포

지역(부)	소속 현縣
장주부漳州府	용계龍溪, 장포漳浦, 남정南靖, 장태長泰, 평화平和, 조안詔安, 해징海澄, 운소雲霄
정주부汀州府	정주汀州, 녕화寧化, 상항上杭, 명계明溪, 청류淸流, 연성連城, 영정永定, 무평武平
흥화부興化府	보전莆田, 선유仙遊
연평부延平府	용암龍巖, 녕양寧洋, 해평海平
천주부泉州府	영춘永春, 덕화德化, 대문大問
복주부福州府	민현閩縣, 후관侯官, 고전古田, 평남屏南, 민청閩清, 장락長樂, 연강連江, 나원羅源, 복청福清
조주부潮州府	조안潮安, 풍순豐順, 조양潮陽, 개양揭陽, 요평饒平, 대포大埔, 징매澄梅, 보녕普寧
매주부梅州府	매현梅縣, 초령蕉嶺, 평원平遠, 오화五華
혜주부惠州府	혜양惠陽, 박라博羅, 신회新會, 화평和平, 연평連平

출처: 吳梨華,《從明清臺灣的移民史 - 探尋台灣姓氏文化的根源》, 收錄於《臺灣源流》第54與55期(2011年), 44쪽.

34) 吳梨華, 〈從明清臺灣的移民史 - 探尋台灣姓氏文化的根源〉, 《臺灣源流》, (54&55), 2011, 頁47.

35) 위의 주.

3. 대만 민남인의 집거 지역 분포

타이베이 분지는 복건福建 출신이 주류를 이루며, 멍랴오孟柳 일대는 천주泉州 출신이 많고, 다다오청大稻埕은 퉁안同安 출신이 많은 편이다. 네이후內湖의 비산암碧山岩, 스린士林의 즈산옌芝山岩 지역에는 장저우漳州 사람들의 후손이 거주하고 있고, 징메이景美, 무자木柵, 신뎬新店 지역에는 안시安溪 출신들이 살고 있다. 대만부성台南府城은 민閩, 월粵 출신 이민 외에도 복주福州 및 기타 소수 지역 출신자들도 있다. 장화성彰化城에는 장주漳州, 천주泉州, 복주福州, 조주潮州, 선유仙游 등 다섯 지역 출신들이 있었다. 타이중현台中縣 칭수淸水, 사루沙鹿 지역에는 많은 수의 천주 사람들이 거주하였고, 이란宜蘭 지역은 장주漳州 출신의 주요 거주지다.

4. 대만의 객가어 계통 및 객가 취락의 분포

〈표 13〉 대만 내 객가어 사용의 지역적 분포 양상

구분	지역	비고
주요 집거지	먀오리현苗栗縣, 타오위안현桃園縣 중리中壢, 핑전平鎮, 룽탄龍潭, 가오핑高屏 류두이六堆	대규모 객가 집락 형성 지역
해안 지역	신주현新竹縣, 타오위안현桃園縣 관인觀音, 신우新屋, 양메이楊梅, 먀오리현苗栗縣 난좡南庄, 시후西湖	중북부 해안 인근의 객가 분포
중부 내륙	대타이중大臺中 둥스東勢, 스강石岡, 신서新社	중부 산간 지역
동부 및 남부	이란현宜蘭縣 둥산冬山, 핑둥현屏東縣 네이푸內埔, 장화현彰化縣 톈중田中, 융징永靖, 화탄花壇, 펀위안芬園, 톈웨이田尾, 위안린員林	비균형적 분포, 일부 지역은 민남화
기타 지역	윈린현雲林縣 쓰뤄西螺, 얼룬二崙, 룬베이崙背 / 타이중시台中市 시툰西屯	'하뤄커河洛客'라 불림-조안 방언 사용하지 않음

구분	지역	비고
가문	장랴오張廖詔	조안 출신 객가 가문 예시
소규모 분포	신베이시台北縣 산즈향三芝鄉, 이란현 둥산宜蘭縣 冬山, 자이현 신강嘉義縣 新港	비균형적 소규모 분포, 예: 전 대통령 리덩후이 출신지

출처: 吳梨華, 「從明清臺灣的移民史-探尋台灣姓氏文化的根源」 臺灣源流, (54&55), 2011, 44쪽, 필자 재구성.

현재 먀오리현苗栗縣, 타오위안현桃園縣의 중리中壢, 핑전平鎮, 룽탄龍潭, 가오핑高屏의 류두이六堆, 신주현新竹縣, 타오위안현의 관인觀音, 신우新屋, 양메이楊梅, 먀오리현의 난좡南庄, 시후西湖, 타이중시大台中 동쪽의 둥스東勢, 스강石岡, 신서新社 등지, 이란현宜蘭縣 둥산冬山, 핑둥현屏東縣 네이푸內埔 지역은 불균형적으로 분포한다. 장화彰化의 톈중田中, 융징永靖, 화탄花壇, 펀위안芬園, 톈웨이田尾, 위안린員林은 현재 대부분 객가말이 아닌 객가계 민남어 사용자 로 변모, 예: 윈린현雲林縣 시뤄西螺, 얼룬二崙, 룬베이崙背 및 타이중시 시툰西屯 지역 등이다

V. 결론

'당산唐山을 건너 대만으로 온 사람들'이라는 표현이나, 민閩 · 예豫 간의 인적 교류를 고찰하면, 대만인의 뿌리가 즉 복건성 남쪽 민남閩南에 있고, 민남인의 뿌리는 중원中原에 있다. 대만의 초기 이민자들은 원주민을 제외하면 모두 '당산'에서 바다를 건너온 사람들이며, 이때의 '당산'은 주로 복건성과 광동성을 가리킨다.

역사적으로 민 · 예 간의 인구 교류는 진한秦漢 시기까지 거슬러 올라가며, 복건 한인漢人이 펑후澎湖 및 대만으로 이주한 것은 송대부터

시작되었다.

청대는 대만 이민의 가장 중요한 시기로, 그 당시 "열이 가면 여섯이 죽고, 셋이 남으며, 하나는 돌아온다", "해외로 나가는 것은 반쯤 죽음을 의미하고, 대만에 가면 땅조차 볼 수 없다", "바다를 건너는 건 슬픈 노래를 부르는 일, 그대여 제발 대만에 가지 마오, 대만은 마치 귀문관鬼門關 같아, 천 명이 가면 몇 명만 살아남는다, 생사를 아는 이가 없다"는 등의 말이 있었지만, 복건과 광동의 연안에서는 전쟁과 기근이 잦았기 때문에 당산객唐山客들에게 대만은 여전히 매력적인 이민지였다.[36]

한족이 대만에 온 것은 시대, 지역, 방언, 풍습 등에서 차이를 보였지만, 시간이 흐르면서 이들이 온 시기와 지역, 사용하는 방언, 풍속, 그리고 대규모의 통혼 등을 통해 결국 대만인으로서의 '공통성'이 형성되었다. 따라서 오늘날 대만인의 정의는 원주민계 대만인과 한족계 대만인이 함께 구성한 사회로 이해할 수 있으며, 대만에 사는 사람이라면 초기 이민이든 1949년 이후에 온 외성인이든 '운명공동체'라는 효과는 앞으로도 계속 확산될 것이다.

36) 吳梨華, 〈從明清臺灣的移民史 - 探尋台灣姓氏文化的根源〉, 《臺灣源流》, (54&55), 2011, 頁49.

제10장

나한각을 통해서 본 청대 대만의 서발터니티

Ⅰ. 서론

한족의 시각에서 본다면, 대만은 이민과 개간, 그리고 개척의 역사를 통해 형성된 사회라 할 수 있다. 그중에서도 청대(清代, 1683-1895) 212년 동안의 통치는 오늘날 대만 문화의 근간이 마련된 시기였다. 따라서 청대 대만 사회에 대한 이해 없이는 현대 대만 사회를 온전히 분석하기 어렵다.

청나라의 통치는 대만 원주민과 한족 이주민 간의 관계를 재편했을 뿐 아니라, 이민 사회 내부의 구조와 위계질서를 확립하는 데 결정적인 역할을 했다. 그러나 원주민의 관점에서 보면, 청나라는 역시 또 하나의 외래 정권에 불과했으며, 그 통치는 전통적인 생활양식과 사회질서를 근본적으로 뒤흔든 변혁의 시대였다.

청대 후기로 접어들면서 대만은 제2차 아편전쟁 이후의 문호 개방, 서구 열강 세력의 침투, 그리고 일본의 대만 진출 의도가 점차 뚜렷해지는 등 외세의 영향력 아래 놓이게 되었다. 이러한 국제적 격변의 소

용돌이 속에서 대만은 결국 일본의 식민지로 이행하는 역사적 전환기를 맞이하게 되었다.

다시 말해, 청대는 명나라의 정성공鄭成功 정권과 일본 제국주의 통치 사이에 놓인 과도기적 시기로, 이 시기의 역사적 성격을 제대로 이해하지 않고서는 대만의 근현대사를 온전히 이해하기 어렵다. 청대는 단순한 역사적 전환기의 한 장면이 아니라, 대만 사회의 구조와 경제 체제, 법과 제도, 민중의 생활양식이 본격적으로 자리 잡은 형성기였다. 이 시기에 축적된 제도적 기반과 사회적 경험은 훗날 대만이 근대 국가로 이행하는 데 중요한 역사적 단서가 되었다.

특히 청대에 구축된 이민 사회의 위계적 질서와 신분 구조, 그리고 경제적 토대는 대만 사회의 불평등한 권력 관계와 정체성 형성에 심대한 영향을 미쳤다. 이러한 유산은 오늘날까지도 대만 사회의 서발터니티(subalternity)를 논의하는 데 핵심적인 맥락으로 작용한다. 따라서 청대 대만 사회를 면밀히 살펴보는 일은 대만의 서발터니티를 이해하는 데 중요한 단서를 제공한다.

청대 대만에서 이민과 식민이 본격화되는 과정은 원주민과 한족, 그리고 한족 내부의 객가인과 민남인을 비롯해 외래 이주민, 피압박 민족, 식민자와 피식민자, 난민 등 다양한 취약계층의 등장을 필연적으로 초래했다. 이에 본 장에서는 근대로의 이행이 시작된 청대 대만을 중심 무대로 삼아, 그중에서도 가장 취약한 계층인 '나한각羅漢脚'을 연구 분석대상으로 설정한다. 나한각의 존재를 통해 대만의 서발터니티를 거시적 시야에서 조망하고자 한다.

본 장의 주제인 「나한각의 기억: 대만의 서발터니티와 정체성」은 2024년 6월 『대만 연구』 제24호에 게재된 「청대 대만의 유민 나한각羅漢脚 연구」를 대폭 수정 · 보완한 것이다. 본 장은 필자의 대만 서발턴 연구의 연장선에 있으며, 대만 이민의 역사뿐만 아니라 근대 대만 국가 형성 과정에 대한 중요한 통찰을 제공한다고 하겠다. 특히, 청대 대만에서만 특수하게 관찰되는 '나한각' 문제를 분석하는 것은 당시 사회의 구조적 특성과 주변부 계층의 역사를 조명하는 데 있어 매우 의미 있는 작업이라 할 수 있다.

우선 본 장에서는 나한각의 활동과 역사적 의미를 고찰하기 위해 그 연구 범위를 청대 대만으로 한정하였다. 이러한 접근에는 두 가지 이유가 있다. 첫째, 나한각의 형성과 발전은 한족의 대규모 이주와 밀접하게 연결되어 있기 때문이다. 둘째, 대만의 문화적 근간이 주로 청대에 형성되었기에, 나한각을 통해 당시 사회상을 조명하는 것은 근대 대만을 이해하는 데에도 중요한 의미를 지닌다.

이에 본 장에서는 청대 대만의 나한각을 분석 대상으로 삼아 세 가지 측면을 심층적으로 고찰하고자 하였다. 첫째, 나한각의 개념과 사회적 함의를 규명하고, 이들이 왜 약자이자 취약계층으로 대만에서만 특별하게 존재하게 되었는지를 분석한다. 즉, 나한각이 형성된 시대적·사회적 배경과 발생 원인을 체계적으로 고찰한다. 둘째, 나한각의 형성과 긴밀히 연관된 청나라 대만 이민 정책을 검토함으로써, 국가 정책과 사회적 변동이 이들에게 미친 영향을 분석한다. 셋째, 대만 사회의 독특한 현상으로서 나한각의 삶의 궤적을 추적하여, 청대 대만 저층 사회의 구조와 특성을 보다 구체적으로 조명하고자 한다.

대만에서 발생한 나한각은 단순한 주변부 계층이 아니라, 청대 대만 사회의 역동성과 불안정성을 반영하는 중요한 집단임을 밝히고, 나아가 나한각의 사례를 통해 청대 대만 저층 사회의 역동성과, 서발터니티 연구에 대한 이해를 보다 풍부하게 하고자 한다.

Ⅱ. 나한각 연구의 서발터니티

청의 대만 통치 212년은 오늘날 대만의 문화적 기반을 확립하는 데 결정적인 역할을 했다. 이 시기에 한족의 대규모 이주와 정착, 농경 사회의 형성, 민속 문화와 종교의 발전, 행정 시스템의 도입이 이루어졌다. 청나라 후반기에 대만이 성省으로 승격되면서 보다 체계적인 행정 조직이 갖춰졌고, 이는 일본 식민지 시기에 활용되었으며 대만 근대화의 기초가 되었다. 또한, 이 시기에 축적된 사회적 경험과 정체성 인식은 이후 대만인이 정치적 주체로 성장하는 데 중요한 밑거름이 되었다. 따라서 청나라의 대만 통치는 단순한 중국의 한 지방 통치가 아니라, 근대 대만 사회를 형성하는 결정적인 역사적 과정이었다고 볼 수 있다.

청나라는 신제국주의 열강이 몰려오기 이전까지 대만을 '계륵雞肋'과 같은 존재로 간주하며 소극적인 통치 기조를 유지했다. 이는 무엇보다도 재정적인 부담 때문이었다. 대만을 청나라의 판도로 편입시킨 강희제의 관점에서 볼 때, 대만의 원주민은 머리를 베는 풍습이 남아 있는 야만 풍습이 남아 있고, 교화가 덜 된 화외지민化外之民의 땅이었다. 이러한 지역을 직접 통치하기 위해 행정관을 파견하는 것은 막대한 자원과 재정을 필요로 했고, 이에 청 정부는 단지 대만이 반청反清 세력의 온상이 되거나 왜구의 근거지로 이용되는 것만 막는 선에서 그 통치를 최소화했다.

이러한 배경 속에서 대만에 파견된 관리와 군대는 형식적인 수준에 그쳤다. 특히 본적 회피제本籍回避制와 반병제班兵制로 인해 관리들은 대만을 단기 체류지로 인식하며 '과객過客 심리'를 갖게 되었고, 이는 관료와 군대의 부패로 이어지는 악순환을 초래했다. 더구나 파견된 관리들은 현지 원주민어, 민남어, 객가어 소통이 원활하지 않은 경우도 많았다.

그럼에도 불구하고 중국 동남 연안의 민·월 지역 민중은 극심한 인구 압박과 생계의 어려움에 쫓겨 대만으로의 이주를 선택했다. 특히 단신 남성들이 대다수를 차지했으며, 이들 대부분은 공식적인 이주 경로가 차단된 상황에서 밀항이라는 수단을 택했다. 청 정부는 엄격한 이주 제한 정책을 시행하며 불법 이주를 금지하고, 가족 동반 이주를 금하는 등 다양한 규제를 가했으나, 이는 오히려 무단 이주자와 빈민층의 특성을 더욱 강화하고 고착화하는 결과를 낳았다. 당시 빈민층은 관료들이 요구하는 높은 뱃삯을 감당할 능력이 없었기 때문에, 불법적이고 위험한 밀항을 감수할 수밖에 없었다. 더욱이 밀항 자체가 특정 지역에 국한되지 않았기에, 다양한 경로를 통해 대만으로 건너갈 수 있었다.

그러나 늦게 도착한 단신 이주민들은 이미 개척과 개간이 상당 부분 이루어진 상황에서 정착할 기반을 마련하기 어려웠다. 이들은 기존 정착민들의 지배 아래 소작농으로 전락하거나, 사회적 약자로서 '나한각羅漢脚'이 되었다. 즉, 청대 대만 사회에서 나한각은 이민 사회의 구조적 산물이었던 셈이다.

대규모 나한각 집단의 존재는 대만 역사에서 독특한 현상으로 자리 잡았다. 이들은 대만 사회의 최하층을 이루었으며, 경제적 궁핍과 사회적 배제로 인해 안정적인 가정을 꾸리지 못했다. 결혼하지 못한 채 독신으로 지내거나, 원주민 여성과 결혼하더라도 불안정한 생활을 이어갔다. 결국, 떠돌이 노동자로 전전하면서 크고 작은 사회적 문제를 야기했고, 생존을 위해 범죄나 부정한 수단을 마다하지 않는 경우도 많았다. 이들은 원주민 간의 충돌, 계투械鬪, 민란 참여, 각종 범죄 활동에 연루되었으며, 이러한 모습은 당시 대만 사회의 불안정한 구조를 반영하는 대표적인 사례였다.

나한각의 존재는 단순한 사회적 현상이 아니라, 대만의 역사적·구조적 문제와 깊이 연관되어 있다. 대만이 청나라의 소극적인 통치 아래 놓이면서, 국가 차원의 사회 안정 정책이 부재했고, 이로 인해 하층 계층이 더욱 극단적으로 주변화되었다. 나한각의 형성과 확산은 대만 이주사의 필연적 결과였으며, 이는 대만 사회의 계층 구조, 이민 문화, 그리고 서발턴(subaltern)적 위치와 밀접한 연관을 맺고 있다.

그렇다면 당시 복건성과 광동성 연해 지역의 주민들 중 대만으로 이주하지 않은 이들은 누구였을까? 당시 봉건적 신분 질서 속에서 '관官은 높고, 민民은 낮다'는 엄격한 신분위계질서가 존재했으며, 정부의 도대渡臺금지령이 내려지면 이를 두려워한 민중은 대만행을 감행할 수 없었다. 또한, 재산과 가족을 가진 부유층 역시 안정된 삶을 유지하기 위해 대만 이주를 선택하지 않았다. 선비, 농부, 노동자, 상인 등도 본토에서 자신의 기반을 유지할 수 있었기에 굳이 대만으로 떠날 필요가 없었다. 반면, 민·월 근해 지역에서 생계유지를 못하거나 의지가지 없는 이들은 대만으로 향했다. 죄를 짓고 도망친 자, 탐욕스러운 모험가, 삶의 벼랑 끝에서 탈출을 시도한 사람들 또한 밀항선에 몸을 실었다. 실업으로 방황하는 자, 극심한 빈곤에 시달린 자, 부정불법행위로 인해 쫓겨난 자, 범죄를 저지르고 도피한 자, 자신의 신분을 숨기고 새 삶을 모색하려 한 자들—이들은 대만을 최후의 도피처로 삼았다. 즉, 민·월 지역의 단신 유민游民은 대만으로 밀항한 주요 집단을 형성하였으며, 사회적 관계망이 끊긴 사람들, 경제적·정신적으로 도움받을 곳이 없는 약자들은 목숨을 걸고 대만해협을 건넜다. 거친 파도를 넘어 도달한 대만은 이들에게 새로운 기회의 공간이자 마지막

피난처였지만, 동시에 그들을 기다리는 것은 험난한 생존 경쟁과 불확실한 미래였다.

'서발턴' 개념은 안토니오 그람시, 가야트리 스피박, 라나지트 구하 등 사상가마다 다르게 정의될 만큼 다의적이고 다층적이다. 한국에서는 '하위주체', '저층', '종속' 등으로 번역되지만, 필자는 그 번역어로 '나한각'이 가장 적합하다고 본다. '나한각'은 오늘날 한국에서도 살아 있는 용어로, 청대 대만기의 비주류(subaltern) 계층을 설명하는 데 유용하다. 가족과 혈연 중심의 대만 사회에서 나한각은 주류 밖의 주변부 인물이었으며, 그들의 존재와 역할을 분석하는 것은 근대 대만 사회의 배제 구조와 사회적 위계를 이해하는 중요한 실마리를 제공한다.

기본적으로 청대의 소극적 통치 → 일본 식민 통치 → 전후 국제정세 속에서의 주변화라는 흐름 속에서 '대만의 서발턴적 속성'이 단순한 역사적 결과가 아니라 청나라 시기부터 구조적으로 형성된 것임을 알 수 있다. 이런 측면에서 본 연구는 청대 대만에서 특수하게 관찰되는 나한각을 단순히 범죄자나 부랑자로 규정하지 않고, 이들의 사회적 배경, 경제적 여건, 그리고 정책적 영향을 분석하여 보다 입체적인 사회사적 접근을 시도하고자 한다. 특히, 나한각이 대만 이민 사회에서 수행한 역할과 원주민 및 다른 이주 집단과의 상호작용을 고찰함으로써 당시 대만 사회의 구조적 특성과 역동성을 조명하고자 한다. 비단 나한각이라는 특정 집단에 대한 연구는 대만 역사와 사회에 대한 새로운 시각을 제공하며, 기존 연구에서 상대적으로 간과된 부분을 보완하는 데 기여할 것이다. 이를 통해 대만의 서발턴 연구를 심화하고, 나아가 대만 사회의 시대상을 더욱 정밀하게 조망하는 중요한 학문적 토대를 마련할 것으로 기대된다.

Ⅲ. 나한각의 함의와 그 발생 배경

1. 나한각의 함의

나한각(로한까아, lô-hàn-kha-á, 羅漢脚)는 사회의 저층 · 약세 집단, 취약계층, 배제된 자, 고정된 거처도 없이 떠도는 몫이 없는 자들로 정의할 수 있다. 청대 대만의 나한각의 존재는 당시의 통치계급과 지식인 계급에 의해서 경시된 존재이며, 국가권력과 자본에 의해 타자화된 자들로 규정할 수 있다. 또한 이들은 그룹이나 개인을 대표할 만한 대표성이 결여된, 사회의 주변부에서 주로 타인의 것을 약탈하든가 아니면 저층의 일에 종사함으로써 생존을 도모 수밖에 없는 존재들이다. 그래서 이들은 사회의 주변부에 위치하거나 최저층을 형성할 수밖에 없다.

나한각의 형성 원인은 매우 복잡하다. 하지만 거칠게 그 원인을 규정한다면 청나라의 대만에 대한 이민 정책의 산물이다. 나한각의 발생은 한족에 의한 대만 발전 즉, 이주와 개척, 개간과 상관이 있다. 강희 23년 1684년 청나라가 대만을 병합한 후, 대만은 땅은 넓고 인구는 희박했다. 반면 민 · 월 연해 지역 주민의 발전은 한계가 있었다. 이에 다수의 일 없고, 생계의 위협에 마주한 민중들은 밀항을 통해 대만해협을 건너게 된다. 그러나 밀항인의 대만 적응은 결코 순조로운 것이 아니었다. 개척과 개간 과정에서 원주민과의 충돌, 부패한 관리의 요구, 기율 없는 청나라 군대, 토호, 악질적인 통사와 말라리아, 태풍, 지진과 같은 인공적 · 자연적 위험을 극복해야만 했다. 더구나 건륭 후기에 이르자 대만에서의 개간은 포화상태에 이른다. 한족의 지속적인 이민과 현지 인구의 자연적 증가로 대만도 인구 증가에 대한 압력을 겪게 된다. 그리고 각종 천재와 인위적 병화의 발생으로 인하여 대만 현지 주민의 생명과 재산에도 지대한 위협을 받았다. 그래서 생존이 어려운 상황에서, 민·월(閩·粵) 지역에서 대만으로 밀항해 온 적지 않은 민중이 무직자, 무재산자, 일정한 거처 없이 떠도는 부랑자, 노숙자로 전락하여 유민遊民으로 변한다. 이 유민이 바로 나한각이다. 따라서 대량의 나한각 집단의 존재는 대만의 역사 발전에서 독특한 현상 중 하나인데, 기록에 의하면 "청대 대만에서 집도 없고 아내도 없으며, 선비도 아니고 농부도 아니며, 일하거나 물건을 팔지도 않으며, 길가에서 짐을 이고 질 필요도 없는 유랑하는 사람들을 일컬어 나한각"이라 한다.[1] 이들은 절도, 도박, 폭력을 일삼으며 결혼을 하지 않고 떠돌면서 고정된 거처도 없고 옷도 제대로 입지 않을 뿐만 아니라 평생 맨발로 다니는 사람들로 대만 이민 사회에서 가장 저층의 집단을 형성했다.

로한까아는 나한각羅漢脚의 민남어(대만어) 발음이다. 이미 건륭 25년(1760)에 대만 민간에 광범위하게 유전되고 있었다. 당시 대만에 온 손림孫霖은 대만 중원보도中元普渡의 번성한 풍속 상황을 기록하면서 나한각을 언급하고 있다. 이는 손림孫霖의 「적감죽지사赤崁竹枝詞」에 나한각의 용어가 처음으로 등장한다.[2] 이 시기 나한각은 대만에서 일없이 떠도는 유민無業遊民을 의미했다.[3]

1) 陳盛韶,『問俗錄』, 台北: 武陵出版社, 1991, p.87. 台灣一種無宅無妻子, 不士不農, 不工不賣, 不負載道路, 俗指謂羅漢腳。嫖賭摸竊, 械鬥樹旗, 靡所不為。曷言乎羅漢腳也？謂其單身遊食四方, 隨處結黨；且衫褲不全, 赤腳終生也」

2) 結緣纔過又中元, 施食層臺市井喧, 三令首除羅漢腳, 只教普度鬧黃昏。(中元節, 好事作頭家, 醵金延僧施燄口, 燃紙燈於海邊, 謂之普度。是月也, 最多羅漢腳搶孤打降, 結黨滋擾.

3) 林豪,《東瀛紀事》(台灣歷史文獻叢刊第8 種)上卷, 台北: 台灣銀行經

대만에 온 무업 유랑인들이 왜 나한각으로 불렀는지 그 단어에 대한 여러 설이 존재하지만, 필자는 불교 용어설을 채택한다. 즉 범어의 아라한阿羅漢은 여래 십호[4] 중의 하나로, 출가 수행자인 비구(比丘, 걸식하는 자)와 비구니가 깨달음을 얻고 보살의 지위에 오르면, 그들은 곧 아라한이 된다. 각脚은 민남어에서 인물이나 역할을 나타내는 표현으로, 불교의 나한羅漢처럼 일정한 거처 없이 사방을 떠도는 이들을 일컫는다. 즉, 일정한 직업도 없이 정처 없이 떠도는 사람들을 의미하며, 이는 마치 오늘날 동남아 상좌부 불교 국가에서 아침에 탁발하는 출가 사문들의 걸식 행렬을 떠올리게 하며, 독신자, 무정착, 방랑, 구걸하는 삶을 의미한다. 즉, 나한각은 난민, 걸식자, 노숙자와 같은 이들을 묘사하며, 집도 없고 직업도 없는 유동적인 독신 남성의 존재를 가리킨다.

다시 말해 나한각은 대만 이민 사회 저층 집단의 대명사며, 하급 노동자이면서 이들은 포주나 도박, 절도, 협박, 사기, 폭력, 등 아무 일이나 하는 사람들이었다.[5] 더구나 나한각은 사회 치안 문제를 일으키는 것 외에도 민변이나 계투에 참여하기도 했다. 1769년 건륭 34년, 민절총독閩浙總督 최응계崔應階의 상소에 의하면[6] "하는 일 없이 빈둥거리는 이들 무리는 허무한 삶을 살며, 이들은 거리낌 없이 어떤 짓도

濟研究室, 1997, p.6.

4) 부처님을 가리키는 열 가지 칭호 중의 하나. 즉 여래(如來), 응공(應供), 정변지(正遍知), 명행족(明行足), 선서(善逝), 세간해(世間解), 무상사(無上士), 조어장부(調御丈夫),천인사(天人師), 불세존(佛世尊) 등 10개다. 이 중 응공은 아라한(Arhat)을 번역한 것이다.

5) 陳盛韶,『問俗錄』, 台北: 武陵出版社, 1991, p.87.

6) 崔應階, 〈為奏辦理臺郡情形事〉, 收錄於臺灣史料集成編輯委員會編, 《明清臺灣檔案彙編》 (臺北: 遠流出版社, 2006), 二輯, 26冊, p.104.

하며, 이들은 황교黃教의 난에 가담하기도 했고, 동조자들을 쉽게 모았다"고 기록하고 있다.[7] 이들은 궁지에 몰린 실업자이자 범죄자 혹은 도망자로, 대만에 도착한 후에도 마땅한 생계 수단을 찾지 못했다. 그들의 성정은 잔인하고 교활하여 안정된 삶을 꾸리는 데 어려움이 있었으며, 결국 도시와 촌락을 떠돌며 술에 취해 싸움을 벌이거나 온갖 악행과 부정을 서슴지 않았다고 한다. 또한, 이들은 서로 모임을 형성하여 결속을 다지며 공동의 이익을 도모하기도 했다고 기록되어 있다.[8] 그러나 이는 통치계급의 관점에서 당시 대만 사회 저층의 나한각을 묘사한 것이다.

1769년 황교 사건에 나한각이 가담했다는 기록에서 알 수 있듯이, 이들은 각종 민란에 참여하거나, 일정한 생업 없이 방황하는 유랑자와 부랑자로 묘사된다. 토지와 재산은 물론, 부모나 처자 등 의지할 친족도 없이 혈혈단신으로 떠돌았으며, 어디서든 빈둥거리며 살아가는 존재들이었다. 또한, 이들은 아무것도 소유하지 않은 무직자로서 곳곳을 떠돌며 무리를 지어 법과 규율을 어지럽히는 인물들로 기록되며, 부정적인 이미지로 형상화되었다.[9] 같은 시기 화신和珅도 나한각에 대해서 언급하고 있다. 1788년 건륭 53년 다음과 같이 기록하고 있다.

"해당 지역에서 적이 없는 무직자들이 자기의 의무를 어길 때가 있

7) 위의 주. 즉, 游手之徒, 罔知顧忌, 無所不為, 是以黃教滋事, 隨處輒能招夥聚眾者。此皆窮極無聊及犯罪逋逃之輩, 及至到臺, 又無以糊口, 其性情兇悍狡詐, 不能安分。遂至于城市、村庄, 遊行飄蕩, 酗酒打降[架], 無惡不作, 並結夥聯群, 藉為聲援, 混名稱為羅漢腳.

8) 위의 주.

9) 乾隆34年(1769)發生黃教事件, 崔應階認為羅漢腳參與其中, 文中提到羅漢腳是游手之徒、游手之人, 沒有田產、沒有父母妻子等親屬、孑然一身, 四處遊蕩, 成群結黨, 違法亂紀.

다. 이들은 나한각이라 부르는데, 이런 무직자들은 가진 게 없어 잃어버릴 것이 없기에 제약받지 않는다. 따라서 그들에게 일을 주지 않으면, 다시 폭력을 일으킬지도 모른다"고 기록하고 있다.[10] 화신은 나한각을 적이 없는 유민無籍游民으로, 최응계는 유수지도游手之徒로 부르고 있음을 알 수 있다. 다시 말해 유민游民[11], 유수游手[12]라는 두 단어는 현대 언어와는 차이가 있다. 유수游手는 빈둥빈둥 노는 사람游手好閒的人의 의미인 반면, 유민游民은 길거리로 내몰린 실업 민중, 현대적 의미에서는 노숙자街友에 더 적합하다. 반면 유수游手라는 단어는 유민보다 부정적 의미가 많다. 그러나 전통 봉건 체제하에서, 통치계급의 입장에서 본다면 유수와 유민은 같은 의미다. 유민은 유수지민游手之民이며 유수와 대등하다.[13] 반면, '유수游手'는 '유민游民'보다 한층 더 부정적인 의미를 내포한다. 그러나 전통 봉건 체제에서 통치 급의 시각으로 본다면, 유수와 유민은 본질적으로 동일한 개념이라 할 수 있다. 유민은 곧 '유수지민游手之民'이며, 유수와 동등한 존재로 간주되었다.[14] "지역에서 사건이 발생해 자원봉사자를 모집하면 대개 농민들이 지원하지만, 그 외에도 거리와 길거리를 떠도는 무질서한 유민들이 있었다."[15] 이들을 고용해 일을 시켜 보아도 별다른 도움이 되지

10) 乾隆五十三年七月二十三日, 大學士和珅, 〈臺灣換防兵丁照例支給行糧坐糧等事〉, 《明清宮藏臺灣檔案匯編》, 冊84, p.274-275. 該處向有無籍游民不安本分, 武斷一方, 名為羅漢腳. 惟是此等游民, 既無恆產, 又無拘束, 若不與以差使, 則伊等游手好閑, 恐不久而復萌故智.

11) 무직자, 실업자, 백수, 노숙자.

12) 게으름뱅이, 노동할 뜻이 없는 사람.

13) 崔應階, 〈為奏辦理臺郡情形事〉, 收錄於臺灣史料集成編輯委員會編, 《明清臺灣檔案彙編》(臺北: 遠流出版社, 2006), 二輯, 26冊, p.104.

14) 위의 주, 8쪽.

않았다고 기록된 것으로 보아, 나한각이 때때로 피고용자의 역할을 하기도 했음을 알 수 있다.

나한각은 통치계급의 시선에서 유민 또는 유수游手로 여겨질 수 있지만, 그렇다고 모두 농사를 짓지 않는 것도 아니며, 일하지 않는 것은 아니다. 유민과 유수라고 불렸던 것 외에, 당시 관리들은 유민流民이라는 용어도 사용했다. 예를 들어, 대만지부 심기원沈起元은 "지금 대만은 모두 민·광閩廣의 유민流民이다"고 말한 기록이 존재한다.16)

유민과 유수는 미묘한 차이를 보인다. 츠쯔화池子華는 유민流民이 유민游民과 정확히 동일한 개념은 아니지만, 두 개념 사이에는 밀접한 연관이 있다고 주장했다. 즉, 유민流民은 유민游民의 전형적 모습이라 할 수 있다. 그러므로 유민과 유민 사이에는 명확한 경계가 존재하지 않는다. 때때로 사료에서는 두 용어가 혼용되어 사용되기도 한다. 그러나 통치자의 관점에서 보면, 유민游民, 유수游手, 유민流民은 사실상 동일한 의미로 사용된다. 이들은 고정된 직업 없이, 땅에 얽매이지 않고 떠도는 존재로, 생계를 유지하기 위해 위험을 감수하며 범죄에 손을 대기도 한다. 통치자의 시각에서 이러한 이들의 역사는 대개 부정적으로 그려진다.

2. 나한각의 발생 배경

1) 청나라의 대만에 대한 인식

1683년 청나라가 대만을 정복한 후, 조정에서는 대만을 포기棄할지

15) 陳淑均,《噶瑪蘭廳志》(臺北: 臺灣銀行經濟研究室, 臺灣文獻叢刊160, 1963), 卷五上, p.196.

16) 沈起元,〈條陳臺灣事宜狀〉, 收錄於 (清)賀長齡等編,《清經世文編》(北京: 中華書局, 1992), 卷84, 兵政15, p.2089.

편입留할지를 둘러싸고 논쟁이 벌어졌다. 다수의 관리들은 대만이 고립된 섬이라 방어와 통치가 어렵고, 예산 부담이 크다며 포기를 주장했다.[17] 강희제 또한 대만을 '계륵'처럼 효용이 적은 지역으로 여겼다.[18] 그러나 시랑施琅은 『대만기류이해소』를 올려, 대만은 해적과 외세를 막는 전략적 요충지이므로 반드시 편입해야 한다고 주장했다. 결국 강희제는 이를 받아들여 1684년 대만을 청나라의 정식 판도에 편입시켰다.

청은 대만을 복건성 산하에 두고 대만부 · 제라현 · 대만현 · 봉산현을 설치했으며, 초기 통치는 소극적이었다. 성곽 건설도 금지되었고, 1721년 주일귀 민란 이후에야 제한적으로 허용되었다. 18세기 중반 이후 벽과 담장, 포대가 구축되었으나 전반적으로 방임적 통치가 이어졌다. 1884년 청 · 불 전쟁을 계기로 대만의 전략적 가치가 재인식되어 성省으로 승격되었으나, 1895년 청일전쟁 패배로 일본에 할양되었다.

2) 청나라 시기의 대만 이민

청나라는 대만을 점령한 후, 1684년 일시적으로 바다를 개방하였지만, 대만에 대한 이민을 엄격하게 제한했다. 청 정부의 허가증을 얻어야 하며, 가족동반 이민을 금지했다.

1684년부터 1760년까지, 청 정부의 대만 이민 제한조치는 때로는 엄격하게 금지했고, 때로는 완화하기도 했다. 다시 말해 그때의 시대 상황에 따라 약간의 조정은 있었지만, 기본적으로는 이민을 제한했다.

17) 陳豊祥, 『普通高級中學「歷史」』, 台北 : 泰宇出版, 2006, p.50.

18) 강희제(康熙帝)도 대만은 협소한 지역이므로 얻어도 더할 것이 없고, 잃어도 손해 볼 것이 없다(臺灣僅彈丸之地, 得之無所加, 不得無所損)는 인식을 가지고 있었다.

하지만 이민을 금지하고 제한했음에도 불구하고, 복건성과 광동성은 본래 산이 많고 밭이 적어 인구 압력에 시달렸다. 이에 이 지역의 일부 민중은 대만으로의 이민을 감행했다. 당시만 해도 대만 원주민이 사람 머리를 베어 대문에 달아 놓는 풍속이 있었고, 인체에 치명적인 말라리아에 감염되기도 했지만, 그럼에도 불구하고 민월 연해 사람들은 계속해서 대만 이민을 선택했다. 이중 복건성의 천주泉州인이 다수였고, 그 다음으로 복건성 장주漳州인이었다. 이에 비해 객가인은 가장 늦게 대만으로 건너 왔다. 시랑施琅은 광동성 조주潮州, 혜주惠州 지역 민중은 해적과 밀통한다고 보고, 이 지역을 해적의 소굴로 보았기에 이 지역의 객가인은 1696년 시랑이 사망한 후에야 대만에 올 수 있었다.[19] 그 결과, 상대적으로 늦게 대만에 이주한 객가인들 장주·천주인의 소작농이 되는 경우가 많았고 차별대우를 받기도 했다. 객가인들은 여럿이 모여 객가 마을 즉 객장客庄을 형성했다. 특히 대만 남부의 개간은 포화상태였기 때문에 객가인은 원주민의 영토를 침잠해 나갔고, 원주민 역시 이들에게 흡수되고 동화되었다.

3) 이민의 부작용

청 조정은 대만을 둘러싼 불안과 부담을 의식하며, 줄곧 신중하고도 소극적인 통치 방식을 유지했다. 이민의 확산은 언제나 통제의 대상이었고, 그 억제 정책은 오랜 세월 지속되었다. 이러한 소극적 태도는 단순한 무관심이 아니라, 통치의 비용과 편익을 저울질한 결과였다. 당시 대만은 화외지민이 자의적으로 출입하며 질서를 흔드는 변방이었다. 이곳에 행정 인력과 군대를 파견해 직접 통치한다는 것은, 막대한

19) 陳豐祥, 『普通高級中學「歷史」』, 台北 : 泰宇出版, 2006, p.56.

행정비용을 감수해야 하는 일로 여겨졌다. 따라서 대만이 왜구 혹은 정성공과 같은 반청세력의 근거지가 되는 것만 피하는 선에서 소극적으로 대만을 관리했다. 대만에 대한 이민 역시 강희제가 대만을 정식으로 중국의 판도에 편입한 이후부터 청나라 말기까지 이어졌지만 행정적 편의에 따라 대만 이민 제한, 민간인 밀항, 청나라의 공식적 이민 모집이라는 과정을 겪었다. 특히, 건륭乾隆 중·후기에서 가경嘉慶년간 대만으로의 이민 규모가 가장 컸다. 청나라 정부는 대만에 대해 소극적인 통치 정책을 줄곧 시행하여 연해 민중의 대만 이주에 대한 불안을 품고 있었기에 오랫동안 이민 통제가 이어졌다. 이 이민 제한령은 1875년에 폐지했다. 이민 제한령이 폐지되었음에도 불구하고 중국 연해 민중이 이민을 택한 방법은 주로 밀항이었다. 전통적 농경사회에서 고향을 버리고 모험을 택하는 사람은 주로 최하층 출신이 많았고 이들은 뱃삯을 마련하기 어려웠기에 밀항에 의한 불법 이주을 선택했다. 불법 이주자 중에 체포되는 사람은 10분의 1에 불과하였고, 대만에 도착하는 사람도 10명 중 2~3명에 불과했다, 10명 중 4~5명은 목숨을 잃었다. 대만으로의 불법 이주의 어려움과 그 위험성을 보여준다.[20)]

우선 밀항이 성행했다. 대만지부 주원문周元文은 다음과 같이 언급하고 있다. 규정에 따라 도대渡臺 허가증을 신청해야만 대만을 건널 수 있으며, 허가증에는 반드시 본적지와 도대 사유 등을 상세히 기재하고, 규정을 준수하지 않으면 밀항으로 취급했다. 양민이 아니면 반드시 본적지로 압송해야 한다.[21)] 주원문의 글에서 보면 불법 밀항자들은 대부분 민월 지역의 유수지민遊手之民으로 가족이나 가정을 걱정

20) 동상주.

21) 周元文, 《重修臺灣府志》 (臺北: 臺灣銀行經濟研究室, 臺灣文獻叢刊66, 1960), 卷十, 藝文志, 公移, 〈申禁無照偷渡客民詳稿〉, pp.25-326.

할 이유가 없어서 폭력적인 행동이 심하며, 절도 행위가 늘어났고 그들의 본성은 길들여지지 않는다고 적고 있다.

중국연해 민중이 대만으로 이주하려면 원적지가 어디인지를 관할지역에 명확히 신고하고, 대만의 특정 군, 특정 마을, 특정 거리를 등록해야 했기에 대만의 가족 또는 친구에게 의지해야 하다. 본국에서 허가를 받지 않고 무법적으로 이주하려는 경우, 그들은 양민이 아니며, 관할 지방 규정에 따라 이들을 추적하고 처벌하여 본국으로 되돌려 보내야 한다고 규정했다.[22]

이로써 강희 연간에 불법 이주로 대만으로 오는 사람들 대부분 양민이 아니었으며, 초기 대만으로 온 이주자들은 절대 다수가 독신자며 전통 가치관을 따르지 않고 위험을 감수하는 성격을 가진 남성들이었음을 알 수 있다. 그리고 1718년 강의 57년에, 민절총독閩浙總督 각라만보覺羅滿保는 유민의 불법 이주를 금지하였다. 이로써 불법 이주 금지 조치가 청 조정에 의해 확립되어 불법 이주 밀항 금지 정책이 형성되었다. 다시 말해 명시적으로 독신자이거나 유민의 불법 이주를 금지했다. 그 당시 불법 이주자들의 대부분은 단신 독신자이며 일정한 직업이 없는 남성이라는 것을 알 수 있다.[23]

대만으로의 불법이주금지 정책은 청나라 정부에 의해 약 1702년 강희 41년경에 시작되어, 공식적인 정책으로 1875년까지 유지되었다. 청나라 정부는 1702년부터 1875년까지 170여 년간 불법 이주를 금지하는 정책을 유지하였으며, 해안 지역 주민이 대만으로 이주하려면 반드시 신청서와 허가를 얻어야만 했다. 허가 없이 비공식적으로 대만으로

22) 위의 주.

23) (清)官編,『大清聖祖 (康熙)皇帝實錄』(臺北: 臺灣華文書局, 1964), 康熙五十七年春二月初五日條.

이주하면 불법 이주로 간주되며, 이는 범죄 행위로 처벌되었다.[24)]

대만으로의 이주는 다양한 제약사항과 한정 사항이 있었고, 청 정부의 대만으로의 이주를 금지하는 강한 태도를 볼 수 있다. 청 정부는 대만으로의 이주를 적극 권장하지 않고 오히려 대만을 떠나 본국으로 돌아오도록 권장했던 것이다.[25)]

당시 대만으로 이주를 원하는 사람들은 있었지만, 청나라 정부의 대만 이주 제한 정책으로 인해 오히려 불법 밀항 이주가 번성했다. 전통적인 농경사회에서 여성은 모험을 택하기는 지극히 어렵다. 따라서 불법 이주자 대부분은 남성이었다. 또한, 가족동반 이주 금지 정책과 여성 스스로 대만으로 이주하는 의사가 낮아 대만에는 여성 인구가 절대적으로 부족하게 되었다.

청나라 초기, 관리들이 대만 이주를 제한한 원인을 살펴보면, 대부분이 유수 문제游手問題에 주목하고 있었으며, 민월의 유수, 독신 유민이 대만으로 밀입국하여, 대만의 치안을 우려한 것이 도대금령渡臺禁令을 엄격하게 실시한 주요인이다. 청 정부의 소극적 대만 관리정책으로 인해서 대만 이민 사회는 다양한 부작용이 나타났다. 아래 네 가지 측면에서다.

첫째, 성비의 불균형이다. 청나라 초기 대만에 대한 소극적 통치로 인해 이민을 제한했을 뿐만 아니라 해금정책을 실시했다. 이로 인해 여성과 가족동반 이민은 사실상 어려웠다. 따라서 초기 대만 이민 사

24) 林衡道, 渡臺八番撤禁告示碑『明清臺灣碑碣選集』(臺中: 臺灣省文獻委員會, 1980, pp.124-125.

25) 林衡道, 渡臺八番撤禁告示碑『明清臺灣碑碣選集』(臺中: 臺灣省文獻委員會, 1980, pp.124-125쪽. 現經規制自宜因時變通, 所有從前不准民人渡臺各例禁, 著悉與開除」p.11.

회의 두드러진 특징의 하나인 나한각이 대량 출현하게 된다.

남정원(藍鼎元, 1680~1733)의 기록에 의하면 1721년(강희 60년) 대만 제라현諸羅縣 대포장大埔莊의 남녀 인구 성비는 256:1이었다.[26] 대부분의 이주 남성은 대만 원주민 여자와 통혼을 하게 된다. 또한 이민 제한령과 해금정책은 대만의 발전을 지연시키고 성비 불균형 문제가 일어난 원인이다. 대만에서의 나한각의 출현, 치안 혼란은 청 조정의 소극적인 대만 통치정책과 밀접한 관계가 있다. 이는 직간접적으로 대만에서 나한각의 출현을 가져왔고, 치안 혼란을 초래했다.

둘째, 계투械鬪가 빈번히 발생했다. 주로 무력을 사용하는 충돌이 자기와 적을 '분류'하고 폭력으로 해결했다. 여기에는 출신, 지역, 종족 차이로 인해 이주민과 원주민, 그리고 이주민들 사이에도 갈등이 발생했다. 이주 초기에는 이주민과 원주민 간의 갈등이 상대적으로 심각했다. 이주민 수의 증가로 이주민들 간의 이해관계 분쟁도 증가했다. 이주민이 고향을 떠나 대만으로 이주한 이유는 자신의 생존을 위한 필연적인 선택에 가까웠고, 또한 지연과 혈연을 함께하는 지역 출신에 따라 함께 거주하게 된다. 이주민을 지역 출신에 따라 분류되어 성省과 성, 부府와 부, 심지어 같은 부 내에서도 각 촌 사이에도 엄격한 장벽이 형성되었으며, 사회적 충돌과 동요가 계속해서 발생했다. 이 시기에는 복건성 출신과 광동성 출신 간의 민월 계투, 복건성 출신 중에서도 장주와 천주 간의 장천 계투, 그리고 복건성 출신과 객가인 간의 민·객 계투 등 다양한 형태의 집단 갈등이 발생했다.

셋째로, 결사를 형성하는 빈도가 높았다. 특히 '나한각'들은 생존을 위한 필요에 의해 단체를 결성했다. 전통적인 결사 형제 연합에서는

26) 陳豐祥, 普通高級中學歷史,泰宇出版, 2006, p.53.

희생을 통해 서로의 피를 나누는 삽혈 맹서를 통해 기율과 유대를 더욱 강화하며, 외부와의 충돌이 발생하면 신속하게 상호 지원하는 방식으로 결속을 다졌다. 이들은 분쟁, 폭력, 강도 등에 참여하여 사회적 혼란을 일으켰고, 청 정부의 입장에서 이들은 치안을 방해하는 존재로 간주되었다. 특히 천지회天地会는 반청복명의 단체로 복건성 남쪽에서 시작되었으며, 나한각들은 이 단체에 가입하여 임상문의 난이 일어나자 이를 지지하였다.[27)]

넷째로, 폭력 현상이 만연하여 민란이 계속해서 일어났다. 청나라 통치 중기까지 대만 사회는 계투, 민란, 반란이 서로 교차하여 악순환을 이루었다. '3년에 한 번 작은 민란, 5년에 한 번은 큰 민란'이 발생했다.[28)] 청나라 통치 동안 대만에서는 총 43차례의 크고 작은 반란이 발생했다. 계투 충돌은 80회 이상이었다.

〈표 14〉 청대 대만에서 발생한 3대 민란

	시기	발생지	만연지점	유형	명칭	사건인물
1	1721년	봉산현	대만현, 봉산현, 제라현	민란, 민·월閩粵 계투	주일귀朱一貴 사건	주일귀
2	1786년	창화현 彰化縣	창화현, 봉산현	민란, 장·천 계투	임상문林爽文 사건	임상문
3	1862년	창화현 彰化縣	창화현, 봉산현	민란	대조춘戴潮春 사건	대조춘

출처: 필자 정리

27) 刘平, http://www.historychina.net/magazinefree/html/41/231/content/386.shtml (검색일: 2023.06.24.).

28) 林能士主編, 『歷史』(臺北: 南一書局, 2013), p.77.

주일귀朱一贵와 임상문林爽文의 기의는 대만 전역에 깊은 영향을 미쳤다. 당시 대만 사회에서 일어난 반란은 지방사회의 발전을 저해했으며, 그로 인해 대만 사회에 오랜 시간 동안 부정적인 그림자를 드리우게 되었다. 이처럼 민란은 빈번하게 일어났고, 청대 대만에 이주한 대다수의 사람들은 복건성과 광동성 출신으로, 자연스럽게 고향의 풍속과 언어를 대만에 전파했다. 더욱이 청나라는 대만으로의 이주를 엄격히 제한했으며, 특히 식솔을 거느리고 대만으로 이주하는 것을 금지했기에, 대만에 도착한 이들은 대부분 단신 청장년들이었다. 이들은 생계를 유지하기 위해 동향, 동종, 동족끼리 뭉쳐 서로 의지하며, 토지와 경제 자원을 쟁탈하기 위해 민란과 계투에 적극적으로 참여하였다.

4) 청 정부의 밀항금지 정책과 가족동반 금지정책

청의 관리들은 대만 사회 불안정을 나한각에 돌렸으며 이에 대한 다양한 해결책을 제시했다. 이러한 해결책은 주로 불법 이주금지 정책, 강제 추방 정책, 군대로 편입시키는 정책, 나한각을 수용하는 정책 등이다. 이 중에서도 유민을 군대로 편입시키는 제안은 건륭제의 큰 주목을 받았으며 특히 임상문 사건 이후에는 더욱 강조되었다. 청나라 시대의 유민 정책은 주로 원천적인 방법으로 불법 이주를 차단하거나, 현지에서 통제하고 예방하는 조치, 원적지로 송환하는 방향으로 이루어졌음을 알 수 있다. 청 정부는 여전히 전통적인 접근 방식인 방지, 관리, 구속, 고착 통제, 감금, 고정화와 같은 방법을 사용했다. 이러한 접근 방식은 정책의 실패로 이어졌고, 청나라 전체 기간 유민 정책의 효과는 미미했다.

(1) 밀항금지정책禁止偷渡政策

강희 23년에 일부삼현一府三縣을 설치하여 관리를 파견하여 대만을 통치한 이후, 계기광季麒光, 진빈陳璸 등의 관리들은 대만 개간 정책에 적극적 태도를 보였다. 계기광은 첫 제라현령諸羅縣令에 임명되어 세금 감면 등의 조치를 통해 대륙 주민을 대만으로 유치하여 대만을 개간하기 위해 노력했다.[29] 그 후 1702년 강희 41년에 진빈이 대만지현臺灣知縣로 임명되어, 주민을 대만으로 유치하기 위해 적극적으로 노력했다. 대륙 연해 주민을 유치하여 적극적으로 대만을 개간했다. 20~30년 동안 대만은 청나라 연해 민중의 생을 도모하는 이주지가 되었으며, 인구가 급증했다.[30] 이는 인구 압력의 유동율에 부합하는데, 청 초기에는 유민游民이 생계를 확보하기 위해 협소한 곳에서 넓은 곳으로, 본토에서 국경 지역으로 이동하였고, 민월閩粵 연해 지역의 인구가 대만으로 이동했다.[31] 하지만 강희 연간에 지방 관리들은 연해 주민을 대만으로 유치하고 대만 개척을 촉진하기 위해 노력했지만, 전통 농경사회에 토지를 중시하고 고향을 떠나 이주를 싫어하는 보수적인 관념의 가치관을 따르는 주민들은 가볍게 자기 고향을 떠나지 않으려 했다. 또한, 당시 대만 해협을 건너는 일은 매우 위험했다. 열이 대만해협을 건너 여섯이 죽고, 셋은 남고, 하나는 다시 돌아갔다.[32] 그

29) 尹章義,『臺灣開發史研究』(臺北: 聯經出版社, 1989),「臺灣開發史的階段與類型論」, p.1-2.

30) 陳忠純,「康熙朝的治台政策與大陸赴台移民高潮的形成」, 收錄於鄧孔昭編,『閩粵移民與台灣社會歷史發展研究』(廈門:廈門大學出版社, 2011), pp.184-192.

31) 池子華,『流民問題與社會控制』, 广西人民出版社, 2001, pp.60-65.

32) 강병환, 하나의 중국, 학고방, 2021, p.363.

만큼 대만해협을 건너는 일은 위험했으며, 소심한 성격의 사람은 쉽게 대만으로 가지 못했다. 이러한 이유로 대만으로 이주한 사람들은 전통적인 가치관을 따르지 않으며 새로운 도전적인 성격을 가진 사람들이 많게 되는 것은 당연한 일이다.

대만 관리들은 선량한 양민을 대만으로 유치하기를 희망하지만, 전통적인 가치관을 따르는 대부분 양민은 일반적으로 소심하며, 위험을 감수하기를 꺼리고 고향을 쉽게 떠나지 않는다. 반면, 대만으로 이주한 사람들은 종종 중국의 전통 가치관과 대립하는 모험가, 투기가, 무직자였으며, 청초 대만에서는 노동 인력이 대규모로 필요했기 때문에 이들이 대량으로 대만으로 이주했다. 관리들 또한 현실적인 개척 요구 때문에 이들을 모두 거부할 수 없었으므로 대만 이주 규정을 제한하기로 했다.

대만 이주 제한 정책은 나한각의 발생과 분명한 관련성을 가지고 있다. 공식적으로 관청에서 대만으로의 이주를 제한하는 경우, 유민游民은 대만 이주 허가를 받을 수 없다. 심지어 신청 자체가 허용되지 않을 뿐만 아니라 유민은 높은 수수료를 부담할 능력이 없으므로, 그 비용도 지불할 수 없다. 그러하기에 유민이 대만으로 이주하기 위해서는 불법 이주, 즉 불법적인 방식으로 밀항해야만 했다. 당시에는 불법 이주가 일반적이었으며, 이것은 청 조정의 이민 제한 정책을 피하기 위한 유민의 대안적인 방법으로 일정한 수요가 있었다. 따라서 복건성 연해에는 불법 이주 사업을 운영하는 선주가 있었으며, 관련 부처와 협조하여 불법 밀항자들이 검거되지 않도록 보장하기도 했다. 따라서 불법 이주 방식을 통해 유민들이 대만으로 오는 것은 어려운 일이 아니었다. 상선과 어선의 선주들이 자신의 이익을 꾀하고자, 밀항자들을 유인하여 함께 태우고, 대만으로 이주하면서 검거를 피하기 위해서 이들을 숨겨주기도 했다. 이들은 대만으로 이주하려는 유민들을 모집하고, 유민들을 유인하여 대만으로 이주하게 하며, 대만으로 이주할 때는 악당이나 범죄자를 고용하여 불법 이주를 시도하며, 검거되지 않게 하고 불법 이주가 끝나면 모든 지능적인 방법으로 감시에서 벗어나게 했다.[33]

밀항선 선주와 연해에서 수비하는 병졸, 지보地保, 보장保長 등은 오랜 기간 협력 관계를 맺어왔으며, 그들은 종종 돈으로 매수하여 통행을 허용하는 폐단이 존재했다. 이는 당시 뱃사람들이 몰래 도움을 주는 일이 보편적이고, 그리 어려운 일이 아니었음을 시사한다. 청나라 시대에 전통적인 가치를 중시하던 사람들은 고향에 남아 직접 고생하며 생활하며, 일정한 규율을 지키려고 했다. 반면, 가진 것이 없고 잃을 것도 없는 사람들, 생계에 쫓겨 모험을 피할 수 없는 이들, 무법적인 방법으로 먼 거리를 이동하려는 용기 있는 자들, 그리고 부랑하는 유민들이 대만으로 이주하는 길을 택한 것은 밀항이었다. 당시 대만으로의 밀항은 복건의 외딴 해안 지역에서도 어선을 이용할 수 있었고, 대만으로의 이주는 어려운 일이 아니었으며 불법적인 이주 경로가 개방되어 있었다.

(2) 가족동반 금지정책禁止攜眷政策

밀항금지정책과 가족동반 금지 정책은 서로 다른 문제지만, 지배 계급의 관점에서 나한각의 가장 큰 특징은 처 · 자식이 없고 가정의 연대가 없기에 무슨 짓이든 할 수 있는 위법분자로 인식했다. 나한각이 저

33) 乾隆十二年七月二十四日, 閩浙總督喀爾吉善, 〈嚴緝偷渡臺灣人犯〉, 《明清宮藏臺灣檔案匯編》, 冊26, pp.36-37.

지른 위법한 행위를 모두 독신이며 아내가 없어 가정의 연대가 없는 탓으로 돌렸다. 따라서 청 조정은 대만으로의 불법 이주자들이 가정을 가지지 않는 것을 가정하고 이것을 대만 사회 무질서의 원인으로 파악했다. 따라서 관리들은 불법 이주 문제를 논의할 때 종종 가족을 동반한 이주를 금지하는 정책과 결합하여 논의하였다.

옹정 5년(1727년) 7월 8일, 민절총독閩浙總督 고기탁高其倬은 이렇게 아뢰고 있다. "제라, 봉산, 창화현의 신주민은 모두 아내가 없다. 대만의 주민들은 대부분 혼자 거주하며, 모두 아내를 동반할 수 없다. 거주하는 주민들은 가정이 없으므로 부모나 아내와의 결속이 없으며, 위법한 일을 감행하기를 두려워하지 않는다"고 아뢰고 있다.[34] 또 "각자 아내가 있다면 내외가 명확하게 구분되고 난잡하게 얽히지 않을 뿐만 아니라 아내를 부양하기 위해 돌보게 되므로 도박과 술값 같은 비용이 줄어들고, 각자는 가정을 지키기 위해 노력하게 되므로 약탈과 절도의 의욕이 사그라든다."[35]고 밝히고 있다.

고기탁高其倬은 여성의 대만 이주 제한을 완화하고 가족을 동반할 수 있도록 제안함으로써, 대만에 거주하는 사람들이 가족을 대만으로 이동시킬 수 있는 기회를 허용하고자 했다. 또한, 남성들에게 아내를 두어 그들의 행동을 제어하고 안정된 생활을 할 수 있도록 하는 방안을 조정에 건의했다. 그러나 가족을 대만으로 이주시키기 위한 조건이 무직자, 노동자, 무업자, 무전자의 배제를 요구했기 때문에, 고기탁의

34) 諸羅、鳳山、彰化三縣皆新住之民, 全無妻子。此種之人, 不但心無繫戀, 敢於為非, 若令各有妻子, 則內外有分, 不至雜沓紛紜, 且各顧養贍妻子, 則賭飲花費之事自滅, 各顧保守家室, 則搶奪剽竊之志自消.

35) 官編, 『世宗憲皇帝硃批諭旨』(臺北: 臺灣商務印書館, 文淵閣四庫全書 423, 1983), 卷176之7, pp.789-792.

제안은 유민 문제를 해결하기 위한 것이라기보다는 주로 혼자 남은 남성들의 집단적 문제를 해결하려는 목적이었다.

건륭 25년(1760년), 오사공吳士功도 고기탁과 유사한 제안을 했다. 그는 "대만에서 사업을 시작한 수십만 명의 민중이 있으며, 그들은 대만의 주민이 되기를 원합니다. 따라서 본토에 가족이 있는 사람은 그들을 대만으로 이주시킬 수 있도록 해야 하며, 그렇게 하면 수십 년 이내에 무직자들이 점차 사라지고, 모든 사람이 가족과 함께 살며, 생계에 대한 갈망이 커져 불법 행위에 시간을 할애할 여유가 없어질 것입니다"라고 말한다.[36]

대만으로의 가족 동반 이주 제한渡臺攜眷禁令은 건륭 53년(1788) 복안강福康安의 제안을 통해 최종적으로 폐지되었으나, 그 이전에도 여러 관리들이 가족 동반 이주에 대해 상이한 의견을 제시했다. 이 기간 동안 세 차례에 걸쳐 가족 동반 이주가 허용되었지만, 초기에는 대부분 보수적인 입장이 우세했다.

〈표 15〉 청대 대만 이주 가족동반 개방 시기

	년도
	강희41년(1702) 가족동반금지 정책 존재
	옹정10년(1732) 전, 가족동반정책의 건의가 있었지만 실행하지 않음
제1차 가족동반 가능 시기	옹정10년(1732)~건륭5년(1740), 8년
제2차 가족동반 가능 시기	건륭10년(1745)~건륭13년(1748), 3년
제3차 가족동반 가능 시기	건륭25년(1760)~건륭26(1761), 1년
가족동반금지정책 폐지	건륭53년(1788), 가족동반금지정책 폐지

출처: 필자 재정리

36) 官編,『臺案彙錄丙集』, 卷七「為內閣抄出福建巡撫吳士功奏」, pp.236-239.

위의 표에서 알 수 있듯이, 가족 동반 이주 제한 정책은 적어도 1702년(康熙 41년)부터 1788년(乾隆 53년)까지 이어졌으며, 그 사이에 몇 차례 가족 동반 이주가 허용되었으나, 대부분의 기간 동안 이주는 금지되었다. 세 차례에 걸친 가족 동반 이주 기간을 합치면 총 12년에 불과하며, 이 기간 동안 대만으로 가족을 데려올 기회가 있었으나, 여전히 허가를 받아야 하고 여러 제한을 따라야 했기에 그 효과는 제한적이었다. 예를 들어, 세 번째 가족 동반 이주인 건륭 25년(1750년) 5월부터 26년(1751년) 5월까지의 1년 동안, 이주민 가구는 총 48가구, 277명에 불과했으며, 이들 대부분은 대만에서 각종 관료직을 맡고 있던 장 · 천(漳、泉) 지역 출신의 이주민들이었다. 이처럼 가족 동반 이주는 이루어졌지만, 그 규모와 참여 범위는 매우 제한적이었다.[37]

청 조정은 가족 동반 이주를 허용함으로써 유민 문제를 해결할 수 있을 것으로 판단했다. 이들은 가정의 유대가 사람들에게 안정감을 주어, 범법 행위를 저지르거나 도적이 되는 일을 방지할 수 있다고 보았다. 즉, 가정이 유민들의 생활을 안정시키고 사회적 질서를 유지하는 중요한 역할을 할 것이라고 여겼다. 이러한 견해는 청 초의 여러 인물들, 특히 남정원과 고기탁 등의 의견에서도 확인할 수 있다. 그들은 모두 유민들의 삶의 질을 향상시키기 위해 가족 단위의 이주를 적극적으로 제안했으며, 이를 통해 유민들이 사회에 통합되고 법질서를 지킬 수 있을 것이라 믿었다.[38] 옹정 10년(1732년), 청 조정은 처음으로 식솔과 함께 이주를 허용하는 결정을 내리며 대만의 유민 문제 개선을 시도했다. 그러나 대만에서 유민의 존재와 가족 동반 이주 정책은 직

37) 官編, 『臺案彙錄丙集』, 卷七, 刑部「為內閣抄出閩浙總督楊廷璋奏」, pp.241-242.

38) 官編, 『世宗憲皇帝硃批諭旨』, 卷176之7, pp.789-79.

접적인 연관이 없었으며, 가족 동반 이주 허용 정책이 유민들에게 큰 효과를 가져오지 않았다. 마찬가지로 불법 이주를 엄격히 금지하는 정책도 유민들의 이주에 큰 영향을 미치지 않았다. 유민들의 대만 이주 경로는 여전히 불법 밀항이었고, 공식적인 경로로 신청하더라도 허가되지 않았다. 이들은 결국 불법적인 방법으로 대만에 들어갔으며, 청나라 초기에 이미 그 수가 너무 많아 추방이 어려운 상황에 이르렀다. 이는 당시 민간의 비공식적인 이주 경로가 활성화되었음을 잘 보여준다.[39] 다시 말해, 대만 이주에 대한 제한적인 정책과 가족 동반 금지 조치는 일반 시민들에게는 영향을 미쳤지만, 유민들에게는 큰 변화를 가져오지 않았다. 대부분의 이주자들은 불법으로 대만에 들어왔고, 이로 인해 가족 없이 혼자 생활하는 경우가 많았다. 이들은 대개 불법 밀항 방식을 선택했기 때문에 가족을 함께 이주시키는 것은 어려웠다. 따라서 이들은 가족을 대만으로 이주시키지 않았고, 가족이 있었다 해도 함께 이주하려는 의지가 크지 않았다.

Ⅳ. 나한각의 사회활동

나한각은 지배 계급의 시각에서 볼 때 범죄를 저질렀거나 범죄를 저지를 가능성이 큰 유민으로 여겨졌다. 나한각의 주요 활동 중 범죄 행위가 차지하는 비율은 전체의 76%에 달하며, 그 외에도 사기, 협박, 절도, 도박, 거리 구걸 등 부정적인 행위가 포함된다. 이러한 이유로 많은 사료에서는 나한각의 불법 행위를 강조하는 장면들이 자주 등장하며, 그 중 일부는 나한각이 저지른 폭력 범죄가 70% 이상을 차지하

39) 藍鼎元, 「經理臺灣疏」, 『平臺紀略』, p.67.

는 경우도 있다.[40] 또한, 계투, 강도, 민란 참여와 같은 활동은 예기치 않은 선택이었음을 알 수 있다. 나한각 역시 일상적인 생존을 위해 다양한 수단을 마련해야 했기에, 황무지를 개간하거나 묘 활동, 신령 축제에 참여하는 등의 방법으로 생계를 이어갔다. 더 나아가 노동자로 고용되거나 짐꾼으로 일하는 등 합법적인 방식으로도 활동을 펼쳤다.

1. 나한각의 범죄 활동 참여

1) 계투와 강도

폭력과 강도는 나한각의 특성 중 가장 자주 언급되는 두 가지 활동이다. 나한각은 폭력적인 상황에 참여하여 그로 인한 보상이나 음식을 얻곤 했다. 특히, 폭력이 발생하는 혼란스러운 순간을 이용해 강도를 저지르기도 했다. 이로 인해 계투와 강도는 종종 함께 언급되며, 나한각의 불법 활동을 대표하는 예시로 인용되곤 한다.[41]

2) 민변과 계투

나한각은 자주 토지와 경제 자원 쟁탈에 뛰어들었고, 그로 인해 민변과 계투械鬥가 더욱 빈번하게 발생했다. 민변(민란)의 발생 원인으로는 가혹한 세금, 경제적 박탈, 부패한 관리의 부당한 조치, 반병班兵의 약한 전력 등이 있으며, 여기에 유민과 비밀회당의 존재가 더해져 민란은 자주 일어났다. 그 중에서도 1721년 주일귀 사건, 1786년 임상문 사건, 1862년 대조춘戴潮春 사건은 특히 유명하다. 예를 들어, 봉산현(현재의 타이난과 가오슝 지역)은 청대에 가장 먼저 개발된 주요 지

40) 藍鼎元, 「經理臺灣疏」, 『平臺紀略』, p.30.

41) 위의 주.

역으로, 이민자들이 많이 모여들었다. 1721년 강희 60년부터 1853년 함풍 3년까지의 민란과 계투를 간략히 열거하면 아래와 같다.

〈표 16〉 청대 봉산현鳳山縣의 민란과 계투械鬪

	시기	발생지	만연지점	유형	명칭	사건인물
1	1721	봉산현	대만현, 봉산현, 제라현	민란, 민 · 월閩粵계투	주일귀朱一貴 사건	주일귀
2	1732	봉산현	대만현, 봉산현	민란, 민 · 월계투	오복생吳福生 반청 사건	오복생
3	1768	봉산현	대만현, 봉산현, 제라현	민란, 민 · 월계투	황교黃教 반청	황교
4	1786	창화현 彰化縣	창화현, 봉산현	민란, 장 · 천계투	임상문林爽文 사건	임상문
5	1805	봉산현	봉산현	해적 소란, 민란	채견蔡牽 사건	채견
6	1824	봉산현	봉산	민란	허상許尙 · 양양빈楊良斌 사건	허상
7	1853	대만현	대만현, 봉산현	민란	임공林恭 사건	임공
8	1862	창화현 彰化縣	창화현, 봉산현	민란	대조춘戴潮春 사건	대조춘

출처: 필자 재정리

3) 계투 성행의 원인

계투의 원인은 정치, 사회, 경제 등 다양한 요인에 뿌리를 두고 있다. 황슈정黃秀政은 청나라 시대 대만의 통치가 아직 안정되지 않았고, 청나라가 대만에 시행한 분화정책과 차별화 정책이 다른 원적지 출신 간의 갈등을 더욱 심화시켰다고 주장한다.42) 이러한 상황에서 사람들

42) 黃秀政, 〈清代臺灣的分類械鬥事件〉, 《臺灣史研究》 (臺北: 臺灣學生書局, 1995), p.29-80.

은 개간지와 수리 관계를 둘러싸고 계투를 벌였다. 토지와 물에 대한 치열한 경쟁이 일었으며, 대만은 분쟁 문화와 연합 문화를 동시에 내포하고 있어, 계투 사건이 끊임없이 발생했다고 주장한다.[43]

린웨이셩林偉盛은 계투가 관리들의 치리와 직접적인 인과 관계가 없다고 주장한다. 오히려 대만에서 다양한 족군 관계와 얽힌 복잡한 상황이 계투 발생의 주요 원인이라고 지적한다. 또한 그는 행정 통제의 취약성과 반병 문제班兵問題, 그리고 경제적인 요인으로는 토지, 수리, 임대료 분쟁 등을 언급하며, 청 조정이 대만 사회를 효과적으로 통제하지 못한 결과로 지역 지배계급이 성장했고, 이로 인해 족군 간의 경쟁이 심화되며 계투가 계속해서 발생하게 되었다고 설명한다.[44]

민간에서는 분쟁과 민원 해결을 계투로 해결하는 것이 흔한 관행이었으며, 계투로 분쟁을 해결하는 것이 보다 빠르고 구체적으로 쉽게 해결할 수 있는 이점이 있었다. 당시에는 농지 개간, 수리 관개, 묘지 쟁탈과 같은 민간 갈등 외에도[45] 관아의 잡역 직위 다툼까지도 계투로 해결했다.[46]

4) 나한각의 계투 참여

도광 6년, 창화현彰化縣에서 민월 간의 계투 사건이 발생했다. 이 사

43) 위의 주.

44) 林偉盛, 《羅漢腳: 清代臺灣社會與分類械鬥》, 臺北: 自立晚報, 1993, pp.66-98。

45) 官編, 《福建省例》 (臺北: 臺灣銀行經濟研究室, 臺灣文獻刊199, 1964), 刑政例, 申禁械鬪〉, pp. 856-857.

46) 嘉慶五年四月初二日, 福建臺灣鎮總兵愛新泰等, 〈拿獲兵民賭博械鬥首從各犯施達三等〉, 《明清宮藏臺灣檔案匯…編》, 冊97, pp.46-349.

건의 근본적인 원인은 월장粵庄 사람들에 의해 장천장漳泉庄 주민이 폭행당해 사망한 사건에서 비롯되었다. 장천장 사람들은 그 원한을 갚기 위해 월장을 공격했고, 결국 계투는 불길처럼 번져 여러 현으로 확산되었다. 청 관리는 나한각들을 모집하여 각종 사건을 해결하도록 제안했다. 이는 나한각의 수가 많아 계투와 같은 폭력 행위를 지원할 수 있을 만큼 충분하다는 것을 의미한다. 이들은 생계를 위해 자연스럽게 조정의 모집에 응했으며, 이러한 행위는 선의든 아니든 생계 도모를 위한 필요에서 비롯된 것이다. 또한 나한각은 계투와 관련된 인력 수요를 충분히 충족시킬 수 있을 정도로 많은 수를 자랑했다.

5) 집단싸움群體勇力

강도와 약탈은 나한각이 자주 행하는 범죄 행위 중 두 번째로, 계투에 이어 폭력을 사용하여 재물을 강탈하는 행위이다. 이러한 행동은 나한각의 주요 특징인 무주거성, 용력성, 집단 활동과 밀접한 관련을 맺고 있다. 나한각은 종종 3~5명의 작은 무리를 이루어 이동하며, 강탈을 위해 함께 모여 다니는 일이 빈번했다. 건륭 연간 임상문林爽文 사건 이후, 복강안福康安은 나한각이 집단 약탈에 유리한 특성을 지니고 있어 천지회에 가입했다고 보고한 바 있다.[47] 여기에서 나한각이 대부분 단체로 노략질을 일으키며, 개인적으로 노략질을 하는 경우는 드물다는 것을 알 수 있다.

단체로 노략질을 일으키는 행위는 무기를 사용한 폭력적인 행동이기 때문에, 나한각이 무기를 소지하고 있다는 사실은 놀랄 일이 아니

47) 清)官編, 《欽定平定臺灣紀略》 (臺北: 臺灣銀行經濟研究室, 臺灣文獻叢…刊102, 1987), 卷五十八, p.926.

었다. 나한각은 종종 무장한 집단으로 묘사되었으며, 그들은 깊은 산 속에 숨어들거나 대규모 마을에 은신하면서 몽둥이, 칼 등의 무기를 지닌 채 다니는 모습으로 나타났다.

6) 민변民變 참여

청 통치기 대만에서의 민변은 빈번히 일어났다. 민변의 원인은 주로 청나라의 대만에 대한 소극적 정책, 관리의 부당한 공무집행, 그리고 대만 사회 특성 등과 관련이 있다.[48)]

나한각이 민변에 참여한 기록은 주로 청나라 건륭 연간에 집중되어 있으며, 예를 들어 황교 사건과 임상문 사건에서는 '유수배'가 민변에 참여했다고 언급되지만, 당시에는 아직 나한각이라는 명칭은 사용되지 않았다. 그러나 유수배와 나한각은 사실상 동의어로 볼 수 있다. 건륭 34년, 민절총독 최응계崔應階의 주첩에 따르면, 대만의 유민과 나한각이 황교 민변에 참여한 사실이 언급되었으며, 그는 "그들은 재산도 가족도 없고, 외로워서 거리낌 없이 범죄를 저지르고 도망 다니는 무리들이 많았으며, 사람들을 모아 일을 꾸미기 쉬웠다. 이들은 독립적으로 아무 생각 없이 행동하며 사건을 계획하기 용이했다"고 기록하고 있다.

임상문 사건은 대만 역사에서 가장 오래 시간을 끈 민변으로, 당시 대만진총병臺灣鎮總兵 시대기柴大紀가 올린 상소문에 이르길, 임상문 진영에는 상당수의 나한각이 가입하였으며, 수만 명의 나한각이 참여했다고 기록하고 있다.[49)]

48) 張菼, 『清代臺灣民變史研究』(臺北: 臺灣銀行經濟研究室, 1952), pp.12-23.
49) (清) 官編, 『欽定平定臺灣紀略』, 卷二, pp.123-124.

그 후, 건륭제는 복강안福康安을 대만에 파견하여 임상문의 민란을 진압하게 했다. 복강안이 아뢴 상소에 따르면, 나한각과 천지회는 모두 비도匪徒, 즉 무뢰한으로 간주되었다. 또한, 대만 전역에서 나한각과 천지회 회원들이 도처에 출몰한다고 기록되어 있다.[50)]

다시 말해 청 관리의 나한각에 대한 관점은 매우 부정적이다. 복강안은 나한각이 천지회에 가입한 것은 약탈에 이롭기에 입회했다고 보지만, 나한각 뿐만 아니라 일반 마을 촌민, 의민 또한 천지회에 가입했다.[51)]

7) 기타 협박, 사기, 절도, 도박

계투, 강도, 민변 등은 폭력적인 활동에 속하며 일정한 위험을 동반한다. 그러나 일부 나한각은 사기, 협박, 도박, 절도 등 상대적으로 위험 부담이 적은 활동을 선택하기도 했다. 청나라의 대만 통치가 소극적이었고, 관리들의 도덕성이 낮아 억울하게 송사에 휘말리는 경우도 많았다. 이러한 상황에서 인명 사건이 발생하면 이를 기회로 삼아 부호를 공갈 협박하거나 재산을 탈취하는 일이 종종 일어났다. 예를 들어, 나한각은 죽은 거지나 유민의 시체를 부호의 집 앞이나 평민의 집에 몰래 두고 협박의 도구로 활용하기도 했다.

2. 나한각의 긍정적 특징

첫째, 인신의 자유와 자주성이다. 범죄 여부와 관계없이 나한각의

50) (清) 官編,『臺案彙錄丙集』, 권7, 閩督福康安奏摺, p.255.

51) 清)官編,『清高宗實錄選輯』(臺北: 臺灣銀行經濟研究室, 臺灣文獻叢刊 186, 1964), 乾隆五十三年四月十四日, p.592.

가장 큰 특징은 고정된 거주지가 없다는 점이다. 혈혈단신으로 떠도는 나한각은 도처를 자유롭게 이동하며, 이는 그들에게 주어진 자유의 상징이라 할 수 있다. 지식인의 시각에서 나한각은 범죄를 저지르는 부랑자에 불과하지만, 일반 민중의 시각은 사뭇 다르다. 그들에게 나한각은 단순히 몫이 없는 존재일 뿐이다. 나한각은 주변 민중의 요구에 따라 노동력으로 동원되기도 했고, 황야를 개간하거나 나무를 베거나 소금을 운반하거나 짐꾼으로 일하는 등, 언제 어디서나 일자리를 찾아 활동하는 특성을 보인다. 이를 통해 우리는 그들이 토지에 얽매이지 않고 자유롭고 자주적인 삶을 살고 있음을 알 수 있다. 그러나 통치계급과 지식인들은 나한각이 아무것도 소유하지 않으면 반드시 부정한 행동을 할 것이라고 보았다. 그들은 아무것도 소유하지 않음으로써 전통적인 가치관의 구속을 벗어나 자신만의 삶을 살아간다는 사실을 이해하지 못했다.

둘째, 반권위反權威적 성향이다. 나한각의 대부분은 건장한 남성으로, 개별 노동자, 일용직, 벌목꾼 등 힘든 노동을 감당할 수 있는 이들이었다. 그러나 이들이 모이면 계투나 민변에 투입될 수 있는 전투력이 있는 집단이 된다. 때로는 나한각 집단이 칼과 몽둥이 등의 무기를 소지하고 싸우기도 했으며, 이는 지배 계급에게는 금기시되는 일이지만, 일반 민중은 그들의 집단적 무력을 긍정적으로 평가하기도 했다. 예를 들어, 마을을 방어하거나 이웃 마을과의 싸움에서 승리하기 위해 이들을 고용하는 일도 있었다. 또한, 부호들도 나한각을 고용하여 불법적으로 토지를 개간하기도 했는데, 불법 토지 개간은 당시 매우 엄중한 일이었지만, 무장력을 갖춘 일부 나한각은 위험을 무릅쓰고 법의 경계를 넘나들며 토지를 개간하며 때로는 원주민과 충돌했다. 이러한 법을 어기는 행동은 나한각이 복종적인 존재가 아니라 권위에 반항하

는 성향을 가진 이들임을 보여준다.[52)]

셋째, 집단적 상호부조와 평등한 관계 추구이다. 나한각은 삶의 필요나 심리적 의지에 따라 종종 모여 3~5명 규모의 그룹을 형성해 활동하며 서로 돕는다. 전통적인 중국인의 사고방식과는 달리, 나한각은 자주성과 반권위성을 내세워 전통적인 가치관을 따르지 않으며, 일정한 주거지가 없고 높은 이동성을 지니고 있어 다양한 사람들과 접촉한다.

결론적으로, 나한각은 개인의 자유, 반권위성, 자주성, 인간 평등, 집단 협조 등의 특성을 지니고 있다. 이러한 특성은 나한각의 높은 이동성으로 인해 일정 부분 영향을 받으며, 결과적으로 중국 전통적인 인간관계와는 다른 사회적 분위기를 형성하게 되었다.

V. 나한각과 유맹流氓의 현대적 의미

가경(1796~1820) 연간, 대만의 극심한 남녀 인구 불균형 문제가 회복되었을 것으로 추정된다. 원래 나한각의 특징은 독신 남성들이 많았으나, 이 시기를 기점으로 남녀 인구 문제는 더 이상 주요한 문제로 남지 않았던 것으로 보인다. 즉, 나한각은 본래 단신 범죄 유민을 의미했지만, 남녀 인구 불균형 해소와 함께 당시 대만 사회의 상황과는 더 이상 부합하지 않게 되었고, 그 결과 민간에서도 언어 사용에 변화가 일어났다. 현재 대만에서 '나한각'은 결혼하지 못한 독신 남성을 지칭하는 말로 좁혀졌다.

52) 許烺光著, 許木柱譯,《徹底個人主義的省思: 心理人類學論文集》(臺北: 南天出版社, 2002), pp.414-415.

특히 건륭 중기에는 남녀 인구 불균형이 점차 완화되었음을 보여주는 증거들이 나타난다. 예를 들어, 1764년 건륭 29년에 발간된 『중수봉산현지重修鳳山縣志』에는 "여노비가 오랫동안 보내는 것은 너무 가엾습니다"라는 구절이 나온다. 여기서 '오랫동안 보내는 것'은 결혼할 나이에 이르렀음에도 불구하고 여전히 주인 가정에서 일하며 결혼하지 못한 여노비를 의미한다. 이 시기, 여노비들이 결혼을 하지 못하고 계속해서 주인집에서 일하게 되면서 여노비의 가격이 저렴해지고, 이들을 놓아줄 필요성이 줄어든 것으로 보인다. 이는 남녀 인구 비율의 불균형이 해소되었음을 시사하는 중요한 지표가 된다.53)

천샤오신陳紹馨은 대만의 개발 초기 단계에서는 여아를 익사시키는 현상이 없었지만, 건륭 이후에는 여아를 죽이는 관행이 복건에서 대만으로 들어왔다고 본다.54) 이는 18세기 말 남녀 인구 비율이 이미 정상 비율로 회복되었다는 것을 의미한다.

아편 전쟁 이후, 태평천국 시기를 거치면서 상하이는 외래 인구가 급증하고 불량배 집단이 등장하게 되자, '유맹流氓'이라는 용어가 새롭게 등장했다. 이 시기 상하이에서 무뢰배들은 '유맹'으로 불렸다.55)

53) 王瑛曾, 《重修鳳山縣志》 (臺北: 臺灣銀行經濟研究室, 臺灣文獻叢刊146, 1962), 風俗, p.57.

54) 陳紹馨, 《臺灣的人口變遷與社會變遷》, 〈低度開發地區的人口問題〉, pp.381-383。

55) '流氓'이라는 단어는 원래 정해진 거주지가 없고 유동적인 삶을 살아가는 유랑자를 가리키는 표현이다. 고대 중국에서 '氓'은 '流亡之民' 또는 '草野之民'을 의미하며, 이는 유민(流民)이나 유민(游民)과 비슷한 개념이다. 넓게 보면 '유민(游民)'을 지칭하는 말로 사용되었다. 고대 중국에서 '氓'과 '民'은 종종 혼용되어 빈민을 일컫는 말로 사용되었으며, 진한 시기부터 '氓'은 유민(流民)을 의미하기 시작했다. 전통적인 농경 사회에서 이들은 사회에서 벗어난 존재로 여겨졌고, 여기에 '불량'의 의미가 추가되었다. 한나라 이후, '氓'은

‘유맹’에서 ‘流(유)’는 유동의 의미를, ‘氓(맹)’은 도망친 농민을 뜻한다. 즉, ‘유맹’은 유민流民과 유민游民, 그리고 ‘氓’을 포함한 유랑하는 저층 집단을 포괄하는 용어였다.[56] 1850년대, 상하이에 상당히 많은 수의 유맹이 발생했으며, 『신보』 신문은 당시 상하이가 가장 많은 유맹이 있다고 보도했다.[57]

가경(1796~1820)과 도광(1821~1850) 연간 대만의 나한각 인구는 약 40만 명으로 추정된다.[58] 당시 대만의 남녀 인구 불균형 문제는 더 이상 존재하지 않았고, 만약 나한각이 결혼을 원한다면 이는 더 이상 어려운 문제가 아니었다. 나한각은 결혼, 장례, 축하 행사, 상업 운송, 가게 운영 등 다양한 분야에서 활동하며, 더 이상 길거리를 떠도는 모습이나 정처 없이 이동하는 일이 없었다. 따라서 청말 시대의 나한각이라는 용어는 당시의 상황을 제대로 반영하지 못하고, 청 말기에 유입된 ‘유맹流氓’이라는 단어로 대체되었다. 현재 대만에서 ‘나한각(로한까아)’은 결혼 적령기에 이르렀지만 아직 결혼하지 않은 미혼 남성을 뜻하는 현대적인 표현으로 사용된다.

청나라 말기 상하이의 경제가 번영하면서 외래 인구가 끊임없이 몰려들었고, 현지에서 본업이 없이 무리를 지어 다니며 기회를 엿보고 재물을 사취하는 불량한 행동이 일상화되었다. 이러한 행위는 관료들

경제 생산 조직에서 벗어난 잉여 유동 노동인구를 의미하게 되었으며, 명 · 청대에 이르면 이러한 유동 인구는 도시 사회에서 무뢰배나 불량배, 홀아비, 현지 불량배로 불리기도 했다. 특히 외지에서 온 불량배는 ‘유곤(流棍)’으로 칭해졌다.

56) 『申報』, 同治十一年十月十五日(西元1872年11月15日).

57) 『申報』, 光緒八年十二月十三日(西元1883年1月21日).

58) 蔡惠琴, 清代臺灣下層社會的圖像: 關於羅漢腳、犯罪集團與腳夫, 國立暨南國際大學歷史學系博士論文, 2022, p.107.

의 시각에서 본 나한각의 의미와 일치한다.

〈표 17〉 나한각과 유맹 특성 비교표

특성	나한각	유맹流氓
고정 거처	×	○
처 · 첩 · 자식	×	○
계투	○	○
집단부조	○	○
범죄활동	○	○
사회활동	○	×

출처: 蔡惠琴, 清代臺灣下層社會的圖像: 關於羅漢腳、犯罪集團與腳夫, 國立暨南國際大學歷史學系博士論文, 2022, 106쪽.

상하이의 유맹 행위는 나한각과 유사한 면이 있다. 할 일 없는 백수, 부랑자, 패거리, 거리 싸움, 계투, 사기, 절도 등 크고 작은 범죄에 종사하는 모습이 나타난다. 상하이의 유맹은 외래 인구가 수적으로 많고, 거리에서 떠돌며 정직한 직업에 종사하지 않고 무리를 지어 범죄에 연루되는 특징을 보인다. 이는 나한각이 민란에 참여한 사례를 제외하면, 그들의 행동과 거의 일치한다고 볼 수 있다. 그러나 상하이의 유맹은 혈혈단신으로 길거리에서 떠도는 유민이 아니며, 의복이 남루하지 않고 평생 맨발로 다니는 모습도 보이지 않는다. 또한 상하이의 유맹은 도시 내 패거리 조직으로서 범죄적인 성격이 강하고, 사회적 기능이 결여되어 있다. 반면 나한각은 범죄 외에도 명백한 사회적 기능을 수행한 바 있다. 예를 들어 황무지 개간, 소금 장사, 짐꾼 등 다양한 역할을 담당한 적이 있었다.

'유맹'이라는 용어는 원래 상하이 방언에서 시작되어 강 · 절(江 · 浙) 일대에서 널리 퍼졌다. 이후 1851년부터 1861년까지의 함풍 연간 대만이 개항되면서, '유맹'이라는 단어가 대만으로 유입되었을 가능성이 크다. 즉, 청말 동치 시기에 대만에 전래된 후 도광 연간에는 대만 북부에서 '루만鱸鰻'이라는 단어가 등장하였고, 그 후 이 용어는 북부에서 남부로, 그리고 전 대만으로 퍼지게 되었다.[59]

위의 표에서 알 수 있듯, 나한각은 아내와 자녀, 고정된 거처를 가지지 않는다. 이는 청나라 말기의 범죄자들과는 다른 상황이다. 나한각이 청나라 말기 범죄자들의 상황을 정확하게 반영하지 못했기 때문에, '유맹流氓'이라는 용어로 대체된 것으로 추정할 수 있다. 현재 대만에서 '나한각'은 결혼하지 않은 독신남을 의미하는 표현으로 사용되고 있다.

Ⅵ. 결론

청나라 중기 이후, 대만에서의 토지 개발과 개간이 거의 끝나고, 인구 과밀로 인해 일자리가 부족해지면서 많은 이들이 생계를 유지하기가 어려워졌다. 이들은 일자리를 찾아 떠돌며 생존을 도모했으며, 범죄에 대한 거부감이 낮아 범죄 활동에 적극적으로 가담하였다. 특히 건륭제의 조서가 공표된 이후, 나한각은 불법 이민자에서 무업유민無業遊民으로, 그리고 점차 강도로 변모하게 되었다. 임상문 사건 이후, 나한각은 반청복명의 반란 분자로 낙인찍히며, 그에 대한 부정적인 이미지가 굳어졌다. 그러나 인구 증가와 청나라의 대만에 대한 재정적 어려움, 행정적 문제로 인해 대만을 효과적으로 통치하기 어려운 상황이 지속되었다. 다시 말해, 대만으로 이주하기 전에 이미 유민으로서

59) (日) 臺南州警務部, 《臺灣の賭博と無頼漢》, p.2.

독신, 모험, 위험한 상황, 그리고 위험한 경로를 겪었던 이들의 지위는 대만에 도착한 이후에도 여전히 변하지 않았으며, 변화의 기회는 제한적이었다. 대만으로 이주한 이민자들은 대부분 남성들이었고, 여성은 상대적으로 적었기 때문에 독신 상태를 벗어나기가 더욱 어려웠다. 이와 같은 환경은 대만에서의 사회적, 경제적 안정성을 더욱 복잡하게 만들었다.

통치계급은 나한각의 존재를 주로 그들의 범죄 행위에 중점을 두어 기술한다. 이들은 폭력 사건이나 소요, 사기, 도둑질 등 범죄를 저질러온 불량배로 여겼다. 반면, 일반 민중에게 있어 나한각은 범죄 행위보다는 그들의 사회적 필요성을 강조하는 경우가 많았다. 예를 들어, 황야를 개간하거나 노동자로 고용되는 등의 사회적 요구에 대한 기여가 두드러졌다.

현재 나한각을 포함한 대만 저층 계급에 대한 사료는 확실하게 남아 있지 않다. 비록 이들의 인구수는 많았지만, 그들의 구체적인 면모를 정확히 파악하기는 어렵다. 대부분의 기록은 조정 관료의 입장에서 나한각의 존재를 기술한 것으로, 대만에 대한 통치 어려움이나 범죄 창궐을 나한각에 돌리는 주장과 실제 사실 간에는 큰 괴리가 있을 수 있다. 이는 관리들이 자신의 탐욕과 무능한 행정력을 감추기 위해 나한각을 범죄자와 같은 부정적인 이미지로 묘사했을 가능성도 존재한다.

나한각 자체는 대만 이민 사회의 모순적 결과물이다. 혈연과 지연을 기초로 성립한 대만 이민 사회에서 나한각은 내재적으로 배태된 모순된 존재들이다. 이들은 계투에 참여한 난민亂民과 계투 진압에 참여한 의민義民이 되기도 했으며, 민란에 참가하거나 강도, 사기, 절도를 거리낌 없이 행했다. 그러나 나한각의 활동에서 긍정적인 요소도 발견할 수 있다. 자율성, 반권위적 태도, 상호부조, 인간 평등과 같은 특성은 중국의 전통적 가치관과는 다른 점을 보여준다. 나한각의 사회적 활동을 통해 우리는 중국과 구별되는 대만 저층 사회의 투박하고 서민적인 면모를 엿볼 수 있다. 이들은 전통적인 중국 사회의 질서와 규범을 넘어서, 대만 사회에서만 나타날 수 있는 독특한 사회적 특성을 형성했다.

청대의 소극적 통치와 이민자 유입으로 인해 대만은 복잡한 사회 구조와 혼종적인 문화적 특성을 형성하게 되었다. 이 과정에서 대만으로 이주한 나한각들은 몫이 없는 사회적 약자들로 전락하며, 이들은 결국 나한각이라는 계층을 형성하게 되었다. 이러한 이민 사회의 계층적 구조는 대만의 근대화 과정에도 지속적인 영향을 미쳤다. 즉, 청대부터 이어진 이민자들의 사회·경제적 역할과 그들이 만든 계층적 질서는 대만이 근대 국가로 전환하는 데 있어 중요한 교훈과도 같은 역할을 했다.

우선 ① 사회적 위치와 경제적 배경이다. 대만에서의 이민 노동자들은 대부분 토지를 소유하지 못한 가난한 계층으로 구성되었다. 대만의 한족 사회는 강한 가부장적 혈연 중심 사회였고, 결혼과 가문의 유지가 중요한 요소로 작용했다. 그러나 경제적 불안정, 여성 부족, 사회적 배제 등으로 인해 결혼하지 못한 남성들이 많아졌고, 이들은 독신 상태로 나한각 집단을 형성하게 되었다. 이들은 주로 건설, 농업, 어업, 광업, 운송업 등에서 비숙련 노동자로 생계를 이어갔으며, 도시 빈민과 밀접한 관련을 맺고 있었다.

② 여성 부족과 결혼 기회의 상실이다. 민월 지역에서 대만으로 이주한 대부분의 노동자들은 남성이었고, 여성 인구는 극히 적었다. 부유한 가문이나 지주 계층은 중국 본토에서 신부를 데려오거나 높은

지참금을 지불해 결혼할 수 있었지만, 나한각과 같은 하층 노동자들은 결혼의 기회를 얻기 어려웠다. 이로 인해 나한각은 가족을 이룰 수 없는 불안정한 계층으로, 가정이라는 사회적 보호망에서 제외되었다. 이는 현 대만 사회의 신주민들도 유사한 경험을 겪고 있는 현실과도 연결된다. ③ 사회적 낙인과 주변화다. 나한각은 독신 남성이라는 이유로 사회적 낙인을 받았으며, 종종 범죄와 연관되거나 불량한 생활을 한다는 편견의 대상이 되었다. 이들은 보통 거처 없이 떠돌며 공동체에서 배제되었고, 경제적, 정치적, 문화적으로 소외된 계층으로 남았다. 이러한 주변화 현상은 대만 사회의 구조적 문제를 드러내며, 나한각의 존재는 그 자체로 대만 사회의 불안정성을 상징하는 요소로 자리잡았다.

이 장에서 나한각 연구가 근대 대만의 서발터니티 연구에서 중요한 이유는 크게 네 가지로 요약할 수 있다. ① 서발터니티 이론과 비주류 계층 연구의 핵심 사례다. 서발터니티 이론은 식민지 사회에서 주류 권력에 의해 주변화된 집단을 분석하는 개념이다. 대만의 나한각은 전형적인 서발턴 집단으로, 이들은 경제적 이유와 사회적 구조 속에서 배제된 채 주변부에서 살아갔다. 서발터니티 연구는 이들이 어떻게 존재했으며, 그들의 삶이 사회 구조와 어떻게 얽혀 있었는지 밝혀내는 데 초점을 맞춘다.

② 대만 사회의 비주류 남성 노동자 집단의 역사적 기원 분석이다. 나한각과 같은 노동 계층의 역할은 대만의 경제 구조와 깊은 연관이 있다. 이들의 역사는 일본 식민지 시기(1895~1945)와 현대 대만 사회에서도 계속 반복되었다. 일본 식민지 시기에도 도시 하층 노동자들은 비정규직, 일용직 노동을 하며 여전히 사회적 보호망에서 배제되었고, 현대 대만에서도 이주 노동자와 불안정 노동 계층이 존재한다. 이는

청나라 시기 나한각 계층이 형성한 구조적 문제와 유사하다. ③ 가족주의와 결혼 시스템을 통한 사회적 배제 메커니즘에 대한 분석이다. 대만 사회에서 결혼은 경제적, 사회적 지위를 유지하는 중요한 제도적 장치였다. 그러나 나한각과 같은 독신 남성들은 이러한 시스템에서 배제되었고, 그 결과 비공식적인 노동시장, 범죄 조직, 매춘업 등으로 유입되기 쉬운 상황에 놓였다. 이러한 사회적 배제는 일본 식민지 시기의 위안부 제도나 장제스 시기의 군대 위안부인 '특약차실特約茶室' 제도와도 연결될 수 있다.

나한각은 단순히 청나라 시기의 특수한 계층에 그치지 않고, 근대 이후 대만 사회의 주변부 노동계층, 무산자 계층으로 이어지는 중요한 사회적 연결고리로 볼 수 있다. 이러한 사회적 구조는 일본 식민지 시기의 노동력 착취, 전후 대만의 산업화 과정에서 형성된 노동자 계층, 그리고 현대 대만의 저임금 노동자 문제와도 밀접하게 연결된다.

제11장

금문특약차실

Ⅰ. 기억의 장場 – 금문

1. 문제 제기

현재 대만령의 금문(金門, Quemoy, 끼모이, 킨먼, 진먼)[1]은 중국 푸

1) 金門은 진먼, 끼모이 등으로 표기하나 본 문에서는 한국에 익숙한 금문으로 표기한다. 중국을 중국 현지 발음 표기인 '중궈', 일본을 '니뽄'으로 표기하지 않듯이 타이완도 대만으로 표기한다. 아울러 차(茶)가 세계로 확산되는 과정에서 그 발음은 크게 두 계통으로 분화되었다. 하나는 '차(cha)' 계열이고, 다른 하나는 '다(tea)' 계열이다. 이 두 발음 차이는 단순한 음성적 변이가 아니라, 차가 세계 각지로 전파된 역사적 경로—즉 육로와 해상의 무역망—를 그대로 반영한다.
첫째, '차(cha)' 계열은 실크로드를 따라 육로로 확산된 이름이다. 동아시아를 비롯해 중앙아시아, 러시아, 중동, 아프리카 등지에서 이 발음이 쓰이는 것은 바로 이러한 교역 경로의 결과다.
둘째, '다(tea)' 계열은 복건(閩 南) · 광동 지역에서 해상 교역로를 따라 전파된 형태다. 특히 복건(閩 南) 지역의 tê(데) 발음이 네덜란드 상인을 통해 서구로 유입되면서 영어 *tea*, 네덜란드어 *thee*, 불어 *thé*, 독일어 *Tee*, 이탈리아어

젠성 샤먼과 맞닿은 해상에 위치한다. 금문은 냉전기의 전 기간 동안 양안兩岸 대립의 최전선에 자리한 전략 요충지였다. 1949년 국공내전 이후 중화민국 정부가 대만으로 철수한 뒤에도 금문만큼은 유일하게 대륙 연안에서 대만이 통제권을 유지한 공간으로, 군사적·상징적 의미가 결합된 특수한 지위를 지녔다. 이 섬은 단순한 국경의 섬이 아니라, '하나의 중국'을 둘러싼 이념 대립이 물리적 현실로 구현된 현장이었다.

1950~60년대에 접어들며 금문은 냉전 구도의 긴장이 응축된 군사 실험장이 되었다. 당시 장제스의 국민 정부는 금문을 '반공의 보루', '자유중국의 방패'로 선전했고, 섬 전체가 요새화되었다. 주둔 병력과 군사시설이 급격히 확대되었으며, 1954년 체결된 미·대만 상호방위조약은 대만이 금문의 통제권을 사실상 인정받는 역할을 했다. 이어 발생한 제1·2차 금문포격전(1954–55, 1958–78)은 이 섬이 단순한 방어선이 아니라 냉전 동아시아의 지정학적 긴장을 상징하는 공간임을 각인시켰다.

이 시기 금문은 국가주의와 군사주의가 일반 민중과 도민의 일상에 깊숙이 침투한 사회로 변모했다. 계엄령 하에서 주민의 정치 참여는 철저히 배제되었고, 주민들은 군사훈련과 각종 동원에 참여해야 했다. 언론과 표현의 자유는 제한되었으며, 생활 전반이 '국가 안보'라는 이름 아래 통제되었다. 금문은 곧 '전시 사회 공간'이자 국가 권력이 실험적으로 작동하는 통제의 현장이 되었다.

이러한 군사화의 정점에서 등장한 것이 바로 '군중특약차실軍中特約

tè, 스페인어 *té*로 자리 잡았다.
한국의 경우 '차'와 '다' 두 발음이 모두 존재하지만, 본문에서는 용어의 통일을 위해 '특약차실'로 표기한다.

茶室'이다. 표면적으로는 군인 휴식을 위한 '찻집' 형태를 띠었으나, 실제로는 국가가 운영하고 관리한 성매매 제도로, 군인을 위한 위안소 기능을 수행했다. 즉, 이는 여성의 신체를 통제함으로써 국가의 군사 기제를 유지하려 했던 제도적 장치이자, 국가주의적 성 정치가 체계적으로 제도화된 전형적 사례였다. '군중낙원軍中樂園'이라는 미명 아래 운영된 이 공간은 남성 중심의 군사주의 질서가 폭력과 성의 상품화를 어떻게 합리화하고 미화했는지를 적나라하게 드러낸다.

군중특약차실은 오랫동안 공적 기록 속에서 철저히 삭제되거나 침묵의 영역에 남아 있었다. 1990년대 계엄 해제 이후에야 비로소 일부 연구자에 의해 그 실체가 점차 드러나기 시작했지만, 여전히 제도적 책임 규명과 사회적 성찰은 미비한 실정이다. 따라서 금문 특약차실은 냉전기 국가주의 성 정치가 만들어낸 '보이지 않는 폭력의 유산'이자, 금문이라는 장소가 품은 서발턴적 기억의 상징이라 할 수 있다.

오늘날 금문 사회에서 군중특약차실은 여전히 복합적 의미를 지닌 기억의 장으로 남아 있다. 국가가 주도하는 공식 서사에서는 군사화의 역사가 '국토 수호'의 영웅담으로 재현되는 반면, 지역 주민들의 기억 속에서는 억압과 상처, 부끄러움과 연민이 교차한다. 이러한 상반된 기억의 공존은 금문 사회가 냉전의 경험을 어떻게 기억하고 재구성하는지를 보여주는 단서이며, 동시에 기억정치의 재편을 드러내는 상징적 사례다.

본 장에서는 금문 특약차실이라는 사실상의 위안부 제도를 매개로, 국가 권력과 군사주의가 여성의 몸을 어떻게 제도화했는지, 그리고 그로 인해 형성된 서발턴의 기억과 상처가 어떤 방식으로 억압되고 재현되었는지를 고찰하고자 한다.

Ⅱ. 반공의 전초기지에서 국가폭력의 실험장으로

1. 금문도의 군사화와 성 통제

1949년 이후 금문은 수십 년간 계엄령과 전시 동원 체제의 굴레 속에 놓였다. '특별 군사통제구역'으로 지정된 이 섬에서 민간 행정은 사실상 소멸했고, 군이 모든 권력을 독점했다. 거주와 이동의 자유, 언론과 표현의 자유, 생업의 자율성 등 헌법이 보장하는 기본권은 사실상 정지되었다. 농민들은 농사일 외에도 방어진지 구축이나 군수물자 수송 등 각종 군사노동에 강제로 동원되었고, 여성과 아동 또한 군사훈련과 방공교육防空教育에 참여해야 했다. 초등학생들조차 방독면을 쓰고 훈련을 해야만 했다. 이는 금문 사회 전체가 군사주의의 철저한 규율 아래 편입되어 있었음을 보여준다.

냉전이 본격화되면서 금문은 '섬'이라기보다 거대한 병영에 가까운 공간으로 변했다. 1950년대 초 5만 명 수준이던 주둔 병력은 1970년대 들어 10만 명에 이르렀고, 요새와 벙커, 보급기지가 섬 전역을 뒤덮었다. 금문은 이로써 '반공의 전초기지'이자 국가 안보를 상징하는 전략 요충지로 자리 잡았다.

지역의 경제 구조 역시 군수와 보급 중심으로 재편되었으며, 주민들의 삶 전체가 '국가 안보'라는 이름 아래 군사 논리에 종속되었다. 이는 단지 공간의 변화를 넘어, 주민들의 신체와 감정, 사고방식까지 군사권력의 통제 체계 속에 포섭되는 결과를 낳았다.

국가폭력은 단순히 총칼이나 물리적 강압에 국한되지 않았다. 언론과 사상에 대한 검열, 자원의 차별적 배분, 감시와 밀고에 의한 상시적 통제, 그리고 젠더를 매개로 한 성적 지배가 체제 유지의 일상적 장치로 작동했다. 특히 사회적 약자였던 여성들은 국가의 필요에 의해 성

노동에 종사하도록 강요받거나, '특약차실特約茶室'이라 불린 군 전용 유흥시설에 편입되었다. 이는 여성의 신체를 통제하고, 젠더 질서를 통해 국가 권력이 군사주의를 유지 · 재생산한 구조적 폭력의 대표적 사례라 할 수 있다.

제2차 세계대전 종전과 함께 일본군의 위안소가 공식적으로 해체된 이후에도, 동아시아 각국은 새롭게 형성된 군사 권력 아래에서 또 다른 형태의 군 위안 제도를 만들어냈다. 일본은 점령군을 위한 '특수위안시설협회(RAA)'를 설립했고, 한국은 자국 군대와 유엔군을 대상으로 한 위안소 제도를 운영했으며, 대만 역시 '특약차실'이라는 명목으로 군 성매매 체계를 제도화했다. 전후 동아시아에서 이러한 군 위안 제도의 연쇄적 등장은 식민지배에서 탈식민으로, 열전에서 냉전으로 이어지는 복합적 역사 구조 속에서 국가와 군이 여성의 몸을 어떻게 관리하고 통제했는지를 드러내는 중요한 사례라 할 수 있다.[2)]

제2차 세계대전 이후 동아시아 사회는 냉전의 기운에 휩싸였으며, 군 위안부 제도는 역사 속에 완전히 사라지지 않은 채 오히려 유사한 형태로 되살아났다.

히라이 가즈코平井和子는 전후 일본의 '특수위안시설협회(RAA: Recreation and Amusement Association)'를 연구하면서, 이 제도가 전패국 일본과 전승국 미국 남성 간의 협력 관계를 상징하는 성 정책이었다고 지적한다. 일본은 미군에게 성적 서비스를 제공함으로써 '양가의 여성과 자녀를 보호하기 위한 성적 방어선'을 구축하고, 동시에 가부장적 국가 체제를 유지하려 했다. 일본 측이 제공한 '안전한 성性'은 성병 감염률을 낮추고 미군의 남성성을 흔들림 없이 유지하는 데 기

2) 임우경, 냉전 시기 대만의 슬픈 낙원, 軍中樂園, https://kyeol.kr/ko/node/507.

여했다. 그러나 이 제도는 결국 군인들 사이에서 성병이 급속히 확산되면서 폐지되었고, 일자리를 잃은 여성들은 지하로 숨어들어 사창가에서 성매매를 이어가게 되었다.

군기 제도를 연구한 논문은 연구의 폭이 넓고 양적으로도 많은 편이다. 문(Katharine Moon)은 한국 정부가 미국과의 관계를 유지하기 위해 '기지촌'을 미군의 오락 공간으로 조성하였으며, 이곳에는 바텐더, 여사장, 특수 유흥 종사자, 군기軍妓가 존재했고, 이들 여성은 '양공주'라는 멸칭으로 불렸다고 지적한다.

기지촌 여성들은 자신의 몸을 통해 미군 물자를 얻고, 다시 그 물자를 암시장에 내다팔아 금전을 취득하였는데, 이에 김정민은 상품화된 여성의 몸과 군수 물자를 '준화폐'라고 명명하며, 이는 일본과 한국뿐 아니라, 미군 기지가 주둔한 세계 각국에서 공통적으로 나타나는 현상이라고 보았다. 데이비드 바인의 연구에 따르면 미군 기지 주변에는 대부분 홍등가가 생겼으며, 이는 남성과 여성에 대한 성별 규범에서 비롯된 것으로, 군인의 남성성을 강화하기 위한 제도화된 성매매라는 것이다.

대만의 사례에서, 미야히라 안나는 "오키나와에서 본 대만: 주둔 미군의 역사와 중화민국의 대 미국 매춘 정책 및 베트남 전쟁 시기 대만에서의 휴양 회복 계획"이라는 글을 통해, 미군이 대만에서 시행한 휴양 회복 프로그램(Rest and Recuperation Program, R&R Program)을 상세히 설명하면서, 미군 특약차실과 관련 산업의 설립, 운영 규범, 성병 관리 체계 등을 조명하였다. 이러한 사례는 제2차 세계대전과 냉전기를 거치며 동아시아 국가들의 군사적 성 관리 제도가 단순한 군사적 필요를 넘어, 국제정치적 관계, 젠더 이데올로기, 군과 민간의 상호작용과 긴밀히 얽혀 있었음을 보여준다. 나아가, 군기 제도의 생성과 소멸을 역사적 맥락과 이념적 다층 구조 속에서 분석하는 것은, 군국주의적 사고와 군사화된 남성성을 비판적으로 성찰할 수 있는 통찰을 제공한다.

금문대학교 민남문화연구소의 연구진은 특약차실을 단순한 시설이 아닌, 금문 전시 사회문화의 한 축으로 바라보며 현지 조사와 문헌 분석을 병행하였다. 장보웨이江柏煒가 주도한 「금문 전쟁사 기록 및 조사연구(Ⅱ)」는 금문 특약차실의 탄생에서 폐지에 이르기까지의 과정을 세밀하게 정리한 중요한 참고 자료로 꼽힌다. 2013년 발표한 논문에서 장보웨이는 인구 구조와 성별 분포, 그리고 사회문화적 변화가 어떻게 맞물렸는지를 살펴보며, 국가는 특약차실의 '긍정적' 역할을 강조하려 했으나, 실제로 지역 사회와의 상호작용 속에는 크고 작은 갈등과 모순이 얽혀 있었음을 지적하였다.

또한 저우먀오쩐周妙真, 쉬옌쉐許燕學, 웡이제翁沂杰 등 연구자들은 현지 조사와 인터뷰를 통해 특약차실과 주민 간의 미묘한 관계를 탐색하였다. 저우먀오전은 금문 여성들을 인터뷰하며, 이들이 종업원으로 오해받는 것을 피하기 위해 특약차실 인근을 의도적으로 기피했음을 밝혀냈다. 쉬옌쉐는 군중낙원, 영화관, 휴양센터 등 '정부 주도의 전시 오락 공간'을 중심으로 금문의 전시 여가 문화가 어떻게 군사화되었는지를 분석하였다. 웡이제는 사메이沙美 특약차실이 양디陽翟 전통 취락에 큰 영향을 미치지 않았으며, 민간 제사 활동과도 충돌하지 않았음을 지적하며, 군사 시설과 지역 전통 사이의 긴장과 조화를 함께 살펴보았다.

이처럼 각 연구자는 특약차실을 둘러싼 군사적, 사회적, 문화적 층위를 다층적으로 탐구함으로써, 금문 사회 속 전시 문화의 복잡한 실체를 생생하게 복원하고 있다.

한국학자의 대표적 연구는 임우경, "풍문과 역사 사이: 대만군 위안소 특약다실 연구의 현황과 과제", "'위안부'가 된 여죄수들: 대만군 특약다실의 '충군' 논란 일고", "동아시아에서 일본군 '위안소'의 부활: 대만의 군용 매춘소, 특약차실을 중심으로"가 있다. 이 연구는 기존의 연구를 바탕으로 금문 특약차실의 역사적 측면을 가능한 한 요약하고, 본 연구는 기존 연구의 한계와 향후 과제를 제기하는 한편, 특약차실 特約茶室을 둘러싼 대만 사회사와 일상생활사적 논의를 통해 냉전기 군인과 전시민의 삶을 새롭게 조명함으로써, 국민국가 중심의 단일한 역사 서사를 재구성하고자 하였다.

2. 금문특약차실에 관한 세 권의 책

본 장의 논의는 세 권의 저작으로부터 중요한 통찰을 얻었다.

우선, 마이클 스조니(Michael Szonyi)의 Cold War Island: Quemoy on the Front Line (Cambridge University Press, 2008)는 금문을 지방적, 국가적, 지역적, 그리고 전지구적 힘이 교차하는 복합적 공간으로 조망한 대표적인 연구서이다. 스조니는 냉전기의 금문을 단순한 군사 전선이 아닌 '국가 프로젝트가 개인의 일상을 재편하는 현장'으로 분석하며, 근대화 · 군사화 · 지정학화의 과정이 어떻게 주민들의 삶을 구조화했는지를 세밀히 추적한다. 특히 전시동원체제 속에서 민중이 경험한 일상적 규율과 통제, 그리고 탈군사화 이후의 사회 변동을 함께 다루며, 특약차실의 부대 명칭인 '새로운 831'이라는 사례를 통해 군사주의의 잔존 형태를 비판적으로 조명한다.

두 번째로 참고한 야오후이야오姚惠耀의 군국주의하의 성통치(主義下的性治理: 戰後臺灣軍中樂園研究 1951-1992, 南天書局, 2023)는 군사주의와 성정치가 결합한 대만의 특약차실 제도를 젠더의 시각에서 심층 분석한 책이다. 이 연구는 금문을 포함한 대만 전역 43곳의 특약차실 운영을 통해 국가 서사, 군국주의 체제, 성별 권력이 어떻게 상호 구성되었는지를 드러낸다. 특히 '시응생侍應生'으로 불린 여성접대원들의 경험을 바탕으로, 지속적이고 초국가적인 폭력 구조를 성찰하며, 외래 정권이 대만 여성의 신체와 삶에 미친 영향을 비판적으로 재해석한다. 이 책은 "계엄 시대는 안전했다"는 기존 인식을 해체하고, 권위주의 통치 아래 결합된 군국주의와 성별 체제가 어떻게 여성의 육체를 통해 정권의 정당성과 사회 질서를 유지하려 했는지를 구체적으로 드러낸다. 나아가 젠더 억압의 역사적 현실을 비판함으로써 전환기 정의의 실현 가능성을 제시하고, 성 산업을 둘러싼 국제적·시대적 논의를 재사유하도록 촉구한다는 점에서 학문적 의의가 크다.

마지막으로, 천창칭陳長慶의 금문특약차실(金門特約茶室, 金門縣文化局, 2006)은 이곳을 직접 관리했던 인물의 회고록적 기록이며, 현장 경험에 기반한 귀중한 자료라 할 수 있다. 필자는 금문 현지 조사 과정에서 여러 주민과의 인터뷰를 통해 천창칭의 서술과 유사한 증언을 여럿 접할 수 있었다. 천창칭은 1967년 7월부터 금문방어사령부(금방부) 정치작전부 산하 정5조에서 10여 년간 근무하며, 네 명의 사령관과 다섯 명의 주임, 아홉 명의 조장과 함께 특약차실 관련 업무를 담당했다. 그는 당시 특약차실제도의 운영 구조와 내부 실태를 누구보다 가까이에서 목격한 인물로, 일종의 '살아 있는 증언자'라 할 수 있다. 그러나 그의 책은 특약차실의 실체를 지나치게 긍정적으로 묘사하고, 제도의 폭력성과 젠더적 억압 구조에 대해서는 비판적 시각이 결여되어 있다는 한계를 지닌다. 그의 주장에 따르면 "특약차실의 설립과 대만 본도에서 파견된 시응생들의 시의적절한 복무는, 금문 지역의 혼란을 완화시키는 데 일정한 역할을 했다. 만약 이 제도가 존재하지 않았다면, 상상조차 하기 어려운 수많은 비극이 발생했을지도 모른다."[3]고 주장하고 있으며, 금문현 국장 역시 천창칭의 책 서문에서 이를 자랑거리로 인용하고 있다. 필자는 천창칭의 책을 비판적 시각에서 바라본다. 현 시기에도 금문 사회의 문화적 침묵과 금기의 분위기는 연구 접근 자체를 어렵게 만들었으며, 기억의 왜곡 가능성도 내재되어 있다.

사실 금문특약차실 제도의 구체적인 역사는 정작 금문 현지나 지방 사료, 문헌 어디에도 온전히 기록되어 있지 않다. 심지어 당시 금문 방어를 주도했던, 금문의 은주공恩主公이면서 지금도 금문 사람들의 뇌리에 영웅으로 살아 있는 금문방어사령관 후롄胡璉 장군의 회고록에서도 이에 대한 언급은 전무하다. 그 결과, 특약차실의 역사는 한동안 공백 상태로 남았고, 일부 뜻 있는 이들만이 상상과 추측에 의존해 단편적인 증언을 이어왔다.[4] 사실 금문 지역의 군사화 및 냉전기 통제체제에 관한 연구는 비교적 활발히 이루어져 왔다. 특히 금문을 하나의 '군사 사회(militarized society)' 또는 '동원된 섬'으로 개념화한 연구들은 국가주의와 지역 사회의 관계를 이해하는 데 중요한 통찰을 제공하였다. 또한 대만 본토를 중심으로 한 위안부 제도 연구, 여성에 대한 국가폭력 연구는 제도사적 맥락과 여성사 복원을 위한 기반을 제공해 왔다.

3) 陳長慶, 金門特約茶室, 金門縣文化局, 2006, 229쪽.

4) 위의 주, 230쪽.

Ⅲ. 특약차실의 기원과 운영 구조

1. 특약차실의 제도적 기원과 법적 지위

제2차 세계대전 당시 일본군의 위안부 제도뿐 아니라, 전후 일본, 한국, 대만 등지에서 미군이나 자국 군인을 위로한다는 명분 아래 형성된 초국가적 성 산업의 기반이 있었다. 그러나 해당 제도는 전후 국제사법 체계에서도 범죄로 간주하지 않았으며, 법적 책임의 추궁도 이루어지지 않았다. 이러한 구조와 냉전기 중국 내전의 맥락 속에서 중화민국 군대의 군중낙원(軍中樂園, 이후 특약차실로 개명) 제도가 등장하게 된다.[5)]

1951년 2월 27일, 대만 남부방수구정치부南部防守區政治部 주임 왕차오판王超凡은 장제스蔣介石에게 군 내 성매매 제도의 도입을 공식 건의하였다. 그는 “대만의 기후는 특수하므로 영기營妓 제도를 검토할 필요가 있다”고 주장하며, 열대 기후에 익숙하지 않은 중국 본토 출신 군인들이 겪는 극심한 신체적 · 정신적 피로를 제도 도입의 근거로 제시하였다.[6)]

1952년 2월 7일, 국방부 참모총장 저우즈루周至柔는 「군중낙원 설치 잠행 방안」에서, 미혼이거나 가족과 떨어져 있는 장병들의 정신 · 신체적 이상과 탈영 · 자살 등의 문제를 성적 욕구 미해소와 연결 지으며, 생활 안정과 전투 정신 고양을 위해 군중낙원(특약차실) 제도의 필요

5) 黎胖, 戒嚴時代女性比較安全？那可未必──評《軍國主義下的性治理: 戰後臺灣「軍中樂園」研究 》, 2024, 09.20.https://watchout.tw/forum/NVtxZatCDyIhnS34uT5y

6) 為奉令研究軍中設置營妓一案簽請鑒核由〉, 「設立軍中樂園(特約茶室)」(臺北: 國防部藏), 總檔號: 00035742.

성을 주장했다.[7]

1952년 참모총장 저우즈루는 '결혼 제한령'과 낮은 급여로 인한 결혼 어려움, 자위·탈영 등 기강 해이, 성폭력 발생과 민간 여론 악화를 이유로 '양가 여성 보호'를 명분 삼아 군중낙원 설치를 제안했다. 그는 역사적 전례와 해외 사례를 들어 제도의 정당성을 주장했고, 2월 16일 장제스가 시범운영을 지시하자 국방부 총정치부가 제52군과 제87군 등에서 이를 시행했다.[8]

1952년 9월 24일, 저우즈루는 군중낙원이 군인의 성적 욕구를 해소해 탈영·자살·강간·자위 등 '불량 현상'을 줄일 수 있다며 설치를 재차 요청했다. 군은 강간을 군기 훼손과 군민 관계 악화의 문제로, 자위를 기피해야 할 행위로 보았으며, 혼인 자유 제한 역시 제도 도입의 배경이 되었다.

2. 결혼제한령의 영향

1952년 1월, 장제스는 「감란시기 육해공군 군인 혼인 조례」(혼인 제한령)를 공포해 군인의 결혼을 국가 안보와 전투력 유지 차원에서 통제했다. 결혼에는 상관의 승인과 배우자의 국적·신분·법적 조건 검토가 필요했으며, 28세 미만의 남자 군인은 결혼이 금지되었다. 특히 '현역 복무 중 결혼 금지'와 '상관 승인제'가 가장 큰 영향을 미쳤으며, 계급별로 결혼 허용 여부를 달리해 군인의 결혼 자율권을 제한했다.[9]

7) 姚惠耀. 戰後臺灣「軍中樂園」研究 (1951-1992, 國立臺灣師範大學 臺灣史研究所, 2019년. 19쪽.

8) 위의 주. 21쪽.

9) 管仁健, 戒嚴時代的軍人「限婚令」初探, 2018年 5月4日, 李筱峰教授榮退學術研討會.

1952년 1월 5일 공포된 「혼인 제한령」은 군인의 결혼 권리를 계급에 따라 제한하고, 국가는 오직 '우량한 여성'과의 결혼만을 허용함으로써 이를 국가 안보의 이름으로 정당화했다. 이러한 정책은 개인의 자유와 사랑을 통제하고, 국민을 안보 논리 속에 종속시키는 수단으로 기능했다. 이로 인해 군인들은 합법적 결혼을 통해 성적·정서적 욕구를 충족할 수 없게 되었고, 특약차실은 사실상 결혼과 가정을 대신하는 공간으로 운영되었다. 이러한 제도는 군사력 유지와 국가 안보를 위한 '필요악'으로 정당화되며, 군사주의 체제 내에서 성과 관계를 통제하는 수단으로 기능했다.

3. 특약차실의 정당성과 합리성 구축

국민당은 군중낙원(특약차실) 제도의 정당성을 뒷받침하기 위해 고대 중국의 영기營妓 제도를 역사적 전례로 제시했다.[10] 저우즈루周至柔는 춘추시대 관중의 '여려女閭' 설치를 예로 들며, 영기가 2천 년 전부터 존재했다고 주장했다.

왕수노의 『중국창기사』는 중국 창기의 역사를 다섯 시기로 구분하고, 한무제 시기를 영기의 시작으로 본다.[11] 『오월춘추』에 등장하는 월왕 구천의 이야기는 전쟁에서 패한 왕이 미녀 서시西施를 이용해 오나라를 멸망시켰다는 점에서, 여성의 몸이 국가의 전략적 도구로 활용된 대표적 사례로 해석된다. 이러한 맥락에서 그의 이야기는 훗날 등장한 군사 위안부 제도의 전조로도 이해될 수 있다.

10) 為簽請設置軍中樂園, 恭請鑒核示遵由〉, 「設立軍中樂園(特約茶室)」, 總檔號: 00035742。

11) 王書奴, 《中國娼妓史》(臺北: 秀威, 2014), 14-15, 31-34, 40-41쪽.

그러나 이러한 역사적 인용은 실제 국민당 시기의 군중낙원과는 시간적 · 공간적 배경이 다름에도, 중국 민족주의적 정체성을 강조하고 고대 중국과 대만 사이에 마치 자연스러운 역사적 연속성이 존재하는 것처럼 서술되었다.

저우즈루는 중국 고대 관중의 '여려' 사례와 일본, 영국, 미국의 군사 성 관리 제도를 결합하여, 군중낙원이 단순한 지역적 현상이 아니라 역사적 · 보편적 근거를 가진 제도임을 강조하고자 했다.[12] 군중낙원은 바로 이러한 역사적 · 이념적 맥락 속에서 등장한다. 그것은 군인의 성적 욕구를 충족시키는 실질적 장치로 기능하는 동시에, '보편적 제도'라는 외피를 입어 군국주의적 성별 질서 속에서 제도적 정당성을 획득했다. 그러나 아이러니하게도, 이처럼 전지구적 · 시간초월적 담론으로 포장된 제도는 사실 특정한 전후 군사 환경과 조건 속에서 형성된 독특하고 특수한 제도였음을 오히려 선명하게 보여준다. 다시 말해, 군중낙원의 '합리성'과 '정당성'은 군의 권위와 국가 안보라는 명분 아래 구축된 이데올로기적 산물이라는 사실이 드러난다. 특약차실 제도는 시범 운영을 거쳐 1951~1954년 정식으로 전역에 확대 시행되면서, 이 제도는 단순한 일시적 실험을 넘어 국가적 군사 정책의 일환으로 자리매김하게 된다.

한편, '미군 특약차실'은 자국 여성 보호와 성을 활용한 국민 외교의 논리에 기반해 설치되었으며, 미군 전용 시설로 운영되었다. 이 역시 냉전기 동아시아의 지정학적 상황 속에서 등장한 초국가적 성 산업의 일부로 기능하였다.[13]

12) 為簽請設置軍中樂園, 恭請鑒核示遵由〉,「設立軍中樂園 (特約茶室)」, 總檔號: 00035742.

13) 黎胖, 戒嚴時代女性比較安全？那可未必——評《軍國主義下的性治理: 戰

특약차실제도는 점차 확대되고, 상시화되며, 법제화되었다. 지방정부·군·경찰·민간 사업자는 유기적 협력 체계를 구축하여 입지 선정, 공간 설계, 질서 유지, 공중위생, 내부 규율, 언론 대응에 이르기까지 역할을 분담했다. 내부적으로는 시응생(접대부)과 군인의 관계를 명확히 거래로 규정하였고, 시응생은 위생 책임을 부담했으며, 건강검진은 전문성이 부족한 군의관이 수행했다. 또한 정서적 유착을 방지하기 위해 접촉 시간도 엄격히 제한되었다

여성주의학자 신시아 엔로(Cynthia Enloe)는 군대에 있어서 성매매 여성은 '자원'이자 동시에 '위협'이며, 군이 매춘 제도에 접근하는 방식은 다층적인 모순을 품고 있다고 지적한다.[14]각국은 '비공식적 결정', '책임의 분산', '보건 문제'에의 국한 등 다양한 전략을 통해 군의 정치적·도덕적 책임을 최소화하려 했다.

4. 명칭 변경

1) 군중낙원軍中樂園에서 특약차실特約茶室로

군중낙원은 1954년 6월 1일부터 1957년 3월 1일까지 공식 명칭으로 사용되다가, 이후 '특약차실'이라는 이름으로 개칭되었다. 이는 제도에 대한 부정적 인식을 완화하고, 제도적 정당성을 은근히 강화하려는 명명 전략의 일환이었다. 공식 명칭과는 별도로, 민간과 군 내부에서는 '팔삼일(八三么, 831, 빠싼야오)'이라는 친근한 별칭이 널리 통용되었다. 군 당국은 반공과 군국주의적 담론을 앞세워 이 체계화된 성매매

後臺灣「軍中樂園」硏究》, 2024. 09. 20. https://watchout.tw/forum/NVtxZatCDyIhnS34uT5y.

14) Cynthia Enloe, *Maneuvers: the international politics of militarizing women's lives*, pp.52-53.

제도를 제도적·이념적으로 정당화하려 시도했지만, 성 윤리적·인도적 비판의 목소리는 결코 사그라지지 않았다.

1955년, 국민당 부녀사업회는 『부우월간婦友月刊』을 통해 '군중낙원'이라는 명칭이 군 전용 유곽을 고상하게 포장하는 장치라고 비판했다. 특히 '낙원'이라는 표현이 어린이 문화공간을 연상시켜 아동에게 혼란을 줄 수 있으며, 모성적 관점에서 아동 보호와 교육에도 적절치 않다고 지적했다. 흥미로운 점은, 부녀사업회가 군국주의 자체를 부정하지 않으면서도 성도덕과 군국주의 사이에서 명칭 문제를 매개로 타협을 모색했다는 것이다. 이에 국방부 총정치부는 '특약차실', '특약낙원' 등 다양한 대체 명칭을 검토하고, '군중'이라는 표현을 삭제하는 등 상징적 의미를 고려한 명칭 변경을 추진했다. 결국 1957년 2월 13일, 모든 시설은 통일적으로 '특약차실'로 명명되었으며, 중화민국(대만) 국방부는 이를 "군의 명예를 보호하고 대중의 인식을 바로잡기 위한 조치"라고 설명했다.[15]

언어는 단순한 의사소통 수단을 넘어, 권력과 감각이 뒤얽힌 문화적 코드로 기능한다. 역사적 전환기마다 부정적 함의를 지닌 용어가 폐기되거나 새롭게 정의되는 사례는 빈번하다. 국방부가 '군중락원'이라는 표현을 공식적으로 철폐하고, 보다 중립적이고 문어적인 '특약차실'로 대체한 결정 또한 이러한 언어 정치학의 맥락 속에서 이해될 수 있다. 이는 군이 군인 대상 성매매 시설에 대한 사회적 낙인을 희석하고, 제도의 상징적 정당성을 확보하려는 전략적 시도로 읽힌다. 그러나 현실은 기대와 달랐다. '군중락원'이라는 명칭은 이후에도 대만 사회의 일

15) 〈為訂頒「特約茶室設置實施辦法」希遵照〉, 「特約茶室設置與管理案」, 總檔號: 00011690.

상 언어 속에서 광범위하게 살아남았다. 공식 문서와 제도적 틀에서는 '특약차실'이 사용되었지만, 사람들의 구어와 회상 속에서는 여전히 '군중락원'이 자연스럽게 호명되었다. 더 나아가, 보다 은밀하고 친근한 별칭인 '빠싼야오八三一'가 군 내부와 민간에서 널리 퍼졌는데, 이는 공식 기록이 아닌 현장과 구술을 통해 형성된 은어적 표현으로, 그 기원에 대해서는 다양한 설이 존재한다.[16)]

천창칭의 고증에 따르면, '빠싼야오'는 군 내부 통신에서 여성 생식기를 암호화한 '8311'에서 유래한 명칭으로, 여성 신체가 군사적 통제와 성적 대상화의 상징임을 보여준다. '비屄' 같은 속어는 여성을 신체 일부로 환원하는 언어 폭력이며, 반면 '군중낙원'이나 '특약차실'은 군 조직이 외부에 보여주려 한 질서와 도덕적 권위를 반영한 절제된 명칭이다. 이들 명칭과 '빠싼야오'는 모두 노골적인 표현을 피하면서 군기원 같은 직접적 용어는 내부에서 폐기되었다.

2) 창기에서 시응생으로 명칭

일본 패전 직후인 1946년, 대만 정부는 폐창을 선언했다. 그에 따라 1947년 제정된 '타이베이시 특수업종 주가 및 시응생 관리 임시 조례'는 과거 성매매업소였던 '창관娼館'을 '주가酒家'로 변경하고 그 종사 여성은 '창기'나 '기녀' 대신 '시응생侍應生'으로 명명하여 성병관리를 의무화했다.[17)] 그러나 이 조례는 불과 몇 년 후 '대만성 창기 관리법

16) 이를테면 군중락원 전화 교환기의 내선 번호에서 유래했다는 설, 시설이 언덕 중턱에 위치해 '반산요(半山腰)'라는 지명을 음차했다는 설, 8월 31일이 개설일이라는 주장, 혹은 요금 배분 구조에서 유래했다는 이야기도 있다. 특히 마지막 설에 따르면 당시 이용 요금 12위안 중 8위안은 여종업원에게, 3위안은 알선자에게, 1위안은 청소 담당자에게 돌아갔다고 한다.

(1956)'과 '대만성 각 현 창기 관리법 1960'으로 대체되었다. 겉으로는 폐창(廢娼)이라 했지만, 실제로는 묵인과 관리 체제로 전환했다가 10여 년 만에 다시 명실상부한 공창제로 회귀한 셈이었다.

성 노동자를 '군기' 대신 '시응생'이라 부른 것은 성매매를 부드럽고 중립적으로 포장하려는 전략이다. 일본군의 '위안소'도 '위안'이라는 긍정적 표현 뒤에 구조적 폭력이 숨겨져 있다. 20세기 말에는 'Military Sexual Slavery'라는 용어가 등장해 전쟁 시 여성 강제 동원을 명확히 고발했다. 결국 명칭은 단순한 호칭이 아니라 권력과 억압, 은폐를 드러내는 도구이며, 언어가 권력과 결탁하거나 저항의 수단이 될 수 있음을 보여준다.[18]

Ⅳ. 금문특약차실의 지속성과 특수성

금문의 특약차실은 그 지속성이나 구조적 특수성 면에서 가장 구별되는 사례다. 그 지속성이란 특약차실이 1951-1991, 40년 간 지속되었고, 구조적 특수성이란 국방부(금문방위사령부 작전정치부 정5조)가 공개적으로 포주 노릇을 한 독특한 경우다. 금문 특약차실은 1951년 첫 설립 이후, 1991년 5월 금문전시정무위원회가 더는 차실의 신규 설립을 승인하지 않기로 결정하기까지 약 40여 년에 걸쳐 운영되었다.

1949년, 국민당 군대가 중국 본토에서 공산당에 패해 금문도에서 적극적 항전의 준비를 시작한다. 대략 5만의 관병이 "1년 준비, 2년

17) 임우경, 2023.04.17, kyol.kr/ko/node/507.

18) 熱田敬子, 〈日本軍戦時性暴力/性奴隷制問題との出会い方: ポスト証言の時代の運動参加〉, 牟田和恵編, 《架橋するフェミニズム: 歴史·性·暴力》(2018), 頁 83-96。

반공, 3년 소탕, 5년 성공”이라는 최종 목표를 내 세우고,[19] 공산당과의 결전을 준비했고, 대부분의 장병들은 민가, 사당, 등지를 임시 숙소로 삼아 거주했다. 이러한 긴 세월 동안 군인과 주민이 한 공간에서 생활하게 되면서, 남녀 간의 감정적 얽힘과 갈등은 불가피하게 발생했다. 그 과정에서 일부 여성 주민이 군인들에게 성폭행을 당하거나, 폭력 · 살인 사건까지 벌어지는 일이 있었다. 본래 온순하고 순박하던 금문의 민속과 주민들은 큰 충격을 받았고, 특히 여성들은 과거에 경험해보지 못한 정신적 · 신체적 고통을 겪어야 했다.[20]

천창칭은 특약차실과 대만 본도에서 파견된 시응생들의 역할이 금문 지역의 혼란 완화에 기여했으며, 이 제도가 없었다면 심각한 비극이 발생했을 것이라 평가한다. 군대가 도착했을 때, 그들이 마주한 것은 혼인이 가족에 의해 정해지고, 여성이 가족 이외의 남성과의 접촉을 최대한 피하는 사회였다. 이에 따라 군인들이 민가에 숙박하게 된 것은 곧바로 지역 사회의 행위 규범에 도전하는 일이 되었고, 친밀한 관계의 이분법—공적/사적, 내부/외부—을 무너뜨렸다. 그리고 어느 곳이든, 군사화된 사회 속 사람들에게 보다 큰 우려가 존재했다. 그것은 바로 성폭력의 위협이다. 군대라는 동성 중심의 사회와 민간 사회가 교차하면서 생긴 무언의 결과가 바로 강간이었다.[21]

1950년대 초반의 긴장된 분위기 속에서, 군인에 의한 민간인 여성에 대한 성폭력은 매우 흔했던 것으로 보인다.[22]예컨대 한 여성은 혼례 첫날 밤, 예전에 자신의 구애를 거절했던 군인에게 총격을 당했고,

19) 陳長慶, 金門特約茶室, 金門縣文化局, 2006, 11쪽.

20) 위의 주, 229쪽.

21) 宋怡明, 前線島嶼: 冷戰下的金門, 臺大出版中心出版, 2008, 205쪽.

22) 위의 주, 206쪽.

또 다른 여성은 해외 화교의 아내였는데, 한 병사의 구애를 거절했다는 이유로 두 자녀와 함께 살해당했다. 또 한 여성의 시아버지는 며느리를 군인의 강간으로부터 지키려 싸우다 살해되었다.[23)]

금문 주민들의 기억 속에서 후롄胡璉 장군에 대한 긍정적인 인상이 강하게 남아 있는 이유 중 하나는, 그가 군의 기강을 강화해 여성들이 성폭력의 위협에 시달리지 않도록 했기 때문이다. 많은 현지 인터뷰이들의 시각에서, 후롄이 성폭력 문제를 해결한 주요 방식은 군이 공식적으로 성매매를 제공할 수 있는 매개 구조를 만드는 것이었다.[24)]

1. 운영 방식과 감독 체계

1) 관설관영官辦官營 또는 관설상영官辦商營

1954년 중화민국 국방부는 군중낙원과 특약차실 설치를 위한 시행방안을 마련했고, 1957년부터 해군·공군 등 여러 부대도 설치를 신청할 수 있게 되었다. 운영 방식은 군이 직접 운영하는 '관설관영'과 군이 주도하되 민간에 위탁하는 '관설상영' 두 가지로, 금문은 군 직영, 대만 본토는 민간 혼합 방식이 주를 이뤘다. 운영은 군 사령부, 군의관, 경찰, 민간 사업자, 성 노동 여성 사이의 복잡한 권력구조 속에서 이루어졌으며, 여성들은 엄격한 위생관리와 감시를 받았다. 성병 검사, 격리, 폭력 은폐 등 인권 침해가 만연했고, 여성들은 보호가 아닌 군 기율 유지를 위한 통제 대상이었다. 특약차실은 비공식적이지만 군 내부의 엄격한 통제와 규율 아래 조직된 군사주의와 가부장제가 결합된 제도였다.

23) 위의 주.

24) 위의 주.

2) 관설관영의 금문특약차실

중화민국 국방부는 일본 '위안소' 제도를 참고했고, 대만 하청업자들도 일제 식민지 시기 경험을 바탕으로 운영 방식을 계승했다. 대만 사회 역시 식민 경험으로 군 위안부 제도에 익숙해져 위안부와 군중낙원 간 역사적 연속성이 형성되었다.[25]

초기 금문 특약차실은 군의 감독을 받았지만, 실제 경영은 70세의 서문충徐文忠이 담당했다. 그는 상하이에서 특수 업종에 종사했던 경험을 바탕으로 대만에서도 같은 업계에 몸담았으며, 금문방위사령부의 초청으로 경리직에 임명되어 오랫동안 교체되지 않았다.[26]

특약차실은 군사화 및 성/별화된 '신분'을 통제의 기반으로 삼았다. 공간 배치와 군인과 시응생 간의 상호작용 시간은 군인의 계급에 따라 달랐으며, 특약차실은 '군대의 남성성'과 '이성애 규범'을 훈육하는 장이기도 하였다. 결혼이 어려운 외성인外省 군인이나 막 입대한 본성인 군인 모두 특약차실에서 이성애적 성경험을 시작하게 되며, 이 제도는 군인의 이성 간 성적 접촉 욕구를 전제로 삼을 뿐만 아니라 제도적 배제를 통해 비이성애적 행위를 억압하였다.

성병 예방에 있어서 군 당국은 시응생의 질병 통제에 집중하였으며, 시응생은 일종의 희생양으로서 질병 예방의 최전선에 배치되었다.

3) 금문특약차실 현황

금문의 특약다실은 속칭 '831'(혹은 '군낙원')이라 불리며, 최초의

25) 姚惠耀, 戰後臺灣「軍中樂園」研究 (1951-1992), 國立臺灣師範大學臺灣史研究所碩士論文, 2019.

26) 陳長慶, 金門特約茶室, 金門縣文化局, 2006, 24쪽.

군중軍中 특약다실인 '런우仁武 특약다실'이 금문 금성진 북문에 처음 설치되었다.

〈표 18〉 금문 각 향진 특약다실 비교

번호	명칭	소재 향진	설립 시기	규모 (인원)	등급	위치
1	북문北門: 총실	진청진金城鎮	1951년	65명	갑급	민생로 45항
2	산와이山外	진후진金湖鎮	1958년	60명	갑급	금문 교도소 부근, 현재는 금문농공직업학교로 개조됨
3	사메이沙美	진사진金沙鎮	1954년	15명	을급	동소촌 내 양루洋樓
4	샤오징小徑	진후진金湖鎮	1954년	15명	을급	샤오징촌 교외 도로변 현)특약차실전시관 장소
5	청공成功	진후진金湖鎮	미상	13명	병급	청공촌 휴가센터 진입로 입구 우측, 사령대 인근 (현재 폐허 상태)
6	안치앤庵前	진청진金城鎮	1954년	15명	을급	목마후사牧馬侯祠 우측
7	둥린東林	례위향烈嶼鄉	미상	15명	을급	서택촌 교외
8	칭치青岐	례위향烈嶼鄉	미상	13명	병급	청기 지역 전통 민가
9	허우짜이后宅	례위향烈嶼鄉	미상	13명	병급	서구촌 교외
10	다딴大膽	례위향烈嶼鄉	미상	8명	정급	따단도 위치
11	안치安岐	진닝향金寧鄉	1969년	6명	미등급	안치촌 교외 민가, 츠후慈湖 제방 건설 사업으로 임시 설치되었으며, 공사 완료 후 즉시 폐쇄됨

출처: 천창칭(陳長慶, 2006) 필자 재정리.

비고: 등급은 수용 인원수에 따라 결정되었음. 설립 시기 미상인 경우, 진장칭(2022)의 구술에 따르면, 다실은 부대 주둔에 따라 설치되었기에 당시 어떤 부대가 언제 주둔했는지는 정확히 확인하기 어려움.

2022년에 실시된 현지 조사를 기준으로, 금문 지역에는 총 10.1개의 특약차실이 있었던 것으로 확인된다. 이 중 '안치 기동차실'은 츠후慈湖 제방 건설 공사에 맞춰 임시로 설치되었다가, 공사 완료 직후 폐쇄되었다. 말하자면 임시 특약차실인 셈이다. 전체 중 6.1개(안치 기동차실 0.1 포함)는 금문 본도에 위치하였고, 3개는 소금문도小金門島, 나머지 1개는 따단도大膽島에 설치되었다.[27] 이와는 별도로, 분기마다 둥딩東碇과 베이딩北碇 도서를 대상으로 순회 서비스가 운영되었다. 관리자는 2~3명의 시응생을 인솔해 군 보급선을 타고 해당 도서에 도착한 뒤, 후속 보급선을 이용해 복귀하는 방식이었다. 둥딩 순회는 금성 북문 총실이, 베이딩 순회는 산외 분실이 각각 맡았다.

순회 서비스는 통상 10일 내외로 진행되었으나, 당시 각 시응생이 판매한 오락 티켓 수는 평소 일요일 하루 매출에도 미치지 못했다. 이는 해당 도서에 주둔한 병력 수가 적었고, 젊은 병사들이 간부 눈치를 보며 티켓을 구매하고 이용하는 것을 꺼렸기 때문이다. 또한 나이 많은 하사관의 경우 체력적인 한계로 인해 매일 밤 차실을 이용하기 어려웠다는 점도 주요 요인으로 지적된다.

2. 소금문小金門: 례위烈嶼 특약차실

1958년 2월 8일 장제스는 례위에 특약차실을 설치해 군 내 자살·탈영·불복종·폭력의 원인 중 하나로 성욕 해소 부재를 지목하며, 일본 여성 접대부 방식을 참고해 건강검진과 성병 예방 조치를 병행할 것을 주문했다. 이에 따라 금문방어사령관 후롄이 차실 건설을 주도했고, 1958년 4월 말 동린東林에 위치한 2층 건물이 완공되어, 총 16명의

27) 陳長慶, 2006,

접대부가 배치되었으며 5월 2일 개소식을 열었다. 건물 내부에는 방·욕실·화장실·매표소 외에 관리인실과 헌병실이 있어 철저한 감시와 출입 통제가 가능했다.[28)]

소금문에 있는 례위 특약차실은 금문 지역에서 유일한 2층 건물의 특약차실로, 군사동원체제 시기 단층 건물이 일반적인 금문에서 특수한 경우다. 례위 특약차실의 설립은 백단白團이라 불린 일본 군사 자문단의 조언이 영향을 미쳤을 가능성이 있다. 장제스는 군대의 심신 건강 유지 및 반공 전쟁의 승패와도 직결된다고 판단하였다. 그는 다시금 '군인-군대-국가'의 삼위일체적 안보 체계를 강조하며, 그 해법으로 '특약차실'을 제시하였다. 참고 대상으로는 '일본 여성 접대부 방식'이 언급되었는데, 이는 관런젠管仁健이나 작가 리젠난黎建南의 주장처럼 일본의 군사 자문단 '백단'의 제안을 수용한 결과일 가능성도 있다.

사실 일본의 군사 자문단인 '백단'은 제2차 세계대전 이후 일본 육군 참모본부 출신 장교들이 중심이 되어 구성된 비공식 군사 자문 집단이었다. 이들은 1949년부터 1960년대 초반까지 중화민국(대만) 정부의 요청에 따라 대만으로 건너가, 국민당 정권의 군사 현대화와 국방체계 개혁에 핵심적인 조언을 제공했다.

백단은 반공대륙과 반공복국이라는 중화민국의 국가 전략에 발맞춰, 대규모 상륙작전 계획을 포함한 여러 군사 전략을 제안했다. 그러나 이들은 전면전보다는 제한전 중심의 전략으로 방향을 선회할 필요가 있다고 권고하였다.[29)]이러한 활동은 대만군의 조직 개편과 작전 능

28) 姚惠耀. 戰後臺灣「軍中樂園」研究 (1951-1992), 國立臺灣師範大學 臺灣史研究所, 2019년.

29) 陳鴻獻, 蔣中正先生與白團(1950-1969),《近代中國》160期 (2005 / 03), pp.

력 향상에 큰 영향을 미쳤으며, 오늘날에도 일부 일본식 군사 문화가 잔재로 남아 있다는 평가가 있다. 그러나 한국전쟁 발발 이후 미국이 대만에 본격적으로 군사 자문단(MAG)을 파견하면서, 백단의 영향력은 점차 축소되었다. 미국식 군사 체계가 도입되며 백단은 점차 역사 속으로 퇴장하게 되었지만, 그들의 역할은 대만 군 현대화 초기 과정에서 중요한 자리를 차지하였다.

3. 금문 특약차실의 이용자와 이용가격

1) 군인만 이용하는가

1957년 특약차실은 비군인의 출입을 엄격히 금지했으나, 1971년 금문에서는 가족 없는 공무원의 출입이 허용되며, 특약차실의 군사적 의미가 완화되었다.[30] 장보웨이는 특약차실을 군사적 · 정치적 수단이자 민간 여성에 대한 성폭력과 군민 충돌을 줄이는 '사회적 조절 장치'로 평가했다. 그러나 특약차실이 실제로 사회적 조절 기능을 했는지, 아니면 단순한 '위로제'였는지는 명확하지 않다. 그럼에도 특약차실은 군민 간 갈등에서 '성폭력' 문제에서 '사회 풍속 유지' 문제로 여론 초점을 전환시키며, 1990년대 이전까지 대만 사회에서 '필요악'으로 인식되었다.[31] 특약차실이 철저한 신분 통제하에 운영되었음에도 불구하고, 비군인이 이를 우회하여 진입한 사례가 존재한다. 공간적 의미를 변형함으로써 입장을 성공한 경우도 존재한다.[32] 실제 상황은 군

91-119.

30) 江柏煒, 《冷戰金門: 世界史與地域史的交織》(金門: 金門國家公園管理處, 2017), 頁 181.

31) 江柏煒, 〈人口遷徙、性別結構及其社會文化變遷: 從僑鄉到戰地的金門〉, 《人口學刊》46期 (2013.2), 頁 77.

당국이 제정한 법규와 적지 않은 차이를 보였으며, 군은 특약차실에서 발생하는 사안들을 완전히 통제하지 못했던 것으로 나타난다.[33]

2) 이용자와 이용 요금

1950년대 특약차실 비용은 민간 특종주가보다 저렴했다. 사병은 신대만 달러 10원, 군관이 15원이었으며, 당시 사병 월급은 7~12원, 군관은 18원 이상이었다. 장교의 야간 숙박은 50위안, 하사관은 40위안, 병사는 외박이 불가능했다. 군은 이를 해결하기 위해 병사 요금을 8위안으로 인하하고 숙박 요금을 조정했으며, 설치도 확대했다. 천창칭은 일부 노병들이 월급을 며칠 만에 다 써버렸다고 회고했다. 이후 1986년 관련 정확한 자료가 등장했다.[34] 1989년 암전庵前특약차실의 이용권 가격은 군관 250원, 위관 사관장 200원, 사관병 150원, 공무원·교육자 500원이었으며, 당시 기층 공무원 월급은 6,480원, 소위 8,550원, 소령-중령 10,350원, 일등병은 3,100원 이었다. 월급 수준과 비교해 상대적으로 저렴한 편이었다. 7분짜리 표를 여러 장 사서 이용했으며, 수익은 시응생과 매춘소가 6:4 비율로 나누었다. 금문 특약 차실 최고 전성기에는 약 250명의 성 노동자가 활동했으며, 하루 10명씩 고객을 접대할 경우 월 수익은 약 75만 원에 달했다.[35] 금문 방위 사령부에

32) 당시 32세였던 왕쭝뎬(王宗典)은 허난성(河南省) 저촨(浙川) 출신으로, 육군 제3요양대 제11중대에서 제대한 병사였다. 그는 1957년 3월 20일,「반란처벌조례」제10조 후단 및「형법」제37조 제2항에 따라 징역 7년과 공권박탈 5년을 선고받았다.

33) 〈玆將各地軍中樂園改制設置特約茶室檢討會議記錄隨呈賚請核備由〉,「軍中樂園設立及管理案」(臺北: 國防部藏), 總檔號: 00049916.

34) 宋怡明, 前線島嶼: 冷戰下的金門, 臺大出版中心出版 (2008), p.209

35) 위의 주, p.210.

지급되는 이익은 섬의 군대 복지 사업의 주요 재정이 되었으며, 세탁, 샤워, 이발, 도서관, 연극, 각종 경연의 상금 등이 포함되었다.

최전성기인 1950년대 후반, 금문 주둔군은 주로 나이 많은 대륙 출신 병사였고, 이들은 결혼 기회가 적어 특약차실을 이용했다. 특약차실은 '결혼식' 서비스도 제공했으며, 시응생과 고객 간 개인적 관계나 결혼 사례도 일부 있었다. 그러나 관계 발전을 거절당하는 경우도 많았다. 823 포격전이 발발하면서 금문도에 있는 다른 모든 생활처럼, 매춘소는 영업을 중지했다. 중공이 휴전을 선언하자 매춘소는 곧바로 재개업했다.[36] 이로 인해 "공산당은 '단타쌍불타單打雙不打' 즉 홀수 날에는 포격이 있고 짝수 날에는 포격이 없다. 반면에 특약차실은 '짝수날은 타격, 홀수날은 불타격'"이라는 농담이 생겼다. 그러나 곧 긴 침체기를 겪게 된다. 왜냐하면 1960년대 초반에 금문에 주둔한 병사의 대다수가 대만에서 온 의무병이었다.[37] 이들은 대륙 출신 군인들보다 젊었고, 군대에서 짧은 기간만 복무한 후 제대했다. 결국 영업 규모가 축소되고, 모집 인원은 줄며 접대부의 평균 연령이 상승했다.

4. 금문 특약차실의 군사적·사회적 성격과 역사적 배경

1950년대 대만은 특약차실을 설치했고, 이에 대한 사회적 반발도 거의 없었다. 이 배경에는 두 가지 주요 요인이 작용했다. 첫째, 전시 체제라는 역사적 상황이다. 미·소 간 냉전과 국공내전이라는 국제 정세 속에서, 대만 사회는 일본 식민통치와 전쟁 유산 문제를 즉각적으로 처리하지 못했다. 대량의 장병이 대만으로 이동하면서 탈영, 자살,

36) 위의 주, p.210.

37) 위의 주, p.211.

사창 출입, 민간 여성 대상 성폭력 등 다양한 문제가 발생했다. 전시 상황에서 군인의 성과 신체는 군대와 국가 안보에 직결된 문제였으며, '군인-군대-국가'라는 삼자 관계는 긴밀히 얽혀 있었다. 미군클럽 설치는 신시아 엔로가 지적한 대로 군사동맹의 성적대상화(sexualization)로 기능하며, '대만-미국' 반공전선의 '필요악'으로 여겨졌다.[38)]

둘째, 군은 특약차실의 정당화를 위해 고대 중국, 일본, 유럽, 미국 등 다양한 역사적 경험을 참조했다. 금문 특약차실은 1950년대 초 금문이 군사기지화 되는 과정에서 대만 국방부와 지역 군사사령부 주도로 설치되었다. 표면적으로는 장병 사기 진작과 후방 안정 차원의 복지시설로 분류되었으며, 실제로는 성매매를 공식적으로 용인하고, 특정 여성들을 조직적으로 성노동에 종사하도록 편성한 위안소 형태의 군사제도였다.[39)]특히 일본군 위안소 시스템의 일부를 계승하되 대만 국군 체제에 맞게 재편된 것이었다. 당시 대만 정부는 군 위안소 존재를 법제화하지는 않았지만, 암묵적이고 비공식적인 지침과 명령을 통해 특약차실을 정당화하고 유지했다. 군부는 병사들의 '건전한 욕구 해소'를 명분으로 삼았고, 공중보건과 성병 관리를 이유로 의료 검진, 신분 등록, 출입 통제 등의 방식으로 여성들을 제도적으로 관리했다.

38) Cynthia Enloe, *Maneuvers: the international politics of militarizing women's lives*, pp.89-99.

39) 〈為請求舉辦軍中樂園應候另令飭辦由〉, 「軍中樂園設立及管理案」, 總檔號: 00049913.

V. 특약차실의 시응생

1. 자발적/비자발적, 강제/동원

한국과 대만에서 '위안부' 문제는 자발과 강제라는 단순한 이분법 속에 갇혀, 종종 '매춘부'나 '성노예'라는 과도하게 단편적인 범주로 논의되어 왔다. 성별 담론과 국민국가 이데올로기가 결합되면서, 군 위안부 피해자 서사가 강조되었고, 대만에서는 국민당과 민진당 간 정치적 공방에서 '위안부'와 '특약차실' 문제가 전략적으로 활용되기도 했다. 그러나 이러한 사안을 학문적으로 깊이 탐구한 연구는 매우 제한적이며, 그 결과 역사적 진실은 정치적 논쟁 속에서 왜곡되고 있는 실정이다. 오늘날까지도 '위안부'와 특약차실을 포괄적으로 학문적 시각에서 조명한 연구는 극히 드물어, 역사적 사실은 여전히 정파 간 갈등과 오해 속에서 반복적으로 굴절되고 있다.[40]

특약차실을 지나치게 긍정적으로 기술하고 있는 천창칭은 특약차실에서 일했던 여성들은 '시응생侍應生'이라 불렸으며, 이들은 제2차 세계대전 당시 일본군에 의해 강제로 연행된 '위안부'와는 본질적으로 다른 존재였다고 주장하고 있다. 위안부는 국가 권력에 의해 강제로 동원되었지만, 시응생은 스스로의 선택으로 차실에 들어왔다는 것이다. 또한, 일반적인 대만의 기녀들과도 차이를 보였다. 대만의 창기娼妓들은 대부분 포주나 조직폭력배의 통제와 착취, 혹은 그들의 비호 아래에 놓이는 반면, 군은 시응생들에게 그런 위협 없이 생계를 유지할 수 있는 비교적 안정된 환경을 제공하려 했다고 밝히고 있다.[41] 시응생은 일반 공창의 여성들과는 신분에서부터 뚜렷이 구별되었다. 그

40) 姚惠耀, 軍國主義下的性治理: 戰後臺灣 "軍中樂園"研究 (1951-1992), 2023.

41) 陳長慶, 金門特約茶室, 金門縣文化局, 2006年, 228쪽 후기 참고.

들은 군무원으로 분류되었으며, 국방부는 시응생에게 필요한 주식과 부식, 그리고 군 의약품까지 공급하였다. 더 나아가 부대의 규모에 맞춰 특약차실의 수와 규모, 시응생 인원까지 적정하게 유지되도록 철저히 관리하였다.[42] 즉, 특약차실은 단순한 성 산업 공간이 아니라, 전시 체제 하 군인과 여성이 각자의 외로움과 결핍을 잠시나마 해소할 수 있었던, 당시의 시대적 필요와 조건이 만들어낸 특수한 제도였다고 강변한다.[43] 이는 일본군 위안부에 대한 고바야시의 변론도 이와 같다. "당시 일본군도 인권을 중시했고, '위안부'가 되는 것은 오히려 가난한 여성들에게는 신분 상승의 기회였다. 모두가 희망을 안고 군에 들어갔다. 어떻게 '강제로 군에 끌려간' 것이겠는가? 기생집에 팔려간 여성들은 돈을 벌어도 자주 착취당했고, 병에 걸리면 주인은 돌보지 않고 방치했으며, 인생은 망가져 버렸다. 반대로 '위안부'가 되면 수입이 안정적이었고, 저축도 가능했다. 게다가 엄격한 위생관리도 있었기 때문에, 그녀들에게는 더할 나위 없이 좋은 일이었다. 일반 기생집에서는 여성에게 콘돔을 제공하지도 않았다."[44]

이와 함께 특약차실의 회고에서 드러나는 것은 기억의 왜곡과 전유의 정치다. 금문의 전쟁기념관, 반공 전시관, 관광 개발 프로젝트 등에서 특약차실의 존재는 거의 언급되지 않거나, 때로는 미화되거나 단순화된 이미지로 소비된다. 이 과정에서 특약차실은 "군인 사기 진작을 위한 전시 복지" 혹은 "시대의 불가피한 산물"로 재해석되며, 구조적 성착취의 폭력성은 희석된다. 이렇게 국가가 선택적으로 기억을 관리

42) 위의 주.

43) 천창칭, 금문특약차실, 금문현문화국, 2006년, 228쪽 후기.

44) 小林善紀著, 賴青松､蕭志強譯, 《臺灣論: 新傲骨精神》(臺北: 前衛, 2001), 頁 203-204。

하고 특정 기억만을 공적으로 기념하는 구조 속에서, 서발턴의 목소리는 '기억되지 않는 자'이자 '말해도 들리지 않는 자'로 남는다. 서발턴의 경험을 복원하기 위해 중요한 도구는 '증언(testimony)'과 '기억(memory)'이지만, 그것 역시 결코 단순하지 않은 정치적 과정이다. 특약차실 생존자들의 기억은 대부분 공적 영역에 포섭되지 않았고, 위협과 사회적 낙인 속에서 은폐되었다. 최근 일부 구술 인터뷰와 민간 조사 연구를 통해 단편적인 증언이 수집되었지만, 전체적 구조를 규명하기에는 여전히 불충분하며, 그 신뢰성과 사회적 정당성 또한 끊임없이 의심받는다.

그러나 1980년대 말, 여성운동의 부상, 냉전 종식, 자유민주화 진전, 젠더 이데올로기의 변화, 그리고 국내 위안부·아동 성매매 문제 논의의 확산과 맞물리면서, 군국주의 체제, 전통적 보수 도덕과 성별 구조, 냉전적 권력 배치, 중화민국의 '동원감란動員戡亂' 체제 속에서 형성된 특약차실 제도는 점차 해체되기 시작했다. 인권운동과 여성주의 사상이 사회에 스며들며, '가부장제'라는 개념은 억압적 체제를 이해하는 분석적 틀로 기능했고, 동시에 '성매매 여성'의 취약성脆弱性을 새롭게 정의하는 전략적 언어로 자리 잡았다. 다시 말해, 성매매 여성의 취약성은 여성주의 정치의 비판적 전략이자 가부장제를 성찰하는 렌즈로 작동했다.

특약차실에 참여한 여성들의 모집 경로는 대부분 비자발적이거나 반강제적이었다. 이들은 주로 빈곤층 출신으로, 학력과 사회적 지원이 부족한 상황에서 생계유지를 위해 제도적·경제적 압력 속에 이 공간으로 흘러 들어왔다. 일부는 이미 성매매 업소에 종사하고 있던 여성들이었고, 일부는 가족 생계나 개인 채무 문제로 인해 업주나 중개인을 통해 소개되었다. 군 내부와 경찰 조직과 연결된 브로커들이 여성들을 대만 본섬이나 다른 지방에서 금문으로 '이동'시키는 역할을 수행했으며, 이 이동은 결코 자발적 선택이 아니라, 제한된 경제적 조건 속에서 강요된 결과였다.

이후 참여 여성들은 금문이라는 폐쇄된 공간 안에서 외부와의 접촉을 차단당한 채, 감시와 통제 속에서 생활해야 했다. 가족에게조차 자신의 신분을 숨겨야 했으며, 복무가 종료된 뒤에도 사회적 낙인과 정신적 상처로부터 자유롭지 못했다. 상당수는 군인들과의 관계에서 임신, 낙태, 성폭력 피해를 겪었으나, 이러한 경험은 오랜 시간 동안 공식 기록과 사회적 기억 속에서 배제되었다. 이처럼 특약차실 여성들의 사회적 배경과 경험은, 국가에 의해 서발턴화(subalternized)된 여성 주체가 어떻게 조직적 침묵 속에 위치하게 되었는지를 보여주는 구체적 사례라 할 수 있다.

2. 시응생의 출신 배경과 취약성

무엇보다 1950년대 국군은 주로 외성인 출신으로 구성되었고, 반면 특약차실의 시응생은 필연적으로 본성인 여성을 모집할 수밖에 없었다. 특히 군인과 시응생에 대한 사회적 상상은 외성인과 본성인 간의 긴장과 갈등 문제와 밀접하게 얽혀 있었다. 군인은 남성성과 '침투하는 자'로, 시응생은 연약한 여성, 즉 '침투당하는 자'로 재현되며 성별 규범 속에서 고정화되었다. 이러한 이분법적 상상은 본성인 남성의 국가에 대한 불신과 반감을 더욱 심화시키는 요소로 작용했다.

시응생의 출신 배경을 중심으로 보면, 그 과정에서 성별 체제, 연령 권력, 그리고 족군·집단 간 편견이 복합적으로 교차하며 작동했음을 알 수 있다. 당시 특약차실의 시응생은 다양한 경로를 통해 충원되었다. 주요 출처로는 군인의 가족軍眷, 자발적 종사자, 인신매매 피해자,

여성 수감자, 사창, 양녀, 원주민 여성 등이 있었다. 다만, 일부 사례는 증거가 불충분하여 정확한 출처를 확인하기 어려운 경우도 존재한다.

1) 군인의 가족(軍眷, 군권)

1951년 10월, 금문 방위사령관 후롄은 군중낙원 설치를 추진했으며, 그중 약 100명의 군기 중 일부는 성매매 종사 경험이 있는 대만 여성 시응생이었고, 소수는 남편을 잃거나 실종된 대륙 출신 군인 가족이었다.[45] 후롄장군의 해석에 따르면, 본래 성매매에 종사하던 여성은 자발적 참여자이지만, 군인 가족은 "환경에 의한 강요"의 피해자였다.[46] 이에 따라 군 당국은 '인도주의에 부합하고 사기를 저해하지 않기 위해', 군인 가족을 타이베이로 송환하고 연합보급사령부에서 일괄 관리하도록 하였다. 이처럼 군인 가족은 '양처良婦'로 상상되었고, 군인의 소유물로 간주되며, '군인-군대-국가' 삼위일체 구조 속에서 국가가 보호해야 할 중요한 존재로 설정되었다. 이들을 보호함으로써 군인의 후방 부담을 줄이고, 군심의 안정을 도모하려는 목적이 있었다. 하지만 1951년 11월 5일, 금문방위사령부 총정치부 문서에 따르면, 금문에 도착한 7명의 시응생 중 실제 군인 가족은 1명뿐이며, 나머지 6명은 금문 도착 초기에 신분을 격상시키려 군인 가족을 사칭하였다. 이처럼 군인 가족이라는 신분은 군인의 호감을 얻는 데 유리하게 작용할 수 있었던 것으로 보인다.[47] 이는 이들이 '군인 가족'이라는 정체성이 군

45) 金門國軍將先行試辦〉,「軍中樂園設立及管理案」(臺北: 國防部藏), 總檔號: 00049913

46) 金門國軍將先行試辦〉,「軍中樂園設立及管理案」, 總檔號: 00049913.

47) 〈復女侍應生中軍眷部分情形〉,「軍中樂園設立及管理案」(臺北: 國防部藏), 總檔號: 00049913.

내에서 어떤 위상을 갖는지를 알고 있었음을 방증한다. 군 당국이 군인 가족을 대만으로 송환한 조치는 '군심 안정'이라는 현실적 목적 아래 여성의 신분을 전략적으로 활용한 군국주의의 작동을 보여준다. 군인 가족과 군기 모두 군사화된 여성으로서, 군국주의는 여성의 성별 역할을 모성 역할을 담당하는 '군인 가족'과 성욕 해소를 위한 '군기'로 이원화하며, 이 둘 사이에 엄격한 경계선을 그었다.

2) 여자 죄수와 창녀

사회적으로 군중낙원의 '시응생'이 어떤 경로로 유입되었는지를 설명하는 대표적인 통설은 크게 두 가지로 나뉜다. 첫 번째는 형사 범죄로 수감된 여성들이 군중낙원에서 일정 기간 근무하는 조건으로 형기를 감경 받았다는 견해이다. 두 번째는, 반복적으로 검거된 민간 사창 여성들이 경찰의 단속 이후 군중낙원으로 이송되었다는 설명이다. 여성 수형인의 형기 감면설은 『풍월대만風月台灣』에서 커루이밍柯瑞明이 언급하였다.[48] 하지만 그는 민간에 떠도는 구전을 수집했을 뿐, 여성 수감자가 특약차실에서 성매매를 하게 되었다는 구체적인 증거는 제시하지 못하였다. 소설가 예샹시葉祥曦의 『831 군중낙원, 八三么軍中樂園』에는 형기 감면을 위해 군중낙원에 들어간 여성 수감자들의 이야

48) 柯瑞明,《台灣風月》(臺北: 自立晩報, 1991), 頁 73-74. "타오위안에서 커플 강도 사건이 발생했는데, 남성은 군법에 따라 사형을 선고받았고, 여성은 자발적으로 외도로 가 '신체를 바쳐 나라에 보답'하고자 군기(軍妓)가 되었다. 이 사건이 널리 퍼지면서, 사람들은 831 부대의 여성들이 죄를 짓고 군중낙원에 보내졌다고 믿게 되었다. 실제로는 일부 여성 수형자들이 자발적으로 동의한 뒤 서명하고 외도로 보내져 장병들을 위문한 경우도 있었다. 이들 대부분은 풍속을 문란하게 한 죄나 마약 사용 등의 범죄를 저지른 자들이었다."

기가 등장한다.[49] 하지만 소설의 등장 이야기일 뿐 확실한 증거는 아직 없다.

사창은 대체로 빈곤과 열악한 환경 속에서 어쩔 수 없이 성매매에 내몰린 여성으로 간주되어, 보호 수용을 통해 기술을 익히고 다른 생계 수단을 찾도록 도와야 할 대상으로 여겨졌다. 그러나 또 다른 부류의 사창은 사회의 악습에 물들어 스스로 타락의 길을 선택한 '풍진의 여인'으로 인식되었다.

잡지 『부우婦友』에 실린 "양녀와 사창의 수용 좌담회養女娼妓收容問題座談會"라는 글에 따르면, 양녀와 사창의 수용 문제는 새로운 기술 교육과 개개인의 소질에 맞춘 일자리 배치를 중심으로 이루어졌다. 하지만 여러 차례 권고에도 불구하고 성매매를 그만두지 않는 여성들은 결국 특약차실으로 보내졌다고 한다.[50] 즉 기술 습득 후 정부가 강제로 배치하거나, 악습이 개선되지 않은 여성은 특약차실로 이송되었음을 알 수 있다. 이를 통해 알 수 있듯, 반복적으로 체포된 민간 사창가의 창녀들은 특약차실로 보내지는 것이 당시 당국과 여성 단체가 공인한 공식 방침이었다. 리아오李敖도 이와 비슷한 지적을 했다. 그는 "외도의 군중낙원 기생들 상당수가 대만 본토에서 체포된 민간 창녀들로, 강제로 '충군充軍'되어 전선으로 보내져 군인들의 성욕을 해소하는 역할을 맡았다"고 밝혔다. 특히 타이베이 화시제華西街의 민간 사창들은 세 차례 연속 체포될 경우 어김없이 전선으로 보내졌으며, 이들의 수입 보장 역시 거의 이루어지지 않았다."[51]

49) 葉祥曦,《八三么軍中樂園》(臺北: 大辣, 2014), 頁 86-87.

50) 本刊資料室,〈養女娼妓收容問題座談會〉,《婦友》3 期 (1954年 12月), 頁 17-18.

51) 李敖,〈國民黨與營妓〉,《中國性研究》(臺北: 展智文化, 2007), 頁 223.

비록 정부의 공식 자료에서 '사창을 군기로 충원했다'는 기록은 확인되지 않지만, 부우월간婦友月刊, 리아오, 커루이밍 등의 글에서 보이듯, 도덕적으로 타락하고 권고를 따르지 않는 창녀들은 군과 사회가 바라보는 성 노동자 이미지에 부합하였고, 이는 군이 경찰의 협조를 얻어 사창을 군기로 전환시키는 데 정당성을 부여해주었으며, 심지어 당, 정부의 여성 조직들도 이를 지지하였다.

3) 원주민 여성

대만 원주민이 겪는 빈곤과 주변화, 그리고 가부장적 사회에서 여성으로서의 취약한 지위는 다수 원주민 여성이 인신매매의 대상이 되는 배경이 되었다. 각종 자료를 통해 시응생 중 원주민 여성이 포함되어 있었음을 확인할 수 있다. 커루이밍柯瑞明은 일부 시응생이 민중봉사처民眾服務站와 부족 수장의 추천을 통해 모집되었다고 언급한다.

"초기 831부대의 위문용 기생들은 오지 산간 지역의 민중봉사처를 통해 충원되었으며, 산지 부족 수장들은 '몸을 바쳐 나라에 보답한다'는 명분으로 집단적으로 이들을 '구매'하여 산 아래로 이끌었다. 민중봉사처는 위협과 회유를 동원하며 군인들을 달래는 미덕을 실천하는 듯했으나, 결과적으로 원주민의 순수한 풍속과 공동체 규범을 훼손하였다. 이러한 과정은 오늘날까지도 원주민 사회에서 딸을 팔아 생계를 유지하거나 아동 성매매 문제로 이어지는 구조적 요인 중 하나로 작용하였다."[52]

민중봉사처는 본질적으로 계엄 시기 국민당이 지역사회에 깊숙이 침투하고 통제력을 확립하기 위해 설치한 핵심 기관 중 하나였다. 국

52) 柯瑞明, 《台灣風月》, 頁 73.

민당은 산지의 민중봉사처를 매개로 군중낙원 시응생을 선발하며, 원주민 여성의 경제적 취약성을 이용해 사실상 매매를 유도하였다. 즉, 국민당은 지역 조직을 통해 원주민 소녀들을 동원함으로써, 국가가 필요로 하는 인적 자원을 확보하는 수단으로 삼았다.

이러한 사실은 대만 국방부 문서에서도 일부 확인된다. 1954년 11월, 대만성 정부가 국방부에 제출한 공문에는 원주민 여성의 고용을 금지해 달라는 요청이 담겨 있어, 시응생 중 일부가 원주민 여성임을 뒷받침하고 있다.[53)]

1954년 12월, 중령 참모 허쥔루何均如가 타이둥 군중낙원을 방문하여 작성한 보고에 따르면, 당시 이 시설에는 시응생 16명이 있었고, 이 중 7명이 '산지 여성'으로 기재되어 있다.[54)]

많은 금문의 주민들은 '특약차실'의 성 노동자들이 대만 본섬의 공창 제도 아래에서 불법 성매매로 처벌받은 여성들이라고 믿고 있었다. 1960년의 기사에는 한 소녀의 인터뷰가 실려 있었는데, 그녀는 자신이 대만에서 호객행위로 체포되었으며, 감옥에 가거나 금문의 특약차실에서 일하는 것 중 하나를 선택해야 했다고 증언했다.[55)]

금문도에서의 생활은 대부분의 성 노동자들에게는 고된 경험이었지만, 많은 이들이 그곳을 선택한 이유는 다른 대안이 없었기 때문이었다. 외부와 철저히 단절된 금문은 군사적 통제 아래 비교적 안전하고

53) 〈准臺灣省政府電請禁止各地軍中樂園雇用山地籍女子希遵照由〉, 「軍中樂園設立及管理案」(臺北: 國防部藏), 總檔號: 00049914。

54) 姚惠耀, 軍國主義下的性治理: 戰後臺灣"軍中樂園"研究 (1951-1992), 南天書局, 2023. 123쪽. 〈臺東軍中樂園准由臺東指揮部辦理由〉, 「軍中樂園設立及管理案」(臺北: 國防部藏), 總檔案號: 00049914。

55) 宋怡明, 前線島嶼: 冷戰下的金門, 臺大出版中心出版 (2008), p.208.

조용한 환경을 제공했으며, 군 위안소는 단순한 성매매 공간이 아니라 엄격히 규율화된 제도적 성격을 띠고 있었다. 자료에 따르면 일부 여성들은 자발적으로 금문으로 향했지만, 이러한 선택 역시 자유로운 의사만으로 설명될 수는 없었다. 폭력, 빈곤, 교육 기회의 부재, 생존 수단의 결핍과 같은 구조적 요인이 이들을 성매매의 길로 몰았다. 십대 시절부터 업계에 내던져진 여성도 있었고, 나이가 들어 본섬에서 손님을 받기 어려워진 여성, 혹은 금문에서 빠르게 돈을 모아 업계를 떠나려는 여성도 있었다. 금문이라는 '잊힌 공간'은 이들에게 한편으로는 은폐의 장소였고, 다른 한편으로는 생존을 위한 절박한 선택지였다. "아무도 그녀들이 여기 있다는 걸 몰랐다. 그게 바로 그녀들이 이곳에 온 이유였다."

일부 시응생은 규정에 따라 모집되었지만, 실제로는 미성년자를 유인하거나 납치하여 강제로 일하게 하는 사례도 존재했다. 폭력과 협박, 폭력 조직의 개입은 피해를 더욱 확산시켰다. 이러한 강제성과 착취 구조는 일본군 '위안부' 생존자들의 구술 증언과 유사하며, 금문 특약차실 역시 군사화된 성 착취 제도의 연속선상에 있었다.

당시 여성 수감자가 감형을 목적으로 시응생으로 근무했거나, 경찰과 군이 협력하여 사창 여성을 군중낙원으로 이송했다는 정황에 대한 물증은 남아 있지 않다. 그러나 대만 부녀회는 사창 여성의 군기화에 찬성하는 입장이었다. 원주민 여성 시응생의 고용과 관련해서는 군 당국의 자료가 존재하며, 이에 대해 대만성 정부는 국방부에 원주민 여성의 채용을 중단할 것을 요청하기도 했다. 이러한 조치는 '순박한 산간 민족'을 보호해야 한다는 인식에 기반한 것이었다.[56]

56) 黎胖, 戒嚴時代女性比較安全 ?那可未必——評《軍國主義下的性治理: 戰

4) '합법' 적 시응생 모집

천창칭은 타이베이 모집소의 명문화된 규정을 나열하면서, 만 18세 미만, 유부녀, 장애인, 양녀(생부모의 동의가 없을 경우), 성병 보유자, 전과자 등은 금문 특약차실에서 근무할 수 없다고 명시하였으며, 시응생 선발은 매우 엄격하고 번거로운 심사를 거쳐야만 하였다. 그는 다음과 같이 말했다: "법정 연령을 충족하는 것 외에도 본인 동의서, 신분증, 호적 등본, 군사 기밀 유지 서약서를 제출해야 하며, 복지업무 담당 정5조와 보안업무 담당 정4조의 합의를 거쳐 각 시 · 현 경찰국을 통해 안전 심사를 받아야 한다. 만약 어떤 불량 기록이라도 발견되면, 금문 근무는 절대 불허된다. 양민을 강제로 창기로 만들거나, 교도소 여성 수감자를 징역 대신으로 쓰는 일은 결코 없었다."[57]

천창칭은 시응생의 '자발성'을 강조하며 강제 동원 의혹을 부인했으나, 이는 금문 등 관방 운영에 한정된 주장일 가능성이 높다. 실제로 일부 지역에서는 미성년자 유인 · 납치, 폭력 · 협박에 의한 강제 성매매, 인신매매 사건 등이 발생했으며, 폭력 조직이 개입하기도 했다.[58]

5) 시응생과 위안부 논쟁

1980년대 후반, 특약차실은 민영화 되었지만, 군은 여전히 감독을 유지했다. 여전히 특약차실은 수익성 있는 사업으로 남아 있었다. 그

後臺灣「軍中樂園」研究 》, 2024.09.20. https://watchout.tw/forum/NVtxZatCDyIhnS34uT5y

57) 陳長慶, 《金門特約茶室》, 頁 126-127。

58) 黎胖, 戒嚴時代女性比較安全？那可未必——評《軍國主義下的性治理: 戰後臺灣「軍中樂園」研究》, 2024, 09.20. https://watchout.tw/forum/NVtxZatCDyIhnS34uT5y.

래서 처음 2년 민간업자와 계약 후, 1989년에 경영사가 다시 2년의 연장 계약을 희망했다. 하지만 한국에서 위안부 할머니들의 공공 캠페인에 뒤이어서, 대만에서도 2차 대전 당시 위안부들이 공중의 관심을 받았다. 당시 대만 야당 의원들이 국민당 정부의 군사정책을 비판하기 위해서 위안부 여성들의 비극을 조명했을 때, 대만의 특약차실의 지속적인 존재를 포착했던 것이다. 그래서 1990년 말 특약차실 경영 계약이 철회되면서, 금문의 특약차실은 40년 만에 문을 닫았다.[59)]

1990년대 들어, 특약차실은 국제적 '위안부' 논쟁의 맥락 속에서 새로운 정치적 의미를 띠게 되었고, 시응생의 취약성 또한 이전과 다른 방식으로 부각되었다. 1992년, 천수이볜 의원은 국민당 시기의 '특약차실'을 사실상 위안부 제도의 연장선상으로 규정하며 진상 조사와 공식 사과, 보상을 요구했으나, 국민당 측은 '자발적 운영'이라는 논리를 내세우며 이를 거부했다. 천수이볜 의원은 여성들을 납치, 속임수, 범죄자 출신, 강제 계약, 공개 입찰에 의한 인신매매 등으로 구분했지만, 열악한 노동 환경과 성폭력 문제는 충분히 조명되지 않았다.

금문의 특약차실 제도는 1990년대에 공식 폐지되었지만, 위안부 논쟁이 재점화되면서 정치적 쟁점으로 다시 부상하였다. 한편, 냉전기 금문 특약차실에서 근무한 작가 천장칭은 위안부와 특약차실을 동일시할 수 없다며 '자발/강제'라는 이분법적 프레임을 들어 제도를 방어했다.

2001년 일본 우익 만화가 고바야시 요시노리는 대만 여성 위안부의 '자발성'을 강조한 허원룽과 차이쿤찬의 발언을 인용하며 일본군 위안부 제도를 정당화하기도 했다.[60)]

59) 마이클 스조니, 347쪽.

치메이그룹 회장 허원룽은 ‘위안부’를 경제적 빈곤 속에서 위생 · 수입이 보장된 ‘좋은 선택’으로 묘사하며, 전쟁과 군 내 성폭력으로 인한 피해를 외면했다. 이에 여성단체, 친민당, ‘위안부’ 생존자들이 강하게 반발했고, 입법위원의 분서 시위로 나아갔다. 민진당은 국민당 시절 ‘군중특약차실’을 반격 카드로 활용했다.

고바야시 요시노리는 대만 내부의 족군 대립을 부각하며 위안부 반대 세력을 ‘대만 거주 중국인’으로 규정했다. 일본 좌파 학자들은 『대만론』을 1990년대 일본 역사 수정주의와 연결 지으며, 『전쟁론』과 함께 ‘조국을 위한 희생’이라는 가치를 공유한다고 분석했다. 카와시마 마루는 대만 내 일본어 세대, 반중 정서, 그리고 일본과 대만의 공통된 가치와 기억이 일본 우익의 정신 재구성에 자원을 제공한다고 지적했다.[61)]

일본 좌파 학자들은 고바야시 요시노리가 대만을 일본 정신 구축의 방법으로 삼았다고 지적하지만, 대만 독립파가 『대만론』에서 역사를 되찾으려는 갈망을 간과했다. 다시 말해, 일본인은 대만을 통해 자신을 재구성하며 자기 학대적 역사관에서 벗어나고자 했으며, 대만 독립파 역시 일본 작가의 필치를 통해 국민당이 대만에 오기 전 대만을 재인식하여 대만 민족을 구축하고 상상하려 했다. 이에 대항하기 위해 통일파는 ‘노예근성’, ‘황민화 사상’으로 비판했다. ‘위안부’와 특약차실은 다양한 정치적 분쟁과 그 요구 속에서 대변되고 재현되며 소환되었다. 이러한 배경은 일본 식민, 제2차 대전, 그리고 냉전 시기 국민

60) 台湾论续篇 小林被批: 军国主义, 大纪元, 2001-03-15, https://www.epochtimes.com/gb/1/3/15/n58203.htm.

61) 川島真〈作為研究方法的臺灣—日本對臺灣的關注〉, 收錄於陳光興、李朝津編《反思《台灣論》: 臺日批判圈的內部對話》, 頁 46-55.

당 통치 기간에 대한 역사 인식 차이에 기인한다.[62]

대만의 '위안부'와 '특약차실' 문제는 제2차 세계대전과 냉전 시기의 '식민과 전쟁의 유산'을 보여주는 사례다. 대만에서 이러한 관점이 등장한 배경에는 연속적·다중적 식민 경험과, 각 족군이 식민사를 인식하는 방식의 차이가 자리한다. 이 지점은 식민과 후식민, 냉전과 탈냉전, 민주와 독재라는 다양한 담론 축이 서로 얽히고 경합하는 복합적 역사적 장소일 뿐만 아니라, 내부적으로는 중국/대만, 통일파/독립파, 친중파/반중파 등 서로 다른 시각이 충돌하는 현실정치의 장이기도 하다. 나아가 이러한 구조는 현재의 중·미 갈등 속에서 동아시아의 대만 문제와 한반도 문제가 맞물려 나타나는 맥락과도 연결된다.

일본 교육을 받은 허원룽 등은 전후 '언어 문제'뿐 아니라, 국민당의 항일 및 반공 역사 서술 속에서 자신들의 식민 경험이 충분히 반영되지 못해 '말 없는 세대'로 남았다. 이 때문에 1990년대 일본 우익 세력인 고바야시 요시노리 등과의 연합은, 과거 식민 경험자를 전략적으로 활용해 현재 국민당의 식민적 체제와 미래의 잠재적 식민자로 여겨지는 중국 공산당을 상대하려는 정치적 기획으로 이해될 수 있다. 그러나 이러한 설명은 성별(sex/gender) 축을 충분히 고려하지 못한다. 군국주의와 성별 체제가 긴밀히 연결된 상황에서, 군대 남성성의 특성과 창녀/모성 이분법은 전전, 제2차 세계대전, 냉전이라는 시공간 속에서 지속적으로 생산되고 재생산되었다.

허원룽 등은 이전 식민자와 상호 의존했을 뿐 아니라 대만 여성들을 짓밟는 도구로 삼아 일본 식민을 정당화하고, 국민당의 악행을 강

62) 〈北京怒斥許文龍「奴顏媚骨」〉(2001.3.10.), 《大紀元》, http://www.epochtimes.com/b5/1/3/10/n56571.htm.

조하는 정치적 목적을 달성했다. 대만 출신 '위안부'들은 허원룽에 대한 반론을 현장 증언으로 제기하며 국민당, 친민당 등 친중 반일 정당의 힘을 빌려 그들에게 입은 2차 피해를 고발했다. 만약 허원룽 등이 '이전 식민자를 이용해 후속 식민자를 비판한다'면, 기층 여성들은 정치적 주변에서 동맹을 찾으며 성별 체제에 게릴라식 저항을 전개했다.

한편, 국민당, 친민당 등 통일파 정치인들은 항일, 반공 역사 서술을 계승하며, 초기 역사 서사는 난징 대학살 당시 일본군의 만행을 묘사하는 데 집중했다. 1990년대 이후에는 같은 논리로 '위안부' 사건을 바라봤다. 왕하이펑은 고바야시 요시노리와 허원룽 등의 '문화적 대만 독립' 논리를 폭로하며, 이들이 혈연을 민족주의 근거로 부정하고 전통 중국 문화를 말살하며 대만의 일본 정신 계승을 심화시키고, 문화적으로 중국과의 연결을 끊는다고 지적했다.

'위안부'의 억압된 위치를 강조함으로써 통일파들은 국민당 권위주의 체제 하의 항일, 반공 역사 서사 틀 안에서 '대만 동포에 대한 배려'라는 이름으로 식민 통치의 역사 해석에 개입하며, 허원룽 등의 식민 긍정론에 맞섰다. 겉으로는 식민 비판의 입장처럼 보이지만, 민족주의 본질의 담론과 반일 정서로 인해 결국 중국 민족주의 담론이 되어버렸다.

타이두 주창자들은 일본 식민 시기의 '위안부' 만행을 인식하면서도, 국민당과 통일파의 중국 민족주의적 항일 역사 서술을 반박하기 위해 국민당 권위주의 통치 시기 '군중특약차실'을 반격 전략으로 소환했다. 통일파는 정작 국민당 권위주의 시기에 설치된 '특약차실'에 대해서는 침묵하거나 언급을 피하고 있으며, 질문을 받았을 때는 "일본 위안부와는 다르다. 그들은 자발적으로 일했고, 돈도 받았다. 문제없다"라고 주장하여 논란을 일으켰다. 이는 중국과 대만 내 민족주의

적 정치 감정 동원의 메커니즘을 반영하는 사례다.[63)]

타이두 주창자들은 대만 출신 '위안부'와 '반공 복국 시기 국영 '특약차실'의 시응생은 큰 차이가 없다고 봤다. 그러므로 금문의 특약차실 역시 일종의 국군 '위안소'가 아니냐"고 질문한다. 이들은 대만 민족주의 역사 서사를 구축하기 위해 '위안부' 제도와 특약차실을 동일시하며, '위안부' 이슈가 불러일으키는 '동정' 감정을 빌려 국민당 권위주의 체제를 비판하려는 시도였다. '위안부'는 반드시 '강제당한', '불쌍한' 여성 이미지로 등장해야 했다. '위안부' 여성 이미지를 구축하는 동시에 적대 세력의 부정적 이미지를 만들었다. 즉 '친일 문화 = 대만 독립 = '위안부' 자발론 = 대만 여성 무시 = 식민주의 황민 노예'라는 식이었다. 반면, '위안부' 강제설 = 중국/대만 여성 동포의 존엄이라며 '위안부'의 '존엄'은 중화 민족의 존엄에 양보되었다.

시응생과 '위안부' 문제의 '비교 가능성'의 전제는 '자발/강제' 대립틀에 기반했다. 이 틀에 따라 논의는 '특약차실은 자발적이지 강제적이지 않다'와 '특약차실과 위안부 모두 대만 여성을 강제했다'는 두 가지 주장이 맞섰다.

'위안부' 자발론과 강제론 논쟁 속에서 양측은 동일한 성별 이데올로기에 빠졌다. 즉 일본 식민 시기 형성되고 공고해진 '착한 여자, 나쁜 여자' 이분법과 '남성 군인의 성욕은 반드시 충족돼야 한다'는 군국주의·가부장제 사상이라는 전제를 공유했다. 군국주의와 가부장제 비판은 민족주의 논의 속에서 묻혔으며, 기존 이데올로기가 논쟁에 내재했다. '위안부'와 특약차실 종업원의 '불쌍한' 이미지가 성립하려면

63) 黎牉, 戒嚴時代女性比較安全 ? 那可未必──評《軍國主義下的性治理: 戰後臺灣「軍中樂園」研究》, 2024.09.20. https://watchout.tw/forum/NVtxZatCDyIhnS34uT5y.

‘억지로 창녀가 된’ 피해 논리가 필수적이었고, 원래 창녀였던 여성은 논의에서 사라졌다. ‘위안부’와 시응생의 군대 내 일상생활은 성 노예화 이야기만 남고, 다른 일상 기억은 공공 여론 속에서 사라졌다.

그리하여 ‘위안부’와 시응생은 성적 착취 피해자로서만 인식되고, 그들의 복합적이고 다양한 경험은 축소되거나 배제된다. 이러한 단일한 피해 이미지 구축은 대중의 동정심을 자극하는 데 이용되었으며, 성별 · 젠더 구조의 복잡한 문제는 정치적 논쟁 속에서 희석되었다.

더 나아가, ‘위안부’ 자발론과 강제론 사이의 논쟁은 일본 제국주의, 전쟁, 냉전 시기 국민당 통치 체제에 대한 역사 인식 차이와 맞물려 있다. 대만 정치학자 우루이런은 왕위더王育德의 해석을 빌려 “전前 식민자를 통해 후後 식민자를 비판하는 것은 연속적인 식민 상황에서 피식민자가 갖는 독특한 무기”라고 평가했다. 그는 이 저항 전략이 전前 식민자가 만든 그물망에 빠질 위험이 있으며, 민족적 · 인류 보편적 진보 가치를 비판의 높은 위치로 삼아야 한다고 주장했다.[64]

VI. 말문이 막힌 존재들

1. 금문 특약차실 여성과 서발턴

가야트리 스피박(Gayatri Chakravorty Spivak)은 「Can the Subaltern Speak?」(1988)에서 식민주의와 탈식민주의 권력 구조 속에서 ‘서발턴(Subaltern)’을 단순히 억압받는 존재로 보지 않고, 제도와 담론의 구조 속에서 ‘말할 수 없도록 위치 지워진 존재’로 정의한다. 스피박의

64) 吳叡人, 〈反記憶政治論〉, 《受困的思想: 臺灣重返世界》(臺北: 衛城, 2016), pp.118-119.

문제의식은 단순히 '억눌린 타자'의 경험을 발굴하는 데 그치지 않고, 그 타자의 '말하기 자체'가 어떻게 불가능하거나 왜곡되는지를 묻는 데 있다. 이를 금문 특약차실 여성들의 경험에 적용하면, 이들은 단순한 성적 착취의 피해자가 아니라, 국가주의적 담론과 군사주의적 통제, 가부장적 권력 구조 속에서 '말할 수 없는 존재'로 배치된 서발턴 여성이다. 국가의 군사 전략 속에서 그녀들의 삶은 통계에 잡히지 않았고, 법적 보호를 받지 못했으며, 역사 서술 속에서도 지워졌다. 스피박이 말하듯, 서발턴은 단순히 사회적 하층이 아니라, 자신의 욕망과 고통, 경험을 표현하고자 해도 그것이 '제대로 인식되지 않거나, 아예 전달되지 않는' 구조적 위치를 가진 존재다. 금문의 특약차실 여성들은 바로 이러한 서발턴의 조건 속에 있었으며, 말하고 싶어도 들어줄 귀가 없었고, 말해도 기록되지 않았으며, 설령 기록되더라도 '왜곡된 타자'로 전유되는 운명에 놓여 있었다.

2. 익명화와 침묵 – 금문 특약차실 여성들의 지워진 역사

특약차실 여성들은 제도적으로 철저히 익명화된 존재였다. 그들의 이름은 현재 명단에 남지 않았고, 대부분의 군사 문서나 행정 기록에서는 숫자나 기능적 존재인 '시응생'으로만 표기되었다. 이는 단순히 이름이 기록되지 않았다는 의미를 넘어, 역사와 기억의 체계 속에서 철저히 말소된 존재임을 보여준다. 이 여성들의 경험은 이중의 침묵 속에 갇혀 있었다.

첫째, 당대의 침묵이다. 여성 스스로 자신의 경험을 말할 수 없었으며, 설령 말했다 해도 그것이 공식적으로 수용될 구조는 존재하지 않았다. 사회적 낙인, 법적 불인정, 가족과 지역사회의 배척은 여성들에게 침묵을 강요했다. 둘째, 이후의 침묵이다. 금문이 점차 관광지이자 전쟁 유산으로 재편되면서, '전선의 역사'와 '반공의 신화'는 기념되었지만, 그 안에서 살아낸 여성들의 목소리는 철저히 배제되었다. 현재까지도 특약차실 관련 공적 서술은 남성 장병 중심의 복지 시설 이야기로 제한되며, 여성들의 성적 착취와 노동은 주변화되어 있다.

이러한 침묵은 단순한 '말하지 않음'이 아니라, 말할 수 없도록 구성된 담론의 산물이다. 이 속에서 여성들은 '존재했지만 존재하지 않은 자', 다시 말해 서발턴의 전형적 조건 속에 놓여 있었다. 따라서 금문 특약차실 여성들의 역사와 증언을 복원하려는 시도는 단지 과거를 '밝히는' 작업이 아니라, 누가 말할 수 있으며, 어떤 말이 역사로 인정받는가를 둘러싼 권력 투쟁과 직결된다.

시응생 모집 과정에서도 여성들은 구조적 취약성 속에 놓였다. 모집을 돕는 과정에서 미성년자, 인신매매, 유괴 등의 불법적 요소가 발생했을 경우, 모든 법적 책임은 민간 사업자에게 전가되었고, 군은 어떠한 책임도 지지 않았다. 동시에, 당시 위안부 제도는 중화민국 정부에 의해 중요한 문제로 인식되지 않았다. 그 결과, 특약차실 여성들은 제도적 · 사회적 보호로부터 배제된 채, 군사 전략과 국가주의적 담론 속에서 은폐된 채 살아야 했다.

3. 사라진 공간, 지워진 기억: 금문 특약차실의 정치와 전시

현재 대만에서 특약차실을 주제로 한 유일한 전시 공간은 금문 샤오징小徑에 위치한 '특약차실 전시관'이다. 필자가 전시관에 들어서자마자 입구에 가장 눈에 띈 것은 이 문구였다.

"군위안부 제도는 유래가 오래 되었으며 세계 각국도 역시 그렇다(軍妓制度由來已久，世界各國亦然)."

이 한 줄의 서술은 특약차실 제도를 역사적 맥락과 철저히 분리시켜 제시함으로써, 제도의 형성과정과 그 안에서 고통받았던 여성들의 삶을 이해하는 데 아무런 도움을 주지 않는다. 오히려 이는 당시 집권 세력이 져야 할 정치적 책임을 은근히 희석하고, 사실상 면책하는 효과를 내포한다. 마치 "다 그렇고 그런 일 아닌가", "그때는 다 그렇지 않았나" 라는 식으로 사건을 단순화하며 축소하는 듯한 인상을 준다.

입구에 있는 이 문구 앞에서, 시대의 폭력과 차별 속에 갇혀 말할 수 없었던 서발턴 여성들의 목소리는 완전히 사라지고, 그들의 존재는 기록 속에서조차 지워진다. 전시관은 제도의 역사를 '전시'하고 있지만, 그 안에서 고통받은 인간의 경험과 억압은 철저히 배제된 채, 역사적 현실은 왜곡된 채로 관람객에게 전달된다.

금문대학 장보웨이江柏煒가 주도한 「금문 전쟁사 기록 및 조사연구(Ⅱ)」는 금문 특약차실의 건설부터 폐지에 이르기까지의 과정을 체계적으로 정리한 금문사 연구의 핵심 참고 자료다. 하지만 이 보고서의 목적 중 하나는 금문의 역사 유적 보존에 있으며, 특약차실을 전시 성산업으로 분류하고 있고,[65] 특약차실 공간의 재활용 방안으로 네덜란드와 덴마크 사례를 참고해 '인권스토리관' 개념을 제안하였다. 장보웨이는 또 다른 글에서 특약차실 기념관이 국가중심의 전쟁사관을 넘어 민간사회의 집단 기억을 중시해야 한다고 강조했다. 그는 이를 바탕으로 특약차실을 '성인권 박물관'으로 전환할 것을 제안했다.[66]

이 얼마나 황당한 서술인가. 네덜란드와 덴마크의 사례는 성 문화를 확산하거나 사회적 관습 속에서 성을 제도화하기 위한 것이었을 뿐,

65) 江柏煒, 「金門戰爭史記錄及調查研究」, 內政部營建署金門國家公園管理處, 2005. 戰地性產業: 軍中樂園特約茶室(八三一), 159쪽.

66) 江柏煒, 「金門戰爭史記錄及調查研究」, 內政部營建署金門國家公園管理處, 2005. (資料來源: 國家圖書館 臺灣記憶 https://tm.ncl.edu.tw/)

특약차실처럼 군사적 통제 아래 형성된 '군사화된 성매매 공간'과는 성격이 근본적으로 다르다. 특약차실의 시응생은 직업 여성의 경우처럼 병사들이란 고객을 선택할 수도 없었고, 일이 힘들다고 자발적으로 집으로 돌아 갈 수도 없었던 것이다. 이러한 점에서 특약차실 전시관은 오히려 대만의 '위안부' 박물관인 '아마의 집阿嬤家'과 더 유사한 성격을 지닌다고 볼 수 있다.

한편, '부녀구원기금회'는 1992년부터 대만 출신 위안부에 대한 전면적인 조사와 일본을 상대로 한 배상·인권 운동을 전개해 왔다.[67] 물론 '평화와 여성 인권'을 기치로 세워진 대만의 위안부 전시관 '아마의 집' 역시 일제강점기, 제2차 세계대전, 그리고 전후 대만의 역사적 연속성을 끊어낸 채 전시를 구성하고 있다.[68] 특약차실은 원래부터 성 박물관 성산업으로 분류했다. 특약차실의 공간적 흔적과 지리적 표상은 오늘날 거의 자취를 감췄다. 금문에 존재했던 특약차실 대부분은 철거되거나 용도가 변경되어, 일부는 관광시설, 창고, 민가 등으로 전환되었으며, 원래의 기능을 기억하는 지역 주민조차 드물다. 이로 인해 특약차실은 물리적으로 실존했음에도 집단 기억의 지도에서는 삭제된 '비가시적 공간'으로 남았다.

그러나 공간이 단순히 건축물만을 의미하지는 않는다. 지리적 표상은 기억을 매개하는 담론적 장이며, 특약차실이 자리했던 장소들—군사기지 주변, 병영 후방, 외곽 지대 등—은 여전히 군사주의, 성 권력, 국가 통제의 흔적을 담고 있는 상징적 지리이기도 하다. 이러한 맥락에서 특약차실은 단순한 물리적 공간이 아니라, 기억과 행위가 결합된

67) https://www.amamuseum.org.tw/tw/category/13

68) 위의 주.

살아 있는 장소로 이해될 수 있다. 건물이 사라졌다 하더라도, 그 공간은 여전히 침묵과 억압, 상처의 기억을 환기하는 잠재적 기호로서 기능한다.

4. 공적인 역사기억 vs. 사적인 기억의 긴장

마이클 스조니는 금문의 기억 정치를 네 가지 담론으로 분석하였다. 첫째, 국가 주도의 공식 기념 담론은 군중특약차실을 군사화된 규율의 일부로 은폐하거나 합리화한다. 둘째, 일부 주민들은 특약차실을 통해 생계를 유지하고 공동체 유대를 형성했던 경험을 향수의 담론으로 재구성한다. 셋째, 여성 인권과 피해 경험에 주목하는 시각에서는 이를 희생의 담론으로 기억한다. 넷째, 금문 주민들의 복합적인 경험은 영웅적 주체성 담론과 결합하여, 해당 시설을 군사 최전선의 독특한 사회적 공간으로 재인식하게 한다.

공적 역사는 언제나 선택적이다. 금문이 '국공내전의 전선', '반공의 성지', '전우애의 상징'으로 기념되는 동안, 특약차실은 철저히 그 서사에서 배제되었다. 이는 국가주의적 역사 서사 속에서 '불편한 진실'이 어떻게 구조적으로 삭제되는지를 보여주는 전형적인 사례다.

반면, 특약차실과 관련된 생존자들—성노동 여성, 그 가족, 지역 주민—은 여전히 그 경험을 사적으로 기억하고 있다. 그러나 이러한 사적 기억은 사회적 금기와 낙인, 자기검열이라는 구조 속에서 표면화되지 못하거나 왜곡된 형태로 남는다. 일부는 침묵을 선택하고, 일부는 기억을 의도적으로 무화하며 살아간다. 이처럼 공적 역사와 사적 기억은 종종 충돌한다. 전자는 합의된 서사를 생산하려는 권력의 산물이지만, 후자는 주관적이면서도 진실한 고통의 기록이다.

특약차실 여성들의 상처는 단순한 개인적 고통에 머물지 않는다. 그 트라우마는 세대를 넘어 전승되며, 가족 내에서는 '숨겨진 역사'로, 지역사회에서는 '회피된 상처'로 자리 잡는다. 때로는 이 침묵 자체가 하나의 문화로 굳어진다.

궁극적으로, 상처를 기억하고 재현하는 행위는 단순히 과거를 복원하는 것을 넘어, 현재를 윤리적으로 구성하고 미래의 공존 가능성을 열어가는 정치적 실천이 된다. 기억은 곧 윤리이며, 그 계승은 저항이다.

5. 역사기억 재현의 정치화

금문 특약차실 문제를 둘러싼 기억의 재현은 단순한 과거 회고가 아니라 매우 정치적인 과정이다. 국가, 군대, 지방정부, 관광산업, 시민사회, 피해자 유족 등 다양한 행위자들이 기억의 형성과 해석을 둘러싸고 경쟁하며, 이 과정에서 특정 기억은 중심화되고, 다른 기억은 배제된다. 예를 들어, 금문에는 수많은 전쟁기념관과 반공전시관이 존재하지만, 특약차실에 대한 전시는 전무하거나 부정확하게 축소된 서술만 존재한다. 이는 기억의 공식화 과정에서 군사주의적 · 남성 중심적 서사가 우위를 점하고 있다는 증거다.

뿐만 아니라 일부 정치 세력은 특약차실 문제를 '외부 세력의 조작' 혹은 '대만의 이미지를 훼손하려는 정치적 선전'으로 간주하며 방어적 태도를 보인다. 이는 스피박이나 리쾨르가 말한 바 있는 '불편한 기억의 정치화' 현상과 정확히 맞닿는다.

기억의 정치화는 또한 관광산업을 통해서도 작동한다. 금문은 이제 '전쟁의 섬'이 아닌 '관광 자원화된 유산지'로 탈바꿈하고 있으며, 이 과정에서 불편한 진실은 '관광에 부적합한 기억'으로 분류되어 삭제되거나 미화된다. 특약차실의 기억은 이러한 기억의 상품화 과정 속에서 제대로 재현되지 못하거나, 왜곡된 방식으로 소비되는 위기에 직면해 있다.

6. 대만 내 위안부 문제와의 연계성

금문 특약차실 여성들의 경험은 대만 내 일본군 '위안부' 피해자들과 구조적으로 유사한 맥락을 지닌다. 양쪽 모두 전시 상황에서 국가기관이 개입한 제도화된 성 착취 체계 안에 위치했으며, 피해 여성들은 전쟁 이후 수십 년간 침묵 속에 방치되었다는 공통점을 가진다. 그러나 대만의 일본군 위안부 문제는 국제 인권 담론과 여성운동의 확산 속에서 일정 부분 공적 기억으로 자리 잡고, 보상과 인정의 대상이 되었던 반면, 금문 특약차실 여성들은 여전히 '비공식적 피해자'로 남아 있다. 이는 두 담론 사이의 정치적 위계와 사회적 민감도를 반영한다.

위안부 담론은 식민 지배라는 외부 권력에 의한 폭력으로 인식된 반면, 특약차실 문제는 자국 정부나 군대의 행위로 인해 발생한 폭력이므로, 대만 내부의 민족주의, 군사주의, 정치적 정당성 문제와 민감하게 얽혀 있다. 그럼에도 불구하고 학계와 일부 인권단체는 두 사례를 연결하여 "전시 성폭력에 대한 구조적 인식 확대"를 주장하며, 금문 특약차실 역시 전쟁 성폭력 피해자 범주에 포함시켜야 한다는 움직임을 보이고 있다. 이러한 연계성은 단순한 과거 비교를 넘어, 어떤 기억이 공적 담론으로 수용되고 어떤 기억이 침묵 속에 남는지를 보여주는 권력 관계의 지표가 된다.

7. 연구의 성과와 한계

본 장에서는 금문 특약차실을 국가가 조직한 군사-젠더 복합체로 규정하고, 스피박의 서발턴 이론을 적용하여 침묵된 여성들의 경험과 목소리를 복원하려 했다. 제도적 기원, 운영 방식, 여성 참여 경로를 복원함으로써 국가의 신체 통제 구조를 분석하고, 특약차실을 기억의 장소로 재해석하며 대만 위안부 문제와 연결하여 전시 성폭력의 구조적 연속성을 비판했다.

또한 기존 금문사 연구의 군사 · 전략 중심 한계를 보완하며, 젠더 · 기억 · 공간의 상호작용을 조명하고 이론과 현장을 연결하는 시도를 수행했다. 그러나 생존자 증언의 부족, 공식 기록의 은폐 등 자료적 한계가 존재하며, 향후 구술사 연구 확대, 타 군사 주둔지와의 비교 연구, 예술 · 문학적 재현, 국가 기억 정책과의 연계 분석 등이 과제로 남는다.

결국 금문 특약차실은 단순한 과거 사건의 재구성이 아니라, 현재 사회에서 기억의 선택과 젠더 권력이 어떻게 작동하는지를 성찰하게 만드는 질문으로 남는다.

제3부

보이지 않는 국가(Invisible Nation)

제12장

나라가 아닌 나라, 국민이 아닌 국민

가야트리 스피박의 '서발턴'은 식민적 억압 속에서 서발턴(Subaltern)는 말할 수 없는 자, 다시 말해 정치적 주체로 발화할 수 없는 존재로 존재한다. 대만의 국제적 상황은 이와 유사한 말할 수 없는 존재의 상황에 놓여 있다. 대만은 스스로를 '국가'라 선언해도, 국제 질서의 헤게모니가 그것을 승인하지 않는 한, 그것은 효과적인 '이름'이 되지 못한다. WHO, UN, ICAO 등의 국제기구에서 대만은 '대만'이라는 이름으로 존재하지 못하고, '중화 타이베이'(Chinese Taipei)와 같은 비정치적 호칭으로 불리거나 아예 배제된다. 이는 정명正名되지 못한 언어의 정치, 즉 서발턴적 침묵의 공간이다. '대만'이라는 이름은 있음에도, 그것이 정치적으로 유효한 이름으로 기능하지 못하는 상황은 서발턴이 말할 수 없는 구조와 닮아 있다.

대만은 국제사회에서 자신의 목소리를 온전히 대변하지 못한다는 점에서, 국가로서의 대만의 본질적 속성은 서발턴적이라 할 수 있다. 대만은 늘 중·미 관계의 종속변수로 간주되어 왔으며, 강대국이 두는 체스 판위의 말이며, '하나의 중국'이라는 틀 안에 갇혀 스스로를 온전히 드러내지 못한 채 외교적 공간 속에서 흔들리고 있다. 마치 국제 질서라는 권력의 거미줄 속에서 허우적대는 나비처럼, 대만은 자율성과 존재의 정당성을 끊임없이 위협받아 왔으며, 오늘날에도 여전히 그 위치는 불안정하다. 대만이 과연 '국가'인지에 대한 근본적 질문조차 국제 사회 속에서 명확히 규정되지 못한 채 부유하고 있다. 자국의 입장을 대변할 실질적 주체가 부재한 상황은 대만의 이러한 서발턴적 위치를 더욱 뚜렷하게 보여준다.

이처럼 대만은 동아시아 여러 제국의 변방에 위치하면서 20세기에 들어와 미국의 영향력 투사를 받았고, 중·미, 중·일 경제 및 전략 관계의 변화로 인해 강대국의 부상과 전환의 영향을 피할 수 없었다. 다양한 통치자와 정권의 교체, 본국의 변화, 정치 중심의 이동, 즉 연속식민과 다중식민의 역사는 대만을 여러 시대의 제국 권력과 대만 인민의 갈등이 교차하고 충돌하는 지대를 만들었다.

더구나 대만이라는 지리적 속성은, 다원적 요소나 특성이 한곳에 함께 모여 겹쳐진 공간이다. 대만의 경우, 여러 제국이 거쳐 가면서 각 시대와 문화가 한데 얽혀 겹쳐진 역사를 가지고 있다는 점에서 '교차로'다. 즉, 문자 그대로 여러 길이나 흐름이 한곳에서 만나고 교차한다.

인문학적, 철학적 관점에서는 단순한 물리적 장소 이상의 의미를 지니며, 서로 다른 아이디어, 문화, 역사, 사회적 힘이 서로 만나는 지점이다. 다시 말해 대만은 다양한 문화와 전통이 만나 새로운 문화적 혼합을 이룬 공간이다. 예를 들어 대만은 여러 식민 경험을 겪으며 중국, 일본, 미국, 원주민 문화가 함께 겹치고 교차하는 문화적 교차로가 되었고, 이는 대만의 독특한 정체성과 혼합적 문화 정체성 형성에 중요한 역할을 했다. 역사적으로도 특정 시대나 사건들이 중요한 변곡점으로 만나는 순간이나 지점을 통과하면서 예를 들어, 한 국가가 독립을 쟁취하거나 체제를 바꾸는 시기가 되면 그 사회는 다양한 사상과 정치적 입장이 충돌하게 되며, 이러한 역사적 교차점은 이후 사회의 방향에 큰 영향을 준다. 따라서 교차로는 단순한 장소의 의미를 넘어 다양한 요소들이 만나 새로운 융합, 갈등, 재창조를 겪는 중요한 전환점이나 만남의 장을 의미한다.

대만은 국제사회에서 '정상 국가'로서의 지위를 온전히 획득하지 못하고 있다. 중화인민공화국의 '하나의 중국' 원칙에 따라 국제기구 가입과 외교적 참여가 제한되어 있으며, 이는 대만의 외교적 고립을 고착화시키는 구조적 요인으로 작용한다. 코로나19 팬데믹 시기에도 세계보건기구(WHO)에 가입하지 못한 채, 국제 보건 체제에서 배제된 현실은 이를 단적으로 보여준다.

그럼에도 불구하고, 대만은 근대화 과정에서 자본 축적에 성공했으며, 이는 해외 투자와 시장 확장을 촉진시켜 근대 국가 정치 형성의 중요한 기반이 되었다. 대만의 정치 발전은 외부의 인정을 받지 못한 채 내부의 자율성과 역량을 통해 이루어진 일종의 '서발턴적 국가 형성'이라 할 수 있다.

역사적으로 대만은 원주민의 터전이자, 각 시대 제국의 변방에 위치했던 지역이다. 식민과 반식민, 다중의 지배와 저항, 그리고 다양한 이주 집단의 유입은 대만의 복합적이고 다층적인 역사 현실을 형성해 왔다.

대만은 서로 다른 시기에 대만으로 온 이주민으로 형성된 사회다. 물론 이는 원주민의 존재와 대만에서 벌어졌던 정복과 저항, 식민과 탈식민의 복합적 경험을 단순화하는 측면이 있지만, 그만큼 대만 사회가 언어와 인종, 문화적으로 얼마나 다원적인지를 상징적으로 보여준다.

대만은 또한 중미, 중일 간의 경제 및 전략적 관계 변화 속에서 강대국의 흥망과 정권 교체의 영향을 끊임없이 받아왔다. 각기 다른 지배자의 통치, 정치 권력의 이동, 모국 개념의 변화는 대만을 제국적 힘과 민중이 교차하는 역사적 지점으로 만들었다. 이런 맥락에서 대만은 '다중의 식민지 현실'을 경험한 공간이라 할 수 있으며, 이는 곧 대만이 독립된 민족국가로 자리잡는 데 구조적인 제약으로 작용했다.

현 시기 베이징의 대만 정책을 필자는 '사면일중四面一中'의 개념으로 요약했다. 4면은 네 개의 방면이며, 일중一中은 하나의 중국이다. 즉 국제일중, 정치일중, 경제일중, 민족일중이라는 네 개의 방면에서 '하나의 중국'을 관철시키고자 하는 베이징의 통일 전략이다. 국제일중은 국제사회에서 '중국은 하나'라는 원칙을 확립하려는 것으로, 이는 대만의 국제적 지위와 참여를 원천적으로 제한한다. 베이징은 대만을 국가로 인정하지 않지만, 대만 내부에서는 자신을 사실상(de facto)의 국가로 인식하고 있다. 정치일중은 '중국의 주권은 하나'라는 주장으로, 곧 "중화민국은 무엇인가"라는 문제로 귀결된다. 이는 양안 간 가장 핵심적이고 민감한 정치적 쟁점으로, 국민당의 시각에서는 중화민국을 '하나의 중국'으로 보지만, 베이징은 사실상 중화인민공화국만을 유일한 중국으로 간주한다. 경제일중은 양안 간 경제 통합을 통해 '하나의 중국시장' 혹은 '대중화시장'大中華市場을 형성하려는 전략이다. 베이징은 경제 교류의 심화를 통해 정치 통합의 가능성을 모색하고 있다. 민족일중은 양안 모두 '중화민족'이라는 동일한 정체성을 지녔다는 전제 하에, 언어 · 문화 · 혈연을 통해 양안을 '하나의 민족 공동체'로 통합하려는 시도다. 이는 양안 인민을 모두 중국인으로 규정하고, 결과적으로 분열을 용납할 수 없다는 논리로 이어진다.

현재 양안에 문제가 되는 것은 바로 '민족일중'의 분기가 일어나고 있다는 점이다. 중국인이 아니라 대만인으로, 중화주의가 아니라 대만

민족주의로, 중화의식이 아니라 대만의식으로의 정체성 변화가 일어났기 때문이다. 이처럼 대만은 근대화와 자본 축적이라는 내부적 성공에도 불구하고, 외부 권력의 억압적 구조와 다중의 식민 경험, 국제적 인정의 부재라는 제약 속에서 '서발턴적 국가'로 남아 있는 현실을 여전히 벗어나지 못하고 있다.[1]

"왜 대만이 다른 나라의 인정을 받아야만 국가가 되는가?" 이 질문은 단지 문제 제기에 그치지 않고, 현 국제 질서에 내재한 구조적 모순과 불공정을 날카롭게 드러내며, 국제정치의 현실을 성찰하게 만드는 중요한 단초를 제공한다. 국가와 민족의 정의가 아무리 다양하더라도, 국민이 있고, 영토가 있으며, 이를 통치하는 정부가 존재한다면 그 존재는 분명 국가로서 존중받아야 한다. 하지만 실제 세계는 그리 단순하지 않다.

정부, 영토, 국민이라는 국가 구성의 기본 요소를 모두 갖추었음에도 불구하고, 외부의 승인을 받지 못해 독립 국가로서의 지위를 누리지 못하는 지역이 있다. 다른 나라들이 이를 '국가'로 인정하지 않는다는 단 하나의 이유 때문이다. 반대로, 국제사회의 인정을 받아 외형상 독립국으로 분류되지만, 정작 그 국민들은 정치적 탄압이나 전쟁 등으로 인해 고국을 떠나 전 세계를 떠도는 경우도 있다.

심지어 국제법상 국가로 인정받기 어려운 조건임에도 불구하고, UN이나 FIFA 같은 국제기구에 정회원국으로 참여하고 있는 사례들도 존재한다. 이처럼 '국가'라는 개념은 국제 정치의 이해관계에 따라 결정되며, 그 정의조차 고정되어 있지 않고 유동적이다. 나라, 국가가 아닌데 국가인 나라 조슈아 키팅의 『보이지 않는 국가들』은 이러한 역

1) 《人民日報海外版》, 2005.3.11.

설적인 현실을 파헤친다. 국가로서의 조건은 충족했지만, 국제사회로부터 외면당한 지역들, 반대로 국가로 보기 어려운 실체가 국제사회에서 주권 국가로 기능하는 기이한 사례들이다. 이 책은 그 경계에서 벌어지는 이야기들을 통해 현대 국제질서의 불완전성과 불균형을 드러낸다. 물론 이 책에서 대만을 빼고 이야기하고 있다.

기존의 국가, 민족, 그리고 국민에 대한 통념은 다시 생각해볼 필요가 있다. 국경과 주권의 경계가 어디에서 비롯되며, 인권과 정체성이 어떤 조건 아래 규정되는지를 새롭게 묻는다. 지도에 나타나지 않지만 분명히 존재하는 실체들, 이른바 '보이지 않는 국가들'의 사례는 세계질서가 결코 정태적이지 않으며, 그 이면에서 복잡한 변화와 충돌이 지속되고 있음을 드러낸다.

국제사회에는 국가로서의 지위를 확정짓는 단일하고 보편적인 기준이 실질적으로 존재하지 않는다. 국가는 법률적 정의보다는 정치적 동의와 승인에 의해 구성되는 현실적 개념이며, 그 경계와 정체성은 시대적 흐름 속에서 끊임없이 바뀌고 있다. 『보이지 않는 국가들』은 공인되지 않은 지역과 민족의 존재를 조명함으로써, 우리가 무비판적으로 받아들여온 '국가'라는 개념에 근본적인 회의를 제기한다. 더 나아가, 정치 권력의 작동이 아닌 문화적 역동성, 경제적 네트워크, 생태환경의 변화가 앞으로의 지구적 지형도를 새롭게 형성할 가능성을 강하게 암시한다.[2)]

국제사회에서 '홍길동'과 같은 대만의 지위를 발생하게 한 주 원인은 강대국 권력에 의한 배제가 주원인이다. 인류사처럼 나라와 나라 사이의 관계인 국제관계도 결국 권력관계이며, 국제사도 권력에 의한

2) 조슈아 키팅 저자(글) · 오수원 번역, 보이지 않는 국가들, 예문아카이브, 2019년.

배제가 곧 서발턴을 만들어 내는 원인이다.

Ⅰ. 두 개의 태양

역사적으로 중국이 분열하여 두 개의 왕조가 생길 때, 항상 정통正統의 문제가 발생했다. 누가 유일합법唯一合法의 중국 대표인가의 문제였다. 또 '유일합법唯一合法'이라는 이 명분론은 "하늘에는 두 개의 태양이 있을 수 없으며, 백성은 두 군주를 섬기지 않는다(天無二日, 民無二主)"는 유가의 사고에서 출발한다. 이러한 명분은 봉건시대에는 왕위를 다투는 명분이었고 이는 지금까지 이어져 오고 있다.

베이징이 주장하는 국제일중은 "이 세계에 오직 하나의 중국만 존재"하는 것이다. 베이징의 시각에서 본다면 하나의 중국원칙은 공인된 국제관계 준칙이며, 국제사회의 보편적 공식이며, 중국대륙이 기타국가와 관계를 맺는 근본적 전제이자 정치적 기초라고 공언하고 있다.[3] 현재 타이베이와 베이징을 동시에 외교 관계를 수립하고 있는 나라는 없다. 이는 우리의 남북문제와 또 다른 점이다.

1970년대 이전까지만 해도, 장제스의 중화민국은 미국의 지지를 등에 업고, 국제사회에서 전 중국을 대표하는 유일합법 정부이면서 유엔 안보리 상임이사국이었다. 그러나 1971년 10월 25일, 제26회 유엔총회는 2758 결의안을 통과시켰다.[4] 이 결의안은 장제스를 유엔에서 축출

3) 2018年5月26日下午在北京釣魚台國賓館同布基納法索外長巴里舉行會談並簽署《中華人民共和國與布基納法索關於恢復外交關係的聯合公報》. http://hk.crntt.com/doc/1050/8/1/9/105081935.html?coluid=93&kindid=15733&docid=105081935&mdate=0527001411

4) 알바니아, 알제리 등 23개국이 제안한 2758 결의안 전문은 중화인민공화국정

하고 그 대신 중화인민공화국이 유엔에서 합법적 권리를 회복하는 안건이었다. 이로써 중화인민공화국이 공식적으로 중화민국의 자리를 대체했다. 이 결의안은 중화인민공화국이 안보리에서 거부권을 지닌 상임이사국이며, 중화인민공화국만이 세계에서 전 중국을 대표한다는 '국제일중' 즉 국제사회에서 오직 하나의 중국만이 존재한다는 근거가 되었다. 베이징은 타국과의 수교에서 반드시 대만과의 단교와 대만 정부 간의 단절을 요구했고, 심지어 수교 성명에서 대만은 '중국'의 일부분임을 관철시킨다. 결국 베이징의 공식적 입장은 대만 문제는 중국의 내정 문제이고, 중국인의 일은 중국인 스스로 해결해야 한다는 원칙을 이 결의안에서 찾고 있다. 특히 유엔헌장 제2조 7항의 규정 즉 주권국가의 국내적 사무는 간섭받지 않는다는 원칙을 내세워 그 어떠한 외부세력이라도 대만 문제에 간섭하는 것을 허용하지 않는다.

2758 결의안은 베이징이 국제법적으로 유엔에서의 합법적 의석을 차지했을 뿐 아니라, 거부권을 지닌 유엔 안보리 상임이사국으로, 국제사회에 오직 '하나의 중국'이 있음을 국제법적으로 보장받았고, 이는 양안의 지위에도 결정적인 영향을 미쳤다. 또 이 결의안은 그나마 대만에 도망와 있던 장제스로 대표되는 '중화민국'의 정당성에 타격을 가했을 뿐만 아니라 타이두에도 상당한 영향을 미쳤다. 이로써 국가만이 회원 자격으로 가입할 수 있는 국제조직에서 '중화민국'은 쫓겨나게 되고, 설령 국제조직에 가입하더라도 정식 국명으로는 가입할 수

부의 대표는 유엔의 유일합법 대표며, 중화인민공화국은 안전보장이사회의 5개 상임이사국의 하나로 승인한다. 중화인민공화국의 유엔에서의 일체의 권리를 회복하고, 중화인민공화국 정부의 대표는 유엔 조직에서의 유일합법대표로 승인하고, 또 장제스가 유엔조직 및 유엔 산하의 기구에서 비법적으로 점거하고 있던 의석에서 즉각 축출한다.

없게 되었다. 이후 대만은 여러 차례 유엔 재가입 노력을 시도했음에도 불구하고 베이징의 반대로 모두 무산됐다.

대만이 올림픽에 참가할 때에도 올림픽기가 중화민국의 청천백일만지홍기를 대신하게 되었고, 차이니스 타이베이(Chinese Taipei)가 그 국호로 대신한다. 즉 국가 아닌 국가의 지위가 되었다. 마치 홍길동이 호부호형呼父呼兄하지 못한 이유는 당시 사회의 신분구조에 있듯이, 대만의 국가 지위문제도 국제사회 구조라는 엄혹한 국제정치의 현실이 작용하고 있다. 대만은 국민, 영토, 주권이라는 국가의 자격요소를 모두 갖추고 있지만 국가로 대접받지 못하고 있다. 그러므로 2758 결의안은 국제사회에서 베이징이 주장하는 '국제일중'의 확실한 근거가 됨은 자명하다.[5] 지금도 베이징은 외국과의 수교 성명에서 대만은 '중국'의 일부분임을 승인하도록 하게 만드는 근거가 된다. 그 결과 대다수의 국가는 대만을 주권국가로 인정하지 않게 되었다.

2025년 5월 현재 12개국의 국가만이 중화민국(대만)을 국가로 승인하고 있는데, 이마저도 대만(Taiwan)을 승인하는 것이 아니라 중화민국(中華民國, republic of china)을 인정하고 있으며, 홀슈타인 원칙[6]이

5) 물론 카이로선언, 포츠담, 일본항복문서, 일본 패망 전후의 각종 조약들 등에서 대만에 대한 소유권은 중화민국으로 넘어갔다. 하지만 녹색진영에서 문제삼는 것은 카이로선언, 포츠담 선언은 단지 정치적 주장을 담은 선언서일 뿐이며, 중-일 평화조약에서 일본은 대만의 주권이 중국에 넘어갔다는 것을 인정하나 그 중국이 중화민국인지, 중화인민공화국인지 밝히지 않고 있다는 점을 들어 대만지위미정론을 주장하고 있다.

6) 홀슈타인 원칙(Hallstein Doctrine)은 1950년대 서독이 동독을 외교적으로 고립시키기 위해 수립한 대외정책 원칙으로, 서독 외무차관이었던 발터 홀슈타인의 이름에서 유래하였다. 이 원칙의 핵심은 서독이 독일을 대표하는 유일한 합법 정부임을 국제사회에 천명하고, 제3국이 동독을 하나의 주권국가로 인정

적용되어 대만과 수교한다면 중국대륙과는 단교를 해야 한다. 그래서 대부분 국제사회에서는 일반적으로 '하나의 중국정책(一個中國政策, one china policy)'을 채택하고 있다. 그런데 여기서, 일중정책의 '중국'은 중국대륙과 대만을 포괄한다. 베이징은 국제일중에 기초해서, 대만이 국가를 회원자격으로 하는 국제조직에 참여하려 할 때, "대만 문제는 중국 내정의 문제"라고 강경하게 대응하는 이유가 여기에 있다. 국제적으로 오직 하나의 중국이기 때문에 대만독립은 곧 중국분열을 의미한다. 그러므로 대만에서 대만독립을 추구하는 민진당이 집권당이 되면, 베이징은 국제일중의 명분을 내세워 대만의 국제공간 참여를 압박하고, 막강한 경제력과 외교수단을 동원하여 대만과 수교를 맺고 있는 기타 국가들에 단교를 종용한다.

사실상 국제무대에서 '하나의 중국' 정책을 탄생하게 한 나라는 공교롭게도 미국이다. 미국은 베트남전의 늪에서 빠져나오고, 경제회복이라는 미국의 이익을 위해 중국과 연합하여 소련을 제어하는 정책을 편다. 이를 위해 대만과의 '단교', '철군', '폐약'을 실천에 옮기고 중국과 수교할 수 있었다. 미국은 대만의 국가 지위를 포기시킨 것이고, 대만 문제를 잠시 주변에 제쳐 놓았던 것이었으며, 해결하기 어려운 문제를 미래의 문제로 남겨 놓게 된 것이다. 그러면서 대만에 대한 형식

하거나 수교할 경우 그 국가와의 외교관계를 단절하겠다는 데 있었다. 이러한 원칙은 제2차 세계대전 이후 독일이 서독과 동독으로 분단된 상황에서 서독이 국제적 정통성을 확보하기 위한 외교 전략으로 활용되었으나, 냉전 구도의 완화와 함께 점차 그 효력을 잃었다. 결국 1969년 빌리 브란트 정부가 출범하면서 추진된 동방정책(Ostpolitik)에 의해 이 원칙은 사실상 폐기되었다. 홀슈타인 원칙은 오늘날 국가 정통성과 외교적 승인 문제를 다루는 사례로 자주 언급되며, 특히 중국의 '하나의 중국 원칙'과 유사한 외교 전략의 역사적 선례로 비교되기도 한다.

적인 관계는 단절하더라도, 실질적인 교류는 중단하지 않았다. 미국의 하나의 중국 정책은 일관되게 1972년 닉슨 시기의 상하이공보上海公報, 1979년 카터 정부의 수교공보建交公報, 1982년 레이건 정부의 817 공보와 대만관계법이라는 삼보일법三報一法[7)]에 기초하고 있다. 삼보일법은 '하나의 중국정책, our one china policy'이란 단어가 출현한 계기가 된다. 미국은 중공정권과의 수교를 위해 대만의 주권을 희생시켰고, 반면에 미국 국회가 통과시킨 대만관계법은 대만의 안전을 보장해준다는 근거를 만들었고, 대만에 대한 무기판매의 길을 열어놓았다. 즉, '삼보일법'은 베이징에 대해서도 병을 주고 약도 준다. 덩샤오핑이 대만 문제의 본질은 미국문제라고 한 이유가 여기에 있다. 미국은 과거 수십 년간 자신들의 국익을 위해서 양안정책을 조정하였지만 기본적으로 삼보일법의 틀을 벗어나지 않았다. 하지만 트럼프 취임 이후 여러 가지 대만우대 법률(대만여행법, 국방수권법, 대만보증법)을 통과시키고 베이징의 신경을 자극하고 있지만 그럼에도 불구하고 하나의 중국 틀은 깨지 않고 있다. 마치 천둥소리는 요란하나 비가 오지 않은 격이다. 미국 역시 베이징이 설정한 마지노선(대만과의 단교, 철군, 폐약)을 쉽게 넘을 수 없다. 미국이 이 틀(one china framework)을 깨는 순간 중국대륙과의 일전을 각오해야하기 때문이다. 베이징은 미국과의 충돌을 적극적으로 피하겠지만 대만에 대해서는 예외다. 이는 타협의 여지가 없기 때문이다.

---

7) 삼보일법(三報一法)은 1972의 상하이공보(上海公報,Communiqué), 1979의 수교공보(建交公報), 1982의 817공보와 대만관계법을 의미한다.

〈표 19〉 중화인민공화국과 기타 국가와의 수교공보에 나타난 대만 문제에 관한 입장

중국주권의 내용	대만 문제에 대한 입장	중화인민공화국과 수교한 국가
승인(recognize) : 중국을 대표하는 유일합법정부로 중화인민공화국을 승인한다.	승인(recognize) : 대만은 중화인민공화국의 하나의 성, 혹은 불가분의 일부분	몰다이브, 네팔, 보츠나와, 볼리비아, 이스라엘, 한국, 바하마 등 : 39개국
승인(recognize) : 중국을 대표하는 유일한 합법정부로 중화인민공화국을 승인한다.	인지(acknowledge) : 대만은 중국의 일부분임을 인지한다. 그러나 베이징은 번역시에 대만은 중화인민공화국의 한 개 성, 혹은 불가분의 일부분으로 번역한다.	미국[8]), 오스트레일리아, 뉴질랜드, 스페인, 말레이시아, 태국, 피지, 서사모아 : 8개국
상동	유의(take note of) : 대만은 중화인민공화국의 한 개 성 혹은 불가분의 일부분임을 유의한다.	캐나다, 이탈리아, 칠레, 브라질 등 : 16개국
상동	이해와 존중(understand and respect) : 대만은 중화인민공화국 영토와 불가분의 일부분이며, 대만은 중화인민공화국의 한 개 성省이라는 입장을 존중한다.	일본, 필리핀, 네덜란드 : 3개국
상동	수교 성명에서 대만 문제를 언급하지 않음	북한, 헝가리 등 : 38개국
성명에서 중국주권 부분 무언급	무언급	러시아, 루마니아, 불가리아 등 : 65개국

출처: 羅致政, 宋允文主編, 『解讀一個中國 : 國際脈絡下的政策解析』, 臺灣智庫, 2007, p.4 필자 재정리

8) 1972년 미국은 상해커뮤니케에서, The United States side declared : the Untied States acknowledges that all Chinese on either side of Taiwan Strait maintain there is but one China and that Taiwan is a part of China. The United States Government does not challenge that position이라고 밝혔다.

1979년 중미 수교 이후, 국제사회는 전반적으로 대만보다는 베이징에 경도되는 양상을 보였다. 중국대륙의 급속한 경제성장과 그에 따른 종합국력의 상승에 따른 결과다. 여기에 더해 세계 최대의 중국시장, 무역을 통한 경제이익 즉 국가이익이라는 측면에서 본다면, 미국을 비롯하여 일반국가들이 중공이 말하는 일중원칙을 위배하기는 현실적으로 어렵다. 이에 반비례하여 대만은 국제사회에서 점차 배제되어가고 있다. 국제일중을 인정하지 않는 민진당이 3차례 집권하면서부터 베이징으로부터의 계속되는 탄압은 더욱 노골화되어가고 있다.

1971년 중화민국이 유엔에서 축출된 이래, 대만과의 수교를 맺은 국가 수는 급격히 줄어들었고, 이는 대만의 국제생존 공간을 엄중하게 침해했다. 여기에 더해 중국대륙의 경제발전에 따른 종합국력의 상승으로 인해 대만은 국제사회에서 더 주변화, 고립화, 왜소화되었다.

1979년 1월 1일 중·미가 관계를 정상화 한 이래, 베이징은 국가안보에 대한 문제가 어느 정도 해결되었고, 개혁개방 40년을 넘어서자 세계 2위의 경제체로 변모했다. 기타국가도 중국대륙에서의 시장확대와 경제이익을 위해서, 또 국제외교에서도 베이징의 도움을 필요로 하는 경향이 강해졌다. 이에 따라 중공의 국제적 영향력은 그만큼 급증했다. 동시에 베이징은 경제력과 국제영향력을 이용해서 대만의 국제적 생존공간을 더욱 위협하는 강력한 수단을 지니게 된 셈이다.

'삼광책략三光策略'은 중국이 대만을 외교적으로 고립시키기 위해 구사하는 전략으로, '모두 없앤다'는 뜻을 지닌 세 가지 조치로 구성된다. 첫째, '알광挖光'은 대만의 외교국을 하나씩 '파내는' 전략으로, 대만과 수교한 국가들을 회유하거나 압박하여 중국과 단교하게 만드는 것을 의미한다. 둘째, '도광堵光'은 대만의 국제 참여 통로를 '막는' 전략으로, 대만이 UN, WHO, ICAO 등 주요 국제기구에 회원국 또는 참관국으로 참여하지 못하도록 차단하는 것이다. 셋째, '제광擠光'은 대만을 국제무대에서 '밀어내는' 전략으로, 대만의 외교적 · 경제적 · 문화적 활동 공간을 점차 축소시켜 국제사회에서의 존재감을 약화시키는 것을 뜻한다. 요컨대, 삼광책략은 대만의 외교적 생존 공간을 단계적으로 축소 · 차단함으로써, 대만을 완전히 외교적 고립 상태로 몰아넣으려는 중국의 포위 전략이라 할 수 있다.[9] 대만의 국제적 생존공간을 통제하고자 한다. 즉 손자병법의 벌교(伐交 : 외교국을 단절시켜 대만이 도모할 계획을 원천 봉쇄)전략과 같다. 2008년 대만행정원 대륙위원회에서 출판한 천수이볜 2기 집권기에 베이징의 대만에 대한 외교적 탄압사례가 가장 좋은 예다.[10]

Ⅱ. 대만의 국제조직 참여에 대한 베이징의 입장

국제법적 관점에서 볼 때, 카이로 선언, 포츠담 선언, 그리고 일본 항복 문서 등은 베이징이 대만에 대한 주권을 소유할 수 있는 법적 근거를 제공하는 증거로 해석될 수 있다. 일본은 자국이 '중국'으로부터 탈취한 대만을 중국에 반환한다는 점을 명확히 규정한 바 있으며, 유엔 2758결의안 통과 이후 세계 대부분의 국가는 중화인민공화국을 전 중국을 대표하는 유일 합법 정부로 승인하고 있다. 비록 타이두 세력은 샌프란시스코 조약을 근거로 대만의 귀환이 확정적이지 않다고 주장하지만, 1978년 체결된 「중 · 일 평화우호조약」에서 베이징은 포츠

9) 〈中共三光策略對台外交封鎖〉, 《大紀元》, 2006.5.20, http://www.epochtimes.com/b5/6/5/20/n1324541.htm.

10) 行政院大陸委員會, 〈民進黨第二任期中國在國際間對台打壓事例〉, 2008.3.13.

담 선언 제8조의 입장을 명확히 재확인하였다. 즉, 카이로 선언의 각 조항을 이행하여 대만의 중국 귀환을 포함한 국제적 약속을 실행하겠다는 것이다. 아울러, 중·미 간의 일련의 문건, 즉 '삼보'에서도 이러한 입장이 명확히 규정되어 있음을 확인할 수 있다.[11]

베이징은 대만의 국제 교류에 대해 주로 세 가지 입장을 견지하고 있다. 첫째, 대만이 중국의 국제법상 주권 자격을 도용하고 있다고 본다. 즉, 대만이 '중화민국'이라는 명의로 수행하는 모든 외교·국제 활동은 본래 중화인민공화국이 전 중국을 대표하는 유일 합법 정부라는 국제적 승인과 상충하며, 이는 사실상 권한 도용으로 간주된다. 둘째, 중국 본토가 주권 국가 대표로 국제사회에 참여한 이후, 대만의 필요와 양안 관계의 특수성을 고려한 베이징의 '선의적 조치'에 따라, 대만은 '중국의 한 지방'이라는 지위를 전제로 국제기구에 참여한다. 경제·무역 영역이 대표적이며, WTO와 APEC 등이 여기에 포함된다. 셋째, 비정부적·민간 차원의 교류이다. 이는 공식 외교가 아닌 시민사회, 학술, 문화, 민간 단체 간의 교류를 의미하며, 공식적인 주권 문제와는 별도로 관리된다.[12] 만약 대만이 주권국가를 회원으로 인정하는 국제기구에 가입을 시도할 경우, 베이징의 반대는 극도로 강력하게 작용한다. 이 때문에 대만의 유엔 가입은 매우 어려운 과제로 남아 있으며, 중공이 가장 우려하는 지점이 바로 여기에 있다. 즉, 국제사회에 '두 개의 중국'으로 비춰질 가능성을 차단하려는 것이다. 현재 대만은 국가 자격으로 국제기구에 참여할 길이 사실상 없다. 심지어 아시아개발은행(ADB)이나 아시아·태평양경제협력체(APEC)와 같은 지역 경제기구에서도 대만은 '중국의 한 지역'이라는 지위를 전제로, 예를 들

11) 〈陳水扁當局操弄「入聯公投」目的何在？〉, 《人民日報海外版》, 2007.9.25.
12) 위의 주.

어 '중국 타이베이(Chinese Taipei)'라는 명의로만 참가할 수 있을 뿐, 국가로서의 회원 자격으로 참여하는 것은 불가능하다.[13] 가령, 대만이 APEC(Asia-Pacific Economic Cooperation, 아시아·태평양경제협력체)의 정식 '개최국(host economy)'이 될 수 없는 이유는 정치적·외교적 지위 문제 때문이다. APEC의 기본 성격은 '국가(state)'가 아닌 '경제체(economy)' 중심의 협력체다. APEC은 1989년 출범할 때부터 정치가 아니라 경제 협력에 초점을 두었기 때문에, 회원 자격을 '국가'가 아니라 '경제체(economy)' 단위로 부여했다. 그래서 회원 명칭도 member states가 아니라 member economies라고 부른다. 에이펙의 이러한 구조로 인해 국제기구 가입이 어려운 대만, 홍콩도 하나의 '경제체'로 참여할 수 있었다. 실제로 APEC 내에서 대만은 각국의 정상(Head of State) 대신 경제 담당 장관 또는 민간 대표가 참석한다. APEC 개최국은 통상 '국가급 회원 경제체' 중심이다. 에이펙은 21개 회원경제체가 순번제로 개최하지만, 실제로 개최권은 국가적 외교역량과 국제 승인 문제에 따라 조정된다. 예를 들어, 홍콩(Hong Kong, China)도 대만과 같은 이유로 독자 개최가 불가능하다. 지금까지 APEC 정상회의 개최국은 모두 국제적으로 '국가로 인정받는' 경제체였다. 때문에 대만에서는 "APEC 회원인데 왜 개최는 못 하느냐"는 비판 여론이 존재한다. 그렇기에 대만은 APEC 내에서 디지털 경제, 중소기업, 여성 경제활동 참여, 혁신 기술 등 분야별 포럼을 적극 주도하며 존재감을 확보하려 한다.

2000년 발간된 백서 「하나의 중국 원칙과 대만 문제一個中國的原則與台灣問題」와 1993년 백서 「대만 문제와 중국의 통일」에서는, 대만의

13) 《臺灣問題與中國的統一》白皮書.

유엔 가입 요구와 주권 국가만이 회원으로 참여할 수 있는 국제기구에서의 대만 참여를 지지하지 말 것을 강력히 촉구하고 있다.[14] 특히 WTO 가입 과정에서 베이징은 아시아개발은행과 APEC 사례를 참고할 것을 요구하였다. 즉, 선중후대(先中後臺, 중국 본토가 먼저고 대만이 그 다음)의 순서를 지키고, 대만이 중국 아래 하나의 독립 관세 구역 명의로 참가해야 한다는 것이었으며, 이는 모두 '하나의 중국'이라는 틀 안에서 이루어진 조치였다. 결국 대만은 WTO에 가입할 때 '타이펑진마(臺灣 · 澎湖 · 金門 · 馬祖) 관세무역특별구'라는 다소 긴 이름으로 참여할 수밖에 없었다.

이와 더불어 대만은 정치적 색채가 덜한 WHO 가입을 시도했지만 역시 실패하였다. 베이징의 입장에서 보면 이러한 시도 또한 타이두 활동으로 간주하기 때문이다. 만약 대만이 베이징의 주장대로 '하나의 중국' 원칙, 즉 1992년 합의한 '92공식'을 수용한다면, 국제 활동 공간에서 대만의 적합한 지위 문제를 일정 부분 타협할 여지가 생긴다. 그러나 마잉주馬英九 시기에도 대만이 국제기구에 참여할 수 있는 자격은 여전히 관찰자(observer) 수준에 머물러 있었다.

Ⅲ. 올림픽대회 참가에서의 양안 명칭 경쟁

과거 양안은 국제사회에서 '중국'을 둘러싼 명칭 문제를 놓고 치열한 경쟁을 벌였으나, 결국 국제 정세의 변화 속에서 대만은 이에 굴복할 수밖에 없었다. 이러한 격렬한 투쟁을 보여주는 대표적인 사례가 바로 올림픽에서의 명칭 문제이다.

14) 《一個中國的原則與台灣問題》白皮書.

1. 양안 대치기(1951–1970)

1949년 중화인민공화국이 건국되기 전에는 명칭 문제는 발생하지 않았다. 당시 중화민국 올림픽 대표단은 '중국'이라는 명칭으로 대회에 참가했으며, 영어로는 China, 불어로는 Chine로 표기되었다. 1924년, 1932년, 1936년, 1948년 올림픽에 참가하였다. 1979년 중화타이베이中华台北라는 명칭이 등장하기 전까지, 중화민국 올림픽 대표단은 대회에 따라 다양한 명칭을 사용하였다. 예컨대 1956년에는 포르모사-중국(Formosa-China, 코드 ROC), 1960년에는 포르모사(Formosa, 코드 ROC), 1964년과 1968년에는 대만(Taiwan, 코드 TWN), 1972년, 1976년 동계올림픽에는 중화민국(Republic of China, 코드 ROC)이라는 명칭을 사용하였다. 이와 함께 중화민국 국기인 청천백일만지홍기를 달고 국제대회에 참가하였다.

〈표 20〉 대만의 국제조직 가입 명칭 국제표기

	년도 / 명칭
올림픽 및 국제경기	1981년의 로잔협정, 대만과 국제올림픽협의회 간의 협의 1989년 양안 올림픽 위원회 간의 협의
	Chinese Taipei(中華臺北)
APEC	1991년 지구경제체地區經濟體 신분으로 가입, 당시 주최국인 한국과 대만 간의 양해비망록谅解备忘录 체결. 대만의 참가 자격 신분 : 경제부 관련 장관급 출석가능. 현직 외교부장, 차관은 참가 못함. 단, 전직은 고려할 수 있음.
	경제체신분, Chinese Taipei
WTO	2001년 양안 동시 가입, 베이징 143번째, 대만 144번째로 가입(대만은 2002년 1월 1일 효력발생)
	대만, 펑후, 진먼 및 마주 개별관세영역(The Separate Customs Territory of Taiwan, Penghu, Kinmen and Matsu) 명칭으로 가입. 간칭 타이펑진마개별관세영역(TPKM)

	년도 / 명칭
OECD	2004. 옵저버
	Chinese Taipei(中華臺北)
WHO	2009. 옵저버
	Chinese Taipei(中華臺北)
ICAO	1944년 ICAO 창시국 중의 하나였으나 1971년 퇴출. 2013년 총회 참석
	특별요청귀빈特邀貴賓신분으로 ICAO 총회 참석

1952년 제15회 헬싱키 올림픽과 제47회 국제올림픽위원회 총회에서 처음으로 '중국 명칭 문제'가 논의되었다. 당시 집행위원회에서는 33대 20의 표결로 양안의 동시 참여가 통과되었으나, 중화민국은 한적불양립漢賊不兩立[15]의 원칙을 근거로 대회에 불참하였다. 이후 두 개의 중국 명칭 문제는 국제 체육 무대에서 격렬한 줄다리기를 이어갔다.

1954년 아테네에서 열린 국제올림픽위원회 총회에서는 23대 21의 표결로 중국 본토의 중화전국체육총회를 중국올림픽위원회로 승인하였고, 동시에 대만의 중화민국올림픽위원회는 보류되었다. 이는 한 국

15) 한적불양립(漢賊不兩立)은 장제스 정부 시기 중화민국 정부의 외교 정책과 정치 이데올로기를 비공식적으로 표현한 말로, 당시 중화민국의 '하나의 중국' 정책을 함축적으로 나타낸 것이다. 이 개념은 1949년 중화민국 정부가 대만으로 철수한 이후 기원했으며, 장제스의 국민정부는 국제 사회에서 중화민국이 중국을 대표하는 유일한 정통 정부이며, 중국공산당은 반란 집단이라는 입장을 고수하였다. 원래 '한적불양립'이라는 표현은 제갈량이 지은 후출사표(後出師表)에서 나온 것으로, "선제가 염려하건대, 한과 적은 공존할 수 없으니, 왕업은 편안히 지켜질 수 없다(先帝慮, 漢賊不兩立, 王業不偏安)"라는 구절에 기초한다. 여기서 '한(漢)'은 스스로 한나라 정통을 계승했다고 주장한 촉한(蜀漢) 정권을 가리키고, '적(賊)'은 조위(曹魏) 정권을 의미한다.

가에 두 개의 올림픽위원회를 승인한 첫 사례가 되었다. 이어 국제올림픽위원회는 제16회 멜버른 올림픽에서 양안의 동시 참가를 결정하였다. 두 대표단의 명칭은 각각 '대만 중국'과 '베이징 중국'이었다. 그러나 베이징은 "타이베이가 나오지 않으면 베이징은 들어가지 않는다(台北不出, 北京不入)"는 원칙을 고수하며, 오성기를 청천백일기를 대체하여 사용하려 했으나 실패하였다. 결국 베이징은 국제올림픽위원회의 '두 개의 중국'이라는 체제를 받아들일 수 없어 대회에 불참하였다. 1958년에는 중공이 아예 국제올림픽위원회를 탈퇴하였고, 이후 문화대혁명으로 인해 1979년까지 올림픽에 참여하지 않았다. 하지만 베이징이 올림픽에 참여하지 않았음에도 불구하고 '중화민국' 명칭은 여전히 쟁점으로 남았다. 1959년 뮌헨 총회에서 '중화민국'과 관련한 결의안이 통과되었는데, 소련과 동구권 국가 위원의 제안으로 대만의 중화올림픽위원회(Chinese Olympic Committee)는 공식 명단에서 삭제되었다. 즉, 대만의 중화민국 올림픽위원회를 정식 명단에서 제외하되, 만약 대만이 별도의 명칭으로 신청할 경우 국제올림픽위원회가 이를 고려할 수 있다는 방침이 채택된 것이다.

1960년 대만은 유엔 회원 가입 당시의 국명인 중화민국 올림픽 위원회(Republic of China Olympic Committee)라는 명칭을 재신청하여 통과되었다. 하지만 올림픽 참가단 단명은 대만이었다. 이 '대만' 대표단 명의로 로마(1960), 동경(1964), 멕시코(1968) 올림픽에 참가했다. 당시 이탈리아, 일본, 멕시코는 모두 중화민국과 수교상태였지만, 대만(Taiwan) 영문 명칭 아래 중화민국을 부기하여 개막식에 참가했다. 1968년에는 중화민국(China R.O) 명칭으로 고쳤다. 1970년 대만의 쉬헝徐亨이 국제올림픽 위원에 당선되었고, 제1회 뉴델리 아시안 게임, 제4회 자카르타 아시안 게임에서만 주최국의 간여로 배제되었지만,

1952년 헬싱키 올림픽에서 대만이 주도적으로 퇴장한 것 외에는 국제 체육대회에서 대만의 권익은 크게 손상 받지 않았다.

2. 탁구 외교기(1971~1980)

1971년 3월, 일본 나고야에서 제31회 세계탁구선수권대회가 개최되었다. 일본탁구협회가 중공 선수의 참가를 요청하자, 베이징은 처음으로 적대 진영에서 열리는 국제대회에 참여하게 되었다. 이 대회를 계기로 미국 탁구팀은 베이징과 상하이에서 친선 경기를 치렀고, 저우언라이 총리는 직접 미국 선수단을 접견했다. 이른바 '핑퐁 외교'의 시작이었다. 이어 헨리 키신저가 비밀리에 베이징을 방문했고, 같은 해 유엔 총회에서는 76표 대 35표로 중화인민공화국이 중화민국의 의석을 대체한다는 결의안이 통과되면서, 베이징에 유리한 국제적 환경이 조성되었다. 저우언라이는 이를 두고 "작은 공이 큰 공을 움직였다"고 비유하였다.

중화민국이 유엔에서 퇴출된 이후, 1973년에는 '하나의 중국' 원칙에 따라 대만은 아시아 경기대회에서도 배제되었다. 이후 베이징은 각종 국제 스포츠 기구에서 대만을 제외시키려 했으며, 1975년에는 국제올림픽위원회(IOC)에 '하나의 중국' 대표권 승인을 다시 신청하였다. 그러나 IOC는 정치적 불간섭 원칙을 근거로 대만의 축출을 보류하였다. 그럼에도 1976년 캐나다 몬트리올 올림픽에서 대만 선수단은 '중화민국' 명의로 참가할 수 없게 되자 철수할 수밖에 없었다. 당시 캐나다는 이미 중국과 수교를 맺은 상태였으며, '하나의 중국'이라는 베이징의 정치적 압력에 직면한 상황이었다. 캐나다는 자국의 이익을 고려하여 결국 베이징의 압력에 굴복하였다.

1979년 미국이 대만과 단교하고 대만에 주둔중인 미군 철군과 외교적 절차를 거쳐 중국대륙과 수교했음에도, 같은 해 4월 열린 IOC 제91회 총회에서는 여전히 두 개의 중국 올림픽위원회 존재를 인정하며 36 대 28표로 기존 원칙을 유지하였다. 그러나 1979년 10월, 나고야에서 열린 IOC 집행위원회 회의에서는 통신 투표를 통해 중화민국의 명칭, 국기, 국가 사용을 일방적으로 금지하는 결의가 통과되었다. 이에 타이베이 측은 즉시 스위스 로잔 지방법원에 제소하였는데, 그 이유는 IOC 나고야 결의가 올림픽 헌장을 위반했으며, 올림픽이 정치적 편견과 외부 간섭으로부터 자유로워야 한다는 점을 근거로 한 것이었다.

1980년, 법원은 국제올림픽위원회의 조치가 올림픽 헌장과 정신을 위배했다고 판단하였다. 특히 헌장의 제64조, 65조, 66조가 위반되었다고 명시했다. 이에 따라 1980년 제82회 레이크플래시드 동계올림픽 기간, 대만 측의 제소를 계기로 올림픽 헌장은 수정되었으며, 제8조에 '국가 범위에 토지 및 영토의 일부(Part of territory)'라는 문구가 보충되었다. 이는 베이징이 일관되게 주장하는 내용이었다. 둘째, 24조 제2항을 증설했다. 국가올림픽위원회가 사용하는 깃발과 표지는 반드시 국제올림픽 집행위원회의 허가를 받아야 한다. 셋째, 원래 64조, 65조, 66조의 규정에 세칙을 마련했다. 원래 내용은 즉 각국이 개막식, 폐막식에 사용하는 국기, 국가, 국명은 대표단의 기와 노래로 바꾸었다. 국가(National)를 대표단(Delegation)으로 바꾼 것이다. 1980년 6월 동계올림픽위원회는 대만선수단의 모스크바 올림픽 요청을 잠정적으로 중지한다고 발표했다. 대만은 또 다시 올림픽 참가가 중지되고, 곤경에 처했다.

3. 협의 공존(1981~현재)

1980년 모스크바 올림픽 기간 거행된 제83회 총회에서 사마란치

(Juan Antonio Samaranch)가 제7대 위원장으로 당선되면서, 대만의 쉬헝(徐亨, 中華民國奧會, Republic of China Olympic Committee) 위원장과 접촉하여, 회적會籍 문제에 대한 협상을 개시했다. 10월(로잔), 12월(로스엔젤레스), 두 차례의 협상을 거쳐, 1981년 3월 23일 스위스 로잔에서 역사적인 문건에 서명했다. 국제올림픽위원회와 중화타이베이올림픽 위원회 간의 협의서(國際奧會與中華台北奧會協議書, An Agreement between the International Olympic Committee and Chinese Taipei Olympic Committee)다.[16] 이른바 올림픽에 참여하는 대만 명칭에 대한 합의 양안간 명칭 사용 문제에 관한 올림필 모델의 시작이었다. 로잔협의에서 규정된 바대로 한다면 대만의 올림픽 참가 명칭은 중화타이베이(Chinese Taipei, 中華台北)다. 중화는 중화민국의 국호를 참고한 것이고, 타이베이는 대만의 행정중심을 대표한다는 것이다.[17] 그러므로 중화타이베이는 행정중심이 타이베이에 있는 중화민국이라는 함의가 들어 있다. 장제스, 장징궈의 한적불양립 정책과 '하나의 중국 원칙'을 준수한다는 고집은 결국 중화타이베이(Chinese Taipei)라는 명칭을 받아들이게 되었다. 국제올림픽위원회(IOC)의 기본 원칙과 입장에 비추어 볼 때, 만약 당시 위원장이었던 모리스(Michael Morris, 3rd Baron Killanin, 1972-1980)의 제안을 받아들였다면, 로마 · 도쿄 · 멕시코 올림픽에서 사용되던 '대만' 명칭은 오늘날까지도 유지될 수 있었을 것이다. 그러나 현실은 달랐다. 현재 대만은 스스로 'Taiwan(대만)'이라

16) 湯銘新, 解析「奧會模式」與「兩會協議」我體育界應擺脫政治干預. 教文(研), February 5, 2007.(中英文件參閱拙著「我國參加奧林匹克的滄桑史下冊」, pp.468-475.)

17) 薛中鼎, 「論東奧正名運動」, 해협평론 334기, 2018년 10월호, https://www.haixia-info.com/articles/10396.html

는 이름을 사용하고 싶어도 그렇게 하지 못하는 상황에 놓여 있다.

2020년 도쿄올림픽을 앞두고, 전 올림픽 메달리스트이자 대만의 국민적 영웅인 육상선수 기정紀政의 주도로 '대만' 명의로 참가하기 위한 국민투표 운동이 벌어졌지만 결국 실패로 끝났다. 이에 반발한 베이징은 대만 타이중臺中에서 개최될 예정이던 제1회 동아시아청소년대회의 개최 자격을 박탈했다. 녹색 진영은 이러한 '왜소한 명칭', 즉 'Chinese Taipei'를 불만스럽게 여긴다. 반면 한국과 일본 등 한자 문화권 국가들은 베이징의 영향 아래 이 명칭을 '중국 타이베이中國台北'로 표기하기도 한다.

비록 영어 표기는 동일하지만, '중화 타이베이中華台北'와 '중국 타이베이中國台北'는 단 한 글자 차이로 전혀 다른 정치적 의미를 내포한다. 베이징의 해석에 따르면 '중국 타이베이'는 대만이 중화인민공화국의 한 지방정부, 즉 '중국의 타이베이'에 불과하다는 뜻이다.

1981년 로잔 협의 이후, 대만 체육계는 깊은 침울에 빠졌다. 이에 따라 대만 언론은 올림픽 관련 보도를 최대한 낮은 수위로 다뤘다. 반면 베이징은 나고야 결의와 '일국양제' 체육정책을 근거로 대만 선수단의 명칭會名과 기旗 사용을 철저히 통제했다. 대만 측이 규정을 조금이라도 벗어나면 즉각 항의가 제기되었고, 그로 인해 국제대회 현장에서는 종종 불쾌한 분쟁이 일어났다.

양안의 대표단은 국제 경기나 회의에 참가할 때마다 '대표단 명칭 문제'를 두고 끝없는 논쟁을 벌였다. 로잔 협의에 따르면, 대만의 공식 참가 명칭은 '중화 타이베이中華台北'로 규정되어 있다. 그러나 현실에서는 각 협회의 문서, 명함, 귀빈카드 등에서 중·영문 명칭이 일관되지 않았고, 이러한 혼란은 대만이 아시아경기대회나 월드게임(World Games) 개최를 추진하는 과정에서도 걸림돌로 작용했다. 대만인은 경기장 밖에서도 국기를 휴대하거나 흔드는 것이 금지되었으며, 심지어 타이베이가 주최한 국제대회의 개·폐회식에서도 국기 문제를 둘러싼 논란이 반복되었다.

결국 1989년 4월 6일, 홍콩에서 대만 중화올림픽위원회의 사무총장이자 부주석인 리칭화李慶華와 중국대륙 올림픽위원회 주석 허쩐량何振梁 사이에 대만 명칭에 관한 최종 합의가 도출되었다. 합의 내용은 다음과 같다.

"중국대륙에서 개최되는 경기, 회의, 활동에 참여하는 대만 지역의 체육단체 조직은 국제올림픽위원회의 규정을 따른다. 대회 주최 단체가 발행하는 문건, 소책자, 서신, 명패, 방송 등 모든 공식 표현에서 대만 지역의 체육단체 또는 체육조직의 명칭은 '중화 타이베이中華台北'로 한다."

이로써 '대만'은 자국의 이름으로 국제무대에 설 수 없는 '중화 타이베이'라는 제도적 틀 속에 갇힌 정체성을 갖게 되었다.[18] 하지만 아시안 게임, 올림픽 게임에서 1989년에 맺었던 양안협정을 준수하지만,

18) 台灣地區體育團隊及體育組織赴大陸參加比賽、會議或活動, 將按台國際奧會有關規定辦理, 大會(即主辦單位)所編印之文件、手冊、寄發之信函、製作之名牌, 以及所做之廣播等等, 凡以中文指稱台灣地)區體育團隊及體育組織時, 均稱之為「中華台北」.
The Sport delegations and organizations from Taiwan region visiting China mainland for Competitions, Conferences or activities shall be carried out in accordance with the related regulations laid down by the International Olympic Committee. It is here by agreed that all the Chinese referring to the name of sport delegations organizations from Taiwan region in the documents, manual, correspondences and name boards, or from broadcast, complied, issued or delivered by organizing committee shall be「中華台北」Chung Hua Tai Pei, (Chinese Taipei)

중국대륙에서의 신문보도, 언론방송은 여전히 대만을 중국대북(中國臺北, Chinese Taipei)로 부른다. 이에 대해 베이징측은 신문보도의 자유라고 변명한다. 바로 대만을 홍콩과 같은 대우로 취급하겠다는 것이다.

4. 아시안 게임

1954년 제2회 마닐라 대회부터 1970년 제6회 방콕 아시안게임까지는 중화민국(대만)만이 대회를 대표해 참가했다. 그러나 1971년 유엔에서의 중화민국 축출 이후 국제적 위상이 급격히 약화되면서, 1974년 테헤란 아시안게임부터는 중화인민공화국이 새롭게 참가권을 획득하였다. 그 결과 대만은 약 20년 동안 아시안게임 무대에서 배제되었다. 이후 1990년 베이징 아시안게임에 이르러서야, 올림픽의 '중화 타이베이(Chinese Taipei)' 모델을 적용받아 다시 참가할 수 있게 되었다.

5. 소결

대만의 국제적 지위는 대표성이 결여 되어 있고, 대만의 목소리가 들리지 않는다는 측면에서 서발턴적 현실을 가장 선명하게 드러내는 사례다. 양안 간의 정치적 경쟁과 국제 정세의 격동 속에서 대만은 국제사회에서 스스로를 온전히 대표하지 못한 채, 늘 주변적 존재로 자리매김해 왔다. 특히 올림픽과 아시안 게임을 비롯한 국제 스포츠 무대에서 드러난 대만의 경험은, 그 서발턴적 위치를 상징적으로 보여준다.

1949년 이후 '하나의 중국' 원칙을 둘러싸고 중화민국과 중화인민공화국 간의 명칭과 대표권을 둘러싼 갈등은 대만이 국제기구에서 자율적으로 권한을 행사하는 것을 끊임없이 제약해 왔다. 올림픽 참가 명칭, 국기, 국가 사용 문제는 단순한 형식 논쟁이 아니라, 국제사회에서 국가로서 존재와 정당성을 인정받기 위한 투쟁의 핵심이었다.

초기의 대만은 '대만' 혹은 '중화민국' 명의로 국제무대에 섰으나, 1970년대 이후에는 '중화 타이베이(Chinese Taipei)'라는 자신들이 원하지 않는 이름으로 대회에 참가해야만 했다. 이는 대만이 정치적 주권을 온전히 행사하지 못하고, 국제올림픽위원회와 베이징의 정치적 압력과 외교적 타협 속에서 대표권과 참가권을 부여받았음을 의미한다. 1971년 '핑퐁 외교'와 1979년 국제올림픽위원회의 나고야 결의, 그리고 1980년 레이크플래시드 동계올림픽 헌장 개정은, 대만이 국제 규범과 법적 절차를 통해 권리를 주장했음에도 불구하고 결국 국제 정치 현실의 벽에 부딪혀 제약받았던 과정을 잘 보여준다.

아시안 게임에서도 그 양상은 크게 다르지 않았다. 1971년 유엔에서 퇴출된 이후 대만은 약 20년간 아시안 게임 참가가 좌절되었다가, 1990년 베이징 아시안 게임에서야 '중화 타이베이'라는 명칭으로 복귀할 수 있었다. 그러나 이 또한 국제사회가 설정한 정치적 제약의 틀 안에서만 허용된 복귀였다. 대만은 국제무대에서 스스로를 온전히 표현하지 못한 채, 여전히 타자의 승인과 조정에 의존하는 종속적 주체로 남았다.

현재 라이칭더 정부의 처지는 이전과 크게 다르지 않다. 양안 관계가 긴장된 상황에서 '대만의 유엔 참여' 제안이 주요 기구나 전문기구에서 통과될 가능성은 극히 낮다. 대만의 외교 공간이 중국에 의해 봉쇄된 것은 어제오늘의 일이 아니며, 현재 대만의 수교국은 12개국에 불과하다. 이들 국가 대부분은 유엔 내에서 대만의 '의미 있는 참여'를 지지하는 공식 제안을 내고 있다. 국제사회에서도 일부 서구 국가들이 대만의 참여 배제를 부당하다고 언급하지만, 팔레스타인의 사례와 비교할 때 그 간극은 여전히 크다.

그럼에도 불구하고, 어떤 방식으로 접근하든 라이칭더 정부 앞에는 네 가지 중대한 난제가 놓여 있다.

첫째, 내부적으로 어떤 명칭과 신분으로 유엔 복귀重返 혹은 가입加入을 추진할지가 문제다. '대만'이라는 명의로 국제기구 가입을 시도할 경우, 이는 국가 정체성과 독립 문제와 직결되어 다수 국가의 지지를 얻기 어렵다.

둘째, 설령 가입을 신청하더라도 유엔 사무국이나 관련 기구 사무국이 이를 접수할지는 불투명하다. 과거 사례에서 보듯 양안 관계가 긴장될수록 전망은 어두워진다.

셋째, 국가 자격으로 국제기구의 정식 회원국이 되기 위해서는 안보리의 추천이 필요하다. 총 15표 중 9표 이상의 찬성이 요구되며, 상임이사국 5개국 모두의 동의를 얻어야 한다.

넷째, 유엔 총회 또는 관련 기구 총회의 심의와 동의 절차를 통과해야 한다. 총회의 경우에는 전체 회원국의 3분의 2 이상 찬성이 필요하다.

이러한 현실적 제약과 타국의 경험을 감안할 때, 민진당 정부가 어떠한 전략을 선택하더라도 내부적 합의 형성, 국제적 지지 확보, 그리고 양안 관계의 안정적 관리라는 세 가지 요소를 모두 충족해야 한다.

결국 대만의 국제사회 참여 경험은 단순한 '명칭의 문제'를 넘어, 국제체제 속 서발턴적 존재의 구조적 한계를 보여준다. 대만은 국가로서의 자율성과 권리를 완전히 확보하지 못한 채, 외부 강대국과 국제기구의 정치적 판단, 압력, 타협 속에서만 활동할 수 있는 제약당한 주체였다. 이러한 서발턴적 위치는 대만이 국제사회에서 '자율적 행위자'로 자리매김하는 길을 끊임없이 가로막아 왔으며, 오늘날에도 국제적 대표성과 명칭을 둘러싼 긴장을 완전히 해소하지 못한 채 지속되고 있다.

제13장

하나인가 두 개인가

Ⅰ. 민족일중의 의미

〈표 21〉 민족과 국가의 관계

	하나의 국가	두 개의 국가
두 개의 민족	대륙이 대만을 병탄한다	대만공화국과 중화인민공화국一中一台
하나의 민족	중국(일국양제)	중화민국과 중화인민공화국

민족일중民族一中은 양안 간에 '중화민족으로서의 중국'이 단일하게 존재한다는 의미를 담고 있다. 양안 모두가 중국인으로 규정되며, 이는 곧 중화언어, 중화문화, 혈연을 공유하는 하나의 중국을 의미한다. 베이징은 양안의 인민을 동일한 중국인으로 간주하며, 같은 민족이라는 전제를 바탕으로 양안의 분열을 반대한다.[1)]

국무원대만사무판공실(이하 국대판)은 2002년 2월 「하나의 중국원

1) 《人民日報海外版》, 2005.3.11.

칙과 대만 문제一個中國原則與臺灣問題」라는 백서에서 "대만인은 우리의 골육동포骨肉同胞"라는 민족일중의 관점을 체계적으로 정리했다.[2] 언어와 문화, 혈연 공통성에 기초하여 양안은 역사적으로 같은 민족이라는 교집交集을 갖추고 있다고 주장한다. 그러므로 베이징에 있어서 민족일중은 정체성의 근본이자 윤리적 기초며 도덕적인 규범이 된다. 이로써 양안은 일가친一家親이며 일맥상승의 생명력을 유지한다.

베이징은 민족일중民族一中을 통해 대륙과 대만을 이어주는 교량으로서의 역할을 강조하고자 한다. 전통적으로 현실주의 정치학자들은 대만 문제의 핵심 모순을 중·미 양국 간의 구조적 대립에서 찾는 경향이 강했다. 그러나 대만의 본토화와 민주화가 진행됨에 따라, 대만인들의 주체성이 점차 강화되고, 사회적·정치적 질적 변화가 나타났으며, 그 핵심에는 바로 대만인의 정체성 변화가 있었다. 이는 대만인의 정체성이 양안 간 주요 모순으로 부상했음을 의미한다. 장제스와 장징궈 시기에는 양안 모두 '하나의 중국'을 주장하며, 스스로를 중화민족의 일원으로 규정했다. 그러나 1980년대 말 이후 민주화와 본토화를 거친 대만 사회에서는 2,350만 대만인들이 대만의 미래를 스스로 결정해야 한다는 인식이 주류 민의로 자리 잡았다. 통일이든 독립이든, 이러한 선택은 이제 더 이상 베이징이 관여할 성격의 문제가 아닌, 대만인들의 결정 사항으로 여겨진다.

일본의 저명한 대만 문제 전문가 와카바야시 마사히로若林正丈 교수는 대만 내부에서 중국 민족주의와 대만 민족주의 간의 투쟁이 존재한다고 분석한다. 이는 과거 양안 모두가 자신을 염황의 자손, 중화민족의 일원으로 인식했던 관점에서 벗어나, 중국인과 대만인은 서로 다른

2) 國務院臺灣事務辦公室、新聞辦公室,《一個中國原則與臺灣問題》(白皮書), 2000.2.21.

정체성을 지닌 민족이라는 새로운 민족 문제의 진화를 보여준다.[3]

중국공산당의 입장에서 볼 때, 21세기 양안관계에서 가장 큰 도전은 민족문제이다. 과거 중국공산당은 대만과의 관계에서 민족의식이라는 생물적이고 감성적인 원칙에 호소하였다. 그러나 시간이 흐르면서 과거의 기억을 공유하던 세대는 대부분 사라졌고, 더는 민족이라는 '제대臍帶'를 통해 양안을 연결하고 공감대를 형성하기에는 한계가 생겼다. 이에 따라 베이징은 민족적 연대의 강조와 동시에 경제적 유대의 강화를 병행하고 있다. 항일 인사, 외성인外省人, 친중 애국 인사, 중국대륙 출신 배우자와의 유대를 강화하며, 40년간 누적된 양안 교류 경험과 타이완, 해외 교포 등 소프트파워적 수단을 활용하여 통일전선을 공고히 하고 있다.

실제로 베이징은 정치적인 타이두보다 문화적 타이두에 민감하게 반응한다. 전자는 그 실체가 명확히 드러나 통제가 용이하지만, 후자는 발견하기 어렵고 교묘하며, 은연중에 뇌에 영향을 미치기 때문이다. 역사 교과서 수정이 대표적인 사례이다. 문화적 타이두는 대만 독립을 위한 일종의 가치 지향으로, 탈중국화去中國化를 특징으로 하는 문화적 독립운동을 의미한다. 천수이볜과 라이칭더가 정치적 타이두, 즉 명독明獨에 가깝다면, 리덩후이와 차이잉원은 문화적 타이두, 즉 암독暗獨에 가깝다고 볼 수 있다.

따라서 베이징은 대만에 대한 흡인력을 높이기 위해 양안 간 공유된 역사와 문화 전통을 되살리고자 노력한다. 심록 진영은 이를 극구 부인하지만, 대다수 대만인은 양안 간 존재했던 역사, 문화, 혈연 등

3) 若林正丈, 〈「中華民國臺灣化」與「七二年體制」以臺灣民族主義的抬頭為焦點〉, 收錄于《財團法人海峽交流基金會交流雜誌社編》, 台灣 : 岸開放交流20年國際學術研討會會議實錄, 2007, 頁124-125.

특수한 관계마저 완전히 부정하지는 않는다.

경제와 문화 교류는 정치 교류보다 민감성이 낮아 활용하기 용이하다. 후진타오는 중화문화와 중화민족의 정체성을 강조하며, '물은 피보다 진하다血濃於水'는 민족 감정을 정치적 도구로 활용했다. 시진핑은 양안일가친, 양안운명공동체, 양안심령계합(心靈契合, 정신적 일체감)을 강조하며, 생물적 유대를 정신과 영혼의 유대까지 확대하고 있다. 이는 단순한 육체적 · 사회적 유대가 아니라, 정신적 · 심리적 차원에서 서로 깊이 연결되어 하나가 되는 상태를 의미한다. 결국 중화문화는 중국인의 핵심적 가치가 존재하는 장으로, 문화적 측면에서 양안 공통의 문자, 언어, 민족, 문명을 강조하며 문화적 타이두를 제거하려는 전략으로 나타난다.

2000년 이후 양안 문제의 핵심은 점점 더 대만의 정체성, 즉 국가적 · 민족적 정체성의 문제로 집중되고 있다. 정체성이란 근본적으로 어떤 사안이나 상황에 대해 자신이 갖는 가치적 태도를 드러내는 것을 의미한다. 현재 40세 이하의 대만 민중 가운데 자신을 '중국인'이라고 규정하는 사람은 극히 소수에 불과하다.[4)]

민족일중의 핵심적 내용은 정체성이다. 비록 양안 간에 '몇 개의 중국(하나의 중국, 두 개의 중국, 하나의 중국과 하나의 대만)'이 존재하는지가 주권에 관계된 핵심적인 문제지만 그 근원에는 바로 민족정체성의 문제가 도사리고 있다. 기본적으로 범람진영과 공산당은 양안은

4) 이러한 세대를 천연독(天然獨)이라 칭한다. 특히1996년 직선총통제가 실시된 이후 민주주의의 원칙인 당가작주(當家作主 : 자신의 일은 자신이 책임지고 결정하는)가 자리 잡고 대만인에 대한 주체성이 제고되어, 대만과 대륙은 사실상의 두 개의 국가가 되었다고 볼 수 있다. 이러한 시대배경에서 대부분의 대만 젊은이들은 자신을 중국인으로 인식하지 않는다.

모두 중화민족에 속한다는 사실을 인정하나, 심록진영은 그렇지 않다. 국민당과 공산당은 양안은 모두 같이 하나의 중국, 중화민족, 동문동종, 양안은 모두 중국인이라고 인식한다. 이에 대해 민진당의 온건파, 천록진영의 견해는 양안은 동문동종임을 인식하나 그 정체성에서는 또 국·공 양당과 다르다.

〈표 22〉 중공 지도자의 민족일중 관련 발언

지도자	년도	출처	내용
장저민	1993	「대만 문제와 중국통일 臺灣問題與中國統一」 백서	대만역사는 중국의 역사, 양안 모두 중국인
	1995	장8점 「조국통일대업 완성의 촉진을 위해서 계속해서 분투하자爲促進祖國統一大業的完成而繼續奮鬥」	제4점 중국인은 중국인과 싸우지 않는다. 제5점 경제교류 및 협력은 중화민족에게 축복, 제6점 중화문화의 전통을 계승, 제7점 대만동포는 모두 중국인이며, 모두 골육동포다.
후진타오	2002	「하나의 중국원칙과 대만 문제 一個中國原則與臺灣問題」 백서	대만인민은 우리의 골육동포
	2005	후4점胡四點의 제3점	대만동포는 중화민족의 한 분자다
	2005	반분열국가법	양안통일은 대만동포를 포함하여 전체 중국인민의 공동의무와 신성한 임무
	2007	2007년 중공17대 보고 (「사개결부四個決不」 중의 「기희망어대만인민」의 방침과 「삼개범시三個凡是」	양안의 공동기초는 혈연이며 모두 염황의 자손炎黃子孫. 양안은 혈맥이 서로 연결된 운명공동체이며, '중국'은 양안동포의 공동 정원
시진핑	2012	중공18대 보고(두 개의 백년)	중화민족의 위대한 부흥실현은 필연적 요구
	2014	국민당 롄짠 명예주석, 친민당 송추위 주석과의 회견	양안일가친
	2017	중공19대 보고	조국의 완전통일 실현은 중화의 아들과 딸들의 공동의 소원 양안동포는 운명을 함께하는 골육형제, 중화문화 홍양
	2019	일국양제대만방안	고대만동포서 40주년 기념 담화

1987년 말부터 양안 간 교류의 길이 열리면서 지난 40여 년간 문화 경제적 교류의 폭과 깊이가 넓어졌다. 하지만 교류의 과정에서 양안 간의 상동성과 상이성을 경험했다. 특히, 타이베이는 대륙과 대만이 서로 다른 세 개의 차이점을 강조했다. 즉 소위 말하는 3D다. 즉 경제 차이, 민주차이, 서로 다른 민족지위(development, democracy, difference)다. 이는 또 대만이 통일을 거부하는 명분으로 작용하였다. 첫째, 대만의 경제적 문화적 생활수준은 중국대륙의 수준보다 훨씬 높다고 보았다. 이는 자연스럽게 대만인들의 대륙인들에 대한 부정적 인상을 조성하게 했고, 대만 민족주의가 흥기할 수 있는 자원을 제공해 주기도 했다. 둘째, 대만의 정치제도는 이미 민주화되었고 대륙은 일당一黨전정의 제도다. 양안 간의 정치제도는 물과 기름처럼 섞일 수 없는 관계다. 이런 상태에서 굳이 통일을 염원할 이유는 없다. 셋째, 대만의 족군族群, 문화와 역사의 특징은 중국대륙과는 매우 다르다.[5] 하지만 현재 중국은 굴기의 과정에 있는 것은 현실이다. 대만은 더는 과거와 같은 3D를 강조함으로써 양안 간의 차이를 말하기는 어렵게 되었다. 왜냐하면 양안 민간의 교류는 밀접하게 늘어났고, 양안 간의 경제적 차이는 과거에 비해 확실히 축소되고 있으며, 대만의 전체 GDP를 초과한 중국대륙의 성省은 2020년 이후 이미 10여 개 이상이 되었다. 민주화에 대한 차이도 과거에 비해 축소되는 과정에 있다. 더구나 베이징의 일국양제는 제도의 차이를 인정하고 있다. 즉 양안 간의 차이성의 감소는 베이징에 더 유리하게 작용하고 있는 셈이다. 양안 간 교류의 확대와 심화는 양안민중의 친밀감을 증가시키고, 이는 통일과 독립에 대한 모순을 줄이는 방향으로 진행되고, 통일파의 공간을 더 증가하게 만들어 결국

5) 汪飛淩, 〈海峽兩岸的民族主義及其前景〉, 《戰略與管理》, 2000, 第4期.

양안 간의 정치모순을 감소시킬 수 있다. 그러나 문제는 정체성의 변화에 있다. 대만내부에서는 양안 간 민족지위에 관한 차이(difference)가 다르다. 양안은 서로 다른 민족에 속한다는 정체성의 소유자가 늘어난다면 통일의 문제를 해결하기는 더욱 어렵게 된다. 만약 대만이 대만민족과 중국민족은 다르다는 명분으로 통일을 꺼려한다면 설령 중국대륙이 민주화되었다 하더라도 이는 여전히 해결할 수 없는 문제로 남는다.[6)]

대만독립을 당강으로 채택하고 있는 민진당이 집권하면 탈중국화去中國化의 방향은 필연적이다. 대만 주체성의 제고와 대만인 정체성이 확보되지 않는다면 민진당의 종지인 대만공화국의 건설은 불가능하기 때문이다. 이는 또 양안 간의 긴장관계를 형성한다. 양안의 민족정감 문제가 가장 극명하게 드러나는 곳은 일본에 대한 시각이다. 대만인들의 일본에 대한 선호도에서 중국대륙과는 분명한 차이를 보여준다. 이는 대만의 역사, 지리, 이민, 원주민, 식민의 경험과 이에 대한 인지가 베이징과는 사뭇 다르다.[7)] 일반적으로 말해, 대만독립 경향자, 일제시기 경험자, 혹은 일본 유학파, 일본문화와 자주 접촉하는 사람 등은 일본에 대해서 상당히 좋은 인상을 지니고 있다. 특히 급진 대만 민족주의자와 일본 극우파는 거의 일치된 관점을 지니고 있다. 비교적 온화한 민족주의자들조차도, 일본이 비록 역사적 죄를 가지고 있지만 그 우수점 또한 많다고 인식한다. 전체적으로 말해 타이두 주창자들은 중

6) 包諄亮, 〈兩岸政治矛盾與未來〉, 載, 王央城主編, 《前膽兩岸關係發展的趨勢》, 臺北 : 國防大學戰略研究所出版, 2007, 頁38.

7) 2010년 3월 24일 재단법인교류학회 타이베이 사무소에서 실시한 조사에 의하면 대만이외에 가장 좋아하는 국가를 물었을 때 대만인의 52%가 일본, 8%가 미국, 중국대륙은 5%에 불과했다.

국국민당과 중국공산당의 일본 인상 보다 훨씬 좋다. 당을 떠나 일반적인 대만인들도 비교적 중국대륙에 비해 일본을 편애하는 경향이 강하다.[8)]

타이두를 지지하는 사람들은 비록 민족적·문화적으로도 한족인 중화문화로 인정할지라도, 중국, 중국인, 중국민족주의에 대해서는 혐오감을 보인다. 특히 리등후이, 천수이볜 집권기에는 대만 민족주의가 고취되었고 차이잉원 정부 역시 탈중국화의 노선을 채택하고 있다. 2024년 취임한 라이칭더 정부는 급진 타이두 노선을 견지하고 있다. 이는 다시 선거와 밀접한 관련을 맺고 있다. 촌장부터 총통까지 모두 투표로 결정하는 대만의 선거에서 가장 큰 의제는 양안문제다. 베이징에 대하여 어떠한 입장에 가지고 있는지 유권자의 선택을 받고, 이는 다시 양안관계에 영향을 미친다. 베이징의 대 대만정책 역시 대만의 선거를 고려하지 않을 수 없다. 민진당이 탈중국화의 노선을 취할 수 있다는 것은 무엇보다도 주류민의에 부합되기 때문이다.

대만 문제의 주요모순은 중·미 양국의 모순에 있으나 대만정치가 민주화되고, 본토화화가 진행되면서 대만도내에 심각한 변화가 발생했다. 즉 두 개의 민족주의 갈등이다.[9)] 민주화가 진행되면서 대만주체성이 제고 되고, 이는 또 베이징의 위협에 직면하면서 대만 민족주의가 발호할 기회가 제공된다. 분명 대만내부에는 두 개의 민족주의를

8) 民調調查, 在臺灣中山大學大一年級到四年級學生100個人中, 包含南部人11個人的調查結果. 絕對多數喜比大陸喜歡日本. 25個人偏愛日本, 偏愛大陸0名, 其他無回答, 2008.5.20.

9) 若林正丈, 〈"中華民國臺灣化"與"七二年體制"以臺灣民族主義的抬頭為焦點〉, 《岸開放交流20年國際學術研討會會議實錄, 台北 : 財團法人海峽交流基金會交流雜誌社編, 2007, 頁124-125.

둘러싸고 서로 갈등하고 있다. 즉 탈중국화와 탈중국화에 반대하는 흐름이다. 민진당이 집권하면 탈중국화의 방향으로, 국민당이 집권하면 다시 탈대만화의 방향으로 문화정책을 변화시킨다. 이는 국민당과 민진당의 정체성의 차이에서 기인한 것이다. 탈중국화는 리등후이 집권 이후 암암리에 추진한 독립건국노선이었다. 리등후이는 탈중국화에 대해서 비교적 암, 연, 은, 위(暗, 軟, 隱, 僞)의 방법이었다면 천수이볜 집권 2기 노선과 현 라이칭더 정부의 노선은 명, 경, 로(明, 硬, 露) 즉 공개적이고 강경하며, 노골적으로 독립노선을 추구했다. 천수이볜은 집권 3년차부터 과격한 타이두 노선을 밀고 나가다가, 미국의 반대와 국내외의 반대에 부딪혀 점진식 타이두 노선으로 전환했다. 천수이볜은 작은 문제에서부터 탈중국화에 착수했다. 예를 들어, 민난어閩南語는 국어며, 지방극地方戲은 국극國劇이며, 주외 기구의 국휘國徽를 뗐고, 직함이나 칭호에 대만을 추가하고, 특히 여권에 대만이라는 두 글자를 추가했다. 주외기구는 개괄적으로 대만판사처臺灣辦事處로 고쳤으며, 헌법개정, 교과서개정, 군사장비확충과 대만명의의 유엔가입, 미일안보체제로의 가입 등을 추진했다. 특히 천수이볜은 '중화민국'이란 글자에 대해서 강한 부정을 보였다. 공개적인 자리에서 비꼬는 어조로 "중화민국, 그게 무슨 귀신의 뚝배기냐?中華民國什麼碗糕"고 하기도 했으며, 공식석상에서 장제스를 '살인마왕'으로 부르기도 했다. 그러나 이러한 민진당의 타이두 노선은 베이징의 강력한 반발을 불러온다. 이에 비해 차이잉원은 비교적 무실적인 리등후이 노선을 따르고 있다. 현 라이칭더 총통은 자신을 '실용적인 타이두 종사자'로 총통에 취임해서는 중국을 '경외적대세력'으로 자리매김했다. 베이징은 라이칭더가 대만의 최고지도자가 되기도 전에 이미 그에 대한 분석을 끝냈다. 베이징의 눈에 비친 라이칭더는 미국에 의지하여 독립을 도모하며, 대만민중을 선동하여 탈중국화를 종용하고, 타이두 활동으로 양안 간의 교류협력을 방해하는 타이두 분자일 뿐이다. 타이두 세력을 조종하여, 국민투표, 헌법개정 등의 활동을 통해 대륙에 대한 적의를 고취하며, 양안동포의 엄중한 손해를 끼치는 행위자로 인식한다. 사실 본토 정당인 민진당은 선거철이 되면 강력한 대만 민족주의 색채를 드러낸다. 이분법을 활용하여, 본토와 비본토, 애대만愛臺灣과 비애대만으로 나누었고 이데올로기 분쟁으로 대만내부를 몰고 가는 경향이 있다.

베이징은 이러한 대만에 대해 그 불안감이 증가되고 있고, 대만을 외교적으로 더욱더 강하게 고립시키고, 무력위협을 가한다. 「92공식」을 인정하지 않는 민진당과는 전면적인 관방교류를 중단했지만, 민간교류 마저 중단시킬 수 없다. 오히려 민간문화 교류를 강화해야 시진핑이 강조하는 '양안일가친'의 이념을 실현할 수 있다. 그러므로 '하나의 중국원칙'과 '92공식'을 견지하고, 어떠한 타이두 세력이라도 불용한다는 원칙하에서, 양안 간의 경제문화교류협력을 추진하여 양안 사회의 융합을 도모하고자 한다. 시진핑은 중공 19대에서 양안경제문화교류 협력에 관한 자신의 생각을 피력했다. 이어 2018년 국대판은 대만인들의 중국대륙에서의 학습, 창업, 취업, 생활제공에 있어서 대륙동포와 동등한 대우를 한다는 조치를 발표했다. 이른바 31항의 대만인들에 대한 우대조치(31条惠台措施)다.[10] 이는 곧 대만인들을 '국민대우' 한다는 것을 의미한다. 이미 대륙에 있는 대만인들을 중국국민으로 대우하고 있다. 종합하자면 양안 간 공통적인 교집합 부분인 '문화상의 중국'을 탈피하려는 민진당과 이를 연결시키려는 베이징의 줄다리기는 현재진행형이다.

10) 《關於促進兩岸經濟文化交流合作的若干措施》, 2018.3.28.

Ⅱ. 대만인과 중국인臺灣人對中國人

1. 중국인과 대만인

1994년 리등후이는 일본 극우 작가 시바료타료司馬遼太郎를 만났다. 그는 대만을 하나의 국가로 보는 『대만기행臺灣紀行』의 저자다. 그는 일본 패전 후, 중화민국이 높은 문명주의적 태도를 취했다면, 대만에서 주민투표를 통해 독립 여부나 귀속 국가를 결정하게 했어야 했다고 보았다. 1993년 그들의 세 번째 만남에서, 리등후이는 '대만인으로 태어난 슬픔'을 이야기했다. 이 자리에서 시바료타로가 "이 세계에서 '중화'라는 어휘만큼 모호하고 불명확한 것이 없다"고 밝히자, 리등후이는 한걸음 더 나아가 '중국'이라는 단어 역시 그렇다고 밝혔다. 중국이라 단어는 애매모호하며 또 '중국인'이라는 단어도 마찬가지라고 말했다.[11)]

오랫동안 대만에서는 중국인 즉 문화적으로는 화인華人, 혈연적으로는 한인, 중화민국 국민과 대만인(대만의 주민)의 구별이 있었고, 이와 동시에 중화인민공화국인과 중화민국인의 구별이 있었다. 외국인의 입장에서 보면, 중국인은 당연히 중화인민공화국의 인민이다. 대만인 스스로 중국인이라고 이야기하거나 혹은 대만의 중국인이라고 말하지 않는다. 더욱이 중국 민중의 처지에서 볼 때도, 중국대륙에 간 대만인들은 대만동포증臺胞證을 발급 받은 소위 말하는 대만동포다. 마치 피부가 다른 대만의 원주민인 산지동포, 티벳 동포藏胞혹은 교포僑胞라 부르는 것과 같다. 그러나 심록단체인 대만건국연맹에서 주장하는 대만인과 중국인의 정의는 분명하다. "무릇 대만에 대한 정체성을

11) 〈李登辉与司马辽太郎对话〉, 李登辉, 《台湾的主张》, 台北 : 源流出版, 1997.

지니고, 대만을 사랑하는 사람, 고향을 대만으로 생각하는 사람, 대만과의 공동운명을 원하는 자는 몇 세대 전에 대만에 왔던 지를 불문하고 모두 대만인이다."[12] 대만에 대한 공동체의식을 지닌 사람은 대만인이며, 중국대륙에 대한 공동체의식을 지닌 사람은 중국인으로 규정했다. 급진적이고 강렬한 대만의식의 소유자들에게 있어서 중국인은 외래통치자에 불과한 것이다.

타이두를 주장하는 사람들은 대만과 중국, 대만인과 중국인을 명확하게 분리해서 사고하는 경향이 강하다. 그들이 주장하는 '대만'의 유래는 현재의 타이난台南지방을 의미한다.[13] 이민 초기, 대만은 '대원大員', '대원台員', '대만大灣', '대원大冤', '대완大宛', '매원埋冤' 등 다양한 이름으로 불렸다. 서구 문헌에서는 Tayovan, Taiouan, Teowan, Taiuan, Taivan, Tayoan, Taywan, Taiwan 등으로 표기되었다. 당시 평야에 거주하던 대만 원주민 시라야족西拉亞族의 언어로 '대만'은 '외래인外來人, 외부에서 온 사람'을 의미했다.

2. 대만의식과 중국의식

대만의 당파 대립, 선거경쟁에서의 통독 논쟁, 심지어 과거의 계투

12) '대만인'의 정의는, 대만독립건국연맹이 내부 문서에서 처음 제시했으며, 1976년 7월 발행된 《CC통신》 제603호에서 유통되었다. 대외적으로는 1976년 9월 28일 발간된 제55호 《타이두台独》 월간지에서 처음 공개되었다.

13) www.wufi.org.tw, WUFI Forum 獨立建國論壇. 당시의 Taiwan은 현재의 타이난을 가리킨다) 그 북쪽은 Lok Kang Hien(루강현鹿港縣), 남쪽은 Fung Shan Hien(펑산현)였다. 당시 (현재 타이난 근처)의 평지 원주민 시라이야족은 외부인들을 Tai-an 또는 Tai-oan이라고 불렀다. 이주민들은 자신이 정착한 곳을 Tai-oan이라고 이름 붙였고, 시라이야족이 거주하던 대만 서쪽 강가 지역을 츠칸(赤崁, Chhiah-kham, 시라이야족의 한 부족 이름)이라고 불렀다.

械鬥를 비롯하여 각종 투쟁은 정체성과 관련을 가진다. 이는 단지 이민 초기 한족 개척자들과 원주민 간의 투쟁뿐만 아니라 한족인 세 개의 족군(민남인, 객가인, 외성인)사이에서도 발생하였다.[14] 1949년 장제스가 대만으로 천도한 이후, 당시 대만은 네 개의 족군으로 분류할 수 있다.[15] 즉 민남인, 객가인, 외성인 및 원주민이다. 대만 인구분포는 민남인(閩南人, 푸라오인, 복건성 남쪽), 객가인, 외성인, 원주민 순이다. 이후 족군 경쟁과 충돌은 대부분 세 개의 축에서 발생했다. 원주민 대 한족(외성인, 객가인, 민남인), 객가인과 민남인, 외성인과 본성인(원주민, 객가인, 민남인)이다. 그러나 대부분의 족군 분쟁은 본성인과 외성인 간의 장기적인 정치적인 힘겨루기로 진행되었으나 대만본토화와 민주화를 경험한 후, 족군 간의 투쟁은 과거에 비해 대폭 약화되었다. 민진당은 집권하고 나서 느슨한 대만인/대만인민(Taiwanese people) 대만민족(Taiwanese nation)으로 응집시키고자 하였다.[16]

민족의식은 억압과 착취의 반작용에서 생성된다. 저항이 없는 곳에서는 민족의식의 발생도 어렵다. 근대 민족의식은 저항과 대항의 전제에서 성립된 개념이다. 대만의식은 대만인들이 자신들의 힘으로 자신들의 국가와 민족을 형성하고자 하는 것이다. 그러므로 기본적으로 타

14) 施正鋒, 《臺灣政治建構》, 臺北 : 前衛出版社, 1999.

15) 徐富珍, 陳信木, 〈대만 현재의 족군 정체성 현황 비교 분석〉, 대만 인구협회 2004년 연례회의 및 「인구, 가정과 국민건강정책 회고와 전망」 세미나, 대만의 네 족군은 언어권을 기준으로 구분되는 민남인, 객가인, 외성인, 원주민을 의미한다. 대만 인구 비율 순서는 민남인(허라오鶴佬인, 푸라오福佬인으로도 불림(75%)), 외성인(12.5%), 객가인(10%), 그리고 2% 미만의 원주민으로 나타난다.

16) 施正鋒, 〈台灣民主化的挑戰-國家肇建、民族塑造、以及國家打造〉, 收錄于《從歐洲反思台灣》, 台北 : 前衛出版社, 2003, 頁225-287.

이두를 인정할 수밖에 없는 구조다.[17] 역사적으로 대만의 권력 핵심과 장치는 대만본토인 보다는 외부인이 통치했다.

초기의 대만의식은 대만에 이주한 이후 발생한 의식이며, 중국의식의 차급의식 즉 향토의식에서 출발하였으나 이후에는 대만의식과 중국의식은 상호대립적인 관계로 발전했다.[18]

대만의식의 핵심은 정체성의 문제인데, 나는 누구(대만인)인가? 대만은 무엇인가? 의 문제다. 대만의식은 과거로부터 잠재되었다가 격발된 문제다. 대만의식의 형성과 발전은 오랜 역사진화의 과정에서 형성되었고 대략 네 단계로 구분할 수 있겠다.

첫째 단계는 명청明淸시기의 대만이다. 이 시기는 단지 중국대륙의 지방의식에 불과했다.

둘째 단계는 일제 통치 시기로서, 대만인들은 피통치자의 신분이었으며, 이에 따라 대만의식은 집단의식으로 발전했다. 일제시기의 대만의식은 이미 민족의식으로 승화되었고, 대만인과 일본인의 대립면을 강조했다. 통치 계급과 피통치 계급 간의 의식이 싹텄다.

세 번째 단계는 2차 대전이 끝난 후에 장제스의 국민정부가 대만을 점령한 시기다. 1949년부터 1987년까지 38년간 장제스, 장징궈 부자는 대만에 계엄령을 실시했다. 이때만 해도 대만의식은 일종의 성적省籍意識의식이었다. 예를 들어, 본성인本省人, 외성인外省人으로의 의식이었다. 하지만 곧 2·28사건을 계기로 국민당에 반항하는 의식으로 전환되었고, 대만인의 의식을 발전시키는 급속한 계기가 되었다.

네 번째 단계는 1987년 이후 현재까지다. 계엄령이 해제되고, 대만

---

17) 黃國昌,《中國意識與臺灣意識》, 台北 : 五南圖書, 1992, 頁53.

18) 同上註.

의 민주화와 본토화의 길을 걸으며 민진당은 집권당이 되었다. 이 시기는 기본적으로 공산당이 대만을 탄압했다. 이때부터 대만의식은 점차 공산당에 반대하는 정치의식으로 발전했고, 리등후이의 '신대만인' 구호에서 보이듯이 대만인이 대항하는 것은 구대만인이 아니라 중국인이었다.

종합하면, 대만의식은 일종의 저항의식이다. 저항의 대상은 예를 들어 반청복명反清復明시기에는 중국대륙의 지방의식 간의 대립이었다. 복건성 출신의 장주, 천주인 간의 대립, 복건성과 광동성의 대립, 이후 저항의 대상이 일본제국주의, 국민당, 중국공산당으로 옮겨 갔다. 대만의식은 매 단계의 역사적 맥락에서 형성되고 변화 발전되어 온 것이다. 1895년 이후 대만의식은 모두 뚜렷한 대항의 목적물을 지니고 있다. 일제시기의 대만의식은 일본제국주의와 식민주의에 대항해서 발생한 것이고, 일본의 박해에 대항한 것이며, 2차 대전 종결 후의 대만의식은 국민당 정권의 본성인에 대한 괄시와 압제, 권력분배의 불공평으로 인해서 발생한 것이다.

3. 대만문화와 중국문화

대만문화는 한漢문화를 위주로 하고 초기의 남도문화南島文化, 일제 지배기의 일본문화, 유럽문화, 미국문화의 영향을 받았다. 물론 베이징의 시각에서 본다면 대만문화는 중국문화의 일부분일 뿐이다. 그러나 녹색진영의 입장에서 본다면 대만문화는 원주민문화, 한족문화, 네덜란드문화, 스페인문화, 일본문화 및 미국문화 등이 융합 발전되어 왔고, 해양문화라는 핵심적 내용을 지니고 있다. 따라서 대륙문화의 성격을 지닌 중국문화와는 그 성질상 다른 면모를 지니고 있다고 주장한다. 그러므로 타이두의 관점에서 대만문화를 본다면 중국문화는 오히려 대만문화의 일부분일 뿐이다.

1980년대에 접어들어 정치민주화와 본토화의 과정을 거치면서 대만 문화주체성의 흥기가 도내에 만연하기 시작했다. 특히 리벤시대(리등후이, 천수이볜) 20년간은 탈중국화와 본토화가 진행되어 대만 본토문화의 흥기를 가져왔고, 이로써 대만의 정체성은 크게 제고되었다. 이후 대만문화 주체성은 의식적으로 중국대륙과 대만이 서로 다름을 명확히 구별하고 있다.[19] 이 결과 대만인은 중국인이 아니며, 대만은 중국의 일부분이 아님을 도출하며, 최종적으로 중화민족과 대등한 대만민족을 상정한다.

이는 또 정치의식과 결부되어 국민당과 민진당으로부터 여러 정당들이 분열해 나갔다. 예를 들어 신당, 친민당, 대만단결연맹, 건국당 등 정당이 출현했고, 2014년 태양화 운동 이후에는 시대역량과 대만민중당이 탄생했고, 통일과 독립을 극으로 삼고 그 가운에는 무지개같이 찬란한 스펙트럼을 형성한다. 극단적인 한편에는 통일, 중국인, 외성인이 있으며, 그 중간에는 현상유지, 중국인이면서 대만인, 중화민국의 외투를 빌어 대만이라는 몸이 있는 것과 같은 이치로 파악하며, 양안은 임시적인 관계, 혼잡한 정체성을 보인다. 다른 한편의 극단에서는 독립, 대만인, 본성인이 존재한다.

국가정위도 과거 국민당 주류파가 주장한 하나의 민족과 두개의 국가一族兩國, 천수이볜이 2000년 총통당선 직후 베이징의 환심을 사기 위해 발표한 중국대륙과의 같은 혈연과 문화를 지니고 있다고 밝힌 점이다. 이는 대륙과 대만이 공동으로 화인華人 사회의 신세기를 열자

19) 蔡詩萍, 〈臺灣文化主體性辯〉, 《中國論壇》, 第359期, www.srcs.nctu.edu.tw/joyceliu/.../mw.../Report%5CY.R.Chen.htm.

고 주장한 내용이다. 그러나 이 두 단어가 잠재하고 있는 의미는 양안 간에 설령 혈연과 문화관계가 성립하더라도 상호 불예속의 화인華人 국가며, 두 개 국가의 특수한 관계[20]로 설정한다는 뜻을 내포하고 있다. 민족이라는 단어로서 해석하는 것도 같은 결과다. 예를 들어 독일 같이 하나의 민족이 대표하는 것이며, 또 하나의 민족이 대표하는 것은 무형상의 문화화인文化華人 즉 다시 말해 싱가포르와 같은 화교국가를 의미한다.

4. 상상의 공동체 중화민족

중화민족이라는 용어는 20세기에 들어와서 출현한 개념이다. 한족 중심주의자들은 청나라는 만주족이 중국대륙을 통치하는 것으로 보았으며, 이는 이족의 시대였다. 쑨원孫文은 한족 중심의 입장에서 오랑캐를 축출하고 중화를 회복하자驅逐韃虜, 恢復中華는 혁명구호를 사용했다는 점은 주지의 사실이다. 그렇지만 신해혁명 성공 이후 쑨원은 곧바로 한족 중심의 민족주의를 포기하고 한족, 만주족, 몽고족, 회족, 티벳족의 5족공화를 제창하여 진일보한 중화민족이라는 개념을 만들어 냈다. 왜냐면 만주, 몽고, 신장, 티벳 등을 중화민국의 강역에 편입되었고 한민족주의를 지나치게 강조하면 공동체 구성에 큰 장애가 되기 때문이다.[21]

쑨원이 말한 바와 같이 과거 중국대륙에는 가족주의와 종족주의는 있지만 국족주의國族主義는 없었다. 쑨원은 공화제를 끝까지 유지하였다. 신해혁명의 성공은 대만에 커다란 충격을 안겨주었다. 혁명 영도

20) 徐博東, 〈陳水扁何去何從人們正拭目以待〉, 《海峽評論》, 112期, 2000.4.

21) 黃昭堂, 〈第二次大戰前「台灣人意識」的探討〉, www.wufi.org.tw

자 쑨원이 제창한 중화민족의 개념은 민족구성 요소를 혈통, 언어, 종교, 풍속, 생활습관 등 다섯 가지 범주로 엮었고, 한족계 대만정치인들은 이러한 쑨원의 개념을 받아들였다. 당시 대만은 일본의 영토였으며 대만인은 이미 일본국민이었다.

유전학, 인류학적 관점에서 본다고 하더라도, 중화민족으로 칭해지는 종족은 없다. 또한 중화민족을 구성하는 유전자 역시 존재하지 않는다. 이것은 중국대륙이 대일통大一統 패권주의를 실현하기 위해서이고, 주변민족을 옭아매는 정치신화일 뿐이다. 그래서 혈통, 언어가 완전히 다른 신장新疆, 티벳西藏 등 전부 중화민족에 묶여 있게 만들어 몸을 뺄 수 없게 만들었다.[22] 실제로 중화민족은 훗날 만들어낸 명사일 뿐이다.

강희제 시대에 체결된 『네르친스크 조약』 이후, '중국'이라는 공동의 국토와 '중국인'이라는 공동의 명칭이 등장하게 되었다. 『청성조실록清聖祖實錄』에는 "해양을 항해하는 중국인은 순번을 중시하고, 서양인은 각도를 중시한다"는 기록이 있다. 이처럼 '중국인'이라는 개념의 형성은 1902년 량치차오梁啟超에 의해 '중화민족'이라는 명칭으로 이론화되었다.

1939년, 일본의 침략으로 멸망 위기에 직면한 상황에서, 구힐강顧頡剛은 「중화민족은 하나다中華民族是一個」라는 글을 발표하며 중화민족의 형성과 발전에 대한 체계적 이론을 제시했다. 1989년, 페이샤오퉁은 다시 「중화민족 다원일체 구조中華民族多元一體格局」를 발표해, 중화민족의 형성과 발전을 "다원 속의 일체多元一體"로 정리했다.[23]

22) 黃昭堂, 〈第二次大戰前"台灣人意識"的探討〉, www.wufi.org.tw

23) 李大龍, 華民族共同體凝聚的核心因素是什麼？ 중국시보, 2025년 08월 02, https://www.chinatimes.com/opinion/20250802002194-262110?chdtv

Ⅲ. 대만 민족주의와 탈중국화

1. 대만 민족주의

대만 민족주의(Taiwanese Nationalism)는 대만의식을 사상의 중심으로 삼고, 대만인의 정체성을 지닌 사람들이 응집하여, 대만의 최대 이익을 추구하고 외부로부터 온 어떠한 국가 또는 민족의 직간접적 속박과 영향으로부터 탈피하고자 하는 사상체계다. 대만 민족주의의 민족은 결코 특정한 대만족군이 아니라 대만에 대한 정체성을 지닌 사람이다. 그래서 대만 민족주의는 원주민, 민남인, 객가인, 2차 대전 후 이민 온 신주민 등 일체 족군에 공동으로 구비할 수 있는 것이다. 대만 민족주의는 문화, 지리, 정치와 관계된 이론·운동 및 신앙이며 상당히 복잡한 색을 띈다. 대만의 문화, 역사, 지리를 보호하고 계승 발전시키고, 대만의 각 족군들의 응집으로 일원화된 대만민족을 만들고자 하는 것이다. 대만 민족주의는 중화민족 이외의 대만민족을 건립하여, 대만민중의 이익을 우선하는 민족주의다. 대만 민족주의는 대만 본토화 운동 및 대만독립운동의 배경으로 작용했다.

대만 민족주의와 대만 독립운동은 긴밀한 관련을 맺고 있다. 하지만 그 개념은 매우 다르다. 대만 민족주의는 민족주의의 일종으로서 그 목적은 대만정체성을 구축하여 중화민족과 다른 또 다른 민족을 만드는 것이다. 대만독립운동은 정치운동의 하나이나, 독립된 대만공화국이 현재의 중화민국정체를 대체하는 것이다.

대만 민족주의의 기원은 일제시대로 거슬러 올라간다. 일본인들의 이족통치가 대만운명공동체라는 개념을 생성시켰다. 당시 대만 민족주의의 저항대상은 일본이었다. 그러나 2차 대전 후, 2·28사건, 백색테러[24], 계엄령, 치앤다오후千島湖 사건, 1995-6년의 양안위기를 거치면서 대만 민족주의의 저항 대상은 일본에서 국민당으로, 대만민주화 이후에는 국민당에서 베이징의 공산당 정권으로 전이했다.

대만 민족주의자들은 국민당과 공산당 둘 다 중국의 정권일 뿐만 아니라 모두 외래정권으로 규정한다. 이와 동시에 대만 민족주의는 반중反中정서를 자연스럽게 형성한다. 대만주권의 귀속문제를 둘러싸고 대만에는 대만 민족주의와 중화 민족주의의 갈등이 있다. 기본적으로 대만 문제의 주요모순은 중국대륙과 미국 간의 모순이다. 그러나 대만이 정치적으로 민주화, 본토화 단계를 거치면서 상당한 변화가 있었다. 즉 대만내부는 두 개의 민족주의의 갈등이 생성된 것이다.[25)]

대만 민족주의는 일종의 변방 민족주의다. 다시 말해 대만 민족주의에서 저항의 대상은 대만을 왜소화시키고 대만에 압력을 가하는 대국이다. 그러므로 대만 민족주의는 대만의 주체성과 국제무대에서의 인정과 존중을 요구한다. 현재 대만 내에는 두 종류의 투쟁이 전개되고 있다. 즉 탈중국화와 탈대만화의 충돌이다. 탈중국화는 중국대륙과의 연결고리인 양안의 교집합을 삭제하고자 하는 방향이다. 탈중국화의 방향이 진행되면, 주로 문화, 역사적인 면에서 진행되기 때문에 베이징으로서도 이렇다 할 방법이 없다. 베이징이 혈연적, 문화적인 중화민족을 강조하더라도 직접적으로 영향을 미치지는 못한다.

민진당의 기본인식은 대만과 대륙을 격리시키는 것이다. 정치, 사

24) 대만의 백색테러는 동원감란조례가 폐지되기까지 간첩죄, 반란죄를 죄명으로 하여 1949년부터 1987년까지 38년 동안의 계엄기간 대만의 무수한 민주인사들이 탄압을 받았다.

25) 若林正丈, "中華民國臺灣化與七二年體制以臺灣民族主義的抬頭為焦點", 『兩岸開放交流20年國際學術研討會會議實錄』, 財團法人海峽交流基金會交流雜誌社編, 2007, pp.124-125.

회, 문화, 경제에서 탈중국화를 시도할 수밖에 없는 것이 민진당의 운명이다. 원래 천수이볜은 삼국론(三國論, 중화인민공화국, 중화민국, 대만공화국)의 주장을 펼쳤다. 그러나 국공양당 간의 하나의 중국 및 현행의 대만의 중화민국헌법 체제로 인해 양국론(兩國論, 一邊一國)을 주장했다. 대만은 민주체제를 공고히 하고, 하나의 주권독립의 민족국가(state-making), 민족건설(nation-building), 국가건설(stage-building)로 나아가고자 했던 것이다.

대만은 족군정체성과 민족정체성 간에도 높은 수준의 중첩성을 지니고 있다. 한편으로는 한 개인의 족군 정체성(본성인과 외성인)이 대체적으로 민족정체성(대만인과 중국인)을 결정한다. 역시 그 국가정위國家定位(독립과 통일)의 태도를 결정한다. 족군문제는 오랜세월 동안 마모작용을 거쳐 용합의 추세로 진행되고 있지만, 민족정체성은 여전히 미완의 과제다. 장제스와 함께 대만에 온 제1세대 외성인의 관점에서 볼 때 자신들이 중국인 정체성의 가지는 것은 인지상정이다. 이러한 상황에서 민진당은 중국과 대만의 이름부터 바로잡고자 하였다. 물론 대만정명운동은 탈중국화 운동의 일환이며 대만정체성의 확립을 위해서 꼭 필요한 과정이었다.

Ⅳ. 정체성

1. 대만정체성

일반적으로 양안관계에서의 정체성(正體性, identity)은 3개의 층면이 있다. 즉 국가정체성, 제도정체성, 문화정체성이다. 그 중 국가정체성이 가장 중요하다. 제도정체성과 문화정체성은 그다지 중요한 문제가 아니다. 베이징 역시 양안 간 제도적인 불일치를 인정한다. 제도적

불일치를 전제로 설계한 것이 일국양제기 때문이다. 또한 대만내부의 대다수는 양안 간 문화적 공동 연원을 인정한다. 그러므로 양안간의 정체성은 국가정체성이 관건적이다. 국가정체성은 특정 지역에서 특정의 군체群體들이 특정한 역사의 기간 동안 공동운명의 기초에서 형성된 고도의 일체성이기 때문이다.

〈표 23〉 양안 이견異見 비교표

관계전제	양안정위	민족	역사서술	문화	언어	정치	경제, 사회
하나의 민족	대륙 대만	중국인	5천 년사	중국 문화	중문, 국어	공산당 영도	대륙과의 교류를 확대하여 경제발전 유지
두 개의 민족	중국	중국인	5천 년사	일원적, 보수적	베이징어	공산당 전제	국강민빈 國强民貧
	대만	대만인	4백 년사	다원, 현대	국어, 대만어	민주 자유	부유하고 진보한 사회
공리주의 功利主義	중국/대륙, 대만	중요하지 않음	중요하지 않음	중요하지 않음	중요하지 않음		신흥시장

출처: 필자 정리

대만정치대학 선거센터에서는 매년 대만인 정체성 조사를 실시하고 있다. 이 조사에 따르면 지난 20여 년간 자신을 대만인이라고 인식하는 사람들은 눈에 띄게 증가하고 있다. 이 조사에 의하면 자신을 대만인이지 중국인이 아니다가 57.5%, 자신을 중국인이라고 인식하는 사람은 3.6%로, 자신을 중국인이면서 대만인이라고 인지하는 비율은 36.1%로 나타났다.[26] 비록 마잉주馬英九집권과 더불어 양안 간 교류가 급증했음에도 불구하고, 민진당 시기보다 오히려 더 증가했다. 이는 양안 간 경제교류가 양안 정체성에 반드시 영향을 미친다고는 말할

26) 『중국평론』, 제191기, 2013년 11월호, p.10

수 없다. 반면에 차이잉원이 집권한 최근 2016-7년간은 오히려 대만정체성을 인식하는 대만인들의 숫자가 하락하고 있다. "나는 대만인이다"라고 인식하는 대만인 정체성의 추세를 살펴보면, 리등후이 집권기 1992-1999, 7년간 대만인 정체성은 17.6%에서 39.6%, 22%가 증가했으며, 매년 평균 3.14%씩 증가했다. 그 중 양안 위기가 있었던 1995-1996년에 한 차례 하락이 있었다.

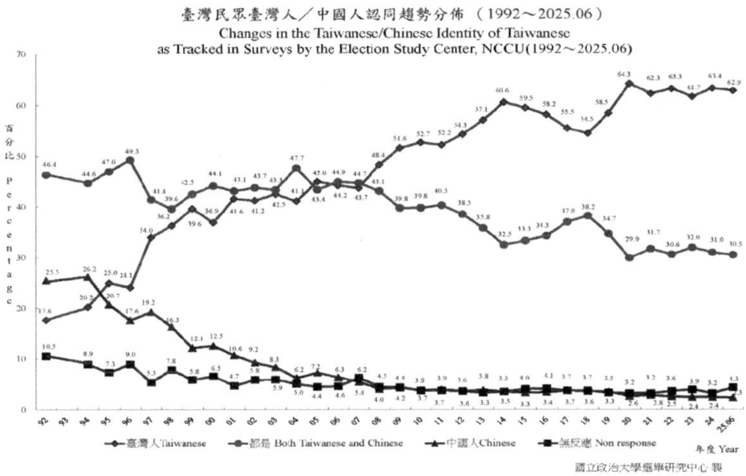

〈그림 1〉 대만인/중국인 정체성 추세 분포(1992–2025.6)

천수이볜 집권기 1999-2007, 8년간 대만인 정체성은 39.6%에서 43.7%, 총 4.1%가 상승했다. 매년 평균 0.51%씩 증가했다. 마잉주 집권기 8년간 대만인 정체성은 43.7%에서 59.5%, 총 13.8%, 매년 평균 1.72%씩 증가했고, 8년의 임기 중에 6년은 증가, 2년은 하락했다. 2015-2017에는 차이잉원이 집권한 2년 동안은 59.5%에서 56.0%로 3.5% 오히려 감소했다. 1992-2025년 06월 기간 나는 대만인이라고 답한 비율은 62.9%다.

2020년 이후 60% 이상을 기록하고 있다.

1992-2025년 06월 사이 "대만인이면서 중국인이다"라고 답한 비율은 대략 46%에서 30.5%로 감소했다. 1992-2025년 사이 "나는 중국인이다"라고 답한 비율은 25%에서 2.3%로 감소했다.[27]

종합하자면, 대만 민주화는 대만인 스스로 대만의 주권을 행사하는 것이다. 중화민국의 대만화는 대만의 민주화를 통해 형성되었다. 1987년 계엄해제와 더불어 대만은 민주화의 과정에 돌입하였고, 1996년에는 총통 직선제를 쟁취했다. 타이두의 관점에서 본다면 대만이 민주화되기 전까지 중화민국은 외래에서 온 통치집단이었고, 1971년 유엔 2758 결의안의 통과로 인해 그 국제적 정당성도 없었다. 하지만 타이두를 종지로 삼고 있는 민진당이 선거에 진입하면서 더는 중화민국체제를 부정할 수만은 없었다. 대신 중화민국이라는 외피는 걸친 채로 내실적으로 '대만화'를 진행시켰다. 대만화는 중국대륙과의 연계 고리를 맺고 있는 중국인, 중화민족, 중화문화, 일중헌법 등 과거 중화민국체제의 틀을 옮게 하면서, 궁극적으로는 대만인, 대만민족, 대만문화, 대만헌법, 대만공화국로 진행하고자 하는 것이다. 즉 중화민국의 대만화는 외형적으로 대륙적 요소를 줄이고 내실적인 대만의 요소를 강화하는 것이라 할 수 있다. 대만인 정체성과 타이두의 지지자의 비율은 감소하고 있지 않으며, 반대로 중국인 정체성과 통일을 지지하는 비율은 현저히 내려가는 추세에 있다. 이것은 중공의 대대만 정책인 이통 즉, 소통으로서 통일을 촉진한다는 촉통以通促統이 실패했음을 말해준다.

27) 林濁水, 危機！台灣人當總統台灣人認同反下滑, 2017.9.15. http://talk.ltn.com.tw/article/breakingnews/2194282

2. 대만민중의 통/독 입장 추세

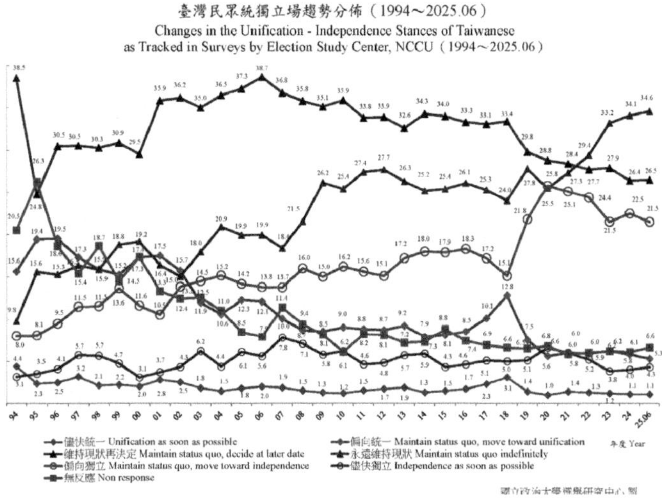

〈그림 2〉 대만민중의 통/독 입장 추세 분포

대만 국립정치대학 선거연구센터가 2025년 6월 발표한 대만인의 통일·독립 입장 변화에 관한 여론조사에 따르면, 이 조사는 1994년 12월부터 시행되어 31년간 대만 정치의식의 주요 변화를 기록해왔다. 정치대학의 대만민중의 통일과 독립에 대한 입장 추세 장기 여론조사에 따르면, "영원한 현상 유지"를 지지하는 대만 시민 비율은 해마다 증가하고 있으며, 2022년 이후로는 모든 선택지 중 가장 높은 비율을 기록하고 있다.[28)]

조사에서는 통일과 독립에 대한 견해를 다음의 6가지로 분류했다. 조속한 통일 – 1.1%, 조속한 독립 – 4.3%, 현상 유지(통일 방향 선호) –

28) 정치대학 선거연구중심, https://esc.nccu.edu.tw/PageDoc/Detail?fid=7804&id=6960 (2025.06.30 검색)

6.6%, 현상 유지(독립 방향 선호) - 21.5%, 현상 유지 후 결정 - 26.5%, 영원히 현상 유지 - 34.6%로 나타났다. '조속한 통일'과 '조속한 독립'을 제외하면, 80% 이상이 광의의 현상 유지를 선호하고 있음을 알 수 있다.[29] 특히 '현상 유지' 중에서도 "영원히 현상 유지"를 지지하는 비율은 30년 전 9.8%에서 현재 34.6%까지 상승하며, 그간 가장 많은 선택을 받았던 "현상 유지 후 결정"을 앞질렀다. "영원히 현상 유지"와 "현상 유지 후 결정"은 상호 대체 가능성이 높고, 국내외 정세에 따라 오르락내리락한다. 하지만 두 입장 사이에는 분명한 차이가 있다. "영원히 현상 유지"는 비교적 폐쇄적인 선택지로, 이는 마치 일방통행로처럼 "계속 그 길을 가는 것 외엔 다른 선택이 없다"고 비유했다. "영원히 현상 유지"는 최근의 새로운 흐름으로, 이는 점점 더 많은 대만인이 스스로 현상 유지를 지키려 하거나, 통일 또는 독립이라는 논의 자체를 거부하려는 태도를 보여주는 것이기도 하다. 즉, 대만 국민의 통일 및 독립 지지율은 감소하고, '영원히 현상 유지' 지지율은 상승하는 이 흐름은 대만의 정치 상황과 국제 정세와 밀접하게 연결되어 있다. 2008년부터 2024년까지, 국민당이든 민진당이든 집권 정당 모두 '현상 유지' 이상으로 대만을 이끌지 못했다고 지적하며, 일부 국민은 통일·독립 문제를 보다 소극적이고 수동적인 태도로 바라보게 되었다고 분석한다. 국민들은 현실이 바뀌지 않을 것이라 생각하게 되었고, 동시에 국제 정세도 국민 감정에 영향을 주었다. 예컨대, 2019년 홍콩 반송환법 시위, 2020년 중국의 강압적 코로나 봉쇄 정책, 중공 군용기의 대만 침범 빈도 증가, 러시아-우크라이나 전쟁 등 이러한 사건들은 대만 국민의 중국에 대한 반감을 키웠으며, 전쟁이 대만에서

29) 위의 주.

벌어질지도 모른다는 '망국亡國 공포'를 불러일으켰다.

결국 단기간에 독립도 통일도 실현 가능성이 낮은 상황에서, "현상 유지"는 가장 현실적인 선택이 된다. 현상 유지 지지층은 세대와 계층을 초월한다. 젊은 층일수록 대만 본토 정체성이 강한 경향이 있지만, 여론조사에 따르면 이들 역시 대다수가 현상 유지를 선택하고 있다. 하지만, '현상 유지'란 무엇일까? 이는 곧 차이잉원 · 라이칭더 총통의 양안 정책을 의미한다. 민진당은 2016년 차이잉원 집권 이후 라이칭더 총통까지, '92공식'九二共識을 명확히 인정하지 않았고, 이로 인해 중국의 불만을 사왔다. 사실 대만의 현상유지 정책은 대다수 대만 민중의 주류 민의를 반영한 것이다. 즉 "현상 유지가 최선"이라는 입장을 대변한 것이다. 하지만 베이징은 이를 '사실상의 독립 추진'으로 간주하고 있으며, 민진당이 집권하면, 중공은 대만해협 군사훈련, 사이버전, 외교 · 경제 · 정치적 고립 등. 이로 인해 양안 관계는 최악의 수준으로 냉각될 수밖에 없는 구조에 빠져든다. 현재 양안 간 모순은 '92공식' 인정 여부이기 때문이다.

1987년 계엄 해제 이후, 대만은 통일 · 독립 문제를 자유롭게 논의할 수 있는 사회가 되었고, '현상 유지'는 줄곧 다수의 지지를 받아온 주류 민의였다. 그러나 시진핑 주석이 말한 "양안 간 정치적 분열은 세대를 넘어 이어질 수 없다"는 주장과 비교해 볼 때, 대만은 현실적인 해양 민족으로, 다수의 민의는 오랫동안 "중공의 침략을 불러오기 때문에 법적으로 명시된 독립은 추구하지 않지만, 중국과의 통일은 절대 원하지 않는다"는 양극단 사이에서 흔들려 왔다. 31년간의 선거연구센터 여론조사를 종합해보면, 대만 국민의 중국에 대한 인식은 매우 복합적이다. 양안 관계는 너무 가깝지도, 너무 멀지도 않기를 원하고, 그 적절한 거리 속에서 적이 아닌 친구로 지내길 바라며, 전쟁보다는 경제 교류를 원하며, 미국과는 준동맹국으로 중국과는 경제협력 동반자로 남기를 원한다.

대만 행정원 대륙위원회의 장기 여론조사에 따르면, 대다수 국민(91.9%)이 대만의 미래는 2,350만 대만인이 결정해야 한다고 답했다.[30] 이에 대해 시간의 흐름을 더 길게 잡았을 때, "현상 유지"가 가져올 수 있는 잠재적 위험에 대해 문제를 제기한다. 예를 들어, 이러한 지연 전략이 정말 다음 세대에게 더 나은 선택인지, 혹은 정상 국가로 발전할 수 있는 가능성을 차세대에게 박탈하는 것은 아닌지에 대한 우려다. "현상 유지"가 지연 전략이라는 점은 부정하지 않지만, 현재로서는 더 나은 대안이 없다고 본다. 즉, 대만의 미래는 대만인 2350만인이 자유롭게 결정하라고 한다면, 현재 대만의 주류민의는 독립이다. 물론 이것은 중국 공산당의 무력 침공 가능성을 불러온다. 이는 중공의 그 어떤 지도자도 용납할 수 없는 문제다. 이러한 점을 알기 때문에 대만은 '현상유지'를 선택하고 있는 것이다.

30) 정치대학 선거연구중심, https://esc.nccu.edu.tw/PageDoc/Detail?fid=7804&id=6960(2025.06.30 검색).

제4부

주변에서 중심으로

1988년 이전까지 대만 사회의 주류 담론은 중국인으로서의 정체성을 강조하며, 중화민족 중심의 교육을 강제하는 동화주의적 정책이 지배하고 있었다. 이는 민족적·문화적 다양성을 억눌러왔고, 다문화적 정체성은 사회의 표면으로 드러나지 못한 채 억제되어 있었다. 하지만 대만이 권위주의 체제를 벗어나 민주화의 길로 접어들던 1980년대 말, 이 억눌려 있던 다문화와 다족군 문제는 사회운동의 핵심 의제로 부상하였다. 민주화와 함께 대두된 대만 본토화(localization) 운동은 곧 대만 내 다양한 집단들의 권리 회복 요구와 맞물렸고, 이로 인해 각 족군의 권익을 대변하고 실현하려는 새로운 사회적 행위자들이 등장하였다. 바로 이러한 시점에서 대두된 것이 다문화 정치의 개념이다. 특히 원주민 권리운동은 대만에서 다문화주의가 단순한 문화 정책의 차원을 넘어, 국가 정체성과 정치적 재편을 요구하는 이념적 실천으로 진화하게 되는 계기를 마련하였다.

1990년대 이후 민진당은 본격적으로 '대만 민족'이라는 새로운 정체성 개념을 제안하며, 다족군의 평등한 공존'을 핵심 원칙으로 삼는 포괄적 다문화주의를 지향하게 되었다. 이는 단지 소수 민족의 권익 보장을 넘어서, 대만 사회 전체를 아우르는 국가 정체성의 재구성 작업과 직결되는 정치 프로젝트였다. 특히 1992년 형법 제100조 개정을 기점으로, 대만독립이라는 단어는 더는 금기어가 아니었으며, 관련 담론의 자유로운 유통이 가능해졌다. 더구나 해외에서 대만 독립운동을 펼치던 인사들이 귀국하여 헌법 개정 및 정치 체제 재구성에 적극 참여하게 되고, 이로써 대만의 정치지형은 과거와는 전혀 다른 다원주의적 궤도로 전환되었으며, 결과적으로 다양한 족군과 문화적 정체성을 지닌 공동체들의 정치 참여를 촉진하는 계기가 되었고, 다문화 정치의 형성 기반을 마련하는 데 중요한 역할을 했다. 이후 민진당이 해외 타이두 세력과 결합하면서, 다문화는 단순한 사회문화적 개념을 넘어 정치 전략의 일환으로 적극 활용되었다. 다문화 의제는 대만인으로서의 주체성을 강화하고, 궁극적으로는 대만 공화국 수립이라는 정치적 이상을 실현하기 위한 수단으로 사용되었다. 또한 4대 족군 간의 화해와 통합을 추구하며, '대만화' 정책을 통해 향토문화와 지역 공동체의 고유한 문화를 강조하는 방향으로 나아갔다. 나아가 다문화 정치 담론은 대만이 국제사회에서 겪고 있는 외교적 고립을 극복하려는 전략적 시도와도 연결되었다.

세계와의 문화적 연계를 통해 대만의 정체성을 새롭게 정의하고, 문화적 네트워크를 구축함으로써 외교적 공간을 넓히고자 한 것이다. 다시 말해, 대만의 다문화 정치는 내부의 정체성 정립과 외부의 국제적 위상 제고를 동시에 겨냥한 복합적인 정치 프로젝트인 셈이었다. 이 과정에서 다양한 원주민 사회운동이 병렬적으로 활성화되었다. 여러 조직과 단체들이 등장하여 자신들의 권익을 요구하고 실현하기 위한 투쟁에 나섰으며, 이러한 운동은 대만 각 지역의 역사와 문화를 재조명하려는 향토교육의 부활로 이어졌다. 이 시기 대만 사회는 통합된 국가 정체성을 새롭게 구축하고, 각기 다른 족군 간의 차이를 조율하는 것이 가장 중요한 과제로 부상했다. 이에 따라 '대만'을 단일한 민족 국가가 아니라, 복합적이고 다층적인 문화 공동체로 이해하려는 인식이 확대되었다. 이는 궁극적으로 대만 공화국 건립이라는 정치적 비전을 지향하는 포괄적 다문화주의로 진화하게 된다.

민진당이 다문화 정치를 적극적으로 수용하게 된 배경에는 단순한 문화적 담론의 차원이 아니라, 국민당 체제에 대한 정치적 저항이자 새로운 정체성 정치의 일환이었다.

제14장

정명正名을 향한 걸음

대만의 4백년 역사는 '연속식민'과 '다중식민'을 그 특징으로 한다. 이와 같은 다층적이고 다중적인 식민 경험은 단지 정치 통제에 국한되지 않고, 대만 사회의 문화, 언어, 기억 체계에 깊은 각인을 남겼으며, 각 시대에 따라 '대만은 누구의 것인가'에 대한 질문과 해석이 상이하게 형성되었다. 특히 원주민의 입장에서 볼 때, 이들은 자신들이 고유하게 점유해 온 삶의 터전에서 수 세기 동안 이주민과 식민 지배 세력에 의해 배제되고 주변화되었으며, 근대 국민국가 형성기의 동화주의 정책에 따라 정체성과 권리를 제도적으로 박탈당해왔다. 연속된 식민정권 체제 속에서 원주민은 정체성이 지워지고 동화되어야 할 존재로 간주되었고, 일부 평지 원주민은 한족으로 편입되기도 하였다. 이러한 과정은 단지 문화적 강제만이 아니라, 토지와 자원의 수탈, 정치적 권리의 박탈, 사회경제적 주변화 등 구조적 불평등으로 이어졌다. 즉 대만 사회에서 원주민은 가장 오래된 정착민이자, 동시에 가장 주변화된 존재로 남아 있고 이들은 역사적으로 국가 정체성 형성 과정에서 주변화되어 왔다. 특히 1949년 이후 대만으로 천도한 국민당 정부는 1949년부터 1987년 까지 38년 동안 계엄령을 유지하면서, 군사계엄 체제 아래 '중국인으로서의 동일한 정체성'을 강조하며 중화민족 중심의 교육을 통해 대만 사회 전반을 동일한 문화적 틀 속에 통합하려 하였다. 이로 인해 원주민을 포함한 다양한 족군의 정체성과 고유성은 사회의 표면으로 드러날 수 없어 억압되어 있었다. 그러나 1980년대 말부터 본격화된 대만의 민주화 과정은 이러한 억압적 구조에 균열을 내기 시작했다. 계엄령 해제, 정치 자유화를 통한 민주화, 나아가 본토화(localization) 담론의 부상은 민족적 다양성과 다문화주의에 대한 사회적 감수성을 확대시켰으며, 이는 곧 다양한 민족 집단의 권리 회복 요구로 이어졌다.

대만의 다문화 정치는 민주화 과정에서 억눌렸던 다양한 족군의 권리 요구가 표면화되며 본격화되었다. 국민당 독재에 맞서 당외세력으로 출발한 민진당은 재야세력과 연대하여 '중국과 구별되는 대만인 주체성'과 '전 족군을 포괄하는 대만인 정체성'을 강조하며, 대만공화국 건설을 당강으로 채택했다. 이런 시대적 환경 속에서 민진당이 추진한 대만으로의 정명운동과 원주민족 운동의 목표가 점차적으로 일치되기 시작한다. 바로 이 과정에서 재야세력과 동조하여 대만 원주민은 자신들의 언어, 역사, 문화적 정체성을 되찾고, 그동안 억눌려 온 권리를 요구하는 집단적 운동을 전개하기 시작하였다.

본 장에서는 대만 민주화 이후 민진당이 추동한 다문화 정치와 원주민 운동의 일환으로 추진된 원주민족 정명운동이 상호 간에 어떠한 접점을 형성하며, 어떻게 결합되었는지를 분석하는 데 초점을 맞춘다.

대만의 다문화 정치는 민주화의 진전에 따라 기존에 억눌려 있던 다양한 족군의 권리 요구가 표면화되면서 본격적으로 전개되었고, 이는 대만인 정체성 구축을 지향한 민진당의 대만 정명운동과 원주민의 집단적 정체성 회복 운동이 서로 맞물리는 계기가 되었다. 나아가 원주민 정명운동이 단순한 문화 보존이나 민족적 권리 회복에 그치지 않고, 민진당이 추구하는 새로운 국가 정체성 구성 및 정치적 정당성과도 깊이 연결되어 있음을 밝히는 것을 본 장의 핵심 과제로 삼고자 한다. 이를 통해 대만 다문화 정치의 구조적 특성과 더불어, 대만 원주민의 현실과 탈식민 시대 정체성 회복이 지니는 동아시아적 함의를 함께 고찰하고자 한다.

I. '정명' — 이름을 둘러싼 권력의 문제

공자의 정명正名 사상은 단지 언어의 문제에 그치지 않고, 권력, 정체성, 질서의 문제로 확장된다. "이름이 바로 서야 일이 이루어진다(名不正, 言不順, 言不順, 事不成)"는 고대 유학의 논리는, 이름이 권위를 정당화하는 도구이자, 정치 질서의 구조적 기반임을 전제한다.

이 점에서 '대만'이라는 명칭을 둘러싼 논쟁은 단지 국가 명칭의 문제를 넘어서, 국제 정치에서의 존재 승인 여부, 즉 "누가 존재할 자격이 있는가"라는 근본적인 질문과 맞닿아 있다. 정명의 정치적 본질은 '이름'은 단지 이름만의 문제가 아니다.

대만은 정부, 영토, 국민이라는 국가의 3요소를 충족함에도 불구하고, '국가'라는 이름으로 국제사회에서 승인받지 못한 실체다. 이는 명확히 말해 '정명되지 못한 국가'이다. 즉, '국가인데 국가로 불리지 못하는 존재'로, 이는 정명의 결여이자 국제정치적 실체의 불가시성이다. 여기에는 "이름을 누가 부여하는가", "무엇이 정당한 명칭인가"에 대한 정치적 권력 작용이 개입되어 있다.

이는 역시 대만의 연속식민, 다중식민과 연결되어 있다. 대만은 오랜 시간 네덜란드, 스페인, 명정, 청나라, 일본 제국주의, 중국 국민당 정권, 중화인민공화국의 압박 속에서 자신의 '이름'을 자율적으로 정할 기회를 박탈당했다. 이처럼 식민의 역사에서 이름은 제국에 의해 주어진 것이며, 탈식민의 실천은 이름을 되찾는 투쟁이기도 하다. 대만의 '정명' 요구는 곧 식민과 반식민의 반복된 역사 속에서 주체적 명칭을 구성하려는 탈식민적 시도이다.

정명은 해방의 시작이고 이름을 다시 쓰는 정치다. 공자의 정명은 단지 기존 질서를 유지하는 보수적 논리로 읽힐 수 있지만, 현대적 맥락에서 정명은 억압된 자들이 '자기 이름'을 회복하는 해방의 실천으로도 읽을 수 있다.

대만이 국제사회에서 '국가'로서의 이름을 갖고자 하는 요구는 단순한 승인 요구가 아니라, 자기 정체성과 존재를 공식화하려는 실존적 투쟁이다. 이는 대만의 국내 정치에서도 드러난다. '대만공화국'으로의 개헌 논의, 중국어와는 다른 대만어·원주민 언어의 부흥, 중화민국 국호 사용에 대한 논쟁 등은 모두 '대만이라는 이름을 스스로 정의하려는 시도', 즉 현대적 정명의 실천으로 볼 수 있다.

대만의 정치적 상황은 이름을 둘러싼 근본적인 철학적, 정치적, 탈식민적 문제를 환기한다. 정명은 단순한 명칭의 문제가 아니라, 존재의 승인, 주체의 회복, 침묵의 해방에 관한 문제다.

범록진영의 입장에서 본다면, 즉 '대만인' 정체성 소유자의 입장에서 보자면, '대만'이라는 이름은 아직 완전히 정명되지 않았다. 그러나 그 이름을 되찾으려는 시도 자체가, 서발턴적 침묵을 깨고 자기 역사를 쓰려는 탈식민 주체의 정치적 실천이다.

대만은 정부, 영토, 국민이라는 국가의 기본 요건을 갖추었음에도 국제사회에서 '국가'라는 이름으로 정명되지 못한 채, 탈식민적 역사와 제국주의적 권력의 교차점에서 서발턴적 침묵을 강요받고 있으며, 이는 곧 대만이 자율적 정체성과 존재의 승인, 그리고 정치적 주체로서의 언어를 회복하려는 해방적 실천의 중심에 '이름'이라는 문제, 즉 정명의 철학적·정치적 투쟁을 위치시키고 있음을 보여준다.

Ⅱ. 대만 정명운동

정명, 모든 사물과 상황에 걸맞게 합리적이고 적당한 명칭이 곧 바른 이름이다. 『논어』, 자로子路편에 정명사상이 나온다. 이름이 바르지 않으면 말이 순조롭지 않고 말이 순조롭지 않으면 일은 이뤄지지 않는다. 어떤 일을 이루려 할 때 반드시 먼저 정당하고 합리적인 이유가 있어야 된다. 그래야만 모든 일들이 순조롭게 이룰 수 있다는 공자의 정명사상이다. 우선 바른 이름을 갖는 것이 바로 정명이다. 타인에게 나의 이름을 밝히고, 자신의 이름을 정확하게 불러 달라는 것이다.

정명 운동의 목표는 '중국' 이라는 단어 대신 '대만'으로 대체하자는 것이지만, 중국국민당의 경우, 당의 정강에 근거해서 본다면 본질적으로 이를 받아들이기 어렵다. 그러므로 천수이볜이 추진한 정명운동은 재야의 범람 지지자들의 격렬한 반대에 부딪혔다. 베이징 역시 이를 타이두 노선으로 인식했다. 대만 정명운동은 대만의 범록진영과 해외 대만인들이 주도한 사회운동이다. 정명운동은 대만본토화 운동의 일환으로 시작되었고, 2002년 공식적으로 활동을 전개했다. 민진당 천수이볜 집권 말기 2006-2008년에 최고의 고조기를 맞았다. 초기의 정명운동은 대만의 장로교회가 주축이 되었으나, 이어서 녹색진영 및 해외 거주 대만인들이 여기에 가세했다.

〈표 24〉 민진당 시기 대만정명운동

년도	개명 전 명칭	개명 후 명칭
2003	중화민국 여권(Republicof China)	TAIWAN 덧붙임
2003	중화민국 수도는 난징南京	중화민국 수도는 타이베이
2005	중화민국총통부	中華民國(臺灣)總統府
2005	중화중약전中華中藥典	대만전통약전臺灣傳統藥典
2007	아국我國, 본국本國, 대륙大陸	중국
2007	중정기념당中正紀念堂	국립대만민주기념관
2007	중정기념당의 장제스 친필 현판인 대중지정大中至正	자유광장
2007	중화우정中華郵政	대만우정台灣郵政*
2007	중국석유공사	대만중유공사
2007	중국조선공사	대만국제조선공사
2017	아동관계협회(亚东关系协会, 1972)	대만일본관계협회 (台湾日本关系协会, 2017)*
2019	북미사무협조위원회 北美事务协调委员会	2019 대만미국사무위원회 台湾美国事务委员会*

* 2008년 8월, 마잉주 집권기, 중화우정中華郵政으로 다시 복명
* 단교 후 일본과 미국에 설립한 실질적인 대만대사관

정치적 의미에서 정명운동의 본질은 중국대륙과 대만의 관계를 격리시키는 것이다. 만약 미국을 여전히 영속미주(英屬美洲, British America) 부르고, 라틴아메리카를 여전히 스패니스 아메리카(Spanish America)로, 브라질을 포르투게스 아메리카(Portuguese America)로 불려진다면 이는 식민지임을 자인하는 바와 같다. 마찬가지로 대만이 Chinese Taipei, China Taiwan, 중화대만 등으로 불린다면 이는 베이징이 그토록 주장하는 "대만은 중국의 일부분이다"는 것을 시인하는 격이다.

심록 진영에 있어서 '중국'이라는 이름은 오직 중화인민공화국으로 인지하지만, 세계 대다수의 국가들은 중화인민공화국을 '중국' 유일의

합법정부로 인정한다. 다시 말해 '중국'이라고 했을 경우 이는 곧 중화인민공화국을 연상케 되는 것이다. 그러므로 대만의 각 정부기관, 공기업, 행정기구, 공공기관에 붙여진 '중국' 이라는 글자를 '대만'으로 대체함과 동시에 대만과 중국대륙의 관계를 구분하자는 것이며, 이는 대만 본토화 운동의 일부분이다. 또 대만독립운동의 일환으로 볼 수도 있다. '중국'이란 명칭을 삭제하는 것이어서 국민당의 반발을 불러왔지만 민진당은 탈중국화去中國化와 탈장제스화去蔣化 이외에도 주외기구 명칭 등에 대만을 부기하는 여러 조치들을 단행했다. 과거에 대만인들은 중화인민공화국을 대륙, 중국대륙, 중공 등의 어휘로서 칭했다. 그러나 현재 대부분의 대만인들에게 있어서 '중국'이라는 명칭은 중화인민공화국과 동의어에 가깝다.

Ⅲ. 민진당의 다문화 정치와 원주민 운동

1. 전후의 다중식민 정황과 4대 족군

1945년 9월, 제2차 세계대전 종전과 함께 대만은 중화민국의 한 성省으로 편입되었다. 이후 대만에 온 국민당 정부와 현지 주민 간 갈등이 격화되면서 1947년 2 · 28 사건이 발생하였고, 이를 진압하기 위해 중국 본토에서 병력이 파견되었다. 이 과정에서 당시 기득권층과 일제시기 활동했던 대만 엘리트층은 큰 피해를 입었고, 이어지는 반공 정책과 함께 백색 테러 시기를 맞이하여 탄압이 지속되었다.

1948년 이후 국공 내전이 격화되자 대만에 계엄령이 선포되었고, 국민당 정부와 군대는 대만으로 이전하였다. 1950년부터 시행된 '동원감란특별시기' 체제 하에서는 헌법과 인권이 사실상 유보되었고, 공산당 혐의자와 정치적 반대자에 대한 탄압이 전개되었다. 이러한 정치적 억압과 함께 언어 및 문화 동화 정책이 병행되었으며, 이는 대만인들에게 또다시 식민지 억압을 경험하게 했다. 이러한 상황 속에서, 대만인을 중국인과 구분되는 별개의 민족 집단으로 간주하는 시각이 대두되었고, 이는 곧 해외에서의 대만 독립운동으로 이어졌다. 1951년경부터 시작된 해외 대만 민족주의 운동은 일본 식민지 시기의 차별 경험과 전후 세계적인 탈식민지 운동의 영향을 받으며 전개되었다. 대표적인 인물로는 랴오원이廖文毅가 있으며, 그는 대만인을 다양한 혈통이 혼합된 존재로 보며 '혼혈 민족'이라는 민족론을 제기하였다.

왕위더王育德는 일본 통치의 역사적 경험을 강조하며 민족국가 정립을 시도했고, 스밍史明은 프롤레타리아 계급과 식민지 민중의 혁명적 역할을 중시하였다. 이들의 사상은 이후 일본에서 활동한 쉬스카이許世楷나 황자오탕黃昭堂 등에게 영향을 주었다.[1)]

쉬스카이는 1988년 『대만공화국 헌법초안』을 통해 '대만인'의 정체성을 언어 및 문화적 차이를 바탕으로 네 개의 문화 집단 즉 말레이·폴리네시아어계, 민남어계, 객가어계, 북경어계로 분류하였다. 이 초안은 쩡난룽鄭南榕에 의해 발표되었으며, 이에 대한 정부의 탄압이 진행되자 그는 분신 자살로 항거하였다. 쉬스카이의 문화 집단 분류는 이후의 대만 헌법 논의와 다문화 정치론에 지속적으로 영향을 미쳤으며, 이는 오늘날 대만 내 '4대 족군' 담론의 기원으로 이해될 수 있다. 이후 대만인에 관한 공적 담론의 주요 의제가 되었다.

1) 강병환, 「'대만'과 '중화민국'의 변증법적 관계 분석: 중화민국의 대만화를 중심으로」, 『현대중국연구』, 25(4), 2024, pp.71-107.

〈표 25〉 대만의 족군과 인구분포

	원주민족	민남인	객가인	외성인	신주민
성적구분	본성인	본성인	본성인	외성인	
이민 시기	6000~1000년 전	주로 명말 청초	민남인 보다 뒤에 대만에 이주	1949~1956 (약 102만 ~200만설)	80년대 이후
출신 지역	중국대륙연해, 동남아 등 여러 설이 있음	주로 복건성 (장주부, 천주부)	주로 광동성(조주)	중국 전역	중국, 동남아 결혼이민
비율	3%(58만)	69%	16.2%	5.5%	3%(58만)
언어	원주민어	민난어 (대만어)	객가어	중국어	

출처: 강병환, 2023.

다시 말해 1986년, 대만독립과 대만인 정체성, 대만인 주체의식 제고, 대만공화국 건설을 목표로 하는 민진당의 창당과 그 노선은 결국 대만민족과 중화민족을 양분하고, 4대 족군이 곧 대만인임을 천명하는 것이다.

이 대만민족에는 원주민족도 포함되어 있다. 특히 정치 영역에서 대만의 다문화 담론은 민남인, 객가인, 외성인, 원주민 등 4대 주요 집단의 권익을 둘러싼 갈등과 투쟁을 중심으로 발전해왔으며, 교육 분야에서는 원주민 교육의 확장과 정체성 회복을 위한 실천에서 출발하였다. 특히 권위주의 체제를 유지하던 국민당 정부는, 민주화와 본토화의 흐름 속에서 점점 더 커지는 사회적 요구를 외면할 수 없었고, 사회적 약자로 분류되는 집단들의 요구를 수용할 수밖에 없었다.

1993년 초, 재야 민진당은 자신들의 총체적이고 전반적인 입장을 일반 대중에 제시해야 한다고 인식하고, 「민주진보당 정책 백서 강령편」을 제정하고 출판하였다. 이 백서에서 민진당은 국민당과 헌법, 정부 체제, 인권 및 공공 정책에 대해 전방위적인 논쟁을 제기했으며, 「족군 및 문화 정책강령族群與文化政策綱領」을 발표했다.[2] 여기서 대만 각 족군의 '다원 융합'이라는 관점을 특별히 강조하고 있다. 즉 대만은 단일 민족 국가가 아니며, 미래 국가의 구성원 역시 각 족군의 문화적 특수성과 가치를 인정하고 보호하는 다원주의에 기반해야 한다고 밝히고 있다. 대만은 중화 민족 단일체가 아닌, 원주민, 민남인, 객가인, 외성인 등 다양한 족군으로 구성된 다민족 사회임을 명확히 해야 한다고 천명했다.[3]

게다가 해외 대만 독립파 인사들과 당외 민진당은 '대만 공화국 건설'이라는 구조 속에서 협력관계로 변모했다. 대만 민족과 대만 자주 의식을 확립하는 과정에서 민족과 족군 분류 문제를 처리하였고, '대만인'에 대한 상상과 구축 과정에서 '4대 족군', '족군 다원 융합', '문화 다원' 등의 용어가 등장했다. 그리고 '대만 민족'은 대만인을 통칭하는 것으로 더 높은 차원의 추상적인 개념이 되었고, '어족'과 '족군'은 대만 민족을 구성하는 한 단계 낮은 차원의 개념이 되었다. 이렇게 보면, '4대 족군' 관점의 형성과 탄생은 대만 독립 진영에서 '대만 민족' 담론이 형성되었고, '중화 민족' 단일 민족 국가에 대한 반대에서 발생한 결과라고 할 수 있다.

2. 대만 민주화와 다문화 정치의 형성

다문화 정치란 다양한 문화적 배경을 지닌 집단들이 공존하는 사회에서 각 집단의 정체성을 존중하고 보호하며, 정치 · 경제 · 사회적으로

2) 민진당 중앙상무집행위원회 제41차 회의, 1995.

3) 민진당 중앙상무집행위원회 제41차 회의, 1995.

평등한 대우를 보장하려는 정치 체계와 이념을 의미한다. 이 개념은 주로 이민자, 원주민, 소수 민족, 성소수자 등 다양한 사회 집단의 권리 보장을 목표로 하는 정책적 방향성과 연결된다.

대만은 다양한 민족 집단이 이주하여 형성된 다족군, 다언어, 다문화 사회다. 그러나 1988년 이전까지 대만 사회의 주류 담론은 중국인으로서의 정체성을 강조하며, 중화 민족 중심의 교육을 강제하는 동화주의적 정책이 지배하고 있었다. 이는 민족적 · 문화적 다양성을 억눌러왔고, 다문화적 정체성은 사회의 표면으로 드러나지 못한 채 억제되어 있었다. 하지만 대만이 권위주의 체제를 벗어나 민주화의 길로 접어들던 1980년대 말, 기존에 억눌려 있던 다문화와 다족군 문제가 사회운동의 핵심 의제로 부상하였다. 대만 민주화와 함께 대두된 본토화 운동은 곧 대만 내 다양한 집단들의 권리 회복 요구와 맞물렸고, 이로 인해 각 민족 집단의 권익을 대변하고 실현하려는 새로운 사회적 행위자들이 등장하였다. 이들은 제도권 밖의 정치 세력과 연계하며, 본격적인 다문화 정치의 형성과 전개를 이끌어냈다.

국민당 정권은 이를 탄압하기보다는 시대 흐름을 인정하고 방관하는 전략을 택했으며, 그 결과 1987년 장징궈는 무려 38년간 대만에서 지속된 계엄령을 해제하고, 대륙 친척 방문 허용, 언론 자유 확대 등 일련의 개방 정책을 실시하였다. 즉 당시 아시아 각국의 민주화를 예로 든다면 필리핀은 인민의 역량에 의해 독재정권이 타도되었고, 한국은 집권당과 반대당의 타협에 의해서 민주화가 진행된 것이라면, 대만의 경우 집권당인 국민당 내의 변화와 개혁으로 민주화가 추동된 것이다.

1988년 1월 장징궈 사망 이후, 리덩후이가 총통직을 승계하면서 대만은 민주주의를 향한 본격적인 개혁의 길로 나아가게 된다. 이 시기 대만 사회는 통합된 국가 정체성을 새롭게 구축하고, 각기 다른 민족 집단 간의 차이를 조율하는 것이 가장 중요한 과제로 부상했다. 이에 따라 '대만'을 단일한 민족 국가가 아니라, 복합적이고 다층적인 문화 공동체로 이해하려는 인식이 확대되었다. 특히 1992년 형법 제100조의 개정을 기점으로, 타이두는 더는 금기적 사상이 아니게 되었고, 관련 담론의 자유로운 유통이 가능해졌다. 이로써 대만 독립 운동을 펼치던 해외 인사들도 귀국하여 헌법 개정 및 정치 체제 재구성에 적극 참여하게 되었고, 대만의 정치 지형은 과거와는 전혀 다른 다원주의적 궤도로 전환되었다.

3. 정치족군화(politicization of ethnicity)

초기의 다족군 운동은 소수 민족 집단의 문화적 권리와 조직 결성의 자유를 중심으로 전개되었으나, 이는 단순한 문화운동을 넘어 대만의 정치 · 경제 · 사회 구조 변화와도 깊이 연결되어 있었다. 특히 민진당을 비롯한 타이두 세력은 자신들의 독립운동과 대만 주체성 강화를 위한 정치적 목적을 실현하는 전략의 일환으로 족군 문제를 적극 활용하였다.

대만의 다문화주의 발전은 종종 소수 집단의 문화권과 집단권의 관점에서 논의되지만, 실제로는 정치족군화 및 국족 정치라는 관점에서 이해할 필요가 있다. 국족은 혈연, 언어, 역사 등을 통해 형성된 공동체로, 민족 개념과 유사하지만 국가의 존재를 전제로 한다는 점에서 차이를 보인다. 다시 말해, 민족은 국가 없이도 성립 가능한 개념이지만, 국족은 국가를 필요로 한다. 따라서 국가를 어떻게 인식하느냐에 따라 형성되는 것이 국가정체성이다. 이러한 국족 개념은 종종 갈등의 뿌리가 되기도 한다. 이는 종족이 민족정체성 형성에 중요한 요소며,

종족정체성이 기반이 된 민족정체성은 국가정체성 속에서 중요한 위치를 차지한다는 점을 시사한다. 비록 국가정체성과 종족 문제가 반드시 통일되어야 할 필요는 없지만, 특히 대만에서 이 두 문제가 동시에 제기되는 이유는 대만이 겪은 다중의 식민지 경험이 그 이유라고 할 수 있다.[4]

정치족군화는 민족, 인종, 언어, 종교, 지역 등과 같은 집단 정체성이 단순한 문화적 차원을 넘어 정치적 분열과 동원의 주요 기반으로 전환되는 현상을 의미한다. 이러한 상황에서는 각 집단이 상이한 정치적 요구와 입장을 가지며, 정치 영역에서 자신의 집단적 이해를 관철하기 위해 조직화되고 동원된다. 다시 말해, 집단 정체성이 정치적 갈등의 핵심축으로 부상하는 것이다. 이러한 정치족군화는 다민족 사회나 식민지 · 이주 · 전쟁 등의 역사적 경험을 가진 지역에서 두드러지게 나타난다. 가령 대만사회에서 본성인과 외성인 간의 갈등이 정치적으로 재편된 사례가 대표적이다. 대만에서는 본성인을 기반으로 한 민주진보당과 외성인을 중심으로 한 국민당 간의 정치적 대립이 민족정체성과 밀접하게 연결되어 전개되어 왔다.

1990년대 중반 이후, 계엄령 해제와 제헌 운동의 물결 속에서 해외 타이두 인사들과 국내 민진당이 연대하면서 다문화주의는 점차 정치이념의 중심축으로 자리 잡게 되었다. 이들은 대만독립을 지향하면서도, 새로운 국가 정체성의 기초로서 '다족군의 평등한 공존'과 '대만민족'이라는 개념을 제안하였다. 이는 궁극적으로 대만공화국 건립이라는 정치적 비전을 지향하는 포괄적 다문화주의로 발전하였다.[5] 이

4) 張茂桂, 談身份認同政治的幾個問題, 游盈隆 편, 民主鞏固或崩潰: 台灣二十一世紀的挑戰, 月旦出版社, 2008.

5) 강병환, 다문화교육을 통한 대만의 정체성 구축: 족군관계를 중심으로, 중국지

과정에서 원주민운동, 객가운동, 여성운동 등 다양한 사회운동이 병렬적으로 활성화되었으며, 여러 조직과 단체들이 등장하여 자신들의 권익을 요구하고 실현하기 위한 투쟁에 나섰다. 이러한 흐름은 대만 각 지역의 역사와 문화를 재조명하려는 향토교육의 부활로도 이어졌다.

대만의 다문화 담론은 단순히 정체성의 문제를 넘어서 교육, 정치, 사회 구조 전반을 재편하는 실천적 과제로 부상하게 된 것이다. 요컨대, 족군, 인종, 언어, 종교, 지역 등의 집단 정체성은 문화적 차원을 넘어서 정치적 동원과 분열의 기반이 되었으며, 대만의 정치적 지형 속에서 민족 정체성과 국가 정체성의 재구성 과정과 긴밀하게 맞물려 전개되었다.

4. 원주민 행동 주체의 등장

정치 행위자의 관점에서 볼 때, 만약 당시 대만의 최대 정당이었던 국민당이 실제적인 헌법 개정과 정치적 분권을 추진하지 않았고, 동시에 다른 족군 집단의 사회적 주체들이 등장하지 않았다면, 다문화 정치는 쉽게 형성되기 어려웠을 것이다. 민진당은 당시 '다원 족군 담론'과 현실적으로 실현 가능성이 낮은 '공화국 헌법 초안'만을 갖고 있었기에, 오늘날 대만에서 목도하는 '다문화 사회'로의 전환을 주도하기에는 역부족이었다. 결국 다문화 정치를 실질적으로 가능하게 한 핵심 요소는 사회적 족군 주체들의 등장이었다. 이들은 소위 '4대 족군' 가운데 민남인을 제외하고, '원주민족', '객가인', 그리고 '외성인' 집단의 행동 주체들이 등장했다. 이들 중에서도 가장 먼저 역사적 무대에 등장한 것은 '원주민'의 사회운동 주체와 그 대표자들이었다.[6)]

식네트워크, (19), pp.165-220.

황링화는 대만 원주민 운동을 다음과 같이 구분하였다. 첫째, 1983~1986년은 '권리 의식 계몽 시기'이다. 국민당 정부는 '국가 안보'를 명분으로 원주민 지역에 강력한 감시와 격리 정책을 시행해 원주민을 사회로부터 고립시키고 정치적으로 배제하였다. 이후 '산지 현대화' 정책은 원주민 전통을 해체로 몰아넣었으며, 이는 1980년대 산지 사회 문제의 배경이 되었다.[7] 이에 대한 대응으로 등장한 현대 원주민 운동은 대만대학 원주민 청년들과 한족 지식인의 연대로 전개되었으며, 1983년 『고산청』 창간이 그 운동의 출발점이 되었다.[8] 이 잡지는 역사와 사회의 아픔을 상기하고 "대만 고산족은 종족 멸종의 중대한 위기에 직면해 있다"고 경고하면서, '고산 민족 자각·자구(高山民族自覺、自救)'를 촉구하였다.

이짱 파롯에 따르면, 『고산청高山青』의 출현은 1984년 4월 설립된 '당외 작가 편집 연합회黨外作家編輯聯合會'와 '편련회 소수민족 위원회編聯會少數民族委員會'의 창립에 영향을 주었으며, 이후 두 조직은 협력 관계를 맺게 된다.[9] 그러나 다른 각도에서 보면, 초기 원주민 운동의 청년들은 자발적으로 당외 운동의 조직 활동에 참여한 것으로도 해석할 수 있다. 이 시기에는 『하조夏潮』, 『전진前進』 등 잡지를 중심으로 기독교 장로교 진영의 원주민 및 한족 활동가들이 함께 '산포山胞' 인권 문제를 환기하는 활발한 논의를 벌였다. 이들은 '산포'의 빈곤 문제, 청년들이 직업적 어려움으로 인해 사회 하층으로 밀려나는 현실,

6) 張茂桂, 談身份認同政治的幾個問題, 游盈隆 편, 民主鞏固或崩潰: 台灣二十一世紀的挑戰, 月旦出版社, 2008.

7) 黃玲華, 台灣原住民族運動的國會路線, 台北: 國家展望文教基金會, 2005.

8) 夷將·拔路兒, 2008.

9) 위의 주.

그리고 부족 공동체의 가족 체계 및 전통 문화가 점차 해체되고 있다는 점에 주목할 것을 정부에 촉구하였다.

당외 한인 작가들 가운데에는 천잉쩐陳映真, 장푸중張富忠, 판쉰뤼范巽綠, 린정지에林正杰, 양주쥔楊祖珺 등이 포함된다. 이후 민중 민요 가수 후더푸胡德夫, 목사 동춘파童春發등도 이들과 합류한다. 그 이후 1984년 12월에 구체적인 행동과 단체가 설립된다. 즉, 고산족 또는 산지동포로 불려지는 이름을 정명하여 '대만 원주민'으로 바꾸자는 주제를 내건 대만원주민권리촉진회(台灣原住民權利促進會, 이하 원권회)의 설립이었다. 이 단체는 1985년 2월『원주민』잡지를 발행하였으며, 이후 같은 해 7월부터는『산외산山外山』월간지를 발행한다. 이 단체는 창립 선언문에서, 한인 사회에서 통용되던 '산포山胞'라는 용어를 '원주민'으로 대체할 것을 주장하고, 원주민 고유의 성씨 회복을 요구하였다. 특히 역사적인「대만 원주민족 권리 선언」에서 국가가 원주민을 존중하고 평등하게 대우해야 하며, 원주민은 생존권, 노동권, 토지권, 자결권, 그리고 문화 정체성의 권리를 보장받아야 한다고 명시하였다.

일반적으로 대만 원주민 운동의 출발은 '정명 운동', 즉 반오명화反汚名化, 반차별, 반억압 운동으로 이해되지만, 이 운동은 단지 명칭 변경에 그치지 않고, 보다 본질적인 집단적 권리를 지속적으로 요구하는 방향으로 나아갔다. 그 핵심에는 자결권 문제가 자리하고 있었다. 즉, 원권회原權會는 단지 '정명'을 주된 요구로 삼은 것이 아니라, 동시에 원주민의 사회·문화적 열세와 경제적 착취 문제에도 깊은 관심을 기울였다. 예컨대, 란위蘭嶼 핵폐기물 저장 반대, '아동 성매매 구조 운동' 추진, 탄광 재난 피해자 지원, 신뎬시新店溪 강변의 아메이족阿美族 거주지 지지, '우펑吳鳳 신화' 반대 활동 등을 전개하였다. 이러한 흐름은 1994년 '산포'가 '원주민'으로 공식 변경되고 하였고, 1997년 헌법 개정에 '다문화' 조항이 헌법에 포함되는 성과를 거두었다.

둘째, 1987년부터 1990년까지는 '원주민족 운동 시기'로 규정된다. 이 시기는 원주민 운동의 초점이 점차 시민적 · 경제적 권리에서 민족의 존립과 직결되는 집단적 문화권 및 생존권 문제로 전환되던 시기였다. 이 시기의 초기에 해당하는 1988년 "나의 땅을 돌려달라(환아토지, 還我土地)" 운동은 공공정책의 영역에 속하는 사안으로, 국유지 정책과 정부의 산지 행정 체계에 대한 불만에서 비롯되었다. 이 운동은 중앙정부에 원주민 전담 부서 설치를 요구하고, 부당하게 수용된 고유토지의 반환을 촉구하는 데 초점을 맞추었다.

1980~1990년대에 걸쳐 반복적으로 전개된 환아토지 운동은 대만 기독교 장로교 총회의 산지 선교 네트워크와 밀접한 연관이 있었다. 셰스중謝世忠은 초기 원권회의 구성원 가운데 약 30%가 기독교 신학교 학생 또는 목회자였으며, 이들 중에서도 장로교회가 운영하는 '옥산신학원玉山神學院' 출신의 원주민이 가장 많았다고 지적하였다.[10)]

대만의 장로총회는 해방 신학의 영향을 받아, 산지 지역의 빈곤 문제 해결에 관심을 두었다. 산지 지역의 빈곤은 곧 원주민 생존의 근본 문제였다. 즉, 원주민의 토지 대부분이 국가 소유라는 사실을 인식하였다. 토지를 잃는다는 것은 곧 삶의 기억을 잃는 것과 다름없다. 만약 이러한 기억이 외부의 식민자나 이주자에 의해 대체된다면, 집단적으로 사회적 기억을 형성해온 역사적 공간을 상실하게 된다. 더불어, 원주민 보호구역의 면적은 매우 제한적일 뿐 아니라, 다양한 법적 제약과 각급 정부의 규제로 인해 토지 이용 역시 심각하게 제한되고 있다

10) 謝世忠, 認同的污名: 台灣原住民的族群變遷, 台北: 前衛出版社, 1987.

는 점을 지적했다. 1993년에 전개된 제3차 “나의 땅을 돌려달라” 운동에서는 조직 방식이 한층 구체화되고 투쟁의 수위도 높아졌으며, 이 운동은 단순한 정책적 요구를 넘어 점차 ‘주권 문제’로 전환되는 양상을 드러내기 시작하였다.[11]

셋째, 1991년부터 1996년까지는 대규모 저항기로 분류된다. 이 시기에는 원주민 운동이 대규모 거리 투쟁 노선을 채택하며 다양한 항의 시위를 전개하였다. 황링화의 통계에 따르면, 이 6년 동안 총 196회의 항의 시위가 발생하였다.[12]

5. 행정원 원주민위원회 설립

1996년 천수이볜은 타이베이 시장 재임 중 타이베이시에 최초로 ‘원주민 사무위원회’를 설립하였으며, 이를 통해 기타 지방정부 및 행정원에 원주민 사무를 전담하는 1급 기관의 설치를 유도하였다.[13] 또한, 천수이볜은 원주민의 식민지 경험을 상징하는 중요한 흔적 가운데 하나로, 총통부 앞 대로의 명칭을 카이다거란 대도凱達格蘭大道로 변경하였다. 기존의 도로명인 ‘개수로介壽路’는 총통 장제스蔣介石의 장수를 기원하는 의미를 담고 있었으나, ‘카이다거란 대도’는 원주민족 가운데 하나인 카이다거란족의 이름을 반영한 것이었다. 이와 같이 천수이볜은 원주민 경제 · 교육 · 문화 향상 조치는 원주민의 민생 문제 해결을 도모함과 동시에, 원주민 문제를 대만 사회의 새로운 시대적 논제로 부각시키는 계기를 마련하였다. 이와 동시에 소수의 원주민 출

11) Scott Simon, Paths to Autonomy: Aboriginality and the Nation in Taiwan, *Human Organization*, 65(4), 2006, 395-407.

12) 黃玲華, 台灣原住民族運動的國會路線, 台北: 國家展望文教基金會, 2005.

13) 臺北市政府原住民族事務委員會, 2025.

신 국민당계 입법위원들도 원주민 운동의 입장에 공감하며 자신이 속한 국민당에 공개적으로 반대하였고, 민진당 및 신당과 협력하는 핵심적인 소수 정치 세력으로 부상하였다. 다시 말해 국민당이 입법원 주도권을 상실할 위기에 처하자, 이에 위기감을 느낀 롄잔連戰 주도의 국민당 내각은 사태의 악화를 저지하기 위해 결국 원주민 권익 보장을 위한 조치로 1996년 12월 부처급 기구인 '행정원 원주민위원회'의 설립을 수용하게 되었다.[14]

'행정원 원주민위원회'의 설립은 원주민 문제에 대한 국민당 정부의 주요 정책 전환을 상징하는 조치였다. 비록 이 변화는 국민당 주도로 추진된 것이었으나, 민진당과 대만 독립 세력이 주장한 다원적 정치 입장을 제도적으로 크게 진전시킨 계기가 되었다.

대만의 다문화 발전 과정을 되짚어보면, 원주민 운동은 초기에는 '당외党外' 세력과의 연대를 통해 출발하였다. 이후 장로교회 및 민진당과 협력하여 '내 땅을 돌려달라' 운동과 거리 시위를 병행하며 발전하였고, 이는 일부 국민당 소속 원주민 입법위원들의 입장 변화에도 영향을 미쳤다. 이러한 일련의 예상치 못한 정치적 기회를 통해 대만 원주민들은 '당외' 민주화 과정에 적극적으로 참여하였으며, 자발적인 권리 의식의 각성과 더불어 한인 정권에 대한 비판과 반성을 촉구하였다. 이들은 대만 독립 성향이 강한 민간의 '제헌制憲' 운동에도 참여하였으며, 일부 국민당계 입법위원들은 입법원 내에서 정부 조직 개편을 압박하였다. 이러한 흐름은 궁극적으로 헌법 개정의 실질적 내용에 영향을 미쳤고, 마침내 1997년 '다문화' 조항을 헌법에 포함시키게 되었다. 이와 같은 흐름 속에서 대만 독립운동과 민진당이 지지하던 '대

14) 行政院原住民族委員會設立十週年特別施政報告, 2007.

만 민족' 담론은 이제는 민난인閩南人 중심의 담론을 넘어서, 처음으로 구체적이고 실질적인 영향력을 지닌 원주민족이라는 소수민족 주체의 등장과 함께 현실 정치 속에서 뚜렷한 대만의 행동 세력으로 자리매김하게 되었다.[15]

Ⅳ. 민진당과 원주민족 간의 파트너십 협약 체결

1999년 9월 10일 대만 총통 선거를 앞두고 민진당 총통 후보였던 천수이볜과 대만 원주민족 간에 「원주민족과 대만 정부 간 새로운 동반자 관계原住民族和台灣政府新的夥伴關係」에 관한 협정이 체결되었다. 이는 원주민과 대만 정부 간의 관계에 있어 중요한 역사적 전환점을 의미하며, 원주민의 권리와 지위 향상에 대한 새로운 이정표를 세운 사건으로 평가할 수 있다. 물론 보다 거시적인 관점에서 바라볼 때, 「원주민족과 대만 정부 간 새로운 동반자 관계」 조약의 체결은 단순히 대만 원주민운동 단체가 총통 선거를 앞두고 특정 후보에게 접근하기 위한 일시적이고 전략적인 조치만은 아니었다.

과거 여러 식민 정권은 오랫동안 소수 족군과 원주민족에 대해 '우리 민족이 아닌 자' 또는 '타자화'의 시각으로 폄하하고 차별적으로 대우해 왔으며, 평등한 관계 형성은 애초에 기대조차 할 수 없었다. 그러므로 대만 원주민 운동의 주체성이라는 관점에서 볼 때, 이는 운동 주체의 유기적인 성장 과정이며, 자각된 내적 이론과 전략의 역사적 실천이라 할 수 있다. 또한 세계 원주민운동의 보다 큰 흐름 속에서, 특히 인권의 관점에서도 당시 대만의 원주민 운동은 오늘날 원주민 권

15) 黃玲華, 台灣原住民族運動的國會路線, 台北: 國家展望文教基金會, 2005.

리운동과 접점을 이루고 있다. 동시에 대만 현지의 맥락에 맞는 본토화 해석과 실천을 통해, 한족 중심 국가가 원주민을 주변화하는 주/종, 중심/변방의 봉건적 구조를 해체하고 돌파하는 비판적 시선을 제공하고 있다.

1999년 9월 10일 『원주민과 대만 정부 간 새로운 파트너 관계』의 서문은 다음과 같이 시작한다. "수백 년 동안 대만 원주민은 다양한 식민지 정권의 지배를 받아왔으며, 원주민은 고향과 존엄성을 지키기 위한 수많은 감동적인 전투를 펼쳤다. 오랜 세월 동안, 원주민과 한족의 민족적 경험은 토지 상실과 주체성의 상실이라는 역사적 기억이었다. 그러나 지난 20여 년 동안, 원주민족과 한족(민남인, 객가인)은 민주적인 정치 개혁 운동을 통해 함께 싸워왔다. 민진당은 민주 운동과 민족의 권리를 위해 힘써왔다. 우리는 원주민 운동과 민주진보당의 정치 개혁 운동이 파트너 관계였다고 생각하며, 민진당은 원주민족의 주장에 동의하고, 원주민 사회와 문화의 자주적 발전을 촉진하고, 원주민족 자치를 민진당의 당헌에 명시하였다. 이로 인해 원주민 운동 단체는 2000년 대선 후보로 민진당이 제시한 후보에 기대를 하게 되었다." 이는 기존 국민당의 노선을 반대하고 대만인 주체성, 대만의식, 대만공화국, 신헌법 제정을 염두에 두고 있는 민진당의 노선과 합류하는 것이었다. 우선 계약에는 "원주민은 자결권을 보유하며, 이에 따라 스스로의 정치적 지위 및 제도를 자유롭게 결정하고, 자국의 경제적, 종교적, 문화적 발전을 추구할 권리를 가진다"는 조항이다. 물론 이 내용은 세계 각국 정부 대표들과 원주민족 대표들 간에 많은 논쟁을 야기하는 부분이다. 먼저 각국 정부 대표들은 '자결권'이라는 용어의 삭제를 주로 요구한다. 왜냐하면 자칫 자결권이 확대 해석되어, 원주민의 분리주의 또는 독립 주장으로 이어질 수 있다는 우려 때문이다. 이로 인해 대부분의 정부는 해당 조항에 반대하거나 유보적인 입장을 취한다. 또한, 원주민을 지칭하는 용어와 관련해서도 논쟁이 발생하기 마련이다. 원주민이 존재하는 각 국의 정부 대표들은 복수형인 민족(peoples) 대신 단수형 people을 사용할 것을 주장하고, '자치(autonomy) 라는 표현 역시 '자기관리'(self-management)로 대체할 것을 제안한다.[16] 하지만 『원주민족과 대만 정부 간 새로운 동반자 관계』 협약의 여러 조항에서 유엔의 『원주민족 권리 선언 초안』의 일부 조항을 구체화한 것으로 대만 원주민족의 요구가 전적으로 관철되었다. 첫째, 대만 원주민족의 자연 주권을 인정한다. 둘째, 원주민족 자치를 추진한다(제3조, 제31조). 셋째, 대만 원주민족과 원주민족 토지 조약을 체결한다. 넷째, 원주민 부족과 산천의 전통 명칭을 회복한다(제14조). 다섯째, 부족 및 민족 전통 영역과 토지를 회복한다(제26조). 여섯째, 전통적인 자연 자원의 사용을 회복하고 민족의 자주적 발전을 촉진한다. 일곱째, 원주민족 국회의원이 민족 대표로 복귀한다(제19조).[17]

이 조약은 2000년 천수이볜이 총통에 당선된 이후, 민진당 정부의 원주민 정책의 기본 방침이 되었다. 그러나 체결 당시 천수이볜이 국가원수 신분이 아니어서, 그 법적 효력에 대해서는 의문이 제기된다. 그러나 2002년 10월 19일, 천수이볜은 총통의 자격으로 원주민 각 족의 전통적인 조약 체결 의식을 통해 정부를 대표하여 원주민족과 함께 「신新 동반자 관계 협정」의 재확인 의식을 거행하였고, 『원주민족과 타이완 정부 간의 새로운 동반자 관계 재확인 의식原住民族與台灣政府新夥伴關係再肯認儀式』을 체결하였다.[18] 비록 재확인 체결서 의식

16) 以撒克·阿復, Ocean Taiwan, https://web.archive.org/web/20120204091226/http://www.oceantaiwan.com/eyereach/20010403.htm(검색일자: 2025.03.20.)

17) 위의 주.

당시, 각 족 대표의 선출 방식이 통일되지도 않았고, 모든 원주민족의 공통된 인정을 받은 대표도 아니었지만, 체결에 참여한 인물들은 명망 있는 인사들이었으며, 대만 원주민족 권리의식 각성 운동 속에서 비교적 큰 홍보 효과를 거둘 수 있었다.

V. 천수이볜 시기의 대만 정명운동

정명은 어떤 과업을 수행하고자 할 때, 그에 앞서 반드시 당위성과 타당성을 확보해야 함을 시사한다. 즉, 모든 일은 올바른 이름, 곧 정당한 명명에서 비로소 가능하다는 것이 공자의 정명 사상이다. 자신을 정확하게 드러내는 명칭을 갖는 것이 정명의 출발점이며, 타인의 존재 또한 마땅히 그에 걸맞은 이름으로 호명되어야 한다는 것이다.

대만의 정명운동은 민진당의 오랜 숙원이자, 중국과는 별개의 대만 공화국 건설이라는 당강에 기반하여 전개된 사회운동으로, 대만인의 정체성 구축을 목표로 한다. 그 핵심은 '중국'이라는 명칭을 벗어나 '대만'을 국가의 공식 명칭으로 채택하자는 데 있다.[19]

2000년, 대만 최초의 정권 교체를 통해 민진당 소속의 천수이볜陳水扁 정부가 출범하면서, 정명운동은 본격적으로 추진된다. 그러나 이는 곧 국민당을 비롯한 야권 정치세력과 보수 성향의 범람 진영 지지층으로부터 강한 저항에 직면하였다.

베이징 정부 또한 이를 '대만 독립' 시도의 일환이자 '탈중국화'로

18) 總統府新聞, 2002.10.19., 總統參加原住民族與台灣政府新夥伴關係再肯認儀式, https://www.president.gov.tw/NEWS/918(검색일자: 2025.04.19.)

19) 강병환, 하나의 중국, 학고방, 2021.

규정하며 강경한 입장을 취하였다. 대만 정명운동은 범록진영 내부의 시민사회 세력과 재외 대만인 단체들이 주도한 민간 중심의 사회운동으로, 대만 본토화 운동의 흐름 속에서 등장하였다. 2002년부터 공식적인 활동이 시작되었으며, 천수이볜 정부 말기인 2006년에서 2008년 사이에 가장 활발한 전개를 보였다. 초기에는 대만 장로교회가 그 중심적 역할을 맡았으나, 점차 녹색 진영의 정치 세력과 해외 대만인 커뮤니티가 참여하며 그 세력이 확대되었다.

정치적인 관점에서 볼 때, 민진당의 정명운동 핵심은 중국과 대만 간의 관계를 명확히 구분하고, 양자를 상호 독립된 주체로 인식하도록 만드는 데 있었다. 대만 내 범록 진영 인사들은 '중국'이라는 명칭을 오직 중화인민공화국에 귀속되는 것으로 이해하지만, 현실적으로 국제 사회의 다수 국가는 중화인민공화국을 '중국'의 유일한 합법 정부로 간주하고 있다. 다시 말해, '중국'이라는 단어는 글로벌한 문맥에서는 곧 중화인민공화국을 지칭하는 표현으로 작용한다.

이러한 인식에 따라, 대만 내 각종 정부 기관, 공기업, 행정기구, 공공시설 등에 포함된 '중국'이라는 명칭을 '대만'으로 대체하고자 하는 움직임이 나타났다. 이는 대만과 중국 간의 경계를 언어적으로 구분하고자 하는 시도로, 대만 본토화 정책의 일환이자 대만 독립운동과도 일정 부분 연관된 흐름이라 할 수 있다. '중국'이라는 명칭을 삭제하거나 수정하려는 이러한 시도는 중국국민당의 강한 반발을 초래하였지만, 집권당인 민진당은 탈중국화 및 탈장제스화去蔣化를 정책 방향으로 삼아, 대외 명칭 변경 등 여러 조치를 단행하였다. 그 일환으로 해외 대표기관의 명칭에도 '대만'을 명시적으로 포함시키는 방식이 채택되었다.

과거 대만 사회에서는 중화인민공화국을 '대륙', '중국대륙', 혹은

'중공'이라는 용어로 지칭했지만, 오늘날 많은 대만인들에게 '중국'이라는 명칭은 곧 중화인민공화국을 가리키는 표현으로 인식되고 있다. 이는 그만큼 '대만인'으로의 정체성 변화가 심화되었음을 방증한다. 다음은 민진당 집권 시기에 이루어진 주요 명칭 변경 사례를 정리한 것이다.

〈표 26〉 민진당 천수이볜 집권 시기 정명 사례

연도	변경 전 명칭	변경 후 명칭
2003	중화민국 여권 (Republic of China)	'TAIWAN' 병기
2003	중화민국의 수도는 난징	수도를 타이베이로 명기
2005	중화민국총통부	中華民國(臺灣)總統府
2005	중화중약전中華中藥典	대만전통약전臺灣傳統藥典
2007	아국我國, 본국本國, 대륙大陸	중국中國
2007	중정기념당	국립대만민주기념관
2007	장제스 친필 대중지정大中至正	자유광장自由廣場
2007	중화우정中華郵政	대만우정 (*후에 복명)
2007	중국석유공사	대만중유공사
2007	중국조선공사	대만국제조선공사

*2008년 8월 마잉주 정부 출범 이후, 중화우정은 다시 이전의 명칭으로 환원됨.
출처: 강병환, 2021.

Ⅵ. 차이잉원 시기의 대만 정명운동

2016년 차이잉원이 총통에 취임한 이후, 대만의 정체성을 재정립하려는 정명운동은 새로운 전환점을 맞이하게 되었다. 민진당 정부는 '대만'이라는 명칭의 사용을 적극적으로 확대하고, 국가 정체성을 '중화민국'에서 '대만' 중심으로 전환하고자 하는 정책적 시도를 다각도로 전개하였다. 이러한 정명운동은 본토화 정책과 탈중국화 기조의 연장선상에 놓여 있으며, 천수이볜 정부 시기의 흐름을 계승하면서도 보다 신중하고 점진적인 접근 방식을 취하고 있다는 점에서 차별성을 보인다.

차이잉원 정부는 국제사회의 현실적 제약 속에서도 가능한 범위 내에서 'TAIWAN'이라는 명칭의 사용을 확대하고자 하였다. 이를 위해 공공기관, 해외 대표부, 여권 디자인 등 국가의 상징성을 지닌 요소들에서 명칭 변경을 추진함으로써, 대만의 주체적 존재를 부각하고자 했다. 특히 2020년부터 발급된 신형 여권에서는 기존의 'Republic of China'(중화민국) 문구를 축소하고, 'TAIWAN'이라는 표기를 전면에 내세운 디자인이 채택되었다. 이는 국제사회에서의 혼란을 줄이는 동시에, 대만의 실질적 정체성을 시각적으로 표현하려는 조치였다. 이러한 변화는 중국 측의 강한 반발을 불러일으켰다.

아울러 차이잉원 정부는 해외에서 운영 중인 대만 관련 기관의 명칭 변경에도 착수하였다. 일부 대표부는 기존의 'Taipei'를 대신하여 'Taiwan'을 사용하는 방안을 추진하였으며, 이는 비공식 외교관계를 유지하는 국가들과의 협상 과정에서 상징적으로 중요한 의미를 지니게 되었다. 대표적인 사례로는 2021년 리투아니아에 설립된 '대만대표처(Taiwan Representative Office)'가 있다. 이 명칭은 'Taipei' 대신 'Taiwan'을 공식적으로 사용한 첫 사례로, 대만 외교의 새로운 전환점을 보여주는 결정적인 이정표가 되었다. 차이잉원 정부 하의 정명운동은 명확한 정치적 선언보다는 실질적인 행정 조치와 상징적 실천을 통해 이루어졌으며, 대만 사회 내 자국 정체성의 강화와 국제사회에서의 독립된 존재감 확보라는 이중 목표를 지향하였다. 이는 대만이 직면한 지정학적 현실 속에서, 가능한 범위 내에서 정명운동을 추진해 나간 신중한 전략으로 해석될 수 있다.

〈표 27〉 차이잉원 시기 대만 정명 운동 주요 조치

연도	조치 내용	변경 전 명칭	변경 후 명칭/조치	비고
2016~	대만 정체성 강조 정책	중화민국 중심 기조	'대만' 중심 표기 확대	본토화 · 탈중국화 정책 지속
2017	대만 정체성 강조	아동관계협회 亞東關係系協會	대만일본관계협회	대만일본관계협회, 대만미국사무위원회는 단교 이후 설립된 실질적 대사관의 역할을 수행하는 기관들임
2019	대만 정체성 강조	북미사무협조위원회	대만미국사무위원회	
2020	신형 여권 디자인 개편	Republic of China	TAIWAN(대문자로 강조), ROC 축소	국제 혼동 최소화 목적
2021	리투아니아 대표처 명칭 변경	타이베이 대표처(Taipei Representative Office)	대만 대표처(Taiwan Representative Office)	유럽에서 처음으로 Taiwan 명칭 사용 대표처
2021~	해외기구 명칭 'Taiwan' 사용 점진 확대	Taipei Economic and Cultural Office	일부 경우 'Taiwan Office'로 추진	중국의 외교적 압박 있음
전반기	국제행사 참가 명칭 조정 시도	Chinese Taipei	Taiwan 또는 Taiwan Team 등 대안 사용 요구	스포츠 · 국제기구 중심, 일부 채택 실패
상시	공공 담론 및 홍보 자료에서 '대만' 사용 장려	중화민국/ROC 중심 용어	Taiwan 위주의 용어 사용	정부 SNS · 보도자료 등 포함

출처: 필자 재정리

Ⅶ. 범록진영의 원주민 정명운동과 원주민 내부의 정명운동

1. 범록진영의 원주민 정명운동

타이두의 관점에서 본다면 양안 간의 교집합적인 부분을 가능한 삭제하고, 대만의 특수한 부분을 부각시킴으로써 대만문화를 드러내고자 한다. 리등후이의 특수 양국론의 특수가 의미하는 바가 바로 대만의 독특성이다. 특수한 부분을 강조하게 되면 대만은 역사적으로, 문화적으로, 지리적으로 결코 중국대륙과는 다르며 중국의 일부분이 아님을 강조하게 된다. 그래서 타이두의 입장에선 볼 때 대만의 원주민은 특수한 존재다. 중국대륙이 없는 대만만의 특수성이 바로 대만원주민이다. 물론 베이징은 대만 원주민 역시 고대에는 광동지역 복건성 지역의 원주민의 지류가 곧 대만 원주민이 되었다고 주장한다. 대만원주민에 대해서는 여러 설이 있지만, 다수설은 광동지구 소수 민족인 백월족이다. 무엇보다도 한족이 아니라 비한족이라는 점이다. 대만의 원주민은 현재 대륙과 다른 특수한 지위를 차지하고 있는 것은 분명하다.

심록진영의 견해에 의하면 대만인들의 조상은 대륙에서 오지 않았다. 대만섬에서 나고 자란 원주민이다. 한족 동화정책의 압력에 어쩔 수 없어서 거짓 한족으로 변장하고 있다고 본다. 만주족이 통치한 청나라는 근 212년 동안 엄격하게 대만에 있는 생번을 숙번으로 만드는 정책을 실시했다. 만약 한화되는 것을 끝까지 거부했다면 그들을 생존할 수 없었다. 한화의 정도는 한족 성姓, 한족 족보, 민남어, 객가어의 사용 등이 대만원주민들의 한화정도를 측정하는 청나라 정부의 표준이었다. 만약 족보가 없고, 민남어나 객가어를 사용할 수 없다면, 그들은 멸시의 대상이 되었다.[20)]

대만은 근 4백여 년 서로 다른 외래 정권의 통치와 한족 문화의 영향을 받았기 때문에 원래의 원주민 지명과는 차이가 있었다. 그 결과 대만 본토화 운동의 흐름을 타고 적지 않은 원주민들의 지명, 인명이 원래의 이름을 되찾았다. 비록 원래의 이름을 되찾는다는 명분이었으나 여기에는 정치적 의도가 깔려 있다. 즉 탈중국화의 한 방편이고 문화 타이두의 일환임은 부인하기 어렵다.

민진당을 비롯한 타이두 진영의 관점에서 보자면, 양안 간의 교집합적 요소는 최대한 제거하고, 중국과는 다른 대만 고유의 특수성을 부각함으로써 대만 문화를 독자적으로 드러내고자 한다. 예컨대, 리덩후이李登輝 시기에 제기된 양안 간 '특수한 국가 대 국가 관계', 이른바 '특수 양국론'에서 '특수성'이 의미하는 바는 곧 대만의 독자성과 고유성이다. 이처럼 특수성을 강조하는 입장에서는 대만은 역사적 · 문화적 · 지리적으로 중국과는 근본적으로 다른 존재이며, 중국의 일부가 아님을 분명히 하고자 한다. 이러한 관점에서 대만 원주민은 대만만이 지닌 고유한 특수성을 상징하는 존재로 인식된다. 중국에는 존재하지 않고, 오직 대만에만 존재하는 특수한 집단이 바로 대만 원주민인 것이다.

대만의 원주민은 남도어족의 고향이며, 이들이 태평양을 향해 이주해 간 집결지임을 입증해준다. 이런 맥락에서 보면, 대만 문화를 논함에 있어 현재 동화되고 융합되어 비록 3%도 채 되지 않는 대만 원주민족을 빼 놓을 수 없다. 물론 한족의 이주가 시작된 이후, 대만 인구의 주체는 점차 한족으로 대체되었고, 어떤 이들의 조상은 이미 400년 전 이곳에 정착했다. 일제가 점령했을 때나, 한족이 개간하러 왔을 때,

20) 《原住民電視臺網站》, http://www.titv.org.tw.

또는 국민정부가 대만으로 이전했을 때까지, 원주민이 정당한 대우를 받지 못했던 것은 역사적 사실이다. 오늘날에는 원주민의 권익을 존중해야 한다는 데 사회적 공감대가 형성되어 있지만, 유감스럽게도 원주민 문화를 존중하고 그 민족적 존엄성을 인정하려는 진정한 가치 기반의 접근보다는, 이를 범록진영은 '탈중국화'를 위한 정치적 수단으로 삼는다. 이들은 대만이 남도어족의 땅이라 주장하면 중국과는 무관한 정체성을 "합리적"으로 만들 수 있다고 생각하고, 이러한 주장 자체는 원주민을 왜곡하고 도구화하는 것이며, 베이징이 감내할 수 있는 범위를 넘어선 것이기도 하다.

사실상, 대만을 남도어족의 국가라고 규정하려는 일부 대만독립론자들의 주장은 이미 중화문화의 금도를 건드리고 있다. 형제 간에도 다툼은 있을 수 있지만, 누군가가 조상을 잊고 부정한다고 여겨질 때는, 『논어』에서 말하듯이 "그 자식은 북을 울려 징벌해도 좋다"는 평가를 피하기 어렵다. 많은 독립 지지자들이 이러한 주장에 열광하지만, 그들이 간과하고 있는 사실은 바로 이것이 이미 중화문화가 용납할 수 있는 경계를 넘었다는 점이며, 이 지점에서 대만은 진정 위기에 직면하고 있다는 것이 남색진영 학자들의 일치된 견해다.

물론 베이징 정부는 대만의 원주민 또한 고대 중국의 민閩 · 월越 지역에서 유래한 지류라고 주장한다. 그러나 대만 원주민의 기원에 대해서는 여러 학설이 존재하며, 무엇보다 중요한 사실은 그들이 '한족'이 아니라는 점이다. 대만 원주민은 현재 중화인민공화국의 한족 중심 체제와는 명백히 구별되는 특수한 정체성과 지위를 지니고 있다.

대만은 약 400년에 걸쳐 여러 외래 정권의 지배를 받아왔고, 한족 문화의 영향으로 인해 원래의 원주민 지명들이 사라지고 그 자리를 새로운 지명들이 대체하게 되었다. 그러나 본토화本土化 운동이 확산되면서, 민진당 집권 이후 많은 원주민 지명과 인명이 점차 본래의 이름을 되찾는 흐름이 나타나게 되었다. 물론 이는 '원래의 이름을 되찾는다'는 문화적 정당성을 내세우고 있지만, 그 이면에는 정치적 의도가 내포되어 있다는 점을 부정하긴 어렵다. 즉, 이러한 움직임은 탈중국화 전략의 일환이자 문화 타이두文化台獨를 구현하는 하나의 방식으로도 해석될 수 있다. 민진당의 정치 노선에 부합하거나 이에 전략적으로 협력한 일부 원주민 집단은, 결과적으로 정치적 자원이나 사회적 인지도를 일정 부분 확대하는 성과를 거두었다.

〈표 28〉 원주민 정명운동 및 권리 확대

년도	개명 전 명칭	개명 후 명칭
1988	오봉향吳鳳鄉	아리산향阿里山鄉
1992	산디향三地鄉	싼디먼향三地門鄉
1994	산포(山胞, 산지동포)	원주민原住民 국민대회 거쳐 헌법 수정
1996	타이베이의 개수로介壽路*	카이다거란따다오 凱达格兰大道**
2007	삼민향三民鄉	나마샤那瑪夏鄉향
2007	인애향仁愛鄉	우스향霧社鄉
1997	헌법에 '다문화'조항 삽입	
1998	원주민족 기본법	
2001	원주민신분법	
2005	원주민족기본법, 원주민 텔레비전 개국	

* 국민대회를 거쳐 헌법수정

** 개수로介壽路는 장제스의 장수를 축원하다는 의미임. 우리로 치면 세종로에 해당된다.

- 2005년 7월1일, 채널16번, 원주민텔레비젼原住民族電視台 방송국 개국.

출처: 강병환, 2021.

원래 대만 원주민은 오랜 기간 한족 중심 사회 속에서 '생번', '산지인山地人', '동번인東番人', '화외지민化外之民' 등 차별적인 명칭과 존재로 취급받아 왔다. 일제 시기와 국민정부 시기를 거치면서, 원주민은 '한漢' 중심의 동화 정책 아래 언어와 이름 사용의 자유를 박탈당하는 등 문화적 억압을 경험하였다. 이러한 역사적 맥락 속에서 '정명正名'은 단순한 행정 명칭의 변경을 넘어, 식민과 동화의 과정에서 왜곡된 역사와 정체성을 회복하려는 사회운동적 성격을 지닌다. 즉, 정명운동은 오랜 기간 구조화된 차별과 동화 정책에 대한 저항이자, 원주민의 주체성과 문화적 존엄을 회복하려는 실천적 시도로 이해될 수 있다.

〈표 29〉 차이잉원 정부 시기 원주민족에 대한 주요 조치들

연도	조치 내용	설명
2016	총통 취임사에서 원주민에게 공식 사과	대만 건국 이래 첫 공식 사과. "국가가 원주민의 권리를 박탈하고 문화를 말살해 온 역사를 인정하고 반성한다"
2017	'평지원주민平地原住民' → '원주민'으로 통합 표기	기존의 '산지인/평지인' 이분법에서 벗어나 통합적 인권 보장 지향
2018	'타카오족' 등 16번째 원주민족 공식 인정	기존 16개 민족 외 소수 민족 인정 논의 본격화
2020~	부족명 · 전통이름 사용 장려	주민등록 · 공문서에 전통 원주민 이름 병기 가능(예: 한자+로마자 표기)
지속	전통 언어 부활 및 법적 지위 강화	『원주민 언어 발전법』 제정 · 개정, 공공기관에서 원주민 언어 사용 장려
지속	지명 · 공공명칭의 원주민어 회복 추진	산, 강, 마을 등의 지명 원주민어로 복원 추진 중(예: 玉山 → Patungkuonʉ)

출처: 필자 정리

2. 원주민족 내부의 정명운동

원주민에 대한 제도적 박탈은 단순히 물리적인 차별에 그치지 않고, 그들의 존재 자체를 의심하게 만드는 결과를 초래하였다. 이름을 상실한다는 것은 곧 정체성과 기억, 공동체성을 잃는 것이며, 이는 그 어떤 물리적 박탈보다도 더 깊은 상처를 남긴다. 정명 운동은 이러한 역사적 억압에 대한 반성과 함께, 원주민이 자율적으로 자신들의 정체성을 재구성하려는 시도로 나타난다. 외부 권력에 의해 부여된 명칭과 분류에서 벗어나, 자신들의 언어와 기억 속에서 진정한 '이름'을 되찾으려는 이 운동은 단순한 문화적 부흥을 넘어, 존재의 복원을 위한 탈식민적 정치 행위로 볼 수 있다. 원주민족은 국가의 인정이 아니라, 자신의 기억과 공동체의 서사에 기반한 자기 서술의 권리를 요구하고 있다. 즉 대만 사회의 근대화 과정에서 원주민은 종종 '개발의 대상' 혹은 '문화유산'으로 객체화되었으며, 행정적 기준과 법률적 정의에 따라 원주민 여부가 결정되었다. 그러나 정명 운동은 이러한 기준 자체에 근본적인 문제를 제기한다. 원주민이 누구인지를 결정할 권한은 국가에 있는 것이 아니라, 원주민족 자신에게 있어야 한다. 이는 유엔 원주민 권리 선언에서 강조하는 자결권과도 깊은 관련이 있다. 이러한 맥락에서 정명 운동은 정체성 정치(identity politics)의 일환이자, 국가 중심적 시선에 맞선 비판적 실천으로 이해될 수 있다.

대만 원주민 사회 내부에서도 정명 운동은 현재 다양한 양상으로 전개되고 있으며, 이는 주체적인 정체성 회복과 공동체 문화의 부흥을 지향하는 흐름과 밀접하게 연결되어 있다. 첫째, 족명族名 되찾기 운동은 식민지와 국가의 동화 정책에 의해 부여된 한자식 성명 대신, 조상 대대로 사용해온 부족 언어의 이름을 회복하려는 시도로 이루어지고 있다. 이러한 움직임은 단순한 이름 변경을 넘어, 정체성의 뿌리를 되찾고 자율적인 문화적 주체로 자리매김하려는 의지를 반영한다. 둘째, 지명 회복 운동 역시 활발히 진행되고 있다. 타이루거(Taroko)족, 아타얄(Atayal)족 등 여러 부족은 식민지 시기와 이후 국가 개발 과정에서 변경되거나 소멸된 마을, 산, 강 등의 지명을 원래의 부족어로 되돌리기 위한 노력을 지속하고 있다. 이는 단순한 지리적 명칭의 복원을 넘어, 공동체의 기억과 역사, 영토 의식을 회복하려는 실천적 활동으로 이해될 수 있다. 셋째, 정명 운동은 언어 교육, 전통 제의, 문화 행사 등과 결합되어 원주민 문화의 재생산과 정체성 강화를 촉진하고 있다. 전통 이름과 지명의 회복은 원주민 공동체의 상징 체계를 복원하는 것일 뿐만 아니라, 후속 세대에게 문화적 연속성을 전달하는 중요한 매개로 기능한다. 이러한 실천들은 대만 사회 내에서 원주민이 단순한 소수 민족에 그치지 않고, 역사적·문화적 주체로 자리매김하려는 탈동화적 움직임의 일환으로 이해될 수 있다.

차이잉원 정부 시기 대만 원주민 정명 운동은 여러 면에서 의미 있는 성과를 거두었으나, 여전히 극복해야 할 과제도 존재한다. 긍정적인 성과로는, 국가가 공식적으로 원주민족에 과거의 억압과 차별에 대해 사과하고, 그들의 고유한 정체성과 권리를 인정한 점을 들 수 있다. 이는 대만 역사에서 처음으로, 국가 차원에서 원주민을 동등한 국민으로 대우하려는 의지를 명확히 천명한 사건이었다. 또한, 차이잉원 정부는 각 부족의 전통 명칭을 회복하고 법적으로 이를 공식 인정함으로써, 원주민이 자신들의 문화적 정체성을 회복할 수 있는 제도적 토대를 마련하였다. 아울러, 언어 교육과 문화 복원 활동 등을 지원하여 원주민 언어와 전통 문화의 부흥을 위한 기반도 조성되었다.

그러나 이러한 노력에도 불구하고 여전히 해결되지 않은 과제들이 존재한다. 우선, 일부 소수 부족은 아직도 공식적인 원주민족 지위를 인정받지 못하고 있으며, 이로 인해 정책적 혜택이나 자원 배분에서 배제되는 문제에 직면해 있다. 또한, 지역별 자원 배분의 불균형으로 인해 일부 원주민족 지역은 정부의 지원에서 배제당하고 있다. 더불어, 언어 부활을 위한 정책이 시행되고 있음에도 불구하고 실제로 원주민족 젊은 세대의 언어 습득률은 낮아 기대만큼의 효과를 거두지 못하고 있다. 마지막으로, 절대 다수 한족 중심 사회에서 원주민 문화에 대한 관심과 이해가 여전히 부족하여, 정명 운동이 사회 전반에 깊이 뿌리내리는 데는 시간이 더 필요할 것으로 보인다.

종합적으로, 민진당 정부의 원주민 정명 운동을 포함한 대만의 정명 운동은 분명한 진전을 이루었으나, 문화적 회복을 넘어 실질적인 평등과 존중을 실현하기 위해서는 향후 지속적인 제도적 개선과 사회적 인식의 제고가 필요하다.

Ⅷ. 결론

대만은 다문화 · 다언어 · 다족군을 지닌 해양 · 도서 사회로, 역사적으로 다양한 족군이 교류하고 충돌하면서 공존해왔다. 이 가운데 대만 원주민은 이 섬의 가장 오래된 주체로서 고유한 문화와 언어, 사회 구조를 유지해왔으나, 다중의 식민 지배와 근대 국민국가 형성 과정에서 그 정체성과 권리를 박탈당했다. 특히 네덜란드, 스페인, 정씨 정권, 청나라, 일제, 국민당 정권으로 이어지는 통치 체계 속에서 원주민은 '동화의 대상' 또는 '교화의 대상'으로 간주되었고, 일부 평지 원주민은 행정적으로 '한인'으로 편입되는 등 원래의 족군 정체성이 지워지는 경험을 겪었다. 특히 대만에서 38년 동안 시행된 계엄령이 해제되기 전, 즉 1988년 이전까지 대만 사회의 주류 담론은 중국인으로서의 정체성을 강조하며, 중화민족 중심의 교육을 강제하는 동화주의적 정책이 지배하고 있었다. 이는 민족적·문화적 다양성을 억눌러왔고, 다문화적 정체성은 사회의 표면으로 드러나지 못한 채 억제되어 있었다. 하지만 대만이 권위주의 체제를 벗어나 민주화의 길로 접어들던 1980년대 말, 이 억눌려 있던 다문화와 다족군 문제는 사회운동의 핵심 의제로 부상하였다.

민주화와 함께 대두된 대만 본토화 운동은 곧 대만 내 다양한 집단들의 권리 회복 요구와 맞물렸고, 이로 인해 각 족군의 권익을 대변하고 실현하려는 새로운 사회적 행위자들이 등장하였다. 바로 이러한 시점에서 대두된 것이 다문화 정치의 개념이다. 특히 원주민 권리운동은 대만에서 다문화주의가 단순한 문화 정책의 차원을 넘어, 국가 정체성과 정치적 재편을 요구하는 이념적 실천으로 진화하게 되는 계기를 마련하였다.

1990년대 이후 민진당은 본격적으로 '대만 민족'이라는 새로운 정체성 개념을 제안하며, 다족군의 평등한 공존'을 핵심 원칙으로 삼는 포괄적 다문화주의를 지향하게 되었다. 이는 단지 소수 민족의 권익 보장을 넘어서, 대만 사회 전체를 아우르는 국가 정체성의 재구성 작업과 직결되는 정치 프로젝트였다. 특히 1992년 형법 제100조 개정을 기점으로, 대만독립이라는 단어는 금기가 아니었으며, 관련 담론의 자유로운 유통이 가능해졌다. 이로써 해외에서 대만 독립운동을 펼치던 인사들이 귀국하여 헌법 개정 및 정치 체제 재구성에 적극 참여하게 되고, 이로써 대만의 정치지형은 과거와는 전혀 다른 다원주의적 궤도로 전환되었으며, 결과적으로 다양한 족군과 문화적 정체성을 지닌 공동체들의 정치 참여를 촉진하는 계기가 되었고, 다문화 정치의 형성 기반을 마련하는 데 중요한 역할을 했다. 이후 민진당이 해외 타이두 세력과 결합하면서, 다문화는 단순한 사회문화적 개념을 넘어 정치 전략의 일환으로 적극 활용되었다. 다문화 의제는 대만인으로서의 주체성을 강화하고, 궁극적으로는 대만 공화국 수립이라는 정치적 이상을 실현하기 위한 수단으로 사용되었다. 또한 4대 족군 간의 화해와 통합을 추구하며, '대만화' 정책을 통해 향토문화와 지역 공동체의 고유한 문화를 강조하는 방향으로 나아갔다. 나아가 다문화 정치 담론은 대만이 국제사회에서 겪고 있는 외교적 고립을 극복하려는 전략적 시도와도 연결되었다. 세계와의 문화적 연계를 통해 대만의 정체성을 새롭게 정의하고, 문화적 네트워크를 구축함으로써 외교적 공간을 넓히고자 한 것이다. 다시 말해, 대만의 다문화 정치는 내부의 정체성 정립과 외부의 국제적 위상 제고를 동시에 겨냥한 복합적인 정치 프로젝트인 셈이었다. 이 과정에서 다양한 원주민 사회운동이 병렬적으로 활성화되었다. 여러 조직과 단체들이 등장하여 자신들의 권익을 요구하고 실현하기 위한 투쟁에 나섰으며, 이러한 운동은 대만 각 지역의 역사와 문화를 재조명하려는 향토교육의 부활로 이어졌다. 이 시기 대만 사회는 통합된 국가 정체성을 새롭게 구축하고, 각기 다른 족군 간의 차이를 조율하는 것이 가장 중요한 과제로 부상했다. 이에 따라 '대만'을 단일한 민족 국가가 아니라, 복합적이고 다층적인 문화 공동체로 이해하려는 인식이 확대되었다. 이는 궁극적으로 대만 공화국 건립이라는 정치적 비전을 지향하는 포괄적 다문화주의로 진화하게 된다. 이러한 맥락에서 민진당이 다문화 정치를 적극적으로 수용하게 된 배경에는 단순한 문화적 담론의 차원이 아니라, 국민당 체제에 대한 정치적 저항이자 새로운 정체성 정치의 일환이었다.

결론적으로 민진당이 추동하는 다문화 정치와 원주민 운동의 결합은 단지 이념적 선택이 아니라, 국민당 체제에 대한 정치적 저항, 민주화 이후 시민사회와의 연대, 그리고 새로운 '대만인 정체성'을 구축하기 위한 전략적 선택이었다. 특히 대만 독립의 관점에서 보면, 양안 관계에서의 '공통된 부분'을 가능한 한 삭제하고 대만의 특수성을 강조하려는 움직임이 뚜렷하다. 이와 같은 맥락에서 대만 원주민은 '중국이 아닌 대만'이라는 정체성을 가장 명확히 드러내는 상징적 존재였다. 무엇보다도 대만의 원주민족은 '비非한족'이라는 점에서 대만의 문화적 · 역사적 특수성을 대표한다. 이로써 대만 원주민은 중국 대륙과는 다른 대만만의 정체성을 상징하는 존재로 부각된다. 따라서 민진당의 다문화 정치는 단지 문화적 다양성의 인정에 그치지 않고, 대만 원주민을 포함한 다양한 사회 집단들과의 연대를 통해 새로운 국가 정체성을 구성하려는 정치 전략이자 실천이기도 하였다. 이 과정에서 원주민 운동 역시 민진당의 지원을 받으며 제도화의 길로 나아갈 수 있었으며, 결과적으로 민진당의 다문화주의는 대만 원주민의 권리 신장에 실질적인 기여를 하게 되었다.

본 장에서는 이러한 원주민 운동이 대만 민주화 이후 민진당 정권의 다문화 정치와 어떻게 교차하고 결합되었는지를 분석하였다. 특히 민진당과 재야 세력이 추진한 정명운동이 단순한 문화 보존을 넘어 새로운 국가 정체성 구성과 정치적 정당성 확보의 과정에서 원주민 운동과 어떻게 상호작용했는지를 밝히고자 하였다.

끝으로 이 글을 통해 대만의 다문화 정치의 구조와 탈식민 시대의 정체성 회복이 갖는 동아시아에 던지는 시사점을 살펴보면, 첫째, 식민주의 경험의 공유와 탈식민 정체성 회복의 과제다. 일본을 제외한 동아시아 제국은 제국주의와 식민주의의 역사적 경험을 공유하고 있다. 대만의 원주민 정명운동은 이러한 식민 지배의 유산을 극복하고, 억압되었던 원주민의 정체성을 회복하려는 탈식민적 실천의 일환이다. 이 과정은 한국의 제주 4·3 사건, 일본의 오키나와 및 아이누 문제, 중국의 소수민족 정책 등과 연결되며, 동아시아 각국이 식민의 기억과 후과를 어떻게 성찰하고 극복할 것인가라는 공통된 과제를 던진다. 둘째, 단일 민족주의를 넘어선 다문화적 국가 정체성 구성의 실험이다. 대만의 정명운동은 단지 문화 보존에 그치지 않고, 국가의 정체성 자체를 재구성하려는 시도였다. 이는 단일 민족·단일 문화 국가 모델을 전제로 해온 동아시아 국가들에게 중요한 도전이 된다. 다문화 현실을 수용하고, 주변화된 집단을 국민으로 통합하는 대만 민진당의 시도는 민족과 국민의 범주를 재정의하는 동아시아적 실험이자 가능성을 제시한다. 셋째, 정치적 정당성과 주체성 회복의 보편적 정치 담론이다. 정명운동은 원주민이 대상화된 존재에서 정치적 주체로 전환되는 과정이며, 동시에 민진당과 재야 세력의 정치적 정당성을 강화하는 전략이기도 하다. 이는 정치적 포섭과 주체적 실천이 교차하는 장으로서, 서발턴의 목소리 회복과 민주주의의 확장이라는 보편적 정치 담론과 연결된다. 이러한 흐름은 동아시아 전역에서 다양한 억압 집단이 자신들의 주체성을 되찾고자 하는 움직임과 궤를 같이한다. 이 운동은 또한, 대만 내부의 문제를 넘어서, 세계 여러 원주민 집단의 투쟁과 연대할 수 있는 보편적 가능성을 내포하고 있다. '제 이름을 찾는 것'은 곧 말할 수 있는 권리를 회복하는 것이며, 이는 침묵을 강요당한 이들이 세계에 다시 발화하는 순간이다. 따라서 정명은 과거의 왜곡된 기억을 정정하는 작업일 뿐만 아니라, 미래의 정의로운 공존을 위한 길을 여는 사유의 장이 된다. 결론적으로, 대만 원주민의 정명 운동은 문화적 권리나 복지의 문제를 넘어선다. 그것은 주체로서의 원주민이 스스로를 다시 이름 짓고, 자신의 역사와 세계를 재구성하는 탈식민적 실천이며, 모든 억압과 침묵을 넘어선 새로운 언어의 탄생이다.

대만의 다문화 정치는 민주화의 진전에 따라 억눌려 있던 다양한 족군의 권리 요구가 표면화되면서 본격적으로 전개되었으며, 이는 대만인 정체성 구축을 지향한 민진당의 대만 정명운동과 원주민의 집단적 정체성 회복 운동이 서로 맞물리는 계기가 되었다. 특히 원주민은 자신들의 언어, 역사, 문화적 정체성을 되찾고, 오랫동안 억압되어 온 권리를 회복하고자 교육 · 문화 운동에서 출발해 정치적 대표성, 자치권, 토지권 등 실질적인 권리 요구로 나아갔다. 이러한 흐름 속에서, 타자에 의해 규정된 명명 방식을 거부한 민진당의 대만 정명운동은 단순한 호칭 변경을 넘어 국가 권력이 생산한 언어 질서에 대한 저항이자, '대만'이라는 이름으로 국가 정체성을 재구성하려는 정치적 프로젝트로 전개되었다. 원주민의 정명운동 또한 국민당 체제 아래 '산지동포'나 '산지인'과 같은 타자화된 호칭에 대한 비판에서 출발하였으며, 이는 자율적인 자기 정체성 확립을 위한 투쟁으로 발전하였다. 본 연구는 이러한 원주민 정명운동이 단순한 문화 보존이나 민족적 권리 회복을 넘어서, 민진당이 추구하는 새로운 국가 정체성과 정치적 정당성과 긴밀히 연결되어 있었고, 즉 민진당이 추동한 다문화 정치와 대만 원주민족이 추진한 원주민 정명운동이 상호 접점을 지니면서 서로 결합되었고, 이를 통해 대만 다문화 정치의 구조와 탈식민 시대의 정체성 회복이라는 측면에서 동아시아적 함의를 지니고 있다.

제15장

대만과 중화민국

: 중화민국이란 무엇인가

중화민국'과 '대만'이라는 명칭은 모순이 존재한다. 이 두 단어는 대만정치에서 양안 통일과 대만 독립을 대표하는 서로 다른 갈등 축이다. 대만의 정치진영인 홍紅 · 남藍 · 녹綠 · 백白색 진영에서 발생하는 모순과 갈등은 모두 '중화민국'에 대한 서로 다른 인지와 이해에서 기인한 것이며, 양안의 가장 큰 이견인 '하나의 중국'도 결국 '중화민국은 무엇인가'로 귀결된다.

본 장은 대만의 민주화를 독립변수(independent variable)로 '중화민국의 대만화'를 종속변수(dependent variable)로 파악하여 중화민국과 대만의 관계를 변증법적으로 고찰하고, 이러한 변증법적 발전과정에서 중화민국이 어떻게 대만에 적응하였는가, 즉 중화민국의 대만화를 다루고자 한다. 이 장에서 논하는 변증법적 관계란 중화민국과 중화인민공화국, 중화민국과 대만, 국민당과 공산당, 국민당과 민진당을 모순 · 대립 · 경쟁의 관계로 파악하며, 특히 중화민국과 대만의 새로운 종합의 관계가 중화민국의 대만화다. 현재 중화민국과 대만의 융합은 민주화가 공고화되면서 가속되고 있다. 이는 중국공산당에 기회와 위기를 동시에 제공한다. 기회의 측면은 대만과 중화민국의 융합이라는 실체를 대상으로 그에 맞는 중국공산당의 양안 정책을 일관되게 추진할 수 있다는 점이다. 반대로 이러한 융합의 방향이 反중국으로 결집하는 경우에는 과거 중화민국과 대만이 분리되어 있던 경우처럼, 중화인민공화국에 유리한 대화상대를 우대하고 적대세력에 대해서는 강한 견제로 대응하던 가변성 있는 정책에서 벗어나지 못하게 될 가능성이 있다.

Ⅰ. 서론

우리가 사물을 인식할 때, 변증법적 사고는 세계를 고정된 상태로 보지 않는다. 그것은 모든 존재가 끊임없는 모순과 대립 속에서 변화한다고 전제한다. 이러한 사고방식은 상반된 두 요소가 서로를 부정하면서도 보완하고, 그 긴장과 균형 속에서 새로운 질서를 형성한다고 본다. 다시 말해, 세계와 인간의 관계는 결코 정태적인 것이 아니라, 끊임없이 변화하고 상호작용하며 조화를 이루는 과정 속에서 비로소 이해될 수 있음을 강조하는 것이다.

세계는 다중적이고 다양하다. 모든 대상은 속성, 성질, 측면을 가지고 있으며, 다른 모든 세계와 관계를 맺는다. 따라서 대상을 실제로 인식하기 위해서는 그것의 모든 상관성을 연구해야 이러한 다양한 계기들 사이의 연관을 포괄할 수 있다는 것이 변증법적 사고의 특징이다. 변증법은 테제(These), 안티테제(Antithese), 진테제(Synthese)로 전개된다. 테제는 변증법의 제1단계로서 원래부터 정립定立된 것이다. 본 장에서의 중화민국, 중국국민당(이하, 국민당)이 여기에 해당한다. 2단계는 1단계에서의 내적모순으로 낳은 대립물이다. '대만'과 민주진보당(이하 민진당)이 이에 속한다. 3단계는 공산당과의 투쟁에서 실패하고 대만으로 온 중화민국의 국민당은 다시 대만공화국을 목표로 삼는 민진당을 비롯한 타이두와의 투쟁을 통해서 새로운 종합의 과정으로 중화민국과 대만이 상호 결합하게 된다. 이것이 중화민국의 대만화다.

이 장에서 주요한 초점은 중화민국과 중화인민공화국, 중화민국과 대만, 국민당과 공산당, 국민당과 민진당 간의 관계를 모순과 대립의 관계로 파악하고, 그 종합의 산물인 '중화민국의 대만화'를 다루며, 중화민국과 대만이 결합하게 된 계기에는 대만의 민주화가 핵심적인 작용을 하였다고 파악한다.

1911년 신해혁명 이후 두 차례에 걸친 국민당과 공산당의 합작과 대립은 결국 공산당이 승리하고, 이로써 장제스의 국민정부는 공산당에 패해 1949년 말 대만으로 천도한다. 이후 공산당正과 국민당反 사이에는 정正과 반反의 역할이 전도되는 합合으로 다시 시작되었다. 이러한 변증법적 관계의 전도현상顚倒現狀은 대만의 민주화가 진행되어 감에 따라 대만의 민주화 세력과 새로운 변증법적 관계에 직면하게 되었다. 즉 대만에 온 국민당은 변증법적 관계에서 이중의 역할을 수행하게 된 것이다. 대외적으로는 공산당과의 관계에서 반反의 역할을 담당하게 되었고, 대내적으로는 대만 민주화 세력과의 관계에서 정正의 임무를 수행함으로써 반反의 역할을 담당해 온 민진당 세력을 중심으로 한 반反국민당 세력과의 모순 관계라는 이중의 구조에 직면하게 되었다. 하지만 국민당이 대륙에서 가져온 '중화민국체제'는 대만의 민주화를 경험하면서 변화하기 시작했다. 이는 국민당의 반대편에서 선 민진당의 역할이 큰 영향을 미쳤다. 원래 민진당은 1999년 「대만전도결의문臺灣前途決議文」이 통과되기 전까지 국민당을 외래정권으로 규정하였다. 다시 말해 민진당은 선거를 통해서 기존의 정치판에 진입하게 되자 '중화민국체제'를 완전히 부정할 수는 없었다. 이로써 장제스蔣介石 · 장징궈蔣經國의 '중화민국'은 대만에 적응하게 될 공간을 확보하게 된다. 소위 '중화민국의 대만화'가 진행되기 시작한 것이다. 한편 대만 내부에서는 민진당이 집권당이 되면 양안 간 긴장 관계가 조성되는 경향이 있는데 그 근본적 원인은 '하나의 중국'을 인정하지 않는 민진당의 입장과 이를 전제조건으로 내세우는 공산당의 무교집에서 기인한 것이다. 이는 특히 민진당이 현행 대만(중화민국)의 헌법이 밝히고 있는 '중화민국'은 무엇인가에 대한 관점에서 국민당과 그 생각을 달리하며, 이것은 대만의 정체성과 공산당의 통일정책, 그리고 대만 민주주의의 진행이라는 복잡한 역학관계를 반영한 것이라고 할 수 있다. 대만 문제의 내용은 결국 '하나의 중국' 문제며, 이는 최종적으로 '중화민국'은 무엇인가가 그 핵심이며, 이를 둘러싸고 ① 중국과 대만[1] ② 대만 내의 통일파와 독립파 ③ 공산당과 국민당 ④ 국민당과 민진당의 갈등 · 경쟁 ⑤ 중국과 미국과 일본을 포함한 국제적 요소 등의 복잡한 역학관계가 양안 관계를 이끌어 가고 있는 셈이다. 특히 민주주의 정치체제를 형성한 대만이 중화민국의 대만화를 통해 공산당의 의도와 목표에 어떻게 대응하며, 양안 간의 갈등과 통합을 어떻게 조응하는지는 이제 대만의 일은 대만인들이 결정해야 한다는 민주 자결 논리와 함께 대만인들의 민주적 선택 역시 양안 관계의 중요한 변수가 되었다.

본 장에서는 '중화민국(Republic of China)'을 국체로 받들고 있던

1) 원래 '대륙'에 대응되는 정확한 개념은 '대만'이며, 이 두 용어는 본래 지리적 개념이지만, 오늘날 대만 내부, 특히 녹색 진영에서는 '대만'을 국가명칭으로 사용하는 경향이 뚜렷하다.

국민당과 '대만공화국' 건설을 이상의 목표로 삼고 있는 민진당을 중심으로 한 양대 세력의 갈등과 발전 관계를 통해서 중화민국과 대만의 관계를 변증법적으로 고찰하고자 한다. 대만과 중화민국이 새로운 종합으로서 융합한 결과 중화민국의 대만화가 이루어졌다. 본 장에서는 대만의 민주화를 상수(常數, independent variable)로 중화민국의 대만화를 변수(dependent variable)로 파악하여 중화민국과 대만의 관계를 변증법적으로 고찰하고, 이러한 변증법적 발전과정에서 중화민국이 어떻게 대만에 적응하였는가, 즉 중화민국의 대만화를 다루고자 한다.

Ⅱ. '중화민국'과 '대만'에 대한 각 진영의 관점

'중화민국'과 '대만'이라는 명칭은 모순이 존재한다. 현재 대만 내부에서조차 '대만'이라는 지명과 국명을 혼동하여 사용하고 있으며, 이 두 단어는 대만정치에서 각각 양안 통일과 대만독립을 대표하는 서로 다른 두 개의 정치 성향을 나타낸다. 특히 대만독립과 양안 통일이라는 갈등 축은 홍紅 · 남藍 · 녹綠 · 백색[2] 진영에서 첨예하게 부딪힌다. 이러한 모순의 근원은 '중화민국'에 대한 각 진영의 서로 다른 역사적

2) 백색 진영은 대만민중당의 당기 색이 청색과 백색인 데서 연유한다. 정치적 성향은 남색 진영과 녹색 진영의 가운데 있다. 일제 강점기 대만인의 일본에 대한 무장운동이 완전히 진압되자 일부 세력은 일제에 대한 문화 운동과 사회 운동 위주의 저항노선을 채택했다. 특히 대만 이란현(宜蘭縣) 출신 의사 장웨이쉐이(蔣渭水)는 대만의 쑨원으로 불리며, 그는 1927년 대만 문화협회 분열 이후 대만민중당을 설립했다. 커원저의 대만민중당은 바로 1927년의 장웨이쉐이의 대만민중당을 벤치마킹한 것이다.

인지와 이해에서 발생했다.

1. '중화민국'에 대한 녹색 진영의 관점

'중화민국'이 무엇인가라는 의제는 녹색 진영에 있어서 줄곧 논쟁거리였다. 대만 민주화 전후로 녹색 진영은 중화민국을 외래통치 집단으로 보았다.[3] 하지만 민진당은 1999년은 '대만전도결의문'[4]을 채택하고, 2000년 총통 선거에서 집권당이 되면서 더는 중화민국을 외래정권으로 볼 수만은 없었다. 그래서 극단에 선 소수를 제외한 녹색 진영 대부분은 현재 대만은 이미 주권독립 국가며 신헌법과 새로운 국호를 만들기 전까지 중화민국이라는 국호를 계속해서 사용하는 것으로 공동의 인식을 지니고 있다.[5] 물론 대만독립을 강력하게 추구하는 소수의 심록深綠 진영 지지자들은 아예 중화민국을 외래정권으로 본다. 심록 근본주의자들은 아직도 중화민국을 유맹정부(流氓政府, 망명정부)

3) 녹색 진영이라는 정치세력의 형성이 대만 민주화 전후로 이미 구축되었다고 볼 수 있는지에 대한 근거는 1992년 형법 100조의 수정이다. 이후 대만독립이라는 단어는 더는 금기어가 아니었다.

4) 민진당이 1999년 5월 개최한 제8차 전당대회에서 통과시킨 문서의 하나로 대만 해협 현상을 기술하고 민진당의 이념을 집약했다. 이는 2000년 민진당이 대만의 집권당이 되는데 중요한 기초가 되었으며, 천수이볜의 민진당 집권기에 양안 문제를 처리하는 최고의 원칙이었다. 주 내용은 대만은 사실상 주권독립을 가진 민주 국가가 되었으며, 그 주권 영역은 대만, 펑후, 마주, 진먼 및 일부 도서들, 그리고 국제법 규정에 부합되는 해역과 인접 수역에 한정된다. 대만은 현행법상 중화민국이라 불리지만, 중화인민공화국과는 상호 예속 관계가 아님을 역사적 사실이자 현재 상태로 규정한다. 대만전도결의문은 '독립 현상의 상태에 관한 어떠한 변경'도 대만 전체 주민이 국민투표로 결정해야 한다고 주장한다.

5) 自由時報社論, 2010년 3월 31일.

로 인식하고 있다. 물론 이러한 인식을 하게 된 배경에는 다음과 같은 이유가 있다.

1949년 장제스蔣介石는 국공내전에서 실패한 책임을 지고 중화민국 총통직을 사임했다. 그 뒤를 이은 대리 총통 리종런李宗仁은 병 치료를 핑계로 미국으로 가서 돌아오지도 않았다. 따라서 대만으로 천도해 온 장제스가 다시 업무를 시작한 복행시사復行視事[6]는 그 법률적 근거가 없는 것이며 비합법적 정권이 된다. 녹색 진영의 인식은 일본이 패전한 후 국민당이 대만의 광복을 선언하였음에도 불구하고, 중화민국 정부를 또 다른 식민정부로 인식하는 것이다. 심지어 대만 민중에 대한 국민당의 악랄하고 약탈적인 통치는 결국 대만인들의 반항에 직면했고 2·28 사건을 폭발시켰다. 이 영향으로 대만인들은 중국에 대한 동경을 철저히 잃어버렸으며, 대만의 정치 엘리트들 또한 국민당 정권과 결별하는 계기가 되었다.

국민당은 1945년 10월 25일을 대만 광복절로 인식하지만, 심록 진영은 이날은 또 다른 식민지가 시작되는 시정일施政日일 뿐이다. 심지어 장제스 자신도 1950년 총통직에 복직할 때의 연설에서 중화민국은 이미 멸망했다는 견해를 피력한 바가 있다.[7] 심록 진영과는 달리 다수

6) 국공내전에서 패배한 장제스는 총통직에서 물러나고 국민당 총재직만 유지하고 있었다. 당시 명목상의 중화민국 총통은 리종런이었다. 그러나 리종런이 병을 이유로 미국으로 떠난 뒤 귀국하지 않자, 장제스는 '사회 안정을 위한 불가피한 조치'라는 명분을 내세워 다시 총통직에 복귀했다. 이에 따라 반대 세력은 장제스의 총통 복귀가 헌정 절차를 위반한 비합법적 행위였다고 비판했다.

7) 장제스가 1950년 3월 13일 양밍산(陽明山) 국회산장에서 자신이 복직한 사명과 목적에 대한 연설 중에 "우리의 중화민국은 작년(1949년)에 중국대륙의 함락으로 인해서 망했으며, 우리의 오늘은 이미 망국의 백성이 되었다"고 밝혔다.

의 천록淺綠 진영은 비교적 실용적이고, 현실적인 관점을 취하고 있다. 즉 '대만'을 하나의 주권독립의 국가로 보며, 중화민국은 이미 대만에 의해서 흡수·동화되었다는 견해를 취한다. 왜냐면 장제스의 당·국 체제는 이미 현재의 중화민국체제와는 확연히 다르다. 그렇기에 현재 차이잉원 정권을 비롯한 온건한 천록 진영은 다음과 같은 기본적인 사고의 출발점을 가지고 있다.

첫째, 중화민국이라는 국호를 대만으로 개명해야 한다고 생각한다. 그렇다면 왜 지금까지 국명을 개명하지 못했는가의 문제가 남는다. 그 이유는 국제적 현실과 대만 내부의 일치된 견해가 달성되기 어려운 데 있다. 따라서 국명國名, 국기國旗, 국가國歌도 다시 고쳐야 한다고 본다. 특히 현재 대만의 실정에 맞는 새로운 헌법을 제정해야 한다는 생각이 강하다.

둘째, 대만 4백년 역사는 대만 특유의 역사문화를 형성하였다. 어디까지나 대만이 주主며, 중국대륙은 부차적인 것이다. 따라서 이들은 가능한 중화사관을 전복하여 대만사관을 심고, 대만문화 속에 있는 중화문화를 가능한 없애야 대만주체성을 강화할 수 있다. 리덩후이, 천수이볜, 차이잉원, 현 라이칭더 정부도 기본적으로 이러한 사고의 연장선에 있다.

셋째, 대만의 미래는 2,350만 대만인 스스로 결정해야 한다. 자신의 일을 자신이 결정하는 것이 곧 민주주의 원칙이다. 그러므로 통일이나 독립 등 대만의 미래를 좌우하는 문제에 대해서 모든 대만인이 자주적으로 결정해야 한다.[8] 천록 진영은 샌프란시스코 조약 및 국제법에 근거하여 대만은 이미 국가라는 자격을 지녔다고 인식하지만[9], 국제

8) 譚中, 「評美國霸權衰落與台灣前途」, 『海峽評論』, 220期, 4月, 2009.

적으로 대만의 지위 문제에 관해서는 이견이 존재하는 것을 인정한다.

녹색 진영에서 주장하는 대만 지위의 쟁점은 크게 두 가지다. '이미 독립설'과 '미독립설'이다. 천룽즈陳隆志 교수의 진화적 독립설에 의하면, 즉 계엄 해제 후 1991~1996년 대만 민주화의 과정은 유효적절한 대만 자결의 과정이었으므로 대만은 이미 독립 국가라는 관점이 그것이다. 이 견해는 현재 민진당의 주류 견해다. 즉 대만은 점진적으로 중화민국 체제를 탈피했다는 것이다. 천룽즈의 논점은 주로 국제법 이론에 근거하여 대만은 주권독립의 국가라는 사실을 고증하고 있다. 대만의 지위는 이미 4~50년간 전체 대만 내외 민중의 노력으로 실질적이고 점진적으로 주권적 실체를 완비한 국가가 되었다는 것이다. 대만의 주권재민은 어떠한 국가의 통제도 받지 않으며, 대만은 자신의 군대로 국방을 맡고 있기에 국가의 자격 조건을 모두 갖추었다고 인식한다.

2. 남색 진영의 중화민국에 대한 관점

남색 진영의 관점에서 본다면 중화민국은 현재 대만의 국명이다. 쑨원孫文이 영도해서 건국한 나라이며, 동아시아에서 처음으로 탄생한 민주공화국이다. 대만은 단지 중화민국에 포함된 하나의 성省일 뿐이며, 현재 중화민국이 실질 관리하는 구역은 대만臺灣, 펑후澎湖, 마주媽祖, 진먼金門, 난사군도南沙群島의 태평도太平島까지 포괄한다. 중화민국은 1912년 1월 1일 난징에서 건국했으며, 1949년에 대만으로 천

9) Treaty of Peace with Japan, Signed at San Francisco, 8 September 1951, Initial entry into force: 28 April 1952, Article 2.http://www.taiwandocuments.org/sanfrancisco01.htm.

도한 후, 대외적으로는 타이베이에 있는 중화민국 정부(The Government of the Republic of China in Taipei) 혹은 대만에 있는 중화민국 정부(The Government of the Republic of China on Taiwan)라 칭했으나 그 후 정부라는 단어를 삭제해 버리고 대만에 있는 중화민국(The Republic of China on Taiwan)이라 칭했다.[10]

남색 진영의 관점에 본다면 녹색 진영에서 주장하는 '대만'이 주권 독립 국가라는 설은 근본적으로 성립되지 않는다. 왜냐하면 1947년 1월 1일 국민당이 중국 난징에서 선포한 중화민국 헌법에 따르면 중화민국의 주권은 전체 국민에 속하며, 전체 국민은 곧 전체 중국 인민을 가리킨다. 그러므로 대만은 지리적인 명사일 뿐이지, 국명이 될 수 없다. 특히 외국과의 수교에서도 '대만'이라는 국명을 사용해서 기타 국가와 수교하지 않았다는 점을 강조한다.

3. 국제사회의 중화민국에 대한 관점

대만과 수교한 국가는 중화민국이 중국을 대표하는 유일한 합법 정부임을 수교 성명에서 모두 밝히고 있다. 이는 결코 대만이라는 국명으로 수교한 것이 아니며, 수교국 모두 중화민국(Republic of china)과 국교를 정상화하였다. 현재까지 단 한 나라도 대만이라는 국명을 가진 국가와 수교하지는 않았다. 현재 중화민국(대만)과 수교 중인 12개 국가 모두 중화민국을 승인한 것이지 대만을 승인한 것은 아니다. 2024년 2월 현재 대만은 총 12개국과 외교 관계를 유지하고 있으며, 이들 국가는 국제사회에서 그렇게 큰 비중을 차지하지 않는다. 중남미 소국

10) 自由時報社論, 2010년 3월 31일자.

이거나 태평양에 산재해 있는 소국이 대부분이다. 중화민국과 수교를 맺고 있는 유일한 유럽 국가인 바티칸도 중화인민공화국과 외교 관계를 수립하고자 현재 협상 과정에 있다. 특히 1971년 중화민국이 UN을 탈퇴한 이후 교황청은 더는 대만에 대사를 파견하지 않아 사실상 양국 간의 관계를 강등했다.

반면에 국제사회는 베이징이 주장하는 '하나의 중국'을 일반적으로 승인하고 있다. 하나의 중국은 중국대륙과 대만을 모두 포괄한다. 미국과 일본은 대만이 중화인민공화국의 일부분이라는 것을 승인하지는 않았지만, 외교적 수사를 동원해서 대만은 중국의 일부분이라는 사실을 인지(acknowledge), 존중(respect)한다는 단어를 사용하고 있다. 여기서'중국'이란 무엇인가가 도출되었고, 국제사회에 '하나의 중국 문제'가 발생했다. 대만의 지위를 둘러싸고 다수의 국가가 모호한 태도를 취하고 있다. 다시 말해 대만은 중국의 일부분이지, 중화인민공화국의 일부분이 아니라고 주장한다. 대만 문제에 대해서 이렇게 애매한 태도를 취해야만, 실질적 · 비공식적으로 대만과의 관계를 강화할 수 있기 때문이다. 다시 말해 만약 대만이 중화인민공화국의 하나의 성이거나 일부분임을 승인한다면 외국 정부는 대만과의 관계를 개선할 경우 베이징 중앙정부의 묵인 혹은 동의를 얻어야 하므로 이는 자승자박이 된다.

더구나 21세기에 들어와서 중국의 종합국력이 상승함에 따라 국제사회에서 통용되는 '중국'은 곧 중화인민공화국을 의미하는 말로 변화하고 있다. 그러므로 녹색 진영은 가능한 '대만'이라는 명칭을 사용해서 주권독립국가의 이미지를 형성하고 '대만'을 칭함으로써 그 국호를 표현하고자 한다. 민진당은 현재까지 1992년 양안이 홍콩회담에서 합의한 92공식을 인정하지 않고 있다. 다시 말해 녹색 진영의 입장에서

'92공식'은 결국 '중화민국'은 무엇인가에 관한 내용이기 때문이다. 따라서 녹색 진영에 있어서 '하나의 중국'은 삼장법사가 손오공의 머리테를 조이는데 사용하는 주문과 같다. 공산당이 '하나의 중국'을 말하면 말할수록 민진당을 비롯한 녹색 진영의 입장은 난처해진다. 현재 양안 간 최대의 교집합인 '하나의 중국'을 마냥 부인할 수는 없기 때문이다. 그렇다고 하나의 중국을 인정한다면 민진당은 중공이 요구하는 통일에 관한 협상테이블로 나가야 하기 때문이다. 따라서 현 단계 대만 내부의 정치 갈등과 양안 긴장의 근원을 추적하면 모두 '92공식'에 대한 평가와 인식에서 비롯된 것이다. 이는 결국 '중화민국'은 무엇인지에 관한 것이다. 공산당은 중화민국 자체를 부정한다. 베이징의 주장에 따르면 중화인민공화국이 중화민국을 이미 대체하였다. 즉 1949년 10월 중화민국은 38년의 일기로 멸망한 것이 된다. 다시 말해 공산당의 관점에서 본다면 중화민국은 이름은 남아 있을지 몰라도 그 실체는 없는 것이 된다. 반면 남색 진영은 중국(대륙)은 중화민국의 일부분이다. 천록 진영의 중화민국은 과거 양장 시대의 중화민국이 아니라 대만화 된 중화민국이다. 이 천록 진영의 견해가 현재 대만 민중의 주류 민의다.

<표 30> 「92공식」에 대한 각 당의 인정 여부

정당	인정 여부	근거	비고
민진당	불인정	협정 문건 자체 無존재 협정 당사자의 서명 無 문건은 전신과 편지뿐이다 당시 「92공식」 단어 자체가 존재하지 않음 일중각표(一個中國, 各自表述)로 내용도 존재하지 않음	각자가 하나의 중국을 말하면 결국 '공식 없는 공식'이다.
국민당	인정	협정 문건은 존재하지 않더라도, 양안 간 왕래한 편지도 환문換文의 일종이며, 국제사회에서 일상적으로 통용된다. 일중각표, 각자가 하나의 중국 원칙을 표술한다. 각자가 표기하면, 곧 하나의 중국은 중화민국을 의미한다.	구동존이 求同存異와 각치쟁의 擱置爭議가 주 내용
공산당	인정	해협 양안은 모두 '하나의 중국' 원칙을 견지한다는 전제 아래 국가의 통일을 추구한다. 단, 해협 양안의 실무적 협상에는 '하나의 중국'의 정치적 함의는 포함되지 않는다.	2005년 이후 인정 후진타오-롄짠 성명
민중당 백색 진영	애매모호 수시로 바뀜	「92공식」 존중에서, 30년 전에 있었던 「92공식」은 현재 대만에는 맞지 않는다로 바뀜. 현재는 「92공식」을 「96공식」으로 대체하자고 주장	남색과 녹색의 중간에서 시의적절하게 바뀜
녹색 진영 정당	불인정	자체 불인정, 시대역량, 대만단결연맹	
남색 진영 정당	인정	친민당, 신당 각각 공산당과 연합성명	후진타오-송추위 성명 후진타오-위무밍 성명

출처: 강병환, 하나의 중국, 2021: 102

4. 백색 진영의 「92공식」에 대한 관점

백색 진영을 대표하는 인물은 커원저柯文哲며, 그가 소속된 정당인 대만민중당은 현재로서는 1인 정당에 가깝다. 커원저의 '92공식'에 대한 태도는 수시로 변화해 왔다. 그가 정치에 참여하기 전 2011년 민스民視와의 인터뷰에서는 '92공식'은 중공에 무릎 꿇고 투항하는 것이라고 했다. 2014년 타이베이 시장 재직 시에는 "우리 사이에 공식이 없는 것을 92공식"이라 부른다고 했다. 2015년 중국 매체와의 인터뷰에서는 "92공식은 양안 관계 평화발전의 기초며, 나는 이러한 입장에 대해서 이해와 존중을 표한다"고 했다. 현재 백색 진영의 '92공식'에 대한 명확한 입장은 없고, 그때그때 상황에 맞추어 시의적절하게 변한다는 게 특징이다.[11] 2024년 총통 선거시즌에 들어와서는 '92공식'은 대만에서 이미 오명화 되어 추진하기 어려우며, 공산당에 더는 '92공식'을 고집하지 말 것을 요구하였다. 그는 '92공식' 대신 '96공식'이야말로 대만의 현재 상황이라고 주장했다.[12] '96공식'이란 뤼슈롄 전 부총통이 주창한 것으로 1996년 3월 23일 대만 최초로 실시한 총통 선거일을 대만 주권 독립기념일로 삼자고 강조하고, 이때부터 대만은 이미 주권 국가로 명확히 확립되었다는 사실을 대만인의 공통된 인식으로 삼자는 것이다.[13] 당시 민중당의 커원저는 이러한 '96공식'을 지지했다.

11) https://www.cmmedia.com.tw/home/articles/13750(검색일: 2024년 2월 18일).

12) 2010년 3월 27일 대만의 전 부총통 뤼슈롄(呂秀蓮)은 '96공식(共識)'을 발표했다. 96공식은 총통 선거가 최초 실시한 날을 '국가주권 독립기념일'로 삼자는 것이다. 뤼슈롄은 민진당과 대만단결연맹 그리고 36개 시민단체가 참여하는 '96공식' 연맹을 발기하여 민선 대만 총통선거일을 국가주권 기념일로 정하자는 활동을 벌였고, 마잉주의 '92공식'을 비판했다.

13) 玉山周報, 2010년 第39期.

5. '대만' 지위에 관한 민진당의 입장

민진당은 1986년 창당 당시부터 '대만공화국 건설'을 목표로 삼았다. 그 창당 정신은 세 가지로 요약된다. 첫째, 당외 세력의 정치 민주주의 정신을 계승하고, 둘째, 사회적 약자를 위한 개혁을 추진하며, 셋째, 해외 타이두 운동과 연계하여 대만의 주권과 독립 정신을 고양하는 것이다. 민진당이 흔히 '대만독립당'으로 불리는 이유는, 당강에 '대만의 주권적 현실에 기초한 독립국가의 건립'을 명시하고 있기 때문이다.

민진당의 3대 기본 장전章典은 1991년에 제정된 '타이두 강령臺獨綱領', 1999년의 '대만전도결의문臺灣前途決議文', 그리고 2007년 천수이볜陳水扁 주도로 채택된 '정상국가결의문(正常國家決議文, 이하 결의문)이다. 특히 이 결의문은 민진당의 집단적 지혜를 집약한 산물이자, 대만 사회의 주류 민의를 반영한 정치적 선언이라 할 수 있다.[14] 즉 국민투표를 거쳐 대만공화국을 건설에서부터 실질적인 독립으로, 대만지위미정으로부터 일변일국一邊一國의로의 논조로, 정명제헌(正名制憲, 국호 개명과 신헌법 제정)으로부터 법률적 타이두의 완성까지, 대만 명의로 유엔 재가입 쟁취로부터 국민투표를 통한 대만 명의의 유엔가입까지 등 대만 미래에 관한 로드맵이자 설계도를 그려놓고 있다. 아울러 이 결의문은 민진당과 범타이두 세력의 주장과 일맥상통한다.[15] 더구나 민진당 전前 주석 요우시쿤游錫堃은 "신헌법 제정, 대만으로의 국호 개명, 국제사회를 향한 대만의 주권독립 국가 선포"하자고까지 주장했으며, 2007년 7월과 8월에 천수이볜은 두 차례에 걸쳐

14) 民進黨電子報, 2007년 10월 12일자.

15) 解放軍報, 2007년 10월 4일자.

대만 명의의 유엔가입 신청서신을 당시 유엔 사무총장 반기문에게 발송했고, 대만 명의로 유엔가입을 묻는 국민 투표 실시 여부를 묻는 대규모의 서명운동을 전개했다.[16] 하지만 천수이볜 시기 국민투표와 헌법 제정을 연결하여 대만이 주권독립의 국가임을 드러내고자 했지만, 모두 실패했다. 이는 현재 민진당의 라이칭더 정부도 마찬가지다. 이는 일방적인 양안 현상 변경을 원하지 않는 미국과 공산당의 반대라는 국제정치의 엄혹한 현실이 존재하기 때문이다. 즉 국제정치의 엄혹한 현실이란 '하나의 중국'을 깨지 말하는 것이다. 따라서 현재 라이칭더의 양안 정책에 있어서 '현상 유지'정책이 최선일 수밖에 없다. 양안은 분리되었지만 독립된 것은 아닌 관계, 양안 긴장은 높을지라도 전쟁은 아닌 관계 즉 통일도, 독립도, 전쟁도 없는 현상 유지의 상태가 최선이다. 따라서 민진당의 입장에서 보면, 베이징의 일중원칙一中原則은 대만의 앞길을 가로막는 가장 큰 장애물이다. 민진당은 대만의 집권당이 되면 양안 간의 가장 큰 교집적인 부분인 일중一中을 삭제하고자 시도하며 '탈중국화'를 시도한다. 즉 민진당의 기본 입장은 대만은 이미 주권독립의 국가가 되었으며 현재의 헌법에 따라 그 이름은 '중화민국'이라는 것이다. 이는 지금껏 대만은 국제정치의 엄혹한 현실에서 비록 중화민국이라는 명칭을 사용하지만, 미래에 헌법 개정이나 제헌을 통해서 국호를 변경할 수 있다는 가능성을 열어두고 있다. 그러나 범람 진영이 주장하는 중화민국은 헌법에 따라 독립 국가이며, 대만은 중화민국의 하나의 성省일 뿐이다. 이 논리를 따른다면 현재 대만에서 시행하고 있는 중화민국 헌법은 대만의 현실을 반영하지도 못할 뿐만 아니라, 그 실제성을 결핍하고 있다. 왜냐하면 1947년 난징

16) 民進黨電子報, 2007년 10월 12일자.

에서 제정한 중화민국의 헌법에 규정한 영토는 대만, 신장, 티벳, 심지어 현재 러시아의 영토까지도 포함되어 있다. 그 현실성을 결핍하고 있다는 지적은 무리가 아니다. 이 점을 민진당이 계속 비판하고 있다.

과거 민진당은 중화민국을 부정했으며, 중화민국을 외래 통치집단으로 규정했다. 그러나 민진당이 '중화민국체제'의 국회에 입성한 이후, 현실적인 필요가 생겨났다. 민진당의 차각상시借殼上市, 즉 현실적인 필요에 따라 중화민국이라는 껍데기를 빌리게 된 것이다. 민진당은 국제사회에서 '중화민국'의 형체가 필요했다. 중화민국은 바로 대만이라中華民國就是臺灣는 말은 이러한 맥락에서 생겨났다.

민진당의 현행 당강黨綱은 주권독립의 대만공화국 건국을 목표로 한다. 그러나 지금까지 이미 두 차례나 집권당이 되었음에도 대만공화국임을 선포하지 못했고 국명도 개명하지 못했으며, 난징에서 가져온 중화민국 헌법의 영토 조항 등 주권과 관련된 부분도 변경하지 못했다. 국내외적인 정치적 현실이 존재했기 때문이다. 그 결과 민진당은 타협으로 나아갔다. 즉 '중화민국 헌법'을 시행하고 있다는 현실과 민진당의 이상인 '대만공화국 건설'간 타협한 결과가 바로 중화민국대만中華民國臺灣이며, '중화민국'이 바로 '대만'이라는 신조어가 등장했다.

Ⅲ. 중화민국 4단계론

전 민중당 주석 커원저는 대만 근대 3단계론을 주장했다. 즉 1949년부터 1996년까지 첫 번째 단계로, 대만에서 민주화 운동이 일어났으며 이 단계에서 남·녹 대립이 발생했다. 두 번째 단계는 1996년부터 2016년까지로, 대만의 주체성이 확립되는 시기다. 이 단계에서 선거마다 대만의 주체성이 강화되었다. 2016년 이후는 세 번째 단계다. 그러나 커원저의 삼단계론은 1988년부터 2000년 리덩후이 시기와 대만에서 처음 정당 교체가 있었던 2000년 시기를 평범하게 분류하고 있다는 사실이다.[17] 반면 2005년 8월, 천수이볜은 중화민국과 대만의 관계를 네 가지 단계로 요약했다.[18] 즉 난징에서 건국한 중화민국은 1912년부터 1949년까지 대륙에 있었다中華民國在大陸, 이후 1949년부터 1987년까지 중화민국도대만中華民國到臺灣, 1988~2000년 리덩후이 집권 시기의 중화민국재대만中華民國在臺灣, 그리고 2000년 이후 현재까지는 중화민국취시대만中華民國是臺灣이라는 네 단계다. 이 4단계론은 현재 차이잉원 정권이 주장하는 중화민국은 대만이라는 의미와 연결된다.[19]

1. 중화민국재대륙(中華民國在大陸, 1912~1949)

첫째, 중화민국재대륙은 중화민국이 대륙에 있었던 시기다. 이 기간 대만과 대륙은 아무런 관련이 없다. 대만은 대만이고 중화민국은 중화민국이다. 중화민국은 1912년 건국했고, 당시 대만과 펑후는 일본의

17) https://www.ftchinese.com/story/001099514?full=y&archive(검색일: 2024년 2월 18일).

18) 천수이볜 미국 포모사(Formosa) 기금회(基金會) 청년 친선대사와의 담화.

19) 차이잉원 정부가 2019년 차이잉원 정부가 국가 담론으로 내세운 호칭은 "중화민국대만"임. 이는 대만 정체성과 중화민국 정체성을 동일시한 개념이다. 대만은 중화민국이며, 중화민국은 대만이다. 이러한 사고의 확장된 개념이 "중화민국은 주권 독립 국가이다"와 "대만은 주권 독립 국가이다"라는 것이다. 柳金财. 從「中華民國到台灣」, 「中華民國在台灣」, 到融為一體的「中華民國台灣. The News Lens 关键评论. 2020년 03월 23일, https://www.thenewslenscom/article/132578(검색일: 2024년 03월 13일).

식민지였으며, 본토 대륙은 열강이 유린하는 반半식민지 상태로 전락하는 상태였으며, 제국주의 열강의 침략을 비롯하여 군벌 할거, 국공내전 등으로 혼란의 시기를 경험했다. 무엇보다도 1936년 당시 중화민국 헌법 초안에는 대만이 포함되지 않았다. 더구나 이 시기 마오쩌둥조차도 대만독립을 지지했으며[20], 당시 몽골은 이미 독립했음에도 불구하고 중화민국의 영토에 포함되었으며, 만주국은 일본의 괴뢰정부였지만 중화민국의 영토로 헌법 초안에 실렸다는 사실이다. 이것은 국민당 헌법 기초위원회가 쑨원孫文의 5권 분립, 즉 입법, 행정, 사법, 고시, 감찰의 분립 사상을 헌법에 반영한 공식적인 헌법 초고였다. 다시 말해 1946년이 되어서야 대만은 중화민국 헌법에 삽입될 수 있었다. 일본 패망 이후 정치협상회의에서 작성한 초안은 1946년 12월 25일 제헌 국민대회 의결을 거쳐 정식으로 중화민국 헌법이 되었다. 즉 1946년에서야 대만은 중화민국의 공식적 영토로 편입된 것이다.[21]

2. 중화민국도대만(中華民國到臺灣, 1949~1988 장제스 장징궈 시기)

중화민국의 국민정부가 대륙에서 정권을 상실하고 대만으로 천도한 이후의 시기로 중화민국의 대만 피난기다. 쉽게 말해 장제스는 중화민국 국가 자체를 대만으로 이주하였다. 이를 국민정부의 대만 천도 즉 국부천대다. 1949~1988년까지의 기간에 해당한다. 1949년 국공내전에서 패배해 대만으로 도망 온 장제스 정권은 장기간의 계엄체제를 통해서 이름뿐인 중화민국의 정통성을 유지할 수 있었다. 또한 반공대륙反攻大陸이라는 구호와 계엄법, 동원감란시기 임시조관 등으로 국민

20) 애드가 스노우, 홍수원 역, 『중국의 붉은 별』, 서울: 두레, 1995.

21) 자유시보, 2010년 1월 9일자.

당 일당 독재통치의 수단으로 중화민국을 활용했으며, 중화민국과 '하나의 중국'을 반공대륙과 연결하였다. 양장 시대(장제스, 장징궈 부자 통치기) 중화민국은 당·국가 일치 시스템을 통해 그 정권의 안정을 유지했다. 장제스의 중화민국은 중국을 대표하는 유일한 합법 정부이며, 대만은 반공복국反共復國의 기지였다. 이 시기 정책의 관심사는 어떻게 반공복국 할 수 있는가로 귀결되었다. 당시 반공복국은 국가시정의 목표였으며, 대만 민중의 이익을 위한 정책이 아니었다. 다시 말해 이 시기 중화민국은 곧 국민당이었고, 국민당의 당기가 중화민국의 국기였으며, 국민당의 당가黨歌가 중화민국의 국가인 공산당의 당국체제와 유사했다.

대만으로 천도한 장제스의 중화민국은 1970년대 이전까지 미국의 지지를 받고, 국제무대에서는 중국을 대표하는 유일 합법 정부였으며, 유엔 안보리의 상임이사국이었다. 그러나 1971년 10월 25일 제26회 유엔총회에서 2758 결의안이 통과되자 상황은 정반대로 전개된다.[22] 2758 유엔총회 결의안의 내용은 중화인민공화국이 유엔에서의 합법적 권리를 회복하는 문제였다. 이 결의안에서 장제스의 중화민국은 유엔에서 쫓겨나고, 중화인민공화국이 공식적으로 그 자리를 대체했다. 이후 국제사회에서 중화인민공화국은 전全 중국을 대표하는 나라가 되었다. 나아가 베이징은 이를 근거로 기타 국가에 대만과의 단교 및 정부 간 교류 단절을 강요했고, 수교 성명에서 대만은 중국(중화인민공

22) 알바니아, 알제리 등 23개국이 제안한 2758 결의안 전문: 중화인민공화국 정부의 대표는 유엔의 유일 합법 대표며, 중화인민공화국은 안전보장이사회의 5개 상임이사국의 하나로서 승인한다. 중화인민공화국의 모든 권리를 회복하고 정부의 대표는 유엔에서의 유일 합법 대표로 승인하고 또 장제스가 유엔 및 유엔 산하 모든 기구에서 불법적으로 점거하고 있던 의석에서 즉각 축출한다.

화국)의 일부분이라는 사실을 강요했다. 냉엄한 국제정치의 현실에서 유엔 창시국의 하나이자, 유엔 안보리 상임이사국이었던 중화민국이 쫓겨나자 장제스의 정통성은 크게 타격을 받았다. 하지만 장징궈 집권 이후, 대만적籍 인사들을 중용하고 정책의 중점을 반공복국으로부터 대만의 경제발전으로 전환했다. 이때부터 중화민국과 대만의 거리는 가까워지게 된다. 이 시기 국제사회에서 중화민국이 중국대륙에 취한 정책은 한적불양립漢賊不兩立이었다.23)

3. 중화민국재대만(中華民國在臺灣 1988~2000)

중화민국재대만中華民國在臺灣은 대략 리덩후이李登輝 집권기에 해당한다. 장징궈 사후, 당시 부총통이었던 리덩후이가 총통의 자리를 이어받았다.

시바료타로司馬遼太郎와의 대화에서도 알 수 있듯이 리덩후이는 중국대륙에 대해서 별 관심도 없었을 뿐만 아니라, 본토화라는 이름으로 본성인과 외성인 간의 성적모순省籍矛盾을 이용하여 대만 민중의 동정과 지지를 얻어냈다. 그에게 있어서 공산당은 대만의 주요 위협이었으며, 베이징 공산정권은 국제사회에서 인정받을 수 없다는 확고한 신념을 가지고 있었다. 이와 더불어 당시 국제 정세도 대만에 비교적 우호적이었다. 동구권 붕괴와, 1989년 천안문 여파로 인해서 미국을 위주로 하는 서구는 베이징에 대해서 봉쇄 정책을 실시했다. 사실 현 양안 간에 문제가 되고 있는 즉, 1992년 '하나의 중국'에 대한 정의, 국가

23) 한적불량립(漢賊不兩立)이란 원래 제갈량의 출사표에 나오는 말로, 한은 한나라를 말하고 적은 위나라의 조조를 일컫는다. 1949년 중화민국이 대만으로 천도한 후, 중국인민공화국의 유엔 가입 반대에 내걸었던 구호의 하나였다. 즉 한은 중화민국이고 적은 중화인민공화국을 가리킨다.

통일강령, 통일 위원회의 설치는 리등후이 시기에 있었다. 리등후이는 이를 통해 국민당 내 비주류파를 안심시키고자 하였지만, 그 자신이 통일에 대한 염원이 있었던 것은 아니었다. 오히려 그는 국민당을 장악한 후에 암암리에 대만독립 노선을 취했다. 특히 이러한 리덩후이의 국정 운영은 본성인과 외성인 간의 민감한 신경을 건드렸고, 결국 다수 본성인의 지지에 힘입어 중국국민당을 '대만' 국민당으로 변화시키고자 했다. 이로써 국민당 내부에 투쟁이 발생했고, 그 결과 1993년 자오사오캉趙少康을 위주로 하는 일부 외성인들이 국민당을 탈당하여 신당新黨을 창당했다. 동시에 이는 리덩후이가 의도했던, 의도하지 않았든 간에 야당인 민진당을 돕는 결과를 초래했다. 아울러 치앤다오후千島湖事件[24] 사건이 발생하자, 이를 기회로 대만 내부의 단결과 응집을 고취하자, 베이징은 이에 대한 반발로 무력으로 대만을 위협했다. 1995~6년 양안 위기[25]가 발생한 배경이다. 나아가 리덩후이는 경제적으로는 중국대륙에 대해서 계급용인정책[26]을 취했고, 급기야 1999

24) 1994년 봄, 중국 저장성 치앤다오후(千島湖)를 유람하던 대만인 관광객들이 살해당한 사건이다. 24명의 대만 관광객 및 선원 8명이 강도에 의해 살해당했다. 사건을 처리하는 과정에서 대만인들은 중공 공안에 분개하였고, 이는 대만에 큰 파장을 일으켰다.

25) 1995년부터 1996년 사이 양안 관계는 지속적인 긴장 상태에 있었다. 중공은 군사 연습을 실시하고, 인민해방군 제2포병과 난징 군구가 대만 해역에 미사일을 발사했고, 상륙작전 훈련을 펼쳤으며, 미국은 항공모함을 출동시켜 대만 해협은 전운이 감돌았다. 1차 위기는 리덩후이의 미국방문에 항의하기 위해서, 2차 위기는 대만에서 처음 실시한 직접 선거에 영향을 미치기 위해서였다.

26) 계급용인(戒急容忍) 정책은 1996년 대만기업의 중국대륙에 대한 의존도가 점차 심해지고 있다는 현실에 바탕을 두고 대만 경제의 위험부담을 피하고, 대만의 전체이익을 고려하여 대륙으로의 진출에 대해서 '급함을 경계하고 참아야' 한다는 입장을 리덩후이가 천명한 것이다. 즉 계급용인 정책을 실시하여 대만

년 양안은 "특수한 국가 대 국가의 관계"라는 '특수 양국론'을 발표했다. 대륙에 있는 중국(중화인민공화국)도 하나의 국가며, 대만에 있는 중국(중화민국)도 하나의 국가라는 점을 부각한 것이다. 이러한 상황에서 중공의 위협에 대처하기 위해서는 대만 내부의 융합이 필요로 리덩후이는 중화민국과 대만의 융합을 시도했다. 그 시도의 결과물이 중화민국재대만中華民國在臺灣에 담겨있다. 1995년 리덩후이는 모교인 미국 코넬대학 방문에서 처음으로 중화민국재대만의 개념을 사용했다.[27] 중화민국재대만은 중화민국의 주권은 대만, 펑후, 진먼, 마주로 한정되며, 여기에 중국대륙은 포함되지 않는다는 것을 의미한다. 그렇다면 헌법에 명시된 중화민국의 영토인 중국대륙은 무엇인가라는 문제가 남는다. 리덩후이는 마음속으로는 대만공화국을 선포하고 싶으나, 국제적인 현실과 국내 상황을 고려하여야만 했기에, 형식적으로 중화민국이라는 주권독립국이란 껍데기를 빌려서 대만에 있는 중화민국은 주권독립 국가라는 개념을 만들어 내고, 대만에 있는 중화민국과 중국대륙에 있는 중화인민공화국은 대등하며 상호 예속되지 않는다는 논리로 발전한다. 즉 '중화민국재대만'의 진정한 함의는 중화인민공화국은 대륙에 있다는 의미다.

리덩후이는 총통에서 물러난 후 '중화민국재대만'은 단계적인 정명운동의 일부분이라는 사실을 공개적으로 밝혔다. 그 최종목표는 중화민국이라는 국호를 대만으로 개명하는 것이다. 리덩후이가 발표한 '중화민국재대만'은 대만과 중화민국 간의 접합점을 찾기 위한 고육책이었으나, 남색 진영에 있어서 '중화민국재대만'은 중국대륙의 영토를

기업의 중국대륙에 대한 과도한 투자를 방지하고자 하였다.

27) 1995年李登輝康乃爾之行回顧, https://news.ltn.com.tw/news/politics/paper/38910(검색일: 2024.02.27.).

포기할 뿐만 아니라 중화민국 영토를 대만 섬으로 한계 지우고, 왜소화시키는 조치였다.

2000년 리덩후이는 국민당의 이용가치가 가장 낮을 때에 그 당을 탈당하여 심록 진영의 대표정당인 대만단결연맹을 창당하였고, 그 당의 정신적 영수가 되었다. 퇴임 후 그는 더 강경한 대만독립을 추구하였고, 대만은 이미 주권독립 국가며 중화민국은 존재하지 않는다는 주장으로 나아갔다. 이것은 민진당의 주장보다 한 걸음 더 나아간 것이다. 바로 대만은 이미 하나의 주권독립국가라는 것이며, 당시에 국호개명, 헌법제정, 국가 정상화 및 대만 명의의 유엔가입은 범녹색 진영의 공통된 인식이 되었다. 다만 시기의 차이가 있을 뿐, 즉각 국호 개명과 헌법 제정하자는 쪽과 상황을 봐서 하자는 차이일 뿐이다. 물론 국호개명과 신헌법 제정, 유엔 가입 등 모두 실패로 돌아갔다.

4. 중화민국취시대만(中華民國就是臺灣, 대만으로서의 중화민국)

중화민국취시대만中華民國就是臺灣, 중화민국이 바로 대만이라는 의미다. 2000년 민진당의 천수이볜이 당선된 이후 현재까지의 기간이다. 천수이볜은 대만 민주화의 개혁은 권위주위체제 시기 '하나의 중국' 프레임의 포기에서 전개된 것이다. 즉 냉전 시기, 중화인민공화국이 유엔의 중화민국 의석을 대체한 후, 중화민국의 정당성이 타격을 받았고, 대만이 민주화를 경험하면서다. 그렇다면 중화민국과 대만은 어떻게 융합하여 일체화되었는가? 그 답은 민주선거와 국민주권을 통해서이고, 대만으로 천도한 국민당의 중화민국체제가 대만독립을 주장하는 온건한 세력들과 융합하게 되면서 질적인 변화를 일으킨 것이다. 중화민국이 바로 대만이라는 즈장은 차이잉원 정부 시기에 강했다. 대만과 중화민국을 모두 국명으로 사용한다.

Ⅳ. 중화민국과 대만의 융합: 새로운 종합

와카바야시若林正丈는 1980~90년대 대만 정치체제의 민주화를 고찰하고 대만의 민주화가 중화민국 정치체제와 구조에 대한 변화를 불러왔다고 보았다.[28] 이는 중화민국과 대만 간의 변증법적 통합과 발전 과정에서 내부적으로 국민당과 민진당을 중심으로 한 양대 정치적 축의 변증법적 갈등과 대립이 어느 정도의 통합적 발전을 거친 결과라고 할 수 있을 것이다. 그리고 거기에 중대한 변수로 작용한 것은 외부적으로는 중·미 간의 데탕트였고, 내부적으로는 대만의 민족주의와 대만의 민주화라고 할 수 있다. 이는 대만인의 정체성 형성과 그 궤를 같이한다.

1. 중·미 간의 관계 완화

베이징의 관점에서 보면, 현재의 대만 문제를 생기게 만든 당사자는 미국이다. 하지만 1970년 초, 미국은 늪에 빠진 베트남전에서의 철수와 소련 견제를 위해 베이징과 극적으로 화해를 추진한다. 베이징 또한 1969년 진보도 사건으로 인하여 소련과 대치기에 있었고, 당시 미국과 중국은 소련 견제에 대한 이익이 서로 일치했다. 하지만 중·미 수교의 가장 큰 걸림돌인 대만 문제가 존재했다. 결국 미국 자신의 연중제소 책략을 위해서 대만 문제를 중공에 양보했다. 미국은 베이징이 중·미 수교의 전제조건으로 내세운 대만과의 단교, 대만에 주둔 중인 미군 철수, 대만과의 방위조약 폐기를 실현하고, 1979년에 중국과 수

28) 若林正丈, 「中華民國臺灣化與七二年體制以臺灣民族主義的抬頭為焦點」, 『岸開放交流20年國際學術研討會會議實錄』(財團法人海峽交 流基金會交流雜誌社編), 2007, pp.124-125.

교하였다. 두 강대국의 이익을 위해서 대만 문제를 완전히 해결했다기보다는 주변화시켜 놓았다. 이러한 중·미 관계 개선은 대만 내부에 충격을 주었다. 특히 1971년 2758호 유엔총회 결의안이 통과되자, 중화인민공화국이 중화민국을 대체해 유엔 안보리 상임이사국이 되자, 양안 간 국제적 지위에 상당한 변화가 왔다. 소위 대만에서의 '중화민국' 정통성이 흔들리기 시작했다.

2. 대만 민족주의 부상

대만 민족주의와 대만 독립운동은 긴밀한 관련을 맺고 있지만, 그 개념과 내용은 다르다. 대만 민족주의는 민족주의의 일종으로서 그 목적은 대만 정체성을 구축하여 중화민족과 다른 또 다른 대만민족을 만드는 것이다. 대만 독립운동은 정치 운동의 하나이나 독립된 대만공화국이 현재의 중화민국체제를 대체하는 것이다. 대만 민족주의의 기원은 일제 강점기로 거슬러 올라간다. 일본의 이족 통치가 대만 운명공동체라는 개념을 생성시켰다. 당시 대만 민족주의의 저항 대상은 일본이었다. 그러나 2차 대전 후, 2·28 사건[29], 백색 테러[30], 계엄령, 치앤다오후 사건, 1995~6년의 양안 위기를 거치면서 대만 민족주의의 대상은 일본에서 국민당으로, 대만 민주화 이후에는 국민당에서 베이징의 공산당으로 항거의 대상이 옮겨졌다.

대만 민족주의자들은 국민당과 공산당 둘 다 중국 정권일 뿐 아니

29) 1947년 2월 28일 국민당 정부의 통치에 맞서 타이완 내 본성인(本省人)들이 일으킨 항쟁을 말한다. 2만 명 이상이 사망했고, 이는 타이두의 흥기에 영향을 미쳤다.

30) 대만의 백색 테러는 동원감란조례 폐지전까지 38년 동안의 계엄 기간 무수한 민주 인사들을 간첩죄, 반란죄라는 죄명으로 탄압했다.

라 모두 사악한 정권으로 규정한다. 이와 동시에 대만 민족주의는 반중反中 정서를 형성한다. 현재 대만은 민주화, 본토화 이후에 상당한 변화가 있었다. 즉 대만 내부는 두 개의 민족주의의 갈등이 생성된 것이다.[31] 대만 민족주의와 중국민족주의가 그것인데, 대만 민족주의의 저항 대상은 대만을 왜소화시키고 대만에 압력을 가하는 중국공산당이다.

3. 대만의 민주화: 중화민국과 대만의 결합

대만 민주화 이전 중화민국과 대만의 관계는 적대관계였지만 대만과 중화민국의 관계는 민주화를 통해서 내용과 형식이 어느 정도 일치하는 관계로 융합하고 변화했다. 그러한 융합은 경제, 정치, 사회적인 측면에서 '중화민국'과 대만의 결합이라는 형태로 나타났다.

가. 대만 민주화의 과정

우선 대만의 민주화는 필리핀과 한국과는 달리 집권당 내에서 변화를 이뤄냈다. 장제스와 장징궈의 권위주의 통치 및 38년간의 계엄통치는 양안 간 특수한 관계를 조성했고, 대만 내부에 여러 갈등을 노정하였다. 1979년 미려도美麗島 사건 이후 정치개혁을 요구하는 거리시위는 증가했고, 마침내 계엄령이 해제되기 전인 1986년 대만공화국을 종지로 삼는 민진당이 창당되었다. 나아가 미국 카터 정부의 인권외교와 레이건 정부의 대만 지지는 대만 민주화의 외부조건을 형성했다. 미국

31) 若林正丈, 「中華民國臺灣化與七二年體制以臺灣民族主義的抬 頭為 焦點」, 『岸開放交流20年國際學術研 討會會議實錄』 (財團法人海峽交 流基金會交流雜誌社編), 2007, pp.124-125.

은 민주와 인권을 강조하였을 뿐만 아니라, 1980년대 이래 미국은 계속해서 국민당 정권에 압력을 가했다. 더구나 미국으로 망명한 펑밍민彭明敏 등의 대만독립 인사들의 적극적인 활동이 성과를 내고 있었고, 친대만 성향의 미국 국회의원들도 증가했다.[32] 이들은 국민당 권위주의 정권에 반대했으며 심지어 타이두를 지원하기도 했다. 나아가 대만에 대한 무기 판매를 통해서 국민당 정부에 압력을 행사했다. 아울러 장징궈의 개인적인 요소도 대만 민주화에 영향을 미쳤다. 장징궈는 그의 임기 말에 계엄령을 해제하고 대륙과의 탐친探親[33]을 실시하여 양안 교류를 허용했다. 장징궈 사후 대만은 본격적인 민주화 시대로 진입하기 시작했다. 1990년 3월 학생들은 야백합운동野百合運動을 통해서, 국민대회國民大會[34] 해산과 국시회의國是會議[35] 개최 및 정치개혁의 시간표를 요구했다. 리덩후이는 학생들의 요구를 받아들여 국시회의를 개최하고, 1991년 동원감란시기 임시조례動員戡亂臨時條例를 폐지했다.

대만의 민주화는 대체로 평화적인 것이었고, 민진당 역시 체제 내 개혁을 이루고자 하였다. 이로써 주요 정치투쟁과 정치적 대결은 선거

32) 若林正丈, 『將經國與李登輝』(臺北: 源流出版公社), 1998, p.154.

33) 많은 논란에도 불구하고 1987년 10월 중국국민당 중앙위는 전통 윤리와 인도주의 원칙을 고려하여, 3촌 이내의 중국대륙 친인척방문을 허용하였다.

34) 1947년 난징에서 제정된 중화민국 헌법에 명시되었다. 전국 국민을 대표하는 최고권력 기구며, 대륙의 전국인민대표대회와 유사하다.

35) 국시회의란 조야 정당 및 민간 인사들이 국가의 중요한 정책방침을 공동으로 결정하는 회의다. 국시회의의 성질은 중국대륙의 정치협상회의와 유사하지만, 비상설기구며 어떠한 법적 직권이 있는 것은 아니다. 이 시기 주요 의제는 국회 개혁, 지방제도, 중앙정부 체제, 대륙정책과 양안 관계, 헌법과 임시조관 수정 등이었다.

전으로 옮아가게 된다. 우선 국민대회 및 입법원의 선거는 각각 1991년 1992년에 정상화 되었다.

나. 대만 주체성의 고양과 타이두의 흥기

립셋(S. M. Lipset)은 사회 경제발전과 정치 민주화를 운용하여 경제발전과 사회 민주화 간의 관련성을 밝혔다. 즉 경제발전은 민주화의 전제조건이라는 것이다(S.M.Lipset, 1959: 69-105). 이 관점에서 본다면 경제발전은 민주정권의 기초가 된다. 대만의 경제발전은 한국과 유사하며, 이른바 기러기 이론(the flying-geese model)과 부합한다.[36]

대만 경제는 1965년에 도약을 시작한 이래, 공업화를 촉진하여 1980년대 중반의 대만사회는 과거와는 질적으로 다르게 변화했다. 1950년과 1987년 대만인들의 일인당 국민소득을 비교해보면 100달러에서 5,397달러로 바뀌었다.[37]이러한 경제발전은 사회 다원화를 가져왔고 사회계층구조와 문화 정도에서도 현저한 변화가 일어났다.

대만 경제발전 양상의 특징은 중소기업 위주로 진행되어 중산계층의 굴기를 가져오고 대만 민주화의 동력을 촉진했다는 점이다. 대만의 경제발전은 국제사회에서도 대만인들의 자신감을 제고시켰으며 아울러 국제무대에서의 외교적 공간은 더 확대되었다. 1970~80년대 대만의 경제발전은 중산계층의 흥기를 가져왔고, 나아가 1990년 초 대만의

36) Akamatsu는 전후 동아시아 경제 및 산업의 구조와 변천에 관해서 안행이론을 펼쳤는데 동아시아가 그 전형적인 것으로 파악한다. 마치 기러기 편대처럼 일본을 제일 앞으로 하여, 한국, 대만, 홍콩, 싱가포르가 그 후에 중국대륙과 아세안 국가들 인도네시아, 말레이시아, 필리핀, 태국 등이 따른다는 것이다.

37) http://www.stat.gov.tw/public/Attachment/92181714471.xls(검색일: 2024년 2월 18일).

중산계층은 정치개혁을 요구하여 대만 민주화를 가져오는 데 일조했다.[38] 이는 대만의 주체성을 향상하는 방향으로 나아갔다. 민주의 본뜻은 민이 주인이다. 대만 민주화는 대만 민중이 스스로 자신들의 지도자를 선출하고 대만인의 운명은 대만인이 결정한다는 대만독립 운동과 관련을 맺는다.[39]

권위주의 체제 시절 '대만독립'은 금기어였다. 하지만 민주화 과정을 거치면서 1992년 형법 100조가 수정된 이후, 대만 사회에서 '대만독립'은 공개적으로 토론할 수 있게 되었다.[40] 그 결과 베이징의 타이두 세력에 대한 위협은 증가했고, 민주화 과정에서 대만의 모순도 두드러졌다. 즉 대만의 성적문제省籍問題는 국가 정체성 문제로 왜곡되어 변질하기도 하였다. 이는 대만을 정체성으로 삼는 대만인과 중화민국을 정체성으로 삼는 중국인 간의 첨예한 모순을 발생하게 했다.

38) Wong, Timoth Ka-Ying, and Milan Tung-Wen Sun,"Dynamic Democratization in Taiwan." Journal of Contemporary China, 2000. Vol. 10, pp. 339-362.

39) 黃昭堂, 「戰後台灣獨立運動與台灣民族主義的發展」, 『獨立建國論壇』 2010. http://www.wufi.org.tw/nyc/ngbook1.htm(검색일: 2024년 2월 27일).

40) 독립대만회안(獨立台灣會案) 사건이 큰 작용을 하였다. 1991년 5월 9일 중화민국 법무부 조사국은 독립대만회에 가입했다는 이유로 국립칭화대학 역사연구소 석사반 학생 랴오웨이청(廖偉程)을 구속했다. 아울러 같은 날 대만대학 사회학 연구소를 졸업한 천쩡란(陳正然), 사회운동가 왕슈후이(王秀惠) 및 선교사 Masao Nikar(林銀福)를 체포했다. 또 이들의 전단을 붙이는 데 협조한 루카이족(魯凱族) 청년 Cegau Drululan(安正光)을 체포했다. 이는 당시 징치반란조례(懲治叛亂條例)와 중화민국 형법 제100조의 내란죄에 속해 이들에게 사형을 구형할 가능성이 있었다. 사건이 발생한 후 일련의 대규모 정치 항쟁이 일어났고, 결국 강대한 민중의 압력에 입법원은 신속하게 중화민국 형법 제100를 수정하였고, 징치반란조례를 폐지했다.

4. 대만의 정체성

중화민국의 대만화는 대만인의 정체성 형성과 그 궤를 같이한다. 정체성 역시'중화민국'을 보는 관점에서 비롯된 것이다. 1990년대 중반에 들어서 대만의 제도적 민주화는 일단락되고, 2000년대에 들어서는 민주화가 공고화되자 대만 내부의 정체성에도 명확한 변화가 발생했다. 현재 대부분의 대만인들은 '대만(Taiwan)'을 국호로 대신하고 있으며 자신을 '중국인'이라고 인식하는 비율은 소수에 불과하다.

천수이볜 집권기 1999~2007년까지 8년간 대만인 정체성은 39.6%에서 43.7%로 총 4.1%가 상승했다. 매년 평균 0.51%씩 증가한 셈이다. 마잉주 집권기 8년 동안 대만인 정체성은 43.7%에서 59.5%로 총 13.8%, 매년 평균 1.72%씩 증가했다. 2015~2023에는 차이잉원 집권기 대만인 정체성은 59.5%에서 62.8%로 다소 증가했다. 1992~2023년 기간"대만인이면서 중국인이다"라고 답한 비율은 대략 46%에서 30.5%로 감소했다. 1992~2023년 기간 "나는 중국인이다"고 답한 비율은 25%에서 2.5%로 감소했다.[41)]

종합하자면, 1996년 첫 총통 직선제를 실시한 후, 타이두를 종지로 삼고 있는 민진당이 선거에 나서면서 더는 중화민국체제를 부정할 수는 없었다. 대신 '중화민국'이라는 외피는 걸친 채, 안으로 '대만화'를 진행했다. 대만화는 중국대륙과의 연계 고리를 맺고 있는 중국인, 중화민족, 중화문화, 일중헌법 등 과거 중화민국체제의 틀을 옮게 하면서, 궁극적으로는 대만인, 대만민족, 대만문화, 대만헌법, 대만공화국으로 진행하고자 하는 것이다. 즉 중화민국의 대만화는 외형적으로 중

41) 國立政治大學選舉研究中心, https://esc.nccu.edu.tw/PageDoc/Detail?fid=7804&id=6960(검색일: 2024. 02. 4).

화민국 색채를 줄이고 내실적으로 대만의 고유 요소를 강화하는 것이라 할 수 있다.

V. 결론

대만 사회의 통일과 독립을 둘러싼 모순은 중화민국과 대만을 보는 관점에서 기인한 것이다. 과거의 중화민국은 일당 독재의 권위주의 통치체제였다. 1949년부터 1988년까지 38년 동안 대만의 민중을 억누르는 국민당의 계엄통치와 권위주의 정치는 대만 민중에 그만큼 어두운 그림자를 안겨주었다. 그 결과 녹색 진영은 중화민국이라는 외래정권을 축출하고자 하였으나 국민당, 공산당, 미국의 반대로 실패에 그쳤다. 이러한 실패는 또 하나의 계기가 되어 민진당은 중화민국체제에서 타협점을 찾게 된다. 1996년 첫 총통 직접선거를 통해서 대만인은 민주 자결을 성취하고, 2000년 민진당은 처음으로 중화민국체제 틀 하에서 집권당이 되었다. 이후 마잉주의 국민당과 차이잉원·라이칭더의 민진당으로의 정당 교체를 통해서 현재 대만은 2,350만인 모두의 주권국가가 되었다는 인식을 공통으로 가지게 되었다. 이러한 과정에서 대만과 중화민국 간의 관계 또한 상호 적대관계로부터 융합의 단계로 발전 변화되었다. 즉 1988년 장징궈 사후 점진적인 대만의 민주화, 본토화가 진행됨에 따라서 과거 중화민국을 외래정권의 관점으로 보고, 중화민국체제를 타도하자고 외치는 구호는 시대적 형세에 순응하기 시작했다.

대만의 정치는 마을 이장부터 총통까지 주민의 직접선거로 선출된다. 현재 대만의 어떠한 지도자도 대다수 민중의 지지를 받지 못하면 당선될 수 없다. 특히 2000년 총통 선거를 계기로 중화민국체제에 진입한 대만독립 운동가와 민주 운동가들이 가지고 있었던 원래의 관점 즉 중화민국은 외래정권이고 권위주의 정권이라는 생각은 대만의 민주화가 심화됨에 따라서 점차 변화되기 시작했고, 결국 장제스가 대륙에서 가져온 중화민국체제는 대만에서 새롭게 적응하여 대만의 정치, 사회, 경제, 문화 등 제 분야에서 과거와 다른 질적인 변화를 이루었다. 아울러 과거 중화민국체제를 반대한 사람들도 민주적 선거참여를 통해서 제도권 정치에 진입했고, 그러한 민주적 참여과정은 대내적·직간접적으로 중화민국의 존재를 지속하게 만들었고, 대외적으로는 대만은 민주주의 국가라는 위상을 국제사회에 각인시키면서, 대척점에 서 있던 대만과 중화민국은 융합하였다. 바로 중화민국의 대만화가 일어났기 때문이다. 나아가 중화민국의 대만화는 남·녹색 진영이 공산당을 바라보는 관점이 점차 비슷해져 감을 알 수 있다. 국민당도 무작정 친중 통일 노선을 고집할 수 없게 되었다. 결국 대만에서 민주화가 진행되고 심화하면서 대만의 미래는 '중국인'이 결정한다는 입장에서 대만의 앞날은 2,350만 '대만인'이 결정해야 한다는 공통된 인식이 생겼다. 아울러 대만 민주화를 통한 중화민국과 대만의 융합이라는 현상과 이의 가속화 추세는 공산당으로서는 기회와 위기를 동시에 맞이하게 되었다. 기회의 측면은 대만과 중화민국의 융합이라는 실체를 대상으로 그에 맞는 대륙의 양안 정책을 일관되게 추진할 수 있다는 점이다. 반대로 이러한 융합의 방향이 反중국으로 결집하는 경우, 대만해협의 파고는 더욱 높아지고 동아시아의 긴장과 불안은 중대하게 될 것은 자명하다.

제16장

시간은 누구의 편에 있는가?

Ⅰ. 대만의 편

대만해협을 사이에 둔 격리 기간이 길어질수록, 대만은 점차 독립에 대한 열망을 키우고 있고, 베이징은 통일에 대한 시간적 압박을 더욱 절감하게 된다. 현재 대만의 주류 민의는 통일도 독립도 아닌 '현상 유지'를 선택하고 있으며, 이는 민진당이 추진하는 양안 정책의 핵심이기도 하다. 그러나 베이징의 관점에서는, 대만의 현상 유지조차도 사실상 주권 독립국가로 고착화하려는 전략적 움직임으로 간주한다. 대만은 중공의 무력 사용을 경계하고, 베이징은 대만이 외부 세력과 결탁하여 대만독립을 선언할 것을 우려한다. 그러므로 현 단계에서 양측은 서로에게 최후의 카드를 한 장씩 쥐고 있는 셈이다. 이러한 구도는 쌍방이 교착 상태에 빠지면서 서로에게 종속되지 않는 불안정한 균형을 만들어냈고, 그 속에서 미국의 역할은 이른바 '중재자' 혹은 '게임 참여자'로 작용했다.

대만에서 '현상 유지'가 의미하는 바는 명확하다. 현재 대만은 경제력과 군사력 면에서 중국보다 훨씬 열세이므로, 시간을 벌면서 내부 공감대와 결속을 강화하고, 장차 결정적인 시기가 도래했을 때 스스로 미래를 선택하겠다는 전략이다. 통일이나 독립은 모두 먼 미래로 미루고, 특히 심록진영은 중국의 경제 발전과 중산층 증가가 민주적 요구를 증폭시킬 것이며, 장기적으로 중국 역시 민주화될 것이라는 기대를 품는다. 민주화된 중국 대륙은 더는 대만의 적이 될 수 없다는 논리다. 여기에 더해, 대만 내부에서 주체의식과 본토의식이 강화될수록, 대만의 민주주의가 심화할 것이며, 양안 관계의 미래는 결국 민주적 방식으로 결정될 것이라는 전망을 제시한다. 이러한 논리는 '타이두' 개념과 완전히 일치하지는 않지만, 긴밀히 연결된다. 즉 대만 민중의 당가작주(當家作主, 자신의 일은 스스로 결정한다)는 민주 원칙에 부합하며, 대만인들의 애고향愛故鄉, 애대만愛臺灣 의식은 독립 지향적 정체성을 강화한다. 따라서 타이두는 민주, 인권, 자유와 같은 가치로 정치적 공간을 확보하려 하며, 시간은 결국 대만의 편이라는 점을 강조한다.

양안 간 현상 유지가 장기화할 경우, 여러 가지 전략적 · 사회적 효과가 나타날 것으로 예상된다. 우선, 대륙의 경제 발전이 지속됨에 따라 관민차, 도농차, 지역차, 빈부차 등 내재적 구조 문제들이 점차 표면화되며, 이는 대륙 사회 전반의 변화를 촉발할 가능성이 크다. 둘째, 양안 관계가 장기간 현상 유지 상태를 지속하면, 양측의 정체성은 자연스레 분화되고, 대만은 주기적인 보통선거를 통해 자신만의 주체적인 정체성을 점진적으로 확립해 나간다. 이러한 과정은 '연성 타이두'와 '온건 타이두'의 관점에서 이해될 수 있다.

특히 오늘날처럼 양안 교류가 활발한 상황에서도, 대만 민중이 대륙을 방문하면 오히려 문화적 차이를 더욱 뚜렷하게 체감하게 된다. 교류가 심화할수록, 대만인들은 자신을 중국인이 아니라 대만인으로 인식하게 되며, 이러한 정체성 강화는 대만 사회에서 지속적으로 확대되는 핵심 요인 중 하나다. 결국, 시간의 흐름은 대만의 편이라는 논리가 자연스럽게 성립된다.

대만 내 다수의 민중은 현재의 정치제도와 생활방식을 선호하며, 만약 앞으로 20여 년이 흐른다면 양안 통일에 찬성하는 비율은 아예 전무할 정도로 줄어들 것이고, 중공이 통일을 추진할 동력 또한 점차 약화될 것으로 전망된다. 현재 대만 내부의 공식적 관점은 '대만(중화민국)은 주권 독립국가'라는 인식이다. '대만 이익', '대만 우선', '애대만爱臺灣'과 같은 선거 구호들은 실질적으로 대만의 독립적 지위를 공고히 하는 방향으로 작용한다.

양안 통일의 장애물은 명확히 '차이와 격리'에 있다. 민진당은 이를 지속적으로 강조한다.

첫째, 대륙은 공산당 독재 체제의 전정 국가인 반면, 대만은 자유민주 국가로서 언론의 자유와 시민의 권리를 보장한다. 그러므로 대만은 오히려 중국대륙의 민주화를 기대한다.

둘째, 시간이 흐름에 따라 중국국민당은 점차 대만화 된 '대만국민당'으로 변할 것이며, 점진적으로 대만 중심의 정체성을 갖게 될 것으로 전망한다. 대만 내부의 성적省籍 문제와 족군 간 갈등도 세대가 교체되면서 완화될 것으로 본다.

국민당 양안정책의 궁극적 목표는 대만이 현재 누리고 있는 민주주의와 경제적 생활양식을 지키는 데 있다. 따라서 어떠한 정책이든 전쟁을 초래한다면 그 자체로 실패이며, 인권과 자유의 후퇴를 초래한다면 성공적인 정책이라 할 수 없다.

현재 국민당의 양안정책은 두 가지 축을 중심으로 전개된다. 첫째는

'중화민국'이라는 국호를 유지할 것인가 변경할 것인가의 문제이고, 둘째는 중국과의 문화·경제·정치적 교류 강도를 어떻게 설정할 것인가의 문제다.

'법리적 독립法理台獨'은 국호를 변경하자는 입장이며, '실질적 독립實質台獨'은 국호를 유지하되 탈중국화를 통해 문화·경제 교류를 점차 축소하고 정치적 협상의 여지를 차단하자는 입장이다. 이에 반해 '두타이獨臺'는 국호를 유지하면서 문화·경제 교류를 강화하되 정치 협상은 철저히 회피하자는 입장이고, '화통(和統, 평화통일)'은 국호를 유지한 채 교류를 확대하면서도 통일을 위한 협상에 적극적으로 임하자는 노선을 뜻한다.

현재 국민당의 주류는 '두타이' 입장에 서 있으며, 일부 소수만이 '일국양제' 혹은 '화통'을 주장하고 있다. 즉 국민당의 양안정책 스펙트럼은 '두 개의 중국'을 전제로 한 '두타이'와 '평화통일'을 지향하는 '화통' 사이에 놓여 있다.

국민당과 공산당이 대화 개시에 합의한다면, 이는 곧 '화통和統'의 과정으로 진입함을 의미한다. 이 과정에서 국민당은 두 가지 목표를 달성하려 할 것이다. 첫째는 통일 이후 대만의 정치체제와 제도를 보장하는 것이고, 둘째는 대만의 대외 경제·외교 관계를 재편하는 것이다.

후자의 경우, 통일 협상이 공식 개시되는 순간 대만의 외교와 경제 질서는 급변할 수 있다. 미국은 대만에 대한 군사 보호 철회, 무기 판매 중단, 특정 품목 수출 금지, 관세 인상 등 다양한 방식으로 대만을 압박할 가능성이 크다. 이러한 급격한 변화 속에서 대만은 과연 그 충격을 감당할 수 있을까? 더 심각한 문제는 협상이 결렬된 뒤 미국이 이전의 관계를 복원하지 않을 경우, 대만이 양측 모두를 잃고 오히려 협상 이전보다 더 불리한 처지에 빠질 수 있다는 점이다.

협상에서 가장 핵심적인 의제는 통일 이후 향후 100년간 유지될 정치체제와 법제도다.

대만 국민은 지금 세계 최고 수준의 인권과 자유를 누리고 있는데, 이들이 과연 어느 정도의 후퇴를 감수할 의향이 있을까? 총통이나 시장을 직접 선출할 권리, 정부에 항의하고 요구할 권리, 언론의 자유를 포기할 수 있을까?

홍콩은 1997년 반환 이전 자유는 있었으나 민주주의는 거의 존재하지 않았다. 그러나 오늘날 대만은 자유와 민주주의를 모두 실현한 사회다. 이런 상황에서 어떠한 후퇴도 쉽게 용납되기 어렵다. 잃는 고통은 얻는 만족보다 훨씬 크기 때문이다.

일반적으로 중국 정부는 '일국양제一國兩制' 하의 '홍콩 50년 불변' 약속을 지키지 못했다는 평가를 받는다. 따라서 통일 이후 일정 기간이 지난 뒤 중국이 대만에 대한 약속을 파기할 가능성을 어떻게 방지할 것인가가 핵심 과제가 된다. 특히 중국이 강대해져 외부의 간섭이 불가능해지는 시점이 온다면, 그 위험은 더욱 커질 것이다.

중국의 통일 압박은 점점 거세지고, 미국의 상대적 국력은 쇠퇴하고 있다. 이러한 현실 속에서 '화통和統'은 결코 쉬운 길은 아니지만, 완전히 배제할 수도 없는 선택지로 남아 있다.

국민당 양안정책의 궁극적 목표는 대만이 현재 누리고 있는 민주주의와 경제적 생활양식을 지키는 데 있다. 따라서 어떠한 정책이든 전쟁을 초래한다면 그 자체로 실패이며, 인권과 자유의 후퇴를 초래한다면 성공적인 정책이라 할 수 없다.

대만해협을 사이에 둔 양안의 분리는, 1945~1949년을 제외하면 이미 130년(1895~2025년) 동안 지속되어 왔다. 타이두 주창자들에게는 이 격리의 '홍구鴻溝'가 정체성 분리의 결정적 기반으로 작용한다는 확신이 있다. 대만은 산업화와 경제발전을 통해 국제사회에서 자신의 지위와 정당성을 확립했고, 민주화도 성공적으로 달성하였다. 촌장부터 총통에 이르기까지, 모든 지도자는 선거를 통해 선출되며, '대만 이익', '대만 우선', 대만 주체성 강조, 그리고 '대륙과 대만은 별개의 국가'라는 인식은 자연스럽게 사회 전반에 내재한다.

셋째, 대만 사회에는 중공에 대한 근본적 공포감이 존재한다. 장래에 대만이 중화인민공화국의 특별행정구로 흡수될 가능성을 경계하며, 특히 2020년 홍콩보안법이 통과된 이후 더 심해졌다. 이 법은 중국 전국인대 상무위원회가 자체적으로 제정하였고, 홍콩 내 국가 분열, 정권 전복, 테러 활동, 외세 결탁 행위를 처벌하는 내용을 담고 있다. 본래 홍콩 기본법 제23조에 따라 홍콩이 자체적으로 제정해야 했으나, 중국이 자체적으로 직접 개입한 것이다. 이 법의 시행으로 중국 국가안전기관이 홍콩 내에서 직접 활동할 수 있게 되었고, 민주인사와 언론인들이 체포되면서 언론·집회·표현의 자유가 크게 위축되었다. 국제사회는 이를 '일국양제' 원칙의 훼손과 홍콩 자치의 종말로 평가하고 있다.

대륙의 경제적·정치적 역량이 점점 커지고, 국제사회에서 베이징의 발언권도 확대되면서, 이러한 우려는 대만에 대한 현실적 공포로 이미 자리 잡았다. 실제로 대만은 오랜 기간 미국의 안보 보호에 의존해 왔고, 미국과 단교한 이후에도 '대만관계법'과 미군 무기 지원에 기대어 심리적 안보를 확보해 왔다. 이는 대만인들에게 일종의 보험과 같은 기능을 수행하며, 양안 간 경제무역이 '하나의 중국 시장'으로 편입되는 과정에서도 안보 문제는 미국에 대한 의존으로 유지된 것이다.

결국 대만이 선택할 수 있는 최적의 생존 전략은, 양안 간 현상 유지를 장기화하는 지연 전략이다. 국민당이 다시 집권하더라도, 경제는 중국대륙에, 안보는 미국에 의존하는 구조는 쉽게 바뀌지 않는다. 현상 유지를 사실상의 국가(de facto)로 고착시키면서, 대만은 지속적으로 자주적 정체성을 강화하고, 실력을 축적한 뒤, 중공의 압력과 전략을 돌파할 경우, 자연스럽게 평화적 분리 상태로 나아갈 수 있다. 반면, 베이징 역시 시간이라는 변수에 대해 낙관적 태도를 유지하고 있어, 양안의 장기적 전략은 서로의 '시간 활용' 경쟁으로 요약될 수 있다.

II. 베이징의 편

중공 지도부의 주류 관점에서 보면, 시간은 이미 베이징의 편에 있다. 현재 양안 관계는 경제적 통합을 향해 움직이고 있으며, 중국 대륙의 종합 국력은 지속적으로 강화되는 추세라 판단한다. 양안 경제 통합 과정에서 행정 장치는 분리되어 있으나, 혈연과 문화, 시장 차원에서는 사실상의 통합에 진입했다고 평가한다. 그러므로 시간이 흐를수록 타이두가 확보할 수 있는 정치적 공간은 점차 축소될 수밖에 없다. 양안의 평화적 발전은 경제적 교류에서 출발하여 결국 정치적 영역으로 확장될 것이며, 대륙의 영향력이 강화될수록 미국이 설정한 대만해협에서의 힘의 균형은 더 이상 유효하지 않을 것이라 판단한다.

미래의 양안 관계는 대만과 미국의 관계를 능가하는 양상으로 전개될 가능성이 크다. 만약 미국이 대륙의 대만 영향력을 사실상 인정한다면, 대만 문제는 중·미 간의 민감한 의제로서의 중요성이 상당 부분 축소될 것이다. 이후 사안은 양안이 정치적 대화를 언제, 어떻게 개시하느냐에 달려 있다.

냉전 시기 50여 년 동안, 대만은 미국과 일본을 향한 단일 외교노선을 채택하며, 경제적 도약과 문화적 성취를 동시에 이뤄냈다. 그러나 냉전의 종식과 중국 대륙의 부상은 과거 대만이 가졌던 자신감을 흔들었다. 대륙의 경제 성장 속도와 비교하면, 대만의 경제 성장은 정체되어 있으며, 성장 동력은 점차 고갈되고 있다. 정치권 내 의견 차이는 봉합될 기미를 보이지 않고, 대만의 지도력은 중공의 리더십에 비해 제한적인 영향력을 발휘한다. 특히 공공 인프라와 사회 발전의 속도는 대륙에 비해 뒤처져 있으며, 지정학적 · 지경학적 요인으로 인해 대만이 대륙에 흡수될 가능성도 결코 낮지 않다. 과거 대만이 누렸던 심리적 우월감은 더는 보장되지 않는다.

여기에 더해, 대만 내부의 극심한 통일 논쟁과 정당 간 대립은 공동의 목표를 상실하게 만들고, 사회적 분위기를 부정적으로 몰아갈 수 있다. 현재 대만은 민주화와 개인 권익 보장을 확보했지만, 사회적 통합은 아직 미성숙하며, 국제적 위상 또한 중국 대륙의 부상에 의해 상대적으로 가려진 상태다. 미국이 균형자 역할을 충분히 수행하지 못할 경우, 양안 통합은 현실적 국제 문제로 대두될 수 있다. 경제적 통합, 국제적 고립, 정치적 압박은 이미 시간의 흐름 속에서 베이징에게 유리하게 작용하고 있다.

2017년, 중공 19차 당 대회에서 '시진핑 신시대 중국특색 사회주의 사상'이 당헌에 명기되었다. 이는 과거 장쩌민과 후진타오가 자신의 이름을 당헌에 포함시키지 못했던 것과는 대조된다. 시진핑은 중국 특색 사회주의 완성과 중화민족의 위대한 부흥을 위한 새로운 시대의 도래를 공식적으로 선포했다. 이 '위대한 부흥'은 두 개의 백 년 계획으로 구체화된다. 먼저, 중국 공산당 창당 100주년인 2021년까지 '전면적 소강사회'를 완성하였다. 2024년 중국의 1인당 GDP는 약 1만 3천 달러를 넘었으며, PPP(구매력 평가지수)는 37.92조 달러로 이미 오래 전에 미국을 초월했다. 두 번 째 건국 100주년인 2049년까지는 미국을 능가하는 부강 · 민주 · 문명 · 화해의 '사회주의 현대화국가'를 완성하겠다는 장대한 목표를 세우고 있다.

시진핑 신시대의 선언은 근대 이후 오랜 시련을 겪어온 중화민족이 마침내 스스로 일어섰으며(站起来, 마오쩌둥), 개혁개방을 통해 부유해졌고(富起来, 덩샤오핑 · 장쩌민 · 후진타오), 이제 강대한强起来 중화인민공화국의 시대에 진입했음을 선언하는 것이다. 건국 100년을 기준으로 보면, 앞선 30년은 마오쩌둥과 화궈펑 시기였고, 개혁개방 40년은 덩샤오핑과 장쩌민, 후진타오의 시대였다. 이들은 덩샤오핑이 설계한 청사진을 충실히 집행한 집행자에 불과하다. 이제 백 년의 마지막 30년은 시진핑이 설계하는 '신시대'의 무대가 된다.

2019년 1월 2일, 시진핑은 '대만 동포에게 아뢰는 글告臺灣同胞書' 40주년을 기념하며 신시대 중국특색사회주의의 국가통일 전략을 명확하고 체계적으로 제시하였다. 이 담화는 베이징의 대만 정책에 대한 사실상의 강령으로 작용한다. 시진핑은 46회에 걸쳐 '통일'을 언급함으로써 그 의지를 분명히 했다. 1987년 11월 이후 40년간 양안 교류는 비약적으로 발전하였다. 초기의 간접적, 단방향적 교류는 이제 전방위적 · 쌍방향적 문화, 사회, 경제의 상호작용으로 진화하며, 다층적 구조가 이미 형성되었다.

코로나 19가 오기 전 2016년 말 기준, 양안 인민 교류의 누적 횟수는 1.17억 건, 대만인의 대륙 방문은 9천만 건에 달하며, 매일 약 3만 명이 양안을 오갔다. 양안 간 결혼은 38만 쌍을 초과했고, 대륙에서의 취업, 유학, 창업 등을 포함한 대만인의 인구는 200만 명을 넘어섰다. 주간 800편의 항공편이 양안을 연결하며, 매년 400만 명의 중국인이 대만을 방문하기도 했다. 중국대륙은 대만의 최대 무역파트너이자 수출국이며, 두 번째 수입국으로서 상당한 무역흑자를 기록한다. 이러한 현실은 사실상의(de facto) 통일과 '일국양제'가 이미 실질적으로 구현되고 있음을 보여주며, 형식상의 통일만이 남아 있는 상황이다.

현재 트럼프 집권 이후 대만의 집권정당은 친미일변도 노선을 고수하겠지만, 결국 양안 교류와 협력의 대세는 막지 못할 것으로 파악하고 있다.

통일의 성패에는 세 가지 요소가 크게 작용한다. 첫째, 중국대륙 자체의 국가역량, 둘째, 대만 민중의 염원, 셋째, 미국과 기타 반중국 세력의 존재다. 현 시점에서 가장 큰 장애물은 미국이며, 중국이 경제·군사력에서 미국을 능가하게 되면 자연스럽게 양안 정치적 통일이 실현될 수 있다는 것이 베이징의 판단이다.

시진핑은 이론적 자신감, 발전 경로에 대한 자신감, 중국특색사회주의제도에 대한 자신감, 그리고 문화적 자신감을 바탕으로 통일을 대만 당국뿐 아니라 전체 대만 사회를 대상으로 전방위적으로 추진하고자 한다. 그는 통일을 다음 세대로 미루어서는 안 되며, 중화민족의 위대한 부흥, 즉 '중국몽'과 양안 통일을 분리할 수 없음을 강조했다.

시진핑의 신시대 구상은 2020년부터 2050년까지 향후 30년을 두 단계로 나누어 현대화 목표를 설정하고 있다. 제1단계(2020~2035)에서는 이미 성취한 '전면적 소강사회'를 기반으로 2035년까지 사회주의 현대화를 기본적으로 실현하고, 1인당 국민소득 3만 달러를 달성하여 선진국 수준에 도달하는 것이 목표다. 이 단계에서 양안 통일을 이루어야만 이후 단계의 현대화에 집중할 수 있다. 제2단계(2035~2050)에서는 미국을 능가하는 강대국으로서 사회주의 현대화 국가를 건설하는 비전을 제시한다. 따라서 신시대 구상은 향후 30년간 중국의 현대화와 국제적 위상에 결정적 영향을 미칠 전략적 설계라 할 수 있다.

과거 덩샤오핑은 미래 지도자를 직접 선정하고 소강사회 로드맵을 설계한 개혁개방의 총설계사였다. 시진핑은 한 폭의 웅대한 부국강군 설계를 그리고 있으며, 그가 새로운 총설계사로서 능력을 입증할 시점은 2035년 내로 예측된다. 특히 양안 통일이 이 시기에 이루어진다면 전략적 목표 달성이 순조로울 것이다. 그러나 목표가 원대할수록 도전과 시련도 크며, 무엇보다도 미국이라는 '큰 산'을 넘어야 하는 과제가 남아 있다.

Ⅲ. 통일의 관건적인 문제들

1. 미국 문제

대만 문제의 핵심은 결국 미국 문제와 결부된다. 현재 양안 현상兩岸現狀은 국제정치의 맥락에서 본다면 미국의 영향력이 크게 작용하고 있다. 미국의 대만 정책은 사실상 '양안 분리, 그러나 독립은 금지'라는 전략적 구도를 유지하는 데 초점이 맞춰져 있다. 즉, 대만해협의 현상은 '분단되어 있으나 독립은 불가分而不獨, 평화롭지만 통일은 불가和而不統'라는 상태를 지속하도록 설계되어 있다. 이는 대만이 독립하거나 중국과 통일될 경우, 중공을 견제하는 전략적 카드가 줄어들기 때문이다.

실제로 미국은 오랜기간 동안 대만이 사실상(de facto) 주권 독립국가로 기능하는 현실을 묵인해왔다. 그러나 동시에 대만이 법률적(de jure) 독립으로 나아가는 것은 결코 허용하지 않았다.

미국은 '하나의 중국'을 원칙적으로 인정한다고 표방하지만, 실제로는 그 해석을 유연하게 적용하며 대만을 사실상의 '국가'로 지지한다. 표면적으로는 양안 간 평화적 해결을 강조하지만, 실제 정책은 통일을 지연시키고 대만을 전략적 완충지대로 유지하는 데 맞춰져 있다. 미국은 시간이 흐를수록 양안 간 대만 통일을 저지할 수 있는 역량이 점차 강화되고 있음을 충분히 인식하고 있다. 그러므로 현 단계 미국은 양안 간에 통일, 독립, 전쟁도 아닌(不統、不獨、不戰) 현상유지의 상태가 곧 미국의 국익에 가장 부합하다고 판단한다. 그러므로 동아시아 안보에 있어서 미국의 양안 정책은 현상유지다. 그러나 모든 현상은 변한다. 변화하지 않는 현상이란 없다. 따라서 이 현상은 반드시 미국이 정의하는 현상이다(as America define it).[42] 다시 말해, 미국이 규정하는 '현상유지'는 대만에는 독립을 자제하도록, 베이징에는 무력사용을 억제하도록, 국민당에는 통일을 추진하지 않도록 요구한다. 동시에 미국은 대만을 불침의 항공모함으로 평가하며, 서태평양에서의 안보적 이익을 확보하는 데 대만의 전략적 가치를 높게 본다. 경제적 측면에서도 미국은 대만에 대규모 군사 장비를 제공하며, 무엇보다 대만을 중국 본토 견제의 핵심 카드로 활용한다. 즉, 미국의 대대만 정책은 궁극적으로 대만해협의 안정적이고 평화로운 현상 유지를 최우선 목표로 삼는 양안 현상 유지다.

현재 미국은 동아시아에서의 패권유지를 지속하고 그 영향력을 유지하고자 한다. 따라서 대만의 전략적 가치는 미국에게 매우 중요하다. 그러나 미국과 중국 간에는 전략적인 모순이 존재한다. 이러한 모순은 중국의 발전 방향과 속도가 불확실하다는 점에서 기인한다. 중국의 부상은 아시아를 넘어 세계 정치와 군사 질서를 변화시키는 잠재력을 갖는다. 이러한 맥락에서 과거 미국의 대 중국 정책은 관여와 봉쇄를 동시에 병행하는 전략적 접근을 취했다. 그러므로 미국은 향후 중국의 발전 방향과 속도를 통제하고자 하며, 설사 중국을 미국 주도

42) 羅致政 · 宋允文主編, 『結構一個中國』, 臺北: 臺灣智庫, 2007, 頁70.

의 세계 전략 체계 속으로 완전히 통합시키지 못하더라도, 중국의 미국에 대한 도전은 미국이 감내할 수 있는 범위 내에서 이루어지길 기대한다. 그러므로 미국의 대중국정책은 과거로부터 관여(engagement, 포용), 봉쇄(圍堵, containment), 아니면 이 둘을 합친 위합(圍合, congagement) 정책을 말하더라도, 베이징의 입장에서 본다면 그 본질은 중국을 억제하는 것일 뿐이다. 단지 부드러운 봉쇄(soft containment)와 강경한 봉쇄(hard containment)의 차이에 불과하다.

대만 문제는 미국이 정치, 경제, 군사와 문화 등 전방위적으로 베이징에 대해 체계적으로 압력을 행사할 수 있는 최고의 카드다. 중·미 양국은 문화, 이데올로기, 정치체제, 국가이익에 있어서 크게 다르다. 만약 베이징의 하나의 중국원칙과 미국의 하나의 중국정책一個中國政策이 동일한 것이라면 이는 바로 대만 문제의 해결을 의미한다. 미국의 하나의 중국 정책(One China Policy)과 베이징의 하나의 중국 원칙(One China Principle)은 서로 다른 개념에서 출발했고, 쌍방은 자신에게 유리한 방향으로 하나의 중국(One China)을 해석했다.

트럼프 이후, 중국의 굴기가 가시화되자 미국의 하나의 중국정책에 대한 해석은 점점 더 축소되고 명확화되는 경향이 나타나고 있다. 하지만 미국의 대만해협 정책은 아직까지는 닉슨부터 레이건에 이르기까지 짜놓은 삼보일법(三報一法, 72년 상하이 공보, 78년 수교 공보, 82년 817공보와 대만관계법)의 프레임 속에 있다.

대만 문제는 중·미 양국의 관계를 재는 온도계다. 중공이 설정한 미국에 대한 마지노선은 곧 중·미 수교의 전제前提 조건과 같다. 즉 미국은 중국과의 수교를 위해서 대만과의 단교, 폐약(방위조약 폐기), 철군(주대만미군철수)한 후 수교가 이루어졌다. 만약 이 세 가지 중 미국이 어느 하나라도 이를 넘는다면 중공은 대만에 대해서 무력을 동원할 가능성이 매우 높다.

양안의 모순은 통일과 독립 사이의 근본적 대립이다. 이 대립은 삶과 죽음처럼 본질적으로 타협이 불가능하다.

양안 문제에서 베이징이 가장 우려하는 것은 대만이 중국으로부터 분리해 나가 독립하는 것이고 이와 반대로 대만이 우려하는 것은 중공이 대만을 무력으로 병탄하는 것이다.

물론 독립과 통일은 양극단에 있고 그 중간에는 여러 방안이 존재한다. 그러나 베이징은 대만이 건의한 모든 방안을 거부했다. 현재로서는 일국양제(one country two system) 이외에 다른 방법은 없다.

대만과의 통일은 공산당의 삼대 임무 가운데 하나다. 그러므로 대만과의 통일을 포기한다면 이는 중공 스스로 정권의 정당성을 허물게 된다. 지금까지 중공은 주권문제에 관해서 만큼 타협의 여지가 없었다. 이는 중공과 영국과의 홍콩문제에 관한 협상에서 명확하게 보여주었다. 만약 공산당이 홍콩의 주권을 회수하지 못한다면 이는 베이징 정부가 만청滿清 정부와 다를 게 없는 것이고, 공산당의 지도자들도 리훙장처럼 역사의 죄인이 되고 만다. 마찬가지로 공산당의 입장에서 대만을 회수하지 못한다면 대륙의 인민은 중공 정부를 신뢰할 이유가 없다. 어떠한 중공의 지도자도 통일문제에 대해서 자유로울 수 없다. 여기에 별다른 선택은 없다.[43] 중공의 입장에서 본다면 대만 문제의 해결은 바로 조국통일대업의 완수다.

미래 양안 간의 모델을 보다 더 축소한다면 양안 간에는 4가지 방안이 존재할 수 있다. 첫째, 대만독립 둘째, 현상유지 셋째, 한 지붕 두 국가 모델 즉 국가연합 혹은 유럽연합 모델, 넷째, 통일이다.

43) 中共中央編輯,《鄧小平文選》, 北京 : 人民出版社, 1993, 頁12.

과연 타이베이와 베이징은 공동으로 하나의 중국을 원하는가? 만약 피차가 하나의 중국을 원한다면? 미래의 대만은 어떻게 결정될까? 대만의 주류 민의는 대만의 미래는 통일이든, 독립이든 대만인이 민주의 방식으로 자신들의 의견을 표시하고 대만의 미래를 결정하자는 사람들이 다수다.

대만독립을 이상으로 삼는 타이두 역시 만약 대만인들이 스스로 자신의 앞날을 선택할 수 있다면, 특히 누구의 방해도 없이 국민투표를 통해 자신들의 의사를 결정한다면 당연히 대만독립을 원할 것이라고 생각한다. 양안의 미래는 단지 대만독립 혹은 통일이라는 두 종류만 있는 것이 아니다. 그 극단의 중간에는 아직도 많은 선택사항이 있다. 그러나 베이징은 자신이 목표로 세운 일국양제 외에는 중간지대의 방안을 받아들이지도 못하고 있다.

대만의 입장에서 볼 때 중화인민공화국은 대만을 통치한 적도 없고, 대만 역시 중국에 세금을 납부한 적도 없다. 이러한 베이징과 타이베이의 입장차이는 모순적이다. 그래서 베이징의 방독防獨은 대만에 촉통促統으로 다가오고, 대만의 방통防統은 베이징에게는 구독求獨으로 여기게 된다. 안보적인 개념에서 볼 때도 베이징이 대만의 독립추구를 막는 것은 그 정치적 안전을 추구하기 위함이다. 반대로 대만의 입장에서 통일을 추구하는 것은 자신의 정치적 안전에 위협이 된다. 대만은 독립적인 현상을 유지해야 비로소 정치체의 안전을 확보할 수 있다. 당연히 베이징의 입장에서 볼 때 현상유지의 추구는 타이두로 인식한다.

통일과 독립은 병존할 수 없다. 통일을 받아들일 수 없는 것은 독립을 추구하는 것이 되고, 독립을 방해하는 행위는 통일을 강요하는 것이 된다. 베이징의 대만에 대한 책략은 과거 40년간 변한 것이 없다.

비록 평화 혹은 무력의 방식을 사용해서라도 대만을 중국대륙의 판도에 편입하는 것이다.

역사적으로 볼 때 진한秦漢 이래 중국대륙에서는 10여 차례의 통일이 있었다. 그러나 단 한 번도 평화적인 방법으로 해결된 적은 없다. 모두 무력 사용의 결과였다. 그러기 때문에 덩샤오핑은 하나의 국가 두 개의 제도, 즉 일국양제는 누가 누구를 먹고 먹히는 관계가 아니라, 양안 간의 제도, 이데올로기의 대립을 조장하지 않고, 양안공동발전을 도모하고자 하는 것이라고 강조했다. 그러나 대만에서 일국양제를 결코 받아들일 수 없다. 왜냐면 대만의 지위를 지방정부로 전락시키는 것이기 때문이다. 베이징과 타이베이를 중앙과 지방으로 간주하는 일국양제는 현재 대만에서 시장성이 거의 없다. 남색진영과 녹색진영을 막론하고 대만이 중국의 한 개 성이 되어 지방정부로 전락하는데 찬성할 정당은 존재하지 않는다.

베이징의 정치적 입장은 매우 분명하다. 건국 이래 지금까지 대만문제에 대한 입장을 변화시켜 본 적이 없다. 베이징의 협상 전제는 대만은 '중국'의 일부분임과 아울러 양안은 모두 하나의 중국에 속한다는 것을 인정하라는 것이다. 하나의 중국원칙을 승인하기만 하면, 어떤 사람, 어떤 정당과도 협상할 수 있으며, 과거에 무엇을 말했든지, 무엇을 하였든지 묻지 않고 공동으로 양안관계를 발전시키며 평화통일의 문제를 촉진시킬 수 있다고 말한다. 그러므로 베이징이 주장하는 하나의 중국원칙은 전제가 아니라 최고원칙이다.

여기에 대해 민진당의 입장은 어떠한 전제조건을 단 협상을 받아들일 수 없다고 밝히고 있다. 설령 협상에 임하더라도 전제조건 없이 대등하게 마주 앉아야 하며, 대만 민중으로 하여금 대만의 전도(앞날)에 대한 선택권을 보장해야 한다고 강조한다. 이것은 민진당 정부가 시종

일관 견지한 것이다.

1986년 민진당은 건당 이래 타이두 강령의 속박을 받고 있다. 이는 차이잉원, 라이칭더 정권도 마찬가지다. 그러므로 하나의 중국을 승인할 수 없고, 중국대륙 역시 하나의 중국원칙을 최고원칙으로 삼았기 때문에 타이두를 인정할 수 없다. 민진당과 공산당은 해결할 수 없는 모순 상태에 빠질 수밖에 없다. 베이징의 우려는 대만이 '중국'으로부터 분열해 나가는 것이다. 그러므로 타이두를 인정하지 않을 뿐만 아니라 오직 베이징의 눈에는 '대만당국'일 뿐이다. 대만 역시 평등하고 대등한 관계에서 양안의 협상을 원하지 거대한 베이징의 힘에 의해서 대만이 병탄되는 것을 가장 우려한다.

2. 사면일중四面一中

베이징은 자신들의 방식으로 하나의 중국을 실현하기 위한 최적의 방안으로 일국양제를 추진하며, 이를 네 가지 일중一中 차원 즉 국제적, 정치적, 경제적, 민족적 차원에서 하나의 중국을 통해 구체화하고자 한다. 다시 말해, 대만에 대한 무력동원의 가능성을 완전히 배제하지 않는 조건 하에서, 국제 · 정치 · 경제 · 민족적으로 하나의 중국 원칙을 실현하려는 것이다.

1) 국제일중

국제일중의 관점에서 보면, 베이징이 주장하는 '하나의 중국 원칙'을 전제로 외교관계를 맺은 국가들은 타이베이와 동시에 수교할 수 없다. 홀슈타인 원칙에 따라, 어느 나라도 대만과 베이징 모두와 공식 외교관계를 유지할 수 없는 구조다. 따라서 대만 주권 독립을 목표로 삼는 민진당이 집권할 경우, 양안은 필연적으로 대립의 국면에 들어가게 된다. 대만은 국가 자격을 전제로 하는 국제기구에 가입할 수 없으며, 이미 참여 중인 국제기구에서조차 지위는 점차 약화되고 있다.

과거 천수이볜, 차이잉원 시기 베이징은 대만의 외교를 봉쇄하고, 대만과 수교를 맺은 국가들을 금전적 유혹과 압박으로 단교하도록 강제했으며, 비수교국과의 교류에도 개입해 대만의 국제적 참여를 제한했다. 이는 현재 라이칭더 정부 역시 직면한 상황과 크게 다르지 않다. 현재 국제사회에서 대만과 중국대륙의 관계는 종주국과 속국의 관계처럼 변질되었다고 해도 과언이 아니다. 실제로, 대만은 베이징을 통하지 않고는 국제사회 진입이 어렵게 되었고, 양안은 모두 하나의 중국에 속한다는 국제적 여론을 형성하려는 전략이 진행 중이다.

베이징의 이러한 전략은 표면적으로는 대만을 압박하는 모습으로 비치지만, 실질적으로는 대만을 약화시키고 주변화하는 결과를 가져왔다. 국제무대에서 대만은 이미 '하나의 중국' 틀 안으로 편입되었으며, 베이징의 관점에서 세계에는 오직 하나의 중국만 존재하며, 중국을 대표하는 주체는 중화인민공화국뿐이다. 대만은 중국대륙과 분리될 수 없는 구성 요소라는 논리가 현실화되면서, 국제사회에서 대만과 마주하는 상황에서 베이징은 불가피하게 강경한 대응을 취하게 된다.

흥미로운 점은, 이러한 압박이 오히려 대만 내부 정서와 맞물리며 역효과를 낳는다는 것이다. 대만 사회에 존재하는 비정의식悲情意識—즉 실패, 몰락, 피해의식—과 결합해, 민진당은 이를 전략적으로 활용하여 중간층 표를 확보할 수 있게 된다. 이에 따라 베이징은 국제무대에서는 '대만은 중국의 일부'임을 강조하면서, 대만 민중에게는 '대륙과 대만은 모두 하나의 중국에 속한다'고 주지시키는 전략을 채택한다. 과도한 압력은 오히려 반중정서를 자극하고 민진당의 전략을 강화할 수 있기 때문이다.

결국 현재 베이징의 대만에 대한 마지노선은 일중 프레임一中框架, 즉 '하나의 중국 틀'이다. 최대한 양보하더라도, 중국이라는 큰 집 안에 대만과 대륙이 함께 존재한다는 논리를 견지하고 있다.

현실적으로 힘이 작용하는 국제사회에서의 '중국'은 중화인민공화국으로 인식된다. 1971년 국제연합 총회 2758결의안이 통과된 후 중화인민공화국이 중국을 대표하여 유엔의 상임이사국이 되었고, 이는 중화민국(대만)의 정당성과 정통正統에 타격을 입혔다. 베이징의 지속적인 항의와 보이콧은 국제사회에 적중했으며, 대만(중화민국)은 점차적 그 국호(중화민국)의 사용을 포기당했고, '대만'이 이를 대신하게 된 것이다.

세계 여러 나라의 경우 자연스럽게 국제사회에서도 점진적으로 부득불 대만을 국호로 대신하는 경향이 생겼다. 1971년 장제스가 유엔에서 퇴출된 이래, 대만은 국제 공간이 크게 위축되었다. 이를 보완하기 위해 대만은 40년 경제발전의 성과와 민주발전을 이용하여 외교상의 실패를 만회했으며, 금전을 앞세운 원조외교의 힘을 빌어서 국제사회에 그나마 그 국격을 유지할 수 있었다. 그러나 현재는 중국대륙의 굴기로 인해 대만은 국제공간에서의 생존이란 엄청난 도전을 받고 있다. 현행 대만을 승인하는 국가는 12개국뿐이다. 그것도 대만이라는 명칭이 아니라 중화민국을 승인하고 있다.

2) 정치일중

정치일중 즉, 정치적 차원에서의 일중一中을 살펴보면, 양안 민중간 교류는 날로 활발해지고 폭도 확대되고 있으나, 주권 문제를 둘러싼 갈등은 여전히 첨예하다. '하나의 중국 원칙'과 '대만 주권 독립'의 충돌은 서로 타협할 수 없는 막다른 골목에 놓여 있다.

베이징은 '하나의 중국 원칙'을 포기할 수 없고, 민진당은 여전히 주권 독립과 본토 의식을 강조하며 노선 변화를 보이지 않는다. 현재 양안 양측 모두 현상 유지조차 바꿀 수 있는 능력을 갖추지 못한 상태다. 대륙이 평화적이든 비평화적이든 방법을 동원해 대만을 흡수할 수 없고, 동시에 대만이 독자적인 '대만공화국'을 선언할 능력도 결여되어 있다.

결과적으로 양안 간 정치는 냉정하지만, 경제적 관계는 여전히 뜨겁게 흐르는 상황이다. 즉, 민진당이 대만의 집권당이 되면, 중앙 대 중앙의 관계, 정부 대 정부의 관계는 차갑고 민간 교류는 활발한 '정랭경열政冷經熱, 관랭민열官冷民熱'의 현상이 당분간 지속될 것으로 전망된다. 경제적 유대가 깊어지더라도, 양안 관계의 핵심 쟁점인 '하나의 중국' 문제는 여전히 해결되지 않은 채 남아 있다.

3) 경제일중

경제적 차원의 '경제일중'을 보면, 대만은 흔히 '개구리를 서서히 삶는 것溫水煮青蛙'에 비유된다. 대만은 자신도 모르는 사이 천천히, 그러나 확실하게 베이징의 영향력 아래 놓여가는 추세다. 지난 10여 년 동안 대만의 대륙에 대한 무역 의존도는 40% 수준에 달했다. 차이잉원 정부가 신남향정책을 추진했음에도 이 의존도는 크게 달라지지 않았다. 이는 대만 경제가 여전히 중국대륙에 깊이 연관되어 있음을 보여준다.

〈표 31〉 양안 경제규모 대비

	중국 GDP 규모
1980년	대만의 45%
1990년	2.3배(대만 GDP 1700억 달러)
2000년	3.7배
2010년	13.6배
2016년	21.9배
2025년	약 24배

2017년 기준 중국 성省별 경제규모 순위는 광둥, 장쑤, 산둥, 저장, 허난, 쓰촨, 후베이, 대만의 순이었다. 이 시점에서 대만의 면적은 중국 대륙 전체의 3.75%, 인구는 1.76%를 차지하였다. 한편, 2016년 기준 선전深圳의 1인당 평균 소득은 약 25만 2천 달러로, 대만을 이미 상회하였다. 2025년 성별 경제규모 순위는 광둥, 장쑤, 산둥, 저장, 허난, 쓰촨, 허난, 후베이, 푸젠, 안후이, 대만 순으로 예상되며, 이와 같이 대만의 경제규모는 지속적으로 중국 대륙의 여러 성省에 의해 추월되고 있는 추세를 보이고 있다(楊開煌, 中共統一工作的組成部分, 海峽評論, 333期-2018年9月號를 참고하여 필자가 재구성).

대만의 대륙 의존도가 점차 심화되자, 베이징은 양안 경제를 타이두 억제의 물질적 기반으로 확실하게 인식하게 되었다. 현재까지도 중공의 주류 견해는, 양안 경제가 발전할수록 정치적 교류를 촉진하고, 궁극적으로 통일 방향으로 나아가는 데 유리하게 작용할 것으로 판단하고 있다. 그러나 이와 상반되는 시각도 존재했다. 양안 경제의 확대가 오히려 대만 타이두에 자금 지원을 제공하며, 대만이 대륙에서 축적한 막대한 외화가 군수 구매로 전환될 가능성을 경계하는 견해가 그것이다. 일부 타이상들은 가령 쉬원룽許文龍 치메이奇美그룹 회장은 대륙 진출을 통해 수익을 올리면서도, 동시에 대만 내에서 타이두를 지지하는 경우도 있었다.

양안 경제 일체화가 정치적 교류를 촉진할 수는 있으나, 반드시 정치적 통합으로 직결되는 것은 아니다. 비록 대만이 중국대륙 시장에 대한 의존도가 높아지고 있지만, 수입 측면에서는 여전히 대륙보다 일본의 영향력이 더 크다. 실제로 대만은 일본으로부터의 수입 점유율이 대륙보다 높으며, 자유무역을 기반으로 미국, 일본, 유럽연합과의 협력을 적극 추진하면서도 중국대륙과의 협력에는 상대적으로 신중한 태도를 유지한다.

2001년 WTO 가입 이후, 중국대륙과 대만은 경제 · 무역 관계를 한층 강화하면서 쌍방 무역협정과 지역무역협정을 동시에 확보하고자 노력했다. 이미 2001년부터 중국대륙은 대만의 최대 수출시장으로 부상하였으며, 2002년에는 대만 외자 투자액의 절반 이상이 대륙으로 이전되었다. 2005년에는 대륙이 대만 전체 수출의 약 40%를 흡수하게 되면서, 양안 경제 관계는 한층 긴밀해졌다.[44] 그러므로 공산당은 총을 쏠 필요도 없이 대만을 혼란으로 빠뜨리기에 충분한 카드를 가진 셈이다. 그러나 주류견해는 여전히 양안경제의 발전은 협력하면 할수록 둘 다 이롭고, 분리되면 둘 다 손해며, 서로 통하면 윈-윈으로 인식했다(合則兩利、分則兩敗、通則雙贏). 베이징은 경제무역이라는 수단을 사용하여 대만을 제재할 수 있다는 점은 분명하다. 나아가 이것이 타이두를 쇠퇴하게 만드는 요인 중의 하나가 된다고 인식했다.[45]

베이징의 각도에 볼 때 대만은 차이잉원 집권기만 해도 세계 여러 국가들과 FTA를 체결해야 한다는 국내의 압력에 직면해 있다. 한편으로는 한국을 비롯한 여러 나라들이 자유무역협정에 선두로 나가고 있어 대만이 무역협정에서 주변화되어 자국의 산품의 경쟁력이 저하될

44) Robert S. Ross, “Taiwan’s Fading Independence Movement”, Foreign affairs, March/April 2006. http://www.foreignaffairs.com/articles/61516/robert-s-ross/taiwans-fading-independence-movement.

45) 위의 주.

까 우려했고, 다른 한편으로는 미국과 일본과의 FTA 체결은 곧 베이징에 대한 압력을 행사하는 수단으로 사용하는 가운데 특수이익을 획득하는 중요한 수단이 된다. 또 다른 한편으로는 대만은 FTA를 이용하여 경제문제를 정치화하고자 한다. 자유무역지구 건설은 대만의 정치체를 강화시키는 것이다. 그러므로 베이징은 대만이 경제수단으로서 정치상의 국제공간을 개척해 나가는 것을 우려했다. 대만이 적극적이고 주도적으로 세계경제통합을 추진시켜, 국제 지정학적인 혼탁에서 탈피하고자 한다. 예를 들어 WTO, APEC에 지속적으로 참여하여 중미 간의 지렛대로 활용하고자 했고 동시에 중 · 미와 경제통합협정을 체결하고자 하였다. 이런 종합적인 고려에서 베이징은 대만에 대해서 더 대삼통 및 에크파(ECFA 양안경제무역협정) 체결을 줄기차게 요구하였다. 결국 마잉주 집권기에 이를 관철시켰다.

2008~2016년 92공식을 묵계로 양안은 급속한 교류협력의 시대를 열었다. 실용적이고 경제적 이익을 중시하는 국민당의 입장과 공산당의 정치이익이 일치했기 때문에 가능했다. 베이징의 이경촉통以经促统, 경제로서 통일을 촉진과 마잉주의 선경후정先经後政이 맞아 떨어진 결과였다. 이른바 무실 · 개방의 경제정책이다. 마잉주는 중국화와 세계화는 상호보완적인 것이지 상호대립적인 것이 아니라는 입장에서 있었다. 하지만 여기에는 원칙이 있다.

첫째, 정경政經 분리 원칙이다. 마잉주 집권기에 양안 간 23개의 협정체결은 전부 경제적 의제였고 정치적 의제는 없었다. ECFA와 양안 직항문제도 경제적인 의제로 분류되어 양안 항선의 개념에서 협상을 진행시켰다.

둘째, 선이후난先易後難의 원칙이다. 구체적이고 실용적이고 쉬운 의제부터 먼저 협상에 착수하고 추상적인 것은 후일로 넘겼다. 타결된

협정은 대륙관광객의 대만여행과 대륙배우자결혼, 중국대륙학생의 대만유학 등 비교적 쉬운 문제들이었다.

셋째, 선급후완先急後緩이다. 현재 꼭 필요하고 급한 의제를 먼저 선택하여 체결하였다. 넷째, 선경후정先經後政원칙이다. 경제분야에서 우선 협정을 체결하고 그 후에 평화협정체결을 시도하고자 하였다. 이는 이미 2005년 후진타오와 롄짠의 성명에서 구체화되었던 것이다.

하지만 베이징의 정치적 입장은 달랐다. 양안이 정치협상의 단계에 진입할 즈음에 대만에서는 태양화운동의 발생과 2014년 11월 29일 지방선거 참패, 이어진 2016년 민진당의 재집권으로 인해서 양안 간 협상은 중단되었고, 경제정책은 '신남향정책'으로 재조정되었다. 민진당의 기본적인 입장 즉 대만의 경제자주성과 '중국화'의 위험을 피하고자 하였던 것이다. 하지만 민생 향상을 위해서는 대륙과의 교역도 중요하다. 돈은 중국에서 벌고, 안보는 미국에 의존할 수 없다. 여기에 민진당의 딜레마가 있다. 예를 들어 2018년 푸젠성은 대만령 진먼金門에 생활용수를 전면 공급하기 시작했다. 대륙과 진먼 사이에 해저파이프를 연결하여, 진먼현에 공급할 생활용수를 공급하기 시작한 것이다. 물론 민진당 정부는 반대했지만 생활개선을 원하는 진먼 민중들의 청원을 거절하지 못했다.

결국 민진당 정부의 차이잉원, 라이칭더 정부 들어 중국에 대한 무역 의존도를 낮춘 배경에는 정치적 요인이 크게 작용했다. 경제로서 통일을 촉진하는 중국의 이경촉통 전략에 빠지는 것을 두려워 하였기 때문이다.

대만은 중국과의 경제적 의존도를 줄이기 위해 미국, 일본, ASEAN 국가 등과의 경제적 협력을 강화하고 있다. 이는 정치적 긴장 상황에서 경제적 안정성을 확보하기 위한 전략으로 볼 수 있다.

첫째, 수출 다변화다. 대만의 수출 중 중국대륙 및 홍콩으로의 비중은 2020년 43.9%에서 2024년 31.7%로 감소하였다. 이는 미국, 일본, ASEAN 국가 등으로의 수출 증가에 따른 결과다. 둘째, 수입 다변화다. 대만의 수입 중 중국대륙 비중은 약 20%로, 주요 수입국 중 하나로 자리매김하고 있다.

〈표 32〉 대만의 대중 무역 의존도

년도	비율(%)	비고
2024년	31.7%	2024년 기준, 홍콩 포함, 미경쟁, 대만정부의 수출다변화 정책 미국, 일본, 아세안 국가 등으로 수출 증가
2020년	43.9%	

출처: 2025.01.27. taipeitimes, https://www.taipeitimes.com/News/biz/archives/2025/01/20/2003830492?utm_source=chatgpt.com

사실 베이징은 대만의 중국에 대한 경제적 의존을 정치적 종속으로 전환하고자 한다. 실제로 1978년 이후, 베이징은 '경제를 통해 통일을 촉진以經促統'하려는 목표를 일관되게 추구해 왔다. 첫째, 경제적 이해관계가 대만보다 대륙에 더 중요하다. 경제적 우위가 대만에게 압박으로 작용할 경우, 대만 경제는 심대한 타격을 입게 된다. 둘째, 양안 간 경제 발전은 정치적 의미에서 중국대륙이 대만에 대한 무역적자를 정치적 흑자로 전환할 수 있는 기반이 된다. 결과적으로 이는 대만에 대한 흡인력과 영향력을 강화하는 효과를 낳는다. 셋째, 경제적 이익과 정치적 이익의 상호 연계로 인해, 양안 양측 모두 관계가 악화되기를 바라지 않으며, 협상이 비교적 용이하게 이루어진다. 넷째, 양안 경제 발전은 동시에 대만해협의 안정성을 확보하는 핵심적 수단이 된다.

종합하면, 대륙의 대만 정책은 점진적 · 전략적 원칙에 따라 진행된다. 즉 '선경후정先經後政, 선이후난先易後難, 선급후완先急後緩, 순서점진循序漸進, 이상핍정以商逼政, 이민핍관以民逼官, 화독점통化獨漸統'의 원칙을 적용하여, 대만을 경제적 종속 구조 속으로 끌어들이고 점진적으로 평화통일·일국양제一國兩制를 실현하려는 것이다.

먼저 선경후정의 원칙에 따라 경제적 종속 구조를 먼저 구축하고, 그 기반 위에서 점진적 정치적 통합(통일) 또는 영향력 확대를 꾀하는 방식으로 사용된다. 쉽게 말해 경제로 먼저 유인하고, 정치로 마무리한다는 전략이다.

둘째, 선이후난先易後難의 원칙이다. 상대적으로 달성하기 쉬운 목표부터 단계적으로 추진한다. 중공은 목표나 정책을 추진할 때, 달성 가능성이 높은 것부터 시작하여 성공 경험을 축적하고, 그 다음 상대적으로 어려운 문제나 난제를 점진적으로 해결한다는 전략 원칙이다. 이렇게 하면 정치적·사회적 저항이나 리스크를 최소화하면서 계획을 실행할 수 있다.

셋째, 선급후완先急後緩의 원칙을 적용하여, 긴급한 문제는 먼저 해결하며 나머지는 점차 완화해 나간다. 이 원칙은 정책이나 전략을 추진할 때 긴급성과 중요도가 높은 사안부터 먼저 처리하고, 상대적으로 덜 긴급하거나 난이도가 낮은 사안은 나중에 점진적으로 진행하는 전략적 접근을 의미한다. 이 원칙은 제한된 자원과 시간 속에서 효율적으로 목표를 달성하고, 동시에 민감한 문제에 대한 저항이나 위험을 최소화하는 데 목적이 있다. 예를 들어, 대만을 대상으로 하는 전략에서는 초기 단계에 경제적 교류 강화와 같은 손쉽게 달성할 수 있는 목표를 우선 추진하고, 그 이후에 정치적 통합이나 일국양제와 관련된 민감한 사안을 점차적으로 진행하는 방식으로 적용된다. 즉, 급한 문제를 먼저 해결하고, 완만한 문제는 천천히 처리함으로써 전략적 안정성과 점진적 성과를 동시에 확보하는 접근이라 할 수 있다.

넷째, 순서점진의 원칙은 모든 과정을 순서대로 점진적으로 진행하도록 하는 전략적 접근을 의미한다. 이 원칙은 모든 전략과 정책을 계획된 순서에 따라 단계적으로 진행하는 접근을 의미한다. 즉 한 번에 모든 목표를 달성하려 하지 않고, 작은 단계부터 시작하여 점진적으로 더 복잡하고 민감한 사안으로 나아가는 전략이다. 예를 들어, 대만을 대상으로 하는 통합 전략에서 초기에는 경제 협력과 인적 교류 확대와 같이 상대적으로 쉽고 안정적인 분야를 먼저 추진하고, 이후 사회 문화적 영향력 강화, 정치적 제도 조정과 같은 보다 민감하고 난이도가 높은 과제를 차례대로 시행한다. 이를 통해 실행 과정에서 발생할 수 있는 저항을 최소화하고, 각 단계마다 얻은 성과를 바탕으로 다음 단계로 자연스럽게 넘어갈 수 있다. 다시 말해, 순서대로 진행하며 점차적으로 목표를 달성함으로써 안정적이고 지속 가능한 전략 효과를 확보하는 것이 순서점진의 핵심이다.

다섯째, 이상핍정以商逼政의 원칙이다. 이는 경제적 수단을 활용하여 정치적 목적을 달성하는 전략적 접근을 의미한다. 즉, 정치적 직접 압박보다는 경제적 유인이나 압력을 통해 상대방의 정치적 결정을 유도하는 것이다. 예를 들어, 대만을 대상으로 한 전략에서는 중국이 무역, 투자, 금융 등 경제적 이익을 제공하거나 제한함으로써 대만 내 정치 세력에게 특정 정책을 채택하도록 유도하는 경우가 이에 해당한다. 이를 통해 경제적 종속 구조를 이용하여 정치적 영향력을 확대할 수 있다.

여섯째, 이민핍관以民逼官의 원칙이다. 이 원칙은 민심과 여론을 활용하여 관료나 정치 구조를 압박하는 전략을 뜻한다. 즉, 정부나 정치인에게 직접 압력을 가하기보다는, 일반 국민, 사회 여론, 민간 여론

동원을 통해 정치적 행동을 유도하는 방식이다. 예를 들어, 중국이 대만의 민간 교류, 문화·교육 프로그램, 혹은 사회적 여론 형성을 통해 대만 내 정치적 결정을 간접적으로 조정하려는 시도가 이에 해당한다. 이를 통해 정치적 비용과 저항을 최소화하면서 목표를 달성할 수 있다. 이상핍정은 경제적 수단을 통한 정치적 압박, 이민핍관은 민심과 여론을 통한 정치적 압박을 뜻하며, 둘 다 직접적 군사·강제 수단 대신 점진적·간접적 영향력을 활용하는 전략으로 볼 수 있다.

마지막으로 화독점통化獨漸統의 원칙은 타이두를 화해시켜 점진적으로 통합함으로써 전체 통일을 실현하는 것을 목표로 한다. 이 원칙은 분열되거나 독립적인 상태를 점진적으로 통합하는 전략적 접근을 의미한다. 즉, 초기에는 강제적 통합이 아닌 점진적·유화적 방식으로 상대를 통합하는 전략이다. 대만을 대상으로 한 전략적 맥락에서 화독점통은, 처음에는 대만의 정치적·사회적 독립성을 존중하는 듯한 접근을 취하면서, 경제·문화·사회적 교류를 점차 확대하여 대만의 의존구조를 심화시키는 과정을 포함한다. 이후 시간이 지남에 따라 경제적, 정치적, 사회적 연결망을 통해 점차 통합을 이루도록 설계된다.

즉, 즉각적인 강제나 충돌을 피하면서 단계적으로 통합·일국양제를 실현하는 것이 화독점통의 핵심 전략이며, 이는 다른 원칙들(선경후정, 선이후난, 선급후완, 순서점진 등)과 결합되어 점진적 통일 전략의 최종 단계로 작용한다.

이러한 원칙들과 전략을 통해 베이징은 경제적 수단以經促統으로 통일을 촉진하는 동시에, 문화적 수단以文促統으로 통일 의식을 강화하고자 했다. 즉 경제일체화를 통해 양안 일중시장을 형성하고, 문화와 민족적 연대를 통해 양안민족일중, 운명공동체, 나아가 중화민족의 부흥을 도모하는 전략을 병행하는 것이다.

4) 민족일중

'민족일중' 문제는 향후 양안 관계에서 가장 첨예한 쟁점이 될 것으로 보인다. 양안 간 '중국'이 몇 개인가의 문제는 표면적 갈등이라면, 보다 근본적인 쟁점은 민족 정체성에 있다. 국민당의 관점에서는 양안이 모두 하나의 중국, 즉 동문동종同文同種이라는 인식을 공유하지만, 민진당의 시각은 달라, 정체성의 분화가 심화되고 있음을 보여준다.

대만 내부는 민주화, 정당교체, 본토화 과정을 거치면서 대만 민족과 중국 민족 사이에 거대한 정체적 격차, 즉 홍구鴻溝가 형성되었다. 대만민족과 중국민족으로의 분기 현상이 점차 강화되는 양상은 분명하다. 베이징은 타이완 독립台獨, 신장 독립疆獨, 티베트 독립藏獨 세력의 결집을 가장 우려하며, 여기에 홍콩 독립파까지 가세한다면 심대한 정치적 파장을 초래할 수 있다고 판단한다. 21세기 중국대륙이 직면한 최대 도전은 민족 문제이며, 과거 대륙은 대만과의 관계에서 민족적 유대民族臍帶를 강조했으나, 시간이 지나면서 대만 내 대륙과의 유대를 경험한 노년 세대는 감소했고, 현재는 이익 기반의 유대利益臍帶가 민족적 유대를 대체하고 있다. 오직 이해관계가 작동할 때만 양안 관계는 안정적으로 발전할 수 있다.

현재 양안 간 교류는 점점 밀접해지고, 양안 민중 간 경제 격차도 줄어들고 있다. 상하이, 선전, 베이징, 광저우, 톈진 등 주요 대도시의 경제적 수준은 타이베이와 크게 다르지 않으며, 제도적 측면에서도 베이징의 '의법치국'과 대만의 법치 체계 간 격차가 과거보다 줄어들고 있다. 타이완 독립을 주장하며 양안 간 차이를 강조하는 활동 공간도 제한되고 있는 것이 사실이다. 그러나 대만이 자신의 정체성과 민족적 이름으로 통일을 거부한다면, 설령 중국대륙이 민주화된다 하더라도 이 문제는 여전히 해결하기 어려운 숙제로 남게 된다.[46)]

위의 논의를 종합하면, 국제일중, 정치일중, 경제일중에서 대만은 대륙에 경사되어 있다. 다시 말해 시간은 중국의 편에 있다. 그러나 민족일중 문제에 대해서 베이징은 아직도 유효한 성과를 거두지 못하고 있다.

46) 包諄亮, 〈兩岸政治矛盾與未來〉, 載, 王央城主編, 《前膽兩岸關係發展的趨勢》, 臺北 : 國防大學戰略研究所出版, 2007, 頁38.

제17장

결론

이 책은 사민문화라는 분석 프레임을 바탕으로 대만의 역사와 문화가 지닌 혼종적 특성을 조망하며, 대만 문화의 독자성과 그 형성 과정을 분석하는 데 주안점을 두었다. 나아가 대만 사회를 구성하는 다양한 족군 간의 관계와 그 역사적 궤적을 탐색함으로써, 대만 문화의 다층적·다중적 정체성을 밝히고자 하였다.

대만은 지정학적으로 해양세력과 대륙세력이 만나는 요충지, 중화세력과 반중화세력의 단층선에 위치하여 여러 제국주의의 피식민 지배를 받았으며 그로 인해 인적 구성과 이들이 가지고 온 문화가 섞이게 되어 이질성인 색채를 띤다. 특히 대만은 동남아와 동북아 중앙에 놓여 있는 관문이자 출입의 도서로서, 다양한 집단이 끊임없이 섞이고 만나며 새로운 다채로운 사회적 풍경을 형성하였다.

대만은 대외적으로는 활발한 경제 교류와 통로로서 기능하였기에, 17세기 대항해 시대가 접어들자, 여러 제국주의 세력과 자본이 경쟁적으로 진출하는 공간이 되었다. 이러한 역사 속에서 선주민과 후주민, 원주민과 외래인, 피억압 집단과 식민지 세력, 다양한 인종과 성별, 이주민과 난민 등 사회적 · 경제적 취약계층이 발생할 수밖에 없었다. 바로 대만은 우루이런의 주장대로 여러 제국의 지속적인 식민지 경험으로 인한 '연속식민'과 내부 족군 간의 지배 · 피지배 관계가 함께 작동한 '다중식민'이라는 특징을 보이고, 이 식민이라는 요소로 인해서 여러 이질적 문화가 함께 공존한다.

나아가 대만의 역사는 다양한 문화적 층위가 충돌하고 융합을 모색해 온 긴 여정이기도 했다. 네덜란드 식민 시기 이전의 중국연해 어민들의 활동, 네덜란드 시기의 이민과 개간, 정성공의 반청복명 기지로서의 대만 개발과 확장, 청대의 이민과 개척과 개간 그리고 민란과 계투와 지역갈등 이 과정에서 한화漢化로의 융합, 일제 강점기의 원주민을 비롯한 본성인의 저항과 인내 그리고 동화, 과도기적 시대 상황에서 발생한 1947년 2 · 28 사건, 1949년 국 · 공내전에 실패한 장제스 정부의 대만 천도와 38년의 계엄령과 백색테러, 대만 민주화의 발단이 된 1979년 미려도 사건, 1980년대 말 민주화와 본토화 운동, 1990년대 말 다문화 · 다족군 운동 등, 대만은 끊임없는 사회적 긴장과 충돌을 겪으며 점진적으로 다족군 간 융합을 모색해왔다.

이러한 사회적 다양성의 뿌리는 17세기 대항해 시대에 서구 열강과 여러 민족이 대만에 진입하면서 형성된 복합적 인구 구조에서 비롯되었다. 서구의 다양한 인구와 집단이 대만에서 만나게 되면서, 힘을 앞세운 제국주의와 자본이 앞 다투어 진출하는 거점 지역이 되었다. 대외적으로는 경제교류가 빈번해지자 원주민과 이방인, 피압박 민족, 식민과 피식민, 인종, 성, 이민, 해적 등 복잡한 문제가 파생했다. 이와 동시에 제국주의 침탈이 진행되면서 원주민의 땅에서 이민과 식민이 진행되었다. 즉 여러 식민세력의 점령과 제국주의 세력의 통치가 원인이 되어 이 과정에서 대만인의 비애가 싹텄다. 나아가 대만인의 슬픔은 또 타이두 운동으로 연결된다. 타이두는 대만을 통치한 모든 세력을 외래정권으로 규정한다. 따라서 외래 통치자들을 타도하고 새로운 독립 국가를 건설해야 한다는 논리를 편다. 이런 과정에서 타이두는 대만만의 경험과 대만인의 주체성 제고를 위해 중국과 대만의 다른 문화적인 부분을 의도적으로 부각하여 대만의 특수한 경험을 강조한다. 이 지점에서 후식민 문화가 대만에서 흥기할 수 있는 토양이 되었다. 특히 대만 해역은 해양세력과 대륙세력, 중화세력과 반중화세력이 맞부딪치는 지형적·정치적 단층선 위에 놓여, 여러 제국의 식민 경험을 거치면서 대만인의 정체성 속에 비애와 난감함이 깊게 뿌리내렸다. 여러 민족의 점령과 충돌, 연속적·다중적 식민 경험 속에서 대만인에게는 깐까(尷尬, 난감함), 우나이無奈, 기형奇形, '비정상 국가', '결손 국가', 우줘류의 '아시아의 고아' 의식, 우루이런의 천민賤民 의식, 그리고 '이쪽도 저쪽도 아닌' 주변부 의식, 역사적 난민 의식이 형성되었다.

프란츠 파농이 말했듯 피식민자는 정신질환을 앓는다. 그 상처는 단지 개인의 문제가 아니다. 베네딕트 앤더슨이 지적한 바와 같이 기억의 공동이 결여된 사회에서 상상의 공동체를 세우지 못하는 구조적 증상으로 나타난다.

이러한 역사적·문화적 배경은 오늘날 대만 내부에서 대만 민족주의와 중국 민족주의가 충돌하는 근본적 원인이 된다. 대만은 아직 완전한 대만 민족으로 자리 잡지 못했으며, '나는 누구인가', '대만인인가, 중국인인가'라는 질문이 여전히 미해결 상태로 남아 있다. 이는 여러 이질적 문화가 충분히 융합되지 못하고, 다족군·다문화적 민주 사회로 진입하지 못했음을 의미한다. 결과적으로 대만 사회에서는 400년 역사를 바라보는 관점이 족군마다 다르고, 역사 통합 논쟁, 중국과 구별되는 대만 역사 강조, 문화적 정체성 구축 시도가 여전히 치열하게 전개되고 있다.

대만은 원주민, 이민, 식민, 후식민 즉 사민문화가 기저에 혼재하는 사회다. 이는 식민통치와 이민으로 형성된 여러 족군이 각 지역에서 가져온 문화를 통해 형성되었다. 대만은 바다를 근간으로 형성된 해양 문화를 기반으로, 네덜란드와 스페인의 식민무역, 명·청 시대 한족과 원주민 간의 통혼, 일본의 식민 통치, 장제스·장징궈 부자의 중화 문화, 제2차 세계대전 이후 미국 문화, 그리고 최근 동남아 출신 이주 노동자와 결혼 이주민이 가져온 신주민 문화까지, 다양한 역사적 층위와 문화적 색채가 혼합된 다층적·이질적 사회를 형성하고 있다. 아울러 사민문화가 그 밑바탕을 이루고 있어, 자연스럽게 다층적·다문화적 혼합 사회의 성격을 띤다. 이러한 대만에 대한 역사적·문화적 배경은 인구 구성, 족군, 언어, 이민 패턴 등 사회 전반에서 잦은 충돌과 긴장을 야기한다. 특히 대만 남부 지역, 그중 최대도시 가오슝과 타이난에서는 이러한 역사적·문화적 층위가 더욱 뚜렷하게 드러난다. 북부와 달리 남부는 원주민과 식민, 이민 문화가 깊이 각인되어 다문화적 혼합성과 사회적 긴장, 충돌의 양상이 선명하다. 대만의 역사와 문화적 풍경은 이처럼 켜켜이 쌓인 식민과 이민의 흔적 위에 오늘날까지 이어져 온 것이다.

현재 대만 내부에서는 대만 민족주의와 중국 민족주의가 충돌하며, 완전한 네이션(nation)으로서의 정체성 확립은 아직 미완에 있다. 이는 다양한 이질적 문화가 충분히 융합되지 못한 채, 다족군·다문화적 민주 사회로 나아가지 못했음을 보여준다. 이와 같은 민족주의 요인으로 인해 대만 사회에서는 역사적 서사에 대한 해석 투쟁이 지속되며, 중국과의 차별성을 드러내려는 자국사 재구성과 문화 정체성의 재정립이 이루어지고 있다.

다문화 사회에서는 다양성과 문화적 교류가 발전하면서도 문화 충돌, 사회적 차별, 통합 저해, 자신이 속한 족군의 문화 선호 등 부정적 요소도 존재한다. 이런 이질적인 문화가 혼재하기에 아직 완전한 대만인으로서의 정체성은 구축은 현재에도 진행 중이다. 따라서 대만 내부에는 다양한 갈등과 투쟁이 존재한다. 거칠게 말해 대만 민족주의와 중국 민족주의가 아직 화해를 못하고 있다.

대만 사회는 오랜 세월 동안 수많은 변동과 충돌을 겪어 왔다. 특히 일본이 물러 간 이후, 1947년의 2·28 사건과 장제스·장징궈 체제 아래에서의 계엄 및 백색공포는 사회 전반에 깊은 상흔을 남겼다. 또한 본성인과 외성인 사이의 집단적 긴장, 1979년 미려도 사건, 1980년대 말 민주화·본토화 흐름, 더 나아가 1990년대 말 다문화·족군 정체성 운동에 이르기까지, 대만은 다양한 사회적 갈등과 정치적 변화를 연속적으로 경험해 왔다.

이러한 역사적 궤적 속에서 대만 사회는 민주화와 본토화의 진전과 더불어, 서로 다른 이질적 문화들이 점차 융합하려는 방향으로 나아가고 있다. 그러나 정치적 진영 간의 대립은 여전히 완전히 해소되지 못한 상태다.

대만의 복합적인 식민 경험, 다층적인 족군 구성, 이민자 사회의 복잡성, 그리고 여러 제국주의 지배를 거치며 형성된 문화적 기억은 아직도 충분히 치유되거나 통합되지 못했다. 따라서 '대만인으로서의 정체성' 혹은 '대만 민족'의 형성은 여전히 진행중에 있다. 그 결과 대만 내부에서는 통일과 독립을 둘러싼 논쟁, 대만 사관과 중국 사관의 대립, 대만인과 중국인 간의 정체성 문제, 대만 민족주의와 중국 민족주의의 충돌, 그리고 양안 간 문화적 정체성 투쟁이 여전히 지속되고 있다.

이러한 현상은 곧 대만 사회를 구성하는 다양한 족군과 출신 지역의 복잡성, 원주민과 여러 세대의 이민자들이 겪은 상이한 식민 경험, 그리고 그로부터 전승된 문화적 기억이 서로 다르고 아직 통합되지 못한 결과이기도 하다.

달리 말해, 대만의 사민문화는 아직 완전한 융합 단계에 이르지 못했으며, 다족군·다문화적 민주사회로의 전환 또한 미완의 상태에 머물러 있다. 이는 근본적으로 대만을 이루는 족군의 복잡성과 원주민, 선이민, 후이민, 신이민이 각기 다른 역사적 층위를 지니고 있고, 여러 제국주의의 식민 경험 속에서 누적된 문화적 기억이 여전히 해결되지 못한 채 공존하고 있기 때문이다.

이러한 기억 중에서 특히 현재에 지속적으로 부딪히는 단어가 있다. 바로 '중국', '중화민국'과 '대만'이라는 용어다. 이 세 개의 명사 속에 현재 대만의 압축된 모순이 존재한다. 이 세 단어는 대만정치에서 양안 통일과 대만 독립을 대표하는 서로 다른 갈등 축이다. 대만의 정치 진영인 홍紅·남藍·녹綠·백白색 진영에서 발생하는 모순과 갈등은 모두 '중화민국'에 대한 서로 다른 기억과 인지의 이해에서 기인한 것이며, 양안의 가장 큰 이견인 '하나의 중국'도 결국 '중화민국은 무엇인가'로 귀결된다.

하지만 이 삶과 죽음처럼 대조적인 대만과 중화민국은 대만의 민주화로 통해 '중화민국의 대만화'라는 변증법적 발전과정으로 진화했다. 바로 중화민국이 대만에 적응한 셈이다. 이러한 적응의 발전과정은 중화민국과 중화인민공화국, 중화민국과 대만, 중국국민당과 중국공산당, 중국국민당과 민주진보당을 모순 대립·경쟁의 관계에서, 특히 중화민국과 대만의 새로운 종합의 관계 즉, 중화민국의 대만화로 이루어진 것이다. 현재 중화민국과 대만의 융합은 대만의 민주화와 본토화가 공고화되면서 가속되고 있다. 이는 중국공산당에 기회와 위기를 동시에 제공한다. 기회의 측면은 대만과 중화민국의 융합이라는 실체를 대상으로 그에 맞는 중국공산당의 양안 정책을 일관되게 추진할 수 있다는 점이다.

반대로 이러한 융합의 방향이 반反중국으로 결집하는 경우에는 과거 중화민국 진영과 대만 진영이 분리되어 있던 경우처럼, 중화인민공화국에 유리한 대화상대를 우대하고 적대세력에 대해서는 강한 견제로 대응하던 가변성 있는 정책에서 벗어나지 못하게 될 가능성이 있다.

지금 대만해협의 파고는 거세게 일고 있다. 그 근저에는 중·미 간의 첨예한 경쟁이 자리한다. 21세기 국제정치 질서 속에서 가장 민감한 쟁점은 단연코 대만 문제다. 특히 대만을 둘러싼 해양세력과 대륙세력 간의 대립은 여전히 현재진행형이며, 이들 세력에게 대만은 여전히 '불침의 항공모함'으로서 결코 포기할 수 없는 전략적 요충지로 인식된다.

현재 대만은 이미 서태평양의 교통망 중심이자 지정학적 핵심으로 변모하였다. 17세기와 19세기, 즉 구제국주의와 신제국주의가 세계질서를 재편하던 시기에도 대만은 동아시아 무역의 허브이자 각 세력이 쟁탈을 벌이던 전략적 근거지였다. 이러한 구조는 오늘날 중·미 경쟁 구도 속에서도 여전히 반복되고 있다. 미국의 인도·태평양 전략은 곧 이해제륙以海制陸, 즉 바다를 통해 대륙을 제어하려는 구상이며, 대만은 그 전략의 최전선, 해양세력과 대륙세력이 승패를 다투는 장이 되고 있다.

이런 맥락에서 대만은 강대국의 틈바구니 속에서 '체스판의 말'처럼 입이 있어도 말을 못하는 서발턴의 처지로 내몰리고 있다. 대만은 국제사회에서 독립된 주체로서의 권리를 온전히 인정받지 못한 채, 국가이면서도 국가로 승인되지 못하는 모순적 지위에 놓여 있는 것이다. 이러한 상황은 결국 대만을 종속적 약자의 위치로 내몬다.

역사의 유형은 되풀이 된다. 지금 우리는 다시 동아시아의 시대, 새로운 동아시아 시대의 대전환이라는 문턱에 서 있다. 그리고 이 역사적 격랑 속에서, 대만의 비애가 다시 우리의 일상으로 스며들지 않을 것이라 장담할 수 없다.

불행히도 대만과 한반도의 안보는 마치 톱니바퀴처럼 맞물려 있다. 대만해협의 파고가 높아질수록 한반도에 미치는 긴장도 그에 비례해 고조된다. 역사적으로도 그렇다. 청·일전쟁과 한국전쟁은 모두 대만에 중대한 영향을 미쳤다. 이제 대만해협의 거센 물결이 한반도로 밀어 닥칠지 모른다. 바로 그 이유 때문에, 우리는 지금 이 시점에서 대만을 더욱 세심히 주목해야 한다.

부록

동번기東番記 해제

동번기는 명나라 유생 진제陳第가 1603년 양력 1월 21일부터 2월 10일까지 약 20일 동안 대만에 머물며 체험한 내용을 기록한 글이다. 이는 대만 원주민의 풍속과 생활상을 가장 자세하게 기록한 최초의 사료로 평가된다.

가정(嘉靖, 1522~1566) 연간 이후 왜구倭寇의 세력이 급격히 강대해져 해안에 빈번히 출몰하자, 융경제(隆慶, 1567~1572)와 만력제(萬曆, 1573~1620)는 해금정책海禁政策을 시행하였다. 그러나 이 조치는 오히려 바다를 삶의 터전으로 삼아온 민초들을 궁지로 몰아넣는 결과를 초래했다. 당시 명나라는 급격한 인구 증가로 사회적 압력에 시달리고 있었고, 해금정책으로 생계가 막힌 연안 지역의 백성들은 왜구와 결탁하거나 반상반적半商半賊의 해적 집단으로 변모하기도 했다. 그들은 필리핀(여송, 呂宋)이나 대만과 무역을 하며 생계를 유지했다.

1602년(만력 30년), 일본 왜구들은 동번(東番, 대만)을 거점 삼아 해상을 교란했다. 이에 명 조정은 심유용沈有容 장군을 토벌대의 지휘관으로 삼아 왜구를 소탕하게 된다. 토벌대는 왜구를 추격해 대만까지 이르게 되었는데, 이때 진제가 심유용 장군을 따라 대만에 함께 오게 되었고, 자신이 대만에 와서 직접 보고 들은 내용을 기록으로 남겼다. 이것이 동번기다. 대만의 풍속을 이해할 수 있는 가장 최초의 기록으로서 그 사료적 가치는 매우 높다.

이 기록은 『민해증언閩海贈言』에 수록되어 있으며, 당시 대만 원주민의 풍속을 세세하게 묘사하고 있다. 특히 오늘날 대만 타이난臺南 일대 평지에 거주하던 시라야족西拉雅族의 생활상을 세밀하게 관찰하고 기록한 점에서 큰 가치가 있다. 필자는 이미 『하나의 중국』(2021)

부록에 동번기를 번역해 실은 바 있으며, 내용을 약간 의역하고 수정하여, 이번 책에도 부록으로 다시 실었다. 대만 사회를 이해하기 위해서는 무엇보다 대만 원주민에 대한 이해가 우선된다고 판단하기 때문이다.

동번기東番記[1]

동번(東番, 대만)의 이인夷人이 언제부터 펑호澎湖 바깥의 여러 해도海島에 거주하게 되었는지는 알 수 없다. 망항(魍港, 현 虎尾寮), 가로만加老灣에서 대원(大員, 현 타이난), 요항(현 高雄茄萣), 타구여(打狗嶼, 현 가오슝 타구산 打鼓山), 소담수(小淡水, 현 가오핑시 高屏溪), 쌍계구(雙溪口, 현 자이 嘉義 溪口), 가리림(加哩林, 현 타이난 쟈리 佳里), 사파리(沙巴里, 현 타이베이 딴쉐이淡水), 대방갱(大幫坑, 현 타이베이 빠리 八里) 등지까지, 이인들은 광범위한 지역에 흩어져 거주하고 있었다. 그들의 거주지는 천여 리에 걸쳐 분산되어 있었으며, 수많은 족군族群으로 나뉘어 있었다. 그들은 각각의 집단을 '사社'라 불렀다.

어떤 사는 인구가 천여 명 남짓이었고, 어떤 사는 불과 오육백 명 정도였다. 추장과 같은 고정된 직위는 없었으며, 자녀가 많고 영향력이 있는 사람이 자연스레 지도자가 되었다. 이인들의 생활은 용맹했고, 전투를 즐겼으며, 한가한 시간에는 달리기를 연습했다. 그들의 발꿈치는 두꺼워 가시밭길도 평지처럼 거침없이 걸을 수 있었고, 달리기 속도는 말에 비견될 만큼 빨랐다. 최대로 힘을 다해 달리면 수백 리를 내달릴 수 있었다.

1) 周婉窈, 〈東番記〉《方豪六十自定稿》(上冊), 臺北 : 作者自印, 1969, 頁835-844.

이웃과 불화나 갈등이 생기면 무력으로 결판을 내었는데, 쌍방은 서로 약속한 시간에 맞추어 전투를 벌였다. 전투가 끝나면 원한을 풀고 화해하여 이전의 평화로운 관계로 돌아갔다. 전투 시에는 적의 머리를 베었으며, 살을 벗겨낸 뒤 해골骨頭을 남겨 문 앞에 걸어두었다. 어떤 집 문 앞에는 해골이 수없이 걸려 있었는데, 이러한 집은 용맹한 장사壯士의 집으로 존경을 받았다.

사시사철 더운 날씨 탓에 이인들은 일 년 내내 옷을 입지 않았다. 다만 여인들만이 풀로 짠 치마를 걸쳤는데, 그것 또한 아랫도리 일부를 가릴 뿐이었다. 그들 사이에는 공수(拱手, 가슴 앞에서 손을 모아 인사하는 예법)나 궤배(跪拜, 무릎을 꿇고 절하는 예법)와 같은 의례가 없었다. 또한 역법이나 문자가 존재하지 않아 날짜 계산은 달이 둥글어지는 시점을 한 달로 삼았으며, 열 달을 한 해로 여겼다. 날짜가 길어지면 곧 잊어버리기 일쑤였고, 나이를 헤아릴 수 있는 체계도 없어 연장자에게 몇 살이냐고 물으면 그들 스스로도 알지 못했다. 교역할 때에는 새끼줄繩子을 엮어 약속의 표시로 삼았다.

이인들에게는 수경 재배의 논이 없었으며, 화경火耕의 방식으로 벼를 재배했다. 산에 꽃이 피는 시기가 곧 경작의 때였고, 벼 이삭이 익으면 추수를 했다. 그 벼알은 중국의 벼보다 약간 길고 향기가 나며, 먹으면 달콤한 맛이 있었다. 또한 쓴풀苦草과 쌀을 섞어 술을 빚었는데, 때로는 훌륭한 술을 만들기도 했다. 호음豪飮할 때는 한 말斗이나 마실 수 있었으며, 연회가 열리면 커다란 술통을 가운데 놓고 대나무 통으로 나누어 마셨다. 별다른 안주는 없었고, 음악이 울리면 곧바로 춤을 추었으며 입으로 '우우' 하는 가락을 흥얼거렸다.

남자는 머리를 땋아 수직으로 갈라 늘어뜨렸으나 여자는 그렇지 않았다. 남자는 귀를 뚫었고, 여자는 치아를 뽑아 장식으로 삼았다. 15~16

세가 되면 앞니 두 개를 뽑았다.

현지에는 대나무가 풍부했는데, 그 직경은 두 손바닥을 맞댈 만큼 굵었으며, 높이는 약 열 장에 이르렀다. 이인들은 대나무를 잘라 집을 짓고, 지붕은 띠풀茅草로 이었으며, 그 너비는 한 치(雉, 일치는 일장)에 이르렀다. 부족 마을에는 공공건물이 있어, 조금 큰 집을 '공해(公廨, 공공 관아)'라 불렀다. 아직 혼인하지 않은 소년들은 이곳에 모여 집단으로 생활했으며, 부족의 중요한 사안은 반드시 공해에서 논의되었다. 이 때문에 공해는 누구나 쉽게 드나들 수 있도록 개방되어 있었다.

결혼 적령기가 되면 남자 쪽에서는 적당한 소녀를 찾아 사람을 보내어 마노瑪瑙 보석을 여자 측에 보냈다. 만약 여자가 이를 원하지 않으면 받지 않았고, 그것으로 혼사는 끝이 났다. 그러나 여자가 보석을 받으면, 그날 저녁 남자는 여자의 집을 찾아가 문 앞에서 여자의 이름을 부르지 않고, 구금口琴을 불어 신호를 보냈다. 구금은 박철과 가는 철사로 만들어졌으며, 이를 이齒에 대고 연주하면 맑은 음색이 울렸다. 소녀가 그 소리를 들으면 남자를 집 안으로 들였고, 남자는 해가 뜨기 전에 조용히 떠났다. 이 과정에서 여자의 부모와는 마주하지 않았다.

그 후 별빛이 있는 저녁이면 남자는 계속해서 찾아와 밤을 보내고 해 뜨기 전에 떠났으며, 이러한 관계는 수개월간 이어졌다. 만약 아이가 생기면 여자는 남자의 집으로 가 남편을 데려왔고, 이때 남자는 비로소 아내의 부모를 처음 만났다. 이후 남편은 처가에서 평생을 살며 장인·장모를 모셨다. 이런 풍습 때문에 남자 측에서는 오히려 아들을 두지 않는 것을 선호했으며, 이인들은 남아보다 여아의 출생을 더욱 반겼으며, 딸을 얻은 것을 큰 행운으로 여겼다. 이는 여자가 가문의 계승을 담당하고 남자는 그렇지 못했기 때문이다.

만약 처가 사망하면 남편은 재혼할 수 있었지만, 반대로 남편이 먼저 죽으면 아내는 재가하지 않았다. 그들은 과부를 '귀잔鬼殘'이라 불렀고, 과부는 일생 동안 재혼하지 않았다.

집에 사람이 죽으면 북을 치며 통곡했고, 시체를 그대로 두고 사방에서 불을 피워 시체가 건조되기를 기다렸다. 관을 쓰지 않았으며, 집 안에 그대로 시체를 방치했다. 집을 수리하거나 새로 지을 필요가 생기면 땅속에 구덩이를 파서 시체를 직립 상태로 묻었다. 무덤을 따로 만들지 않고 그 위에 다시 집을 지었다. 만약 집을 다시 고칠 필요가 없으면 시체는 매장하지 않았다. 대나무로 엮은 기둥과 띠풀茅草로 덮은 지붕은 대략 10년 정도만 견딜 수 있었고, 결국 모두 흙으로 돌아갔다. 이러한 이유로 이인들은 제사를 지내지 않았다.

이인들은 경작기에 들어서면 서로 말을 하지 않고, 생명을 해치는 일도 삼갔다. 남자와 여자가 뒤섞여 산야에서 묵묵히 일했으며, 일하는 동안 어떤 소리도 내지 않았다. 길에서 마주치면 눈빛으로 의사를 전했고, 젊은이들은 어른에게 등을 보이며 길을 양보했다. 양측 사이에는 어떠한 인사도 오가지 않았다. 한인漢人에게 모욕적인 말을 들어도 그들은 화를 내지 않았다. 벼가 익어 수확할 때가 되어서야 다시 평소의 모습으로 돌아왔다. 그들은 이러한 침묵과 절제가 천지신의 보호를 얻기 위한 것이라 믿었으며, 이를 어기면 신이 화를 내려 흉작이 될 것이라고 여겼다.

여자들은 재간이 뛰어나 언제나 부지런히 일했으며, 반대로 남자들은 비교적 한가하게 지냈다. 절도 행위는 엄하게 금지되었고, 만약 누군가 절취하면 사社 앞에서 형벌을 시행해 목숨을 거두었다. 그 결과 밤에도 문을 잠글 필요가 없었으며, 광장에 쌓아둔 낟알조차 감히 탐내는 자가 없었다. 집 안에는 침대는 있었으나 탁자나 의자는 없었고, 바닥에 자리를 깔고 앉았다.

곡류로는 큰 콩과 작은 콩, 흑임자胡麻, 율무薏仁가 있었는데, 이들은 말라리아와 같은 장열瘴癘을 예방하는 효능이 있다고 믿었다. 보리는 재배하지 않았다. 채소로는 파와 생강, 반저(고구마), 준치(蹲鴟, 토란의 일종)가 있었고, 과일로는 야자, 모시(毛柹, 감), 불수감佛手柑, 사탕수수가 있었다.

가축으로는 고양이, 개, 돼지, 닭이 있었으나 말, 나귀, 소, 양, 거위, 오리는 없었다. 야생 동물로는 호랑이, 곰, 표범, 사슴이 있었고, 조류로는 꿩, 갈까마귀, 비둘기, 참새 등이 있었다. 산에는 사슴이 풍부하여 쉽게 사냥할 수 있었는데, 야생 사슴은 수가 많고 움직임이 느려 수천 마리가 떼를 지어 다녔다.

이인들이 사용하는 주요 무기는 표鏢(먼 거리에서 던져 사람을 살상하는 작은 쇠붙이 무기)였다. 표창은 대나무로 만들어 손잡이 앞부분에 날카로운 철촉을 달았으며, 길이는 5척이 넘었고 매우 예리했다. 외출할 때 항상 휴대하였고, 사슴을 맞히면 단번에 죽었으며 호랑이를 쏘아도 즉시 쓰러뜨릴 수 있었다. 평소에는 개인이 함부로 사슴을 사냥하는 것을 금지했고, 겨울철 사슴이 잘 보이지 않으면 백여 명을 모아 집단으로 사냥을 하였다. 이때 잡은 사슴은 산처럼 쌓였고, 각 사社마다 사슴고기를 먹지 않은 곳이 없었다. 남은 고기는 염장하여 저장했고, 사슴의 혀, 생식기, 힘줄도 소금에 절여 보관했다. 사슴가죽과 사슴뿔은 쌓여 집안을 가득 채웠으며, 어린 사슴은 길러 애완동물처럼 사람들과 친숙하게 지냈다.

이인들은 사슴을 특히 좋아하여, 사슴 창자를 갈라 아직 소화되지 않은 풀을 꺼내 '백초고百草膏'라 불렀다. 그들은 이를 별미로 여겨 백번을 먹어도 질리지 않는다고 했다. 반면 한인漢人들은 그 광경을 보고 구토를 하였다.

이인들은 돼지고기는 먹었지만 닭고기는 먹지 않았다. 닭을 기르기는 했으나, 다만 꼬리를 뽑아 장식용 기치로만 사용했다. 야생 꿩을 잡아도 마찬가지로 고기를 먹지 않고 꼬리만 뽑아 장식으로 활용했다. 한인들이 닭고기를 먹는 것을 보면 오히려 구역질을 느꼈다. 과연 어느 쪽이 진정한 미식인지, 하늘만이 알 수 있을 것이며, 어찌 이인과 한인이 같은 미식의 기준을 공유할 수 있겠는가?

일부 이인들은 섬의 내륙 깊은 곳에 거주하며 배를 전혀 타지 않았다. 그들은 바다를 매우 두려워했으며, 고기를 잡을 때에도 계곡의 하구에서만 낚시를 하였다. 이들은 목숨을 잃을지라도 타인의 무리와 섞여 지내려 하지 않았다. 영락永樂 연간, 정화鄭和가 대항해를 수행할 때 각 부족에게 승선 인원을 배정했으나, 동번의 이족만은 약속을 따르지 않고 숨었다. 이에 정화는 각 가정에 구리 방울을 하나씩 나누어 주어 목에 걸게 하였는데, 실상 그들을 짐승 다루듯 한 것이었다. 그러나 오늘날 그들은 이 방울을 보물처럼 간직한다.

초기의 동번은 모두 해변에서 살았으나, 가정嘉靖 말년 일본 해적의 침략을 받자 산으로 피신하였다. 일본 해적은 조총을 무기로 삼았지만, 동번은 오직 표鏢만 사용했으므로 대항하기에 역부족이었다. 이들은 산으로 옮겨 살게 된 뒤에야 중국과 교류를 시작했으며, 현재는 점점 번영하여 중국 연안의 장주漳州, 천주泉州, 충용充龍, 열서烈嶼 등 항구의 백성들이 동번의 언어를 완전히 이해하고 그들과 활발히 무역을 하고 있다.

교역 품목은 마노瑪瑙, 자기磁器, 포布, 소금, 동비녀銅簪 등을 녹포(鹿脯, 말린 사슴고기), 사슴가죽, 사슴뿔과 교환하는 식이었다. 가끔 그들에게 오래된 옷가지 한 벌을 주면 크게 기뻐하였고, 그 옷을 소중히 감추어 두었다가 한인들을 만날 때 꺼내 입었으나, 오래지 않아 다시 벗어버렸다. 벌거벗고 다니는 것이 오히려 자유롭다고 여겼기 때문이다.

동번은 정말로 흥미롭고 놀라운 곳이다. 열서烈嶼에서 북풍을 타고 항해하면 하루 만에 펑호澎湖에 도착하고, 다시 하루 만에 가로만(嘉羅灣, 현 타이난)에 닿는다. 거리는 실로 가깝다. 이곳에는 아직도 년 · 월 · 일을 세는 역법도, 관리 계급도 없으며, 사람들은 나체로 살며 결승結繩으로 기호를 남기는 원시적인 방식을 사용한다. 어찌 기괴하지 않다고 하겠는가. 게다가 섬에 살면서도 고기를 잡지 않으며, 남녀가 한데 어울려 지내지만 음란한 행위가 없다. 남성과 여성의 지위도 한족과 다르고, 집과 매장지가 함께 있다. 일 년 내내 사슴을 잡아도 사슴 떼가 줄어들지 않는다. 열도를 모두 합쳐도 중국의 한 현縣보다 작지만, 그들은 서로 의지하며 살아간다. 오늘까지도 역법이나 문서가 없어도 전혀 불편해하지 않는다. 남쪽을 침략한 일본 해적이나 북쪽의 몽골인들조차도 문자를 사용하는데, 그 문자를 보면 새 발자국처럼 생긴 고대의 전서篆書와 비슷하다. 이곳 사람들은 마치 고대 무회씨無懷氏, 갈천씨葛天氏 시대의 사람들과 같지 않은가!

중국과 왕래한 뒤에 그들은 모두 기뻐했으나, 교활한 한인들이 열등한 물건으로 그들을 속인다는 사실을 이제는 깨닫기 시작했다. 두렵도다! 순박한 시절이 사라질까 염려스럽다.

만력萬曆 30년(1602) 겨울, 일본 해적들이 다시 대만섬을 점거하여 동이東夷, 상인, 어부들이 큰 피해를 입었다. 이에 오서浯嶼를 지키던 심장군沈有容이 토벌에 나섰는데, 나 역시 바다를 보고 싶은 마음이 일어나 흥기해서 함께 참가했다. 일본 해적들은 소멸되었고, 우리는 대원(大員, 현 타이난)에 정박했다. 그때 이인夷人 두목 대미륵大彌勒이 무리 수십 명을 이끌고 와 감사를 표하며 사슴고기와 좋은 술을 우리에게 헌상했다. 우리가 나쁜 자들을 제거한 것을 그들도 매우 기뻐했다. 나는 직접 이인들의 풍모와 생활을 보고 돌아와 온릉溫陵의 진지제陳志齋 선생께 전했더니, 그는 "이런 기이한 일들을 기록하지 않을 수 없다"라고 하였다. 이에 나는 이러한 대략적인 정황을 글로 남긴다.

周婉窈 標點·註解

東番夷人不知所自始, 居彭湖外洋海島中, 起魍港、加老灣, 歷大員、堯港、打狗嶼、小淡水；雙溪口、加哩林、沙巴里、大幫坑, 皆其居也, 斷續凡千餘里。種類甚蕃, 別為社, 社或千人, 或五六百, 無酋長, 子女多者眾雄之, 聽其號令。性好勇, 喜鬥, 無事晝夜習走, 足蹋皮厚數分, 履荊刺如平地, 速不後犇馬, 能終日不息, 縱之, 度可數百里。鄰社有隙則興兵, 期而後戰, 疾力相殺傷, 次日即解怨, 往來如初, 不相讎。所斬首剔肉存骨, 懸之門, 其門懸骷髏多者, 稱壯士！壯士！

地暖, 冬夏不衣, 婦女結草裙, 微蔽下體而已。無揖讓拜跪禮, 無曆日文字, 計月圓為一月, 十月為一年, 久則忘之, 故率不紀歲, 艾耆老髦, 問之弗知也。交易結繩以識。無水田, 治畬種禾, 山花開則耕, 禾熟拔其穗粒, 米比中華稍長, 且甘香。採苦草, 雜米釀, 間有佳者, 豪飲能一斗。時燕會, 則置大罍團坐, 各酌以竹筒, 不設肴, 樂起跳舞, 口亦烏烏若歌曲。男子剪髮, 留數寸披垂, 女子則否。男子穿耳、女子斷齒以為飾也女子年十五六斷去唇兩旁二齒。地多竹, 大數拱, 長十丈, 伐竹搆屋, 茨以茅, 廣長數雉。族又共屋, 一區稍大, 曰公廨, 少壯未娶者, 曹居之, 議事必於公廨, 調發易也。

娶則視女子可室者, 遣人遺瑪瑙珠雙, 女子不受則已, 受, 夜造其家, 不呼門, 彈口琴挑之。口琴薄鐵所製, 齧而鼓之, 錚錚有聲, 女聞, 納宿, 未明徑去, 不見女父母。自是宵來晨去必以星, 累歲月不改。迨產子女, 婦始往壻家迎壻, 如親迎, 壻始見女父母, 遂家其家, 養女父母終身, 其本父母不得子也。故生女喜倍男, 為女可繼嗣, 男不足著代故也。妻喪復娶, 夫喪不復嫁, 號為鬼殘, 終莫之醮。

家有死者, 擊鼓哭, 置尸於地, 環煏以烈火, 乾, 露置屋內, 不棺；屋壞重建, 坎屋基下, 立而埋之, 不封, 屋又覆其上。屋不建, 尸不埋, 然竹楹茅茨, 多可十餘稔, 故終歸之土, 不祭。

當其耕時, 不言不殺, 男婦雜作山野, 默默如也。道路以目, 少者背立, 長者過, 不問答, 即華人侮之不怒, 禾熟復初。謂不如是, 則天不祐、神不福, 將凶歉不獲有年也。女子健作, 女常勞, 男常逸, 盜賊之禁嚴, 有則戮於社, 故夜門不閉, 禾積場, 無敢竊。

器有床, 無几案, 席地坐。穀有大小豆, 有胡麻, 又有薏仁, 食之已瘴癘；無麥。蔬有蔥, 有薑, 有番薯, 有蹲鴟；無他菜。菓有椰, 有毛柿, 有佛手柑, 有甘蔗。畜有貓, 有狗, 有豕, 有雞；無馬、驢、牛、羊、鵝、鴨。獸有虎, 有熊, 有豹, 有鹿。鳥有雉, 有鴉, 有鳩, 有雀。

山最宜鹿, 儦儦俟俟, 千百為群。人精用鏢, 鏢竹棅鐵鏃, 長五尺有咫, 銛甚, 出入攜自隨, 試鹿鹿斃、試虎虎斃。居常禁不許私捕鹿, 冬, 鹿群出, 則約百十人即之, 窮追既及, 合圍衷之, 鏢發命中, 獲若丘陵, 社社無不飽鹿者。取其餘肉, 離而臘之, 鹿舌、鹿鞭鹿陽也、鹿筋亦臘, 鹿皮角委積充棟。鹿子善擾, 馴之, 與人相狎習。篤嗜鹿, 剖其腸中新咽草將糞未糞者名百草膏, 旨食之不饜。華人見, 輒嘔。食豕不食雞, 畜雞任自生長, 惟拔其尾飾旗。射雉亦只拔其尾。見華人食雞雉輒嘔，夫孰知正味乎！又惡在口有同嗜也！

居島中，不能舟，酷畏海，捕魚則於溪澗，故老死不與他夷相往來。永樂初，鄭內監航海諭諸夷，東番獨遠竄不聽約，於是家貽一銅鈴使頸之，蓋狗之也，至今猶傳為寶。始皆聚居濱海，嘉靖末，遭倭焚掠，迺避居山。倭鳥銃長技，東番獨恃鏢，故弗格。居山後始通中國，今則日盛，漳、泉之惠民、充龍、烈嶼諸澳，往往譯其語，與貿易，以瑪瑙、磁器、布、鹽、銅、簪環之類，易其鹿脯皮角，間遺之故衣，喜藏之，或見華人一著，旋復脫去，得布亦藏之，不冠不履，裸以出入，自以為易簡云。

野史氏曰：異哉東番！從烈嶼諸澳，乘北風航海，一晝夜至彭湖，又一晝夜至加老灣，近矣。迺有不日不月，不官不長，裸體結繩之民，不亦異乎！且其在海而不漁，雜居而不嬲，男女易位，居瘞共處，窮年捕鹿，鹿亦不竭。合其諸島，庶幾中國一縣，相生相養，至今曆日書契無而不闕，抑何異也！南倭北虜，皆有文字，類鳥跡古篆，意其初有達人制之耶！而此獨無，何也？然飽食嬉遊，于于衎衎，又惡用達人為？其無懷、葛天之民乎！自通中國，頗有悅好，姦人又以濫惡之物欺之，彼亦漸悟，恐淳朴日散矣。萬曆壬寅冬，倭復據其島，夷及商、漁交病。浯嶼沈將軍往勦，余適有觀海之興，與俱。倭破，收泊大員，夷目大彌勒輩率數十人叩謁，獻鹿餽酒，喜為除害也。予親睹其人與事，歸語溫陵陳志齋先生，謂不可無記，故掇其大略。

1. 한글 단행본

강병환(2017), 『중국을 다룬다: 대중국 협상과 전략』, 서울: 학고방.
______(2021), 『하나의 중국』, 서울: 학고방.
______(2023), 『공주와 건달: 박근혜와 노무현의 실패한 리더십 분석』, 서울: 학고방.
______(2025), 『후흑: 선은 악을 필요로 한다』, 서울: 인터북스.
애드가 스노우, 홍수원 역(1995), 『중국의 붉은 별』, 서울: 두레.
이기동 역(2004), 『논어』, 서울: 성균관대학교 출판부.
Homi K. Bhabha, 나병철 역(2022), 『문화의 위치』, 서울: 소명출판사.

2. 한글 논문

강병환(2021), 『하나의 중국』, 부록 동번기 해제 참고, pp. 415-425.
______(2022), 「'중국특색' 협상 전략에 관한 연구」, 『지식융합연구』, 5(2), pp.221-263.
______(2022), 「다문화교육을 통한 대만의 정체성 구축: 족군 관계를 중심으로」, 『중국지식네트워크』, (19), pp.165-220.
______(2023), 「관문도시 가오슝(高雄)의 이질성 고찰」, 『대만연구』, (22), pp.9-50.
______(2023), 「대만의 혼종성 고찰: 사민문화를 중심으로」, 『국제정치연구』, 26(2), pp.131-165.
______(2024), 「'대만'과 '중화민국'의 변증법적 관계 분석: 중화민국의 대만화를 중심으로」, 『현대중국연구』, 25(4), pp.71-107.
______(2024), 「윤석열 정부 시기 한 · 중 관계의 구조적 변화와 도전」, 『동아시아

와 시민』, (06), pp.111-163.
_____(2024), 「청대 대만 유민 로한까아 연구」, 『대만연구』, (24), pp.9-43.
_____(2025), 「민진당의 다문화 정치와 대만 원주민 운동의 접합-정체성의 재구성」, 『중국지식연구』, 12(2), pp.1-39.
공봉진(2007), 「대만 원주민족의 正名運動」, 『중국학』, (28), pp.471-502.
김동규(2022), 「서발터니티(subalternity)라는 방법 논문」, 『인문사회과학연구』, 24(3), pp.370-383.
김윤태(2023), 「중화 민족주의 강요와 '대만 정체성'의 형성」, 『동아인문학』, (64), pp.227-256.
박민수(2015), 「문화 혼종성의 이론적 고찰 - 호미 바바를 중심으로」, 『인문학논총』, (39), pp.23-41.
이원봉 · 임규섭(2009), 「대만의 국가정체성과 양안관계」, 『아태연구』, 16(2), pp.153-180.
임우경(2019), '위안부'가 된 여죄수들: 대만군 특약다실의 '충군' 논란 일고. 중국학연구, 90.
_____(2019), 일본군 위안소에서 대만군 특약다실로. 중국어문학논집, 118.
_____(2021), 동아시아 냉전과 군 '위안소'의 연쇄. 일본문화연구, 81.
정영신 · 백영경(2015), 「대만 원주민의 토지반환운동과 공동체-공동자원 관계의 변동」, 『한국환경사회학회』, 19(2), pp.37-81.
황호덕(2017), 「탈식민주의인가, 후기식민주의인가」, 『상허학보』, 51, pp.315-357.
Brown, J. Melissa(2004), *Is Taiwan Chinese? The impact of culture, power, and migration on changing identities*, CA: University of California Press.
Enloe, C. (1989). Bananas, beaches and bases: Making feminist sense of international politics. Berkeley: University of California Press.
Hohn, M., &Moon, S. (Eds.). (2010). Over there: Living with U.S. military empire from World War Two to the present. Durham &London: Duke University Press.
Im, W. (2020). Resurrection of the Japanese military 'comfort stations' in East Asia: Focusing on the Taiwanese military brothels, special assignation tea-houses (teyuechashi). Inter-Asia Cultural Studies, 21(1).

Kim, J. M. (2019). From military supplies to wartime commodities: The black market for sex and goods during the Korean War, 1950–53. Radical History Review, 133, 11–30.

Kimura, M. (2016). Unfolding the 'comfort women' debates: Modernity, violence and women's voices. Basingstoke: Palgrave Macmillan.

Moon, K. (1997). Sex among allies: Military prostitution in U.S.-Korea relations. New York: Columbia University Press.

S.M.Lipset, (1959), "Some Social Requisites of Democracy: Economic Development and Political Legitimacy", The American Political Science Review, Vol. 53, No. 1. pp. 69-105.

Scott Simon(2006), Paths to Autonomy: Aboriginality and the Nation in Taiwan, *Human Organization*, 65(4), pp.395–407.

Szonyi, M. (2008). Cold War island: Quemoy on the front line. Cambridge: Cambridge University Press.

Tanaka, Y. (2001). Japan's comfort women: Sexual slavery and prostitution during World War II and the US occupation. New York: Routledge.

Wong, Timoth Ka-Ying, and Milan Tung-Wen Sun,"Dynamic Democratization in Taiwan." Journal of Contemporary China, 2000. Vol. 10, pp. 339-62.

3. 중문 단행본

清官編(1964),『大淸聖祖 (康熙)皇帝實錄』, 臺北: 臺灣華文書局, 康熙五十七年春二月初五日條.

林能士(2013),『歷史』, 臺北: 南一書局, p.77.

陳小沖(2018),『臺灣歷史上的移民與社會研究』, 臺北: 崧博出版社,〈羅漢腳: 淸代臺灣移民社會中的遊民問題〉, pp.129-139.

淸官編(1983),『世宗憲皇帝硃批諭旨』, 臺北: 臺灣商務印書館.

柯志明(2021),『熟番與奸民: 淸代臺灣的治理部署與抗爭政治』, 臺北: 國立臺灣大學出版中心, 中冊, p.636.

高雄市政府教育局(2012),『高雄文明史』, 新裕豊文化事業有限公司.

曲彦斌(1990),『中國乞丐史』, 上海: 上海文藝出版社, 賣苦力的乞丐, p.14.
官編(1964),『福建省例』, 臺北: 臺灣銀行經濟研究室, 刑政例, 申禁械鬪, pp.856-857.
官編(1983),『世宗憲皇帝硃批諭旨』, 臺北: 臺灣商務印書館, 卷176之7, pp.789-792.
羅致政 · 宋允文(2007),『結構一個中國』, 臺北: 臺灣智庫.
藍鼎元,『平臺紀略』, https://ctext.org/wiki.pl?if=gb&chapter=300521.
連橫(1920),『台灣通史』, 臺北: 臺灣通史社出版發行.
劉妮玲(1983),『游民與清代臺灣民變』, 國立臺灣師範大學歷史研究所, pp.1-5.
林偉盛(1993),『羅漢腳: 清代臺灣社會與分類械鬥』, 自立晚報社文化出版部, pp.66-98.
林丁國(1999),『清代臺灣游民研究一以羅漢腳為中心的探討 (1684-1874)』, 臺北: 東海大學歷史學系碩士論文.
林豪(1997),『東瀛紀事』, 台灣歷史文獻叢刊第8種上卷, 台北: 台灣銀行經濟研究室, p.6.
徐宗懋(1993),『臺灣人論』, 台北: 臺灣民眾史.
施正鋒(1999),『臺灣政治建構』, 臺北: 前衛出版社.
施正鋒 · 劉益昌 · 潘朝成(2003),『臺灣平埔族』, 臺北: 前衛出版社.
若林正丈(1998),『將經國與李登輝』, 臺北: 源流出版公社.
翁仕杰(1994),『臺灣民變的轉型』, 臺北: 自立晚報, pp.30-40.
王央城(2007),『前膽兩岸關系發展的趨勢』, 台北: 國防大學戰略研究所出版.
王瑛曾(1962),『重修鳳山縣志』, 臺北: 臺灣銀行經濟研究室, 臺灣文獻叢刊146, 風俗, p.57.
姚嘉文(2003),『十句話影響臺灣』, 台北: 史哲圖志.
雲程(2005),『佔領與流亡 - 台灣主權地位之兩面性』, 台北: 允晨文化.
伊能嘉矩(1985),『臺灣文化』, 臺中市: 臺灣省文獻會.
張菼(1952),『清代臺灣民變史研究』, 臺北: 臺灣銀行經濟研究室, pp.12-23.
張守真等編(1996),『高雄港紀事』, 高雄市: 高雄市立文化管理處.
張炎憲 · 陳美蓉 編(2009),『戒嚴時期白色恐怖與轉型正義論文集』, 台北: 吳三連台灣史料基金會.

周元文(1960),『重修臺灣府志』, 臺北: 臺灣銀行經濟研究室.
中村孝志(2000),『荷蘭時代台灣史研究 下卷: 社會、文化』, 台北: 稻鄉.
曾玉昆(1992),『高雄市各區發展沿革』, 高雄市文獻會.
池子華(2001),『流民問題與社會控制』, 南寧: 广西人民出版社, pp.60-65.
池子華(1996),『中國近代流民』, 杭州: 浙江人民出版社, pp.2-3.
陳孔立(2003),『清代台湾移民社会研究』, 九州出版社.
陳盛韶(1991),『問俗錄』, 台北: 武陵出版社, p.87.
陳小沖 編(2018),『臺灣歷史上的移民與社會研究』, 臺北: 崧博出版社.
陳淑均(1963),『噶瑪蘭廳志』, 臺北: 臺灣銀行經濟研究室, 卷五上, p.196.
陳順勝(1996),『臺灣原住民健康問題與展望論文集』, 臺北.
陳運棟(1978),『臺灣人物叢譚』, 苗栗縣: 七燈出版社, 第一輯,「羅漢腳擾亂清代臺灣社會治安的人」, pp.127-198.
陳豐祥(2006),『普通高級中學 歷史』, 台北: 泰宇出版, p.50.
蔡惠琴(2022),『清代臺灣下層社會的圖像: 關於羅漢腳、犯罪集團與腳夫』, 國立暨南國際大學歷史學系博士論文, p.107.
清官編(1987),『欽定平定臺灣紀略』, 臺北: 臺灣銀行經濟研究室(臺灣文獻叢刊102).
許烺光 著, 許木柱 譯(2002),『徹底個人主義的省思: 心理人類學論文集』, 臺北: 南天出版社, pp.414-415.
林能士 外(2013),『歷史(第1冊)』, 臺北: 南一書局.
林世華(2008),『一九六〇年代臺灣白色恐怖政治案件之研究: 以興臺會與亞細亞同盟案為例』, 東海大學歷史研究所碩士論文.
連橫(1920),『台灣通史』, 臺北: 臺灣通史社出版.
謝世忠(1987),『認同的污名: 台灣原住民的族群變遷』, 台北: 前衛出版社.
施正鋒(1999),『臺灣政治建構』, 臺北: 前衛出版社.
高雄市政府教育局(2012),『高雄文明史 歷史編』, 高雄: 新裕豊文化事業有限公司.
徐宗懋(1993),『臺灣人論』, 台北: 臺灣民眾史.
伊能嘉矩(1985),『臺灣文化上卷』, 臺中市: 臺灣省文獻會.
夷強·拔路兒(2001),『台灣原住民族運動史料彙編(上)』, 台北: 行政院原住民族委員會·國史館.

林世華(2008),『一九六〇年代臺灣白色恐怖政治案件之研究: 以興臺會與亞細亞同盟案為例』, 東海大學歷史研究所碩士論文.

林能士 외(2013),『歷史(第1冊)』, 臺北: 南一書局.

張守真 등編(1996),『高雄港紀事』, 高雄市: 高雄市立文化管理處.

張炎憲·陳美蓉 編(2009),『戒嚴時期白色恐怖與轉型正義論文集』, 吳三連台灣史料基金會.

徐宗懋(1993),『臺灣人論』, 台北: 臺灣民眾史.

施正鋒(1999),『臺灣政治建構』, 臺北: 前衛出版社.

陳豐祥(2006),『普通高級中學「歷史」』, 台北: 泰宇出版.

程紹剛 譯註(2000),『荷蘭人在福爾摩沙』, 台北: 聯經.

連橫(1920),『台灣通史』, 臺北: 臺灣通史社出版發行.

黃玲華(2005),『台灣原住民族運動的國會路線』, 台北: 國家展望文教基金會.

高雄市政府教育局(2012),『高雄文明史: 歷史編』, 新裕豊文化事業有限公司, pp.8-9.

夷強·拔路兒(2001),『台灣原住民族運動史料彙編(上)』, 台北: 行政院原住民族委員會·國史館.

婦女救援基金會(主編)(1999),『台灣慰安婦報告』, 臺北: 臺灣商務印書館.

姚惠耀(2019),『戰後臺灣『軍中樂園』研究(1951-1992)』, 國立臺灣師範大學 臺灣史研究所 학위논문.

姚惠耀(2023),『軍國主義下的性治理: 戰後臺灣『軍中樂園』研究(1951-1992)』, 南天書局.

林世華(2008),『一九六〇年代臺灣白色恐怖政治案件之研究: 以興臺會與亞細亞同盟案為例』, 東海大學歷史研究所 석사학위논문.

林葉子(2017),『性を管理する帝国: 公娼制度下の「衛生」問題と廃娼運動』, 大阪: 大阪大學出版会.

朱德蘭(2019),『臺灣慰安婦』, 五南.

桑品載(2001),『岸與岸』, 爾雅.

洪郁如·吳佩珍·吳亦昕(2017).『近代臺灣女性史: 日治時期新女性的誕生』, 臺北: 臺灣大學出版中心.

張炎憲 · 陳美蓉 編(2009), 『戒嚴時期白色恐怖與轉型正義論文集』, 吳三連台灣史料基金會.

徐宗懋(1993), 『臺灣人論』, 台北: 臺灣民眾史, 頁 88-93.

施正鋒(1999), 『臺灣政治建構』, 臺北: 前衛出版社.

江柏煒(2016), 『金馬戰地文化世遺潛力點價值評估及保存維護策略計畫』, 臺中: 文化部文化資產局委託研究計畫(未出版).

江柏煒(2000), 『"洋樓": 閩粤僑鄉的社會變遷與空間營造（1840s-1960s)』, 臺北: 臺灣大學建築與城鄉所 박사학위논문.

高雄市政府教育局(2012). 『高雄文明史 歷史編』, 新裕豊文化事業有限公司, pp. 8-9.

陳長慶(2003), 『時光已走遠』, 金門: 金門縣文化局.

陳長慶(2006), 『金門特約茶室』, 金門縣文化局.

陳豐祥(2006), 『普通高級中學「歷史」』, 台北: 泰宇出版.

陳順勝(1996), 『臺灣原住民健康問題與展望論文集』, 臺北.

陳紹剛(譯註)(2000), 『荷蘭人在福爾摩沙』, 台北: 聯經.

陳孔立(1990), 『清代臺灣移民社會研究』, 臺北.

陳紹馨(1979), 『臺灣的人口變遷與社會變遷』, 臺北: 中央研究院.

4. 중문 논문

林媽利(2001), 「從DNA的研究看臺灣原住民的來源」, 『語言與語言學』, 臺北, pp.241-246.

林媽利(2007), 「非原住民臺灣人的基因結構」, 『自由時報』, 8월 11일.

張茂桂(2008), 「談身份認同政治的幾個問題」, 游盈隆 편, 『民主鞏固或崩潰: 台灣二十一世紀的挑戰』,

月旦出版社.

范勝雄(1998), 「郭懷一抗荷事件三地點試探」, 『臺灣文獻』, 第49卷第1期, pp.91-100.

范可(2003), 「中西语境里的族群与民族」, 『广西民族学院学报(哲学社会科学版)』, 第25卷第4期.

施雅軒(2019),「高雄打狗子番的歷史地理考據」,『白沙歷史地理學報』, 第20期, 12월, pp.89~111.

陳叔倬・段洪坤(2008),「平埔血源與台灣國族血統論」,『台灣社會研究季刊』, 第72期, 12월.

陳順勝(1996),『臺灣原住民健康問題與展望論文集』, 臺北.

陳順勝(1996),「臺灣與西太平洋島嶼南島語族之健康關係」,『臺灣原住民健康問題與展望論文集』, 臺北.

今中保子(2005).「軍隊と公娼制度」, 早川紀代(編), 植民地と戦争責任, 東京: 吉川弘文館, pp. 39~52.

郭素秋(2019),「從羅妹號事件到南岬之盟: 誰的衝突？誰的和解？」,『原住民族文獻』, 第41期, https://ihc.cip.gov.tw/EJournal/EJournalCat/487

黃昭堂(1998),「黃昭堂獨立文」,『臺灣文史叢書』, 台北, pp.15~17.

戴寶村(2010),「大高雄市人群之歷史形塑發展」,『高雄文獻』, pp.14.

許維德(2001),「中國民族主義, 帝國主義, 台灣獨立運動」,『人文與社會科學雜誌』, 台北, pp.89~164.

許維德(2001),「簡評三本90年代出版的台獨研究」,『人文與社會科學雜誌』, 台北, pp.89~164.

許維德(2001),「思與言」,『人文與社會科學雜誌』, 台北, pp.89~164.

吳叡人(2016),「反記憶政治論」, 受困的思想: 臺灣重返世界, 臺北: 衛城, pp. 118~119.

吳媽福(2003),「吳媽福先生訪談記錄」, 金門戒嚴時期的民防組訓與動員訪談錄.

宋怡明・李仁淵(2009),「戰火下的記憶政治: 金門, 1949~2008」, 考古人類學刊, 71.

小林善紀 著, 賴慶松・蕭志強 譯(2001), 臺灣論: 新的傲氣精神, 臺北: 前衛出版社, 頁 203~204.

李冏詩(2003),「女自衛隊憶往」, 金門日報.

李秉樞(2023),「記憶性文學史料－戰後臺灣『日治作家』的本土散文系譜生成及其歷史脈絡」, 臺灣文學研究集刊, 30.

張奇才(2003),「張奇才先生訪談記錄」, 金門戒嚴時期的民防組訓與動員訪談錄.

張守真等編(1996), 高雄港紀事, 高雄市: 高雄市立文化管理處.

張曉旻(2010),「植民地台湾に於ける強制性病検診治療制の確立過程」, 日本台湾学会報, 12, pp. 101-124.
張雙英(2019),「『臺灣歷史書寫』析辨 - 從《記憶流域: 臺灣歷史書寫與記憶政治》一書說起」, 書目季刊, 52(4).
朱惠足(2011),「從『戰爭的記憶』到『記憶的戰爭』: 宋澤萊、陳映真與目取真俊的二戰記憶書寫」, 文化研究, 12
胡家瑜(2012),「離散的收藏與拼接的記憶: 從臺灣原住民藏品跨國連結的二個例子談起」, 博物館與文化, 3.
荻野篤彥(2005),「医学的見地からの日本の梅毒今昔」, 福田真人・鈴木則子(編), 日本梅毒史の研究—医療・社会・国家, 京都: 思文閣出版, p. 23.
范可(2003),「中西语境里的族群与民族」, 广西民族学院学报(哲学社会科学版), 第25卷第4期.
馮蓮玉(2014),「不可逾越的過去: '慰安婦'的戰爭創傷」, 戰爭與社會: 理論・歷史・主體經驗, 臺北: 聯經出版社, 頁 437-513.
施雅軒(2019),「高雄打狗子番的歷史地理考據」, 白沙歷史地理學報, 第20期, pp. 89-111.
許瀞文(2022),「再置哈瑪星: 常民保存與歷史現場」, 文化研究, 34.
許維德(2001),「中國民族主義・帝國主義・台灣獨立運動」, 人文與社會科學雜誌, 臺北, pp. 89-164.
黃穗生(2001.2.28.),「八三一未逼良為娼」, 中華日報, 02版.
黃資婷(2024),「馬祖戰地政務時期的心靈地貌與軍事地景 - 以舒暢《那年在特約茶室》與梅石特約茶室為對照」, 成大中文學報, 84.
熊谷尚子(2017),「圍繞朝鮮人慰安婦的支配權力結構」, 浅野豊美・小倉喜造・西成彦 編, 為對話—開啟〈帝國的慰安婦〉之問, 東京: 鶴見書房, 頁 228-242.
董群廉(2003),「戰地金門史話」, 金門日報.
戴寶村(2010),「大高雄市人群之歷史形塑發展」, 高雄文獻, p. 14.
林江義(2003),「臺灣原住民族官方認定的回顧與展望」, 施正鋒・劉益昌・潘朝成 編,『臺灣平埔族』, 臺北: 前衛出版社, 頁165.
陳芳明(2007),「轉型正義與台灣歷史」, 思想, 5.
陳瑞樺(2022),「歷史現場與生活現場的記憶政治對話」, 文化研究, 34

陳叔倬・段洪坤(2008),「平埔血源與台灣國族血統論」, 台灣社會研究季刊, 第72期, 2008.12.

陳姃湲(2002),「簡介近代亞洲的『賢妻良母』思想—從回顧日本、韓國、中國的研究成果談起」, 近代中國婦女史研究, 10, pp. 201-205.

陳姃湲(2010),「在殖民地臺灣社會夾縫中的朝鮮人娼妓業」, 臺灣史研究, 17(3), pp. 107-149.

王延卿(2003),「王延卿先生訪談紀錄」, 金門戒嚴時期的民防組訓與動員訪談錄.

王惠珍(2019),「記憶所繫之處: 戰後初期在台日僑的文化活動與記憶政治」, 臺灣文學學報, 35.

王智明(2020),「鄉土文學論戰中的記憶政治: 論胡秋原〈中國人立場之復歸〉」, 思想, 39.

黃玲華(2005), 台灣原住民族運動的國會路線, 台北: 國家展望文教基金會.

黃昭堂(1998),「黃昭堂獨立文」, 台北: 臺灣文史叢書, pp. 15-17.

葉韻翠(2023),「威權時期國父紀念館的展示政治與國族想像」, 博物館學季刊, 37(4).

江柏煒(2005),「金門戰爭史記錄及調查研究」, 內政部營建署金門國家公園管理處, 159쪽.

江柏煒(2007), 「誰的戰爭歷史？金門戰史館的國族歷史vs.民間社會的集體記憶」, 民俗曲藝, 156, 臺北: 施合鄭民俗文化基金會

施雅軒(2019),「高雄打狗子番的歷史地理考據」,『白沙歷史地理學報』, 第二十期.

許維德(2001),「中國民族主義、帝國主義、台灣獨立運動」,『人文與社會科學雜誌』, 臺北.

範勝雄(1998),「郭懷一抗荷事件三地點試探」,『臺灣文獻』, 第49卷第1

戴寶村(2010),「大高雄市人群之歷史形塑發展」,『高雄文獻』.

郭素秋(2019),「從羅妹號事件到南岬之盟: 誰的衝突？誰的和解？」,『原住民族文獻』, 第41期, https://ihc.cip.gov.tw/EJournal/EJournalCat/487.

謝若蘭(2015),「平埔族群恢復族群身份之權利伸張與策略建議」,『Journal of the Taiwan Indigenous Studies Association』, 5(1), Spring, p.48.

范可(2003), 「中西語境里的族群與民族」, 『广西民族学院学报(哲学社会科学版)』, 第25卷第4期.

林媽利(2007),「非原住民臺灣人的基因結構」,『自由時報』, 2007.8.11.
林媽利(2001),「從DNA的研究看臺灣原住民的來源」,『語言與語言學』, 臺北, pp.241-246.
黃秀政(1995),「清代臺灣的分類械鬥事件」,『臺灣史研究』, 臺北: 臺灣學生書局, pp.29-80.
林江義(2003),「臺灣原住民族官方認定的回顧與展望」,『臺灣平埔族』, 臺北: 前衛出版社.
崔應階(2006),「為奏辦理臺郡情形事」,『明清臺灣檔案彙編』, 二輯26冊, 臺北: 遠流出版社, p.104.
沈起元(1992),「條陳臺灣事宜狀」, 收錄於賀長齡等編,『清經世文編』, 北京: 中華書局, 卷84, 兵政15, p.2089.
陳叔倬・段洪坤(2008),「平埔血源與台灣國族血統論」,『台灣社會研究季刊』, 第72期, 2008.12.
陳忠純・鄧孔昭 編(2011), 「康熙朝的治台政策與大陸赴台移民高潮的形成」,『閩粤移民與台灣社會歷史發展研究』, 廈門: 廈門大學出版社, pp.184-192.
尹章義(1989),「臺灣開發史的階段與類型論」,『臺灣開發史研究』, 臺北: 聯經出版社, pp.1-2.
清官編(1963),「為內閣抄出閩浙總督楊廷璋奏」,『臺案彙錄丙集』卷七, 臺北: 臺灣銀行經濟研究室.
清官編(1964),「刑政例, 申禁械鬪」,『福建省例』, 臺灣銀行經濟研究室臺灣文獻叢刊199.
haohsingchen(연도 미상), 臺灣的人口變遷與社會變遷.pdf.
乾隆五十三年(1788), 大學士和珅,「臺灣換防兵丁照例支給行糧坐糧等事」,『明清宮藏臺灣檔案匯編』, 冊84, pp.274-275.
戴伯芬(2020),「貧窮與移民的治理: 羅漢腳的論述分析」, 文化實踐與社會變遷 NO.3, p.16.
官編(1964),「八二、刑部「為內閣抄出閩浙總督楊廷璋奏」移會」,『臺案彙錄丙集』, 卷七, pp.241-242.
吳密察(1988),「清代臺灣的〈羅漢腳〉」,『歷史月刊』 第7號, 臺北: 歷史智庫,

pp. 66-69.

林衡道(1980),「渡臺八番撤禁告示碑」,『明清臺灣碑碣選集』, 臺中: 臺灣省文獻委員會, pp.124-125.

森田明(1986),「清代台灣の開發發展と羅漢脚」, 台灣史研究會, 臺北.

若林正丈(2007),「中華民國臺灣化與七二年體制以臺灣民族主義的抬頭為焦點」,『岸開放交流20年國際學術研討會會議實錄』, 財團法人海峽交流基金會交流雜誌社編.

張亞中(2010.02.09),「兩岸統合學會: 一中各表讓兩岸認同愈表愈遠」,『中國評論網站』, http://www.chinareviewnews.com.

陳錫蕃(2004),「中華民國與台灣」,『國安(評)093-105號』.

5. 중문 신문 및 인터넷 자료

林媽利(2001),「從組織抗原推論閩南人及客家人所謂"臺灣人"的來源」,『建國聯盟網站』, http://www.wufi.org.

賴祥蔚(2021.12.29.), 渡台禁令的真相——台灣人從哪來(一), 中時新聞網, https://www.chinatimes.com/opinion/20211229000022-262107?chdt(검색일자: 2025.04.10.)

林媽利(2007.08.11.), 非原住民臺灣人的基因結構, 自由時報(검색일자: 2025.03.20.)

林彥伶(2019.12.27.), 你夠了解台灣嗎？從「移民史」揭開台灣多元文化的面紗——《來去台灣》新書講座, 2019台灣史論叢系列講座, https://blog.press.ntu.edu.tw/?p=4437(검색일자: 2025.04.20.)

以撒克·阿復(2001.04.03.), 聯合國《原住民族權利宣言草案》與《原住民族和台灣政府新的夥伴關係》為台灣原住民族自治重新定調, Ocean Taiwan, https://web.archive.org/web/20120204091226/http://www.oceantaiwan.com/eyereach/20010403.htm(검색일자: 2025.03.20.)

廣東省民族宗教事務委員會, 中国"民族"与其他国家的"民族"表述有何不同？, http://mzzjw.gd.gov.cn/mzzjw/dtyw/zmhd/wdzsk/mzsy/content/post_3288731.html(검색일자: 2025.04.19)

總統府新聞(2002.10.19.), 總統參加原住民族與台灣政府新夥伴關係再肯認儀式, https://www.president.gov.tw/NEWS/918(검색일자: 2025.04.19.)
行政院原住民族委員會(2007.06.), 行政院原住民族委員會設立十週年特別施政報告, 台北: 行政院原住民族委員會. ISBN: 9789860109627.
林媽利, "非原住民臺灣人的基因結構", 『自由時報』, 2007.8.11.
林媽利, "從組織抗原推論閩南人及客家人所謂臺灣人的來源", 『建國聯盟網站』, http://www.wufi.org.
陳紹馨(1979), 『臺灣的人口變遷與社會變遷』, https://www.ios.sinica.edu.tw.
「九二共识」难以推动 柯文哲的「九六共识」是什么, 2023년 01월 05일, https://www.cmmedia.com.tw/home/articles/13750(검색일: 2024년 2월 18일).
Treaty of Peace with Japan, Signed at San Francisco, 8 September 1951, Initial entry into force: 28 April 1952, Article 2. http://www.taiwandocuments.org/sanfrancisco01.htm(검색일: 2024년 02월 18일).
阿嬤家: 和平與女性人權http://www.twrf.org.tw/amamuseum/index.php
國家圖書館 臺灣記憶 https://tm.ncl.edu.tw/
Report for Selected Countries and Subjects. www.imf.org. 2020,05.02. https://web.archive.org/web/20200731010658/(검색일: 2023.06.25.).
黃昭堂, 「戰後台灣獨立運動與台灣民族主義的發展」, 『獨立建國論壇』, 2010年 4月 01日, http://www.wufi.org.tw/nyc/ngbook1.htm(검색일: 2024년 1월 30일).
「臺灣的國際法地位說帖」, 中華民國外交部, 2010年 03月 23日, http://www.mofa.gov.tw/webapp/ct.asp?xItem=40272&ctNode=1425&mp=1(검색일: 2024년 2월 20일).
「呂秀蓮: 台灣已獨立十四年」, 『聯合報』, 2010年 03月 27日.
「馬政府遇到中國就把台灣主權閹割了」, 『自由時報社論』. 2010年 3月 31日.
「毛澤東答覆美國記者史諾的話」, 『紅星照中國』, 1936年 7月 1日.
「阻止馬政府借中華民國之屍還中國之魂」, 『自由時報』, 2010年 4月 1日.
「族群撕裂, 是台灣民主發展過程的大痛」, 『臺灣:中央日報』, 2010年 1月 31日。
「總統直選台灣法理獨立日」, 『玉山周報』, 2010년 第39期.
「憲法一中與本土化」. 『海峽評論』, 2009년 221기 5월호.

「胡錦濤和馬英九的共識與分歧」,『海峽評論』, 2009年 218期 2月號.

『中華民國統計資訊網』,『中華民國統計資訊網』, http://www.stat.gov.tw/public/Attachment/92181714471.xls(검색일: 2024년 2월 18일).

譚中,「評美國霸權衰落與台灣前途」,『海峽評論』(220期, 4月, 2009).

鄧鴻源,「流亡政府百年祭？」,『自由時報』, 2010年 1月 9日.

刘平, http://www.historychina.net/magazinefree/html/41/231/content/386.shtml(검색일: 2023.06.24.).

李筱峰,「阿K正傳素材續錄」,『自由時報』, 2007年 10月 28日.

林濁水,「中華民國和台灣百年恩怨情仇」,『聯合報』, 2010年 1月 4日.

徐克禮,「評民進党正常國家決議文」,『解放軍報』, 2007年 10月 4日, 第4版.

徐青,「馬英九大陸政策的本質特點 (提綱)」,『海峽兩岸關係學術研討會』, 2010. http://www.waou.com.mo(검색일: 2024년 2월 27일).

雲程.,「中華民國是台灣, 錯！」, 2010年 4月 10日, http://www.oceantaiwan.com/society/20050805.htm(검색일: 2024년 2월 27일).

陳議深,「臺灣地位論述總整理」, 自由時報, 2007年 08月 07日, https://talk.ltn.com.tw/article/paper/145937(검색일: 2024년 2월 27일).

行政院大陸委員會 聲明, http://www.mac.gov.tw/public/Attachment/42150243337.pdf.

行政院大陸委員會, 2005年 8月 2日. http://www.mac.gov.tw/ct.asp?xItem=61958&ctNode=6226&mp=1(검색일: 2024년 2월 27일).

黃昭堂,「戰後台灣獨立運動與台灣民族主義的發展」,『獨立建國論壇』2010. http://www.wufi.org.tw/nyc/ngbook1.htm(검색일: 2024년 2월 27일).

黃昭堂,「台獨理論的整合」,『亞洲安保論壇』, 2007년, 2010年 4月 10日, http://www.oceantaiwan.com/society/20050805.htm(검색일: 2024년 2월 27일).

「三民鄉正名嗆聲中 那瑪夏揭牌」,『聯合報』, 2008年1月1日, C1版。

「動員戡亂時期臨時條款」,『全國法規資料庫』, https://law.moj.gov.tw/LawClass/LawHistory.aspx?pcode=A0000005(검색일: 2023.06.13.)

「廖文毅」,『華夏經緯網站』, 2012.7.25, http://hk.huaxia.com/lasd/hxrwk/ddrw/tw/2012/07/2936889.html(검색일: 2023.05.14).

「三民鄉正名嗆聲中 那瑪夏揭牌」『聯合報』, 2008年1月1日, C1版。

「日軍侵台的「牡丹社事件」, https://www.taiwanus.net/history/3/77.htm(검색일: 2

023.06.13.)
「樟腦戰爭一八六八年」, https://www.taiwanus.net/history/3/76.htm(검색일: 2023.06.13.), http://www.twcenter.org.tw/publications/a02_07/a02_07_08(검색일: 2023.06.13.)
「全臺第一三民鄉改名那瑪夏元旦掛牌」, 『聯合報』, 2007年12月11日, C1版.
『原住民電視臺網站』, http://www.titv.org.tw(검색일: 2023.03.20.)
建國聯盟, http://www.wufi.org(검색일: 2024.05.20.)
臺北市政府原住民族事務委員會, https://www.ipc.gov.taipei/cp.aspx?n=7C9F9D8729112D1D(검색일: 2025.04.10.)
民間自發造銅像 高雄紅毛港保安堂設安倍晉三紀念園, https://www.cna.com.tw/news/aloc/202209160252.aspx(검색일: 2023.05.14).
民間自發造銅像高雄紅毛港保安堂設安倍晉三紀念園, https://www.cna.com.tw/news/aloc/202209160252.aspx(검색일: 2023.04.05.)
包正豪 口述, 趙菖睿 文字整理, "台灣原住民政治行為分析: 迷思與現實狀況", 『指南新政 電子報雙周刊』第30期 2021.08.25. pp.5-9. https://css.nccu.edu.tw/wp-content/uploads/2021/08/2(검색일: 2023.05.14.).
原住民電視臺, http://www.titv.org.tw(검색일: 2024.05.20.)
『原住民電視臺網站』, http://www.titv.org.tw(검색일: 2023.05.14).
광동성민족종교사무위, http://mzzjw.gd.gov.cn/mzzjw/dtyw/zmhd/wdzsk/mzsy/content/post_3288731.html(검색일: 2023.05.14).
대만 원주민족위원회, https://www.cip.gov.tw/(검색일: 2025.04.10.)
베트남계 신주민 유권자의 이야기, https://www.bbc.com/zhongwen/trad/chinese-news-51031939(검색일: 2022.02.19.)
복건성인민정부 대만·홍콩·마카오 사무 판공실, 민대5연관계(閩台"五緣"關系), 2013-08-12, http://www.fjtb.gov.cn/history/201308/t20130812_4593967.htm(검색일: 2023.05.14.).
타이중(台中)에서 대만신주민당(台灣新住民黨) 창당, https://www.bbc.com/zhongwen/trad/chinese-news-51031939(검색일: 2023.02.19.)
호적법, https://lis.ly.gov.tw/lglawc/l(검색일: 2023.05.14).

ㄱ
가오슝 91
강경한 봉쇄(hard containment) 445
개산무번開山撫番 160
객가客家 184
객가인 43
객사한 고향 68
건국당 342
결사 217
결손 국가缺損國家 124
결혼 제한령 254
경제일중 452
계급 문제 43
계급용인정책 420
계륵雞肋 202, 212
계약노동자(indentured labor) 173
계엄령 76
계엄법 84
계엄체제 36
계투械鬪 203, 217, 227, 228
고군孤軍 116, 170
고사족高砂族 139
고산족高山族 136
고아 의식孤兒意識 124
과객 심리 124
곽회일郭懷一 180
관여 445
관장官庄 181
광복절 64, 65
교차로 120
구제국주의 35, 52
국가國歌 406
국가정체성 88
국가주의 244
국공내전 47, 107
국기國旗 406
국내이주(internal migration) 166
국명國名 406
국민대회國民大會 426
국부천대 55, 189
국시회의國是會議 426
국제이민(international migration) 166
국제일중 449
국족國族 41
군국주의 117
군국주의하의 성통치主義下的性治理

250
군기 제도 248
군사 사회(militarized society) 252
군사주의 244
군중낙원軍中樂園 245
군중특약차실軍中特約茶室 245
궈두國獨 73
귀문관鬼門關 198
금문金門, Quemoy 243
금문방위사령부 275
금문포격전(1954-55, 1958-78) 244
기러기 이론 427
기억의 정치화 293
기형의식畸形意識 124, 127

ㄴ
나한각 199
난민(asylum seeker/refugee) 173
난사군도南沙群島 407
남갑의맹南岬之盟 159
남도계통 43
남도민족(南島民族, Austronesian) 46
남도어계(Austronesian language family) 136
내재적 식민성 61
네덜란드 51
노예 123
녹색 진영 407

ㄷ
다문화 정치 368
다문화주의 360
다양성 168
다중식민多重殖民 56, 63, 361
단교 128
단층 52
당가黨歌 58
당강 56
당금黨禁 85
당기 58
당인唐人 154
대두왕국 53
대륙세력 52, 56
대륙위원회 354
대만 399
대만 관계법 82
대만 문제와 중국의 통일 314
대만 민족주의(Taiwanese Nationalism) 66, 328, 345
대만 민주화 56, 368
대만 본토화(localization) 357
대만 유사 102
대만 정명 24
대만공화국 72, 371
대만공화국 헌법초안 366
대만관계법 309
대만기류이해소 212
대만기행臺灣紀行 337

대만단결연맹 342
대만독립 56
대만문화 341
대만민객심근지도臺灣閩客尋根地圖 151
대만민주화 346
대만사 31
대만원주민권리촉진회 374
대만의식 338, 341
대만인 69, 337
대만전도결의문臺灣前途決議文 53, 125, 401, 413
대만정체성 347
대만통사 135
대만혈통진상지도臺灣血統真相地圖 151
대원 97
대조춘戴潮春 사건 227
대중화시장大中華市場 302
대표성 116
도대금령渡臺禁令 216
도도 전략跳岛战略 188
독립 351
동대문 96
동번東藩 135
동번기 32
동번인東番人 390
동북의 현관 96
동상이몽 95
동원감란動員戡亂 273
동원감란시기 임시조관 417
동원감란시기 임시조례動員戡亂臨時條例 426
동인도회사 179
두 개의 거울 96
두 개의 중국 78
두 개의 태양 305
두타이 20, 71, 79
둔전屯田 181
둔전정책屯田政策 182

ㄹ

라이칭더 72
랴오원이廖文毅 83
량치차오梁啟超 344
로버호(羅妹號, Rover) 사건 159, 160
로한까아 206
롱민榮民 116
뤼슈롄 85
류큐 왕국 68
리덩후이 64
리등후이 72
린이슝林義雄 84

ㅁ

마이클 스조니(Michael Szonyi) 250
마주馬祖 73
말할 수 없는 존재들 114

망국의 슬픔 69
망명정부 404
명정 51
명치유신 100
목단사 사건牡丹社事件 161
몫이 없는 자 118
무젤만(Muselman) 118
미국 문제 81
미군 철수 128
미려도美麗島 사건 425
민 45
민·월閩越 169
민남인 43
민란 203
민변(민란) 227
민월閩粵 153
민족 35
민족일중民族一中 327, 461
민주진보당 401
민진당 71
밀항금지정책禁止偸渡政策 220

ㅂ

바오안당保安堂 86
반공대륙 55
반공복국反共復國 418
반병제班兵制 202
반상반적半商半賊 178
반식민反殖民 65
반중화세력 35, 52
반청복명反淸復明 182, 341
발전형 이민 175
방위조약 폐기 128
방파제 96
백단白團 266
번속육고番俗六考 151
벌교伐交 312
범람 22
범록 23
범록진영 107
범홍 22
벨테브레 97
변발 98
병탄 104
보금報禁 85
보이지 않는 국가(Invisible Nation) 119
본성인 45
본적 회피제本籍回避制 202
본토화(localization) 360
봉쇄 445
부드러운 봉쇄(soft containment) 445
부재성 116
북벌운동 98
분단국가 110
불침의 항공모함 56
비정 의식非情意識 124

비정상 국가非正常國家 124
비체卑體 118
비해기유裨海紀遊 151

ㅅ

사면일중四面一中 302, 449
사민문화 32
사실상의 국가(de facto) 302, 439
산포山胞 139
삼남 66
삼대 임무 446
삼번三藩 98
삼보일법三報一法 309, 445
상하이공보上海公報 309
생번生蕃 138
생존형 이민 175
서대문 96
서발터니티(subalternity) 113, 117, 171, 199, 200
서발턴(subaltern) 34, 113, 114, 115, 117, 204
선중후대先中後臺 315
성적省籍 49
성적省籍 갈등 76
소금문小金門 265
수교공보建交公報 309
숙번熟番 138
스밍더 85
스카로斯卡羅족 159
스페인 51
시대역량 342
시라야족西拉亞族 138, 338
시랑施琅 88, 212
시바료타료司馬遼太郎 337, 419
시응생侍應生 251, 260, 271
식민植民 33, 51, 95
식민성 62
식민주의 117
신新 동반자 관계 협정 380
신당 342
신시대 440
신제국주의 35
신주민 43, 45
신항사新港社 155
실리콘 방패(silicon shield) 80
심록 24

ㅇ

아감벤 118
아라한阿羅漢 208
아시아·태평양경제협력체(APEC) 313
아시아개발은행(ADB) 313
아시아의 고아亞細亞的孤兒 124
안도 리키치安藤利吉 65, 89
안사제顏思濟 178
애치슨 선언(Acheson line declaration) 100

야백합운동野百合運動 426
야번野番 138
양안일가친 330
여려女閭 255
역사의 죄인 446
연속식민連續殖民 44, 56, 63, 110, 361
연중제소聯中制蘇 128
영기營妓 제도 253
영민榮民 170
오삼계吳三桂 88
외래인의 땅 129
외래정권 401, 431
외성인 43, 45
요동의 울타리 96
원주민 32, 45
원주민족 63, 135
원주민족위원회 141
위합(圍合, congagement) 445
유맹流氓 234
유명전劉銘傳 99
유민游民 204, 210
유수游手 210
융합처 121
은주공恩主公 252
이국제공以國制共 81
이단李旦 178
이대제중以臺制中 81
이독제장以獨制蔣 81
이민 제한령 214
이민(immigration/emigration) 33, 95, 165, 167
이민제국以民制國 81
이선득(Le Gendre) 159
이입이민(immigration) 166
이장제모以蔣制毛 81
이주(migration) 165, 167
이질성 34
이출이민(emigration) 166
이해제육以海制陸 52, 81
일국양제(one country two system) 446
일반명령 제1호 189
일변일국一邊一國 413
일중일대一中一臺 78
임상문 사건 227

ㅈ

장남 66
장뇌 사건 160
장제스 71
장징궈 71
쟝난江南 사건 85
정경鄭經 47, 181
정난용鄭南榕 366
정명正名 299
정명제헌正名制憲 413
정상국가결의문正常國家決議文 125,

413
정성공鄭成功 46
정습鄭襲 181
정지룡鄭芝龍 178
정착민 국가 47
정체성 44, 45, 69, 347, 429
정체성 정치(identity politics) 391
정치일중 451
정치족군화(politicization of ethnicity) 48, 370
제7함대 55
제국주의 51, 117
젠더 이데올로기 248
족군 41, 44
종속성 123
종족 문제 43
주변부 57
주변부 의식 124
주변화 168
주일귀 사건 227
중국 25
중국 민족주의 66, 328
중국국민당 400
중국문화 341
중국의식 338
중국인 65, 337
중화 타이베이(Chinese Taipei) 299
중화민국 71, 399, 400
중화민국도대만中華民國到臺灣 416
중화민국의 대만화 402
중화민국재대륙中華民國在大陸 416
중화민국재대만中華民國在臺灣 416, 421
중화민국체제 402, 422, 430
중화민국취시대만中華民國是臺灣 416
중화세력 35, 52
중화인민공화국 409
지롱 185
진먼金門 73
질란디아 일기熱蘭遮城日記 154
질란디아성 항복 협정(Surrender of Zeelandia) 181

ㅊ

차남 66
차이 36
차이니스 타이베이(Chinese Taipei) 307
차이잉원 72
창기娼妓 271
천계령遷界令 98
천록 25
천록 진영 406
천수이볜 63, 72
천원청陳文成 사건 85
천이陳儀 65
천쥐 85

천지회天地会 218
청일전쟁 69, 99, 162
청프전쟁 99, 161
초국가적 정체성 168
총설계사 443
취약성 116
치앤다오후千島湖事件 사건 420
친민당 342
친일 문제 104

ㅋ

코예트(Frederick Coyett) 181
쿨리(coolie) 169
크레올성(Creole) 34, 118

ㅌ

타오胡錦濤가 27
타이두 강령臺獨綱領 413
타이두臺獨 19, 71, 72, 87
타이베이부臺北府 159
타자 123
탁수계 93
탈군사화 250
탈식민주의 60
탈중국화 334
탐친대륙정책大陸探親政策 192
태양화 운동 342
태평도太平島 407
태평천국 235
토번土番 138
토착화 64
통일 351
통혼通婚 147
특수 양국론 387, 421

ㅍ

펑후 제도 55
편안일우 73
평포족平埔族 136, 139
포스트 콜로니얼리즘
(post-colonialism) 59
포스트식민 63
포츠담 선언 65
풀-푸시 이론(pull-push theory) 175

ㅎ

하나의 중국 104, 306, 418, 443
하나의 중국 원칙과 대만 문제一個中國的原則與台灣問題 314
하나의 중국원칙 26
하나의 중국정책 308
하멜 97
한국 유사 102
한적불양립漢賊不兩立 317, 419
할양 69, 104
해금령海禁令 98
해양세력 52, 56
행정원 원주민위원회 377

향토교육 372
현상 변경 101
현상 유지 353, 433
형법 제100조 357, 428
호국신산護國神山 80
호모 사케르(homo sacer) 118
혼종성 34, 35, 62, 121, 168
혼합형 식민지 57
홍길동 128
홍이포紅夷砲 97
홍콩보안법 438
화번化番 138
화외지민化外之民 106, 159, 202, 390
화인華人 337
환아토지, 還我土地 375
황교黃教의 난 209
황민화 69
황신제 85
후렌胡璉장군 252, 262
후식민(post-colonial) 33, 35, 59, 62, 71

기타

1969년 진보도 사건 423
2758 결의안 305, 418
2·28 사건 76, 83, 89, 365
4불 1몰유 43
5권 분립 417
5대 족군 45
817공보 309
831 군중낙원 276
92 공식 26, 353, 409
96 공식 412
B형 타이두 73
Cantonese 169
Hainan 169
Hakka 169
Hokkien 169
Military Sexual Slavery 260
Teochew 169
TSMC 79

| 지은이 소개 |

강병환姜秉煥

경남 진주 출신이다. 플라톤의 『폴리테이아(Politeia)』를 읽다가 학문에 관심을 두게 되었다. 국민대학교 정치외교학과를 졸업하고, 동대학원에서 정치사상으로 정치학 석사, 대만국립중산대학교 중국-아·태연구소(Institute of China and Asia-Pacific Studies)에서 중국의 대對 대만정책(China's Taiwan Policy under One China Framework)으로 박사학위를 받았다. 대만국립중산대학 교양학부 사회과학조(2006~2011) 강사, 국립가오슝대학 화어중심, 가오슝시립삼민고급중학에서 한국어 및 한국문화를 강의하였고(2005~2011), 중화민국문화자산발전협회 연구원(대만), 국민대 국제학부·정치외교학과 및 대학원에서 정치학 일반을, 우송대 교양학부에서 한·중 관계를, 진주교육대학에서 한국사회와 통일, 다문화교육을 가르쳤다. 현재 부산 동서대학교 중국연구센터 연구교수, 『현대중국연구』 편집위원, 『동아시아와 시민』 편집 간사를 맡고 있다. 관심 분야로는 양안 관계, 중·미 관계, 남북한 통일 문제이며, 최근에는 권력으로부터 배제당한 존재들인 서발턴(subaltern) 연구에 깊은 관심을 두고 있다. 개인 저서로는 『후흑: 선은 악을 필요로 한다, 2025』, 『공주와 건달: 박근혜와 노무현의 실패한 리더십 비교, 2023』, 『하나의 중국, 2021』, 『중국을 다룬다: 대중국 협상과 전략, 2017』(대한민국학술원 우수학술도서 선정)이, 공저로는 『중국지식의 대외확산과 역류: 소프트파워와 지식 네트워크, 2015』 등 여러 권이 있다. 이외 다수의 학술논문이 있다.

대만의 사민문화와 서발터니티subalternity

초판 인쇄 2025년 5월 20일
초판 발행 2025년 5월 30일

지 은 이 | 강병환
펴 낸 이 | 하운근
펴 낸 곳 | 學古房

주 소 | 경기도 고양시 덕양구 통일로 140 삼송테크노밸리 A동 B224
전 화 | (02)353-9908 편집부(02)356-9903
팩 스 | (02)6959-8234
홈페이지 | www.hakgobang.co.kr
전자우편 | hakgobang@naver.com
등록번호 | 제311-1994-000001호

ISBN 979-11-6995-699-4 93340

값 : 38,000원

■ 파본은 교환해 드립니다.